齐鲁文化经典文库

庄子注译

王世舜　注译

齊魯書社

《齐鲁文化经典文库》

出版说明

齐鲁大地是中华民族主流文化的主要发祥地，数千年来，生长在这里的齐鲁人，用自己的聪明和智慧创造了璀璨的文明。首先是在中华文化的整体框架中地位突出、做出重大贡献的先秦诸子，其中影响尤著者大部分生长于斯；其后历朝历代，几乎都有引领潮流、成就卓著的思想家、文学家、科学家等，他们为中华文化的形成和发展谱写了辉煌的篇章，同时也留下了一大批千古流传、影响深远的文化典籍。将这些记录着他们的思想、积淀着丰富厚重的文化内涵、为一代代中国人所承继的典籍系统地予以整理出版，从而进一步扩大齐鲁文化的影响，提高其在当代人中的认知度，促进中华优秀传统文化的积累、传承和弘扬，无疑具有重要的意义。鉴于此，我们向读者推出了这套“齐鲁文化经典文库”。该书的出版系由山东出版集团组织，具体工作由齐鲁书社负责实施。

通过有关专家论证，确定本“文库”的收录范围是那些由齐鲁籍人士（或有一说为齐鲁籍人士）著述的、已经独立成册、在中华历史文化典籍中堪称经典的著作；对像荀子这样原籍虽非齐鲁，但其主要政治生活是在齐鲁地域、其形成影响的思想和主要著述也产生在这里的个别作家，其经典著作也酌情收录。

收录的作品均采用现代标点本，除小说、戏曲之外，其余作品尽可能加以注释，而对先秦典籍则多数予以今译，以便于读者的阅读和理解。所收部分校注本因问世较早，其中难免存有时代的痕迹，诸如高亨先生的《周易大传今注》，陆侃如、牟世金先生的《文心雕龙译注》等，但这些著作是世人公认的具有权威性的注本，仍需得到我们的尊重。

对经典著述的整理出版绝非一日之功，因此，本"文库"在最初集中推出一批后，未出品种将陆续整理出版，谨此说明。

齐鲁书社

2009年3月

前言

《史记》本传："庄子者，蒙人也，名周。周尝为漆园吏。"司马迁这段记载，是目前我们能够见到的有关庄子故里最早的记载。由于过于简略，蒙究竟在何处，司马迁未作具体交代。因而，后人见仁见智，聚讼纷纭，莫衷一是，迄无定论。约而言之，对庄子故里有以下三种说法：一，《汉书·艺文志》"庄子五十二篇"下班固自注："名周，宋人。"受班固的影响，汉代以及魏晋时代的学者大都以庄子为宋人，蒙为宋的国都，其地在今河南商丘。二，按唐代学者张守节在《史记》本传《正义》中的意见，蒙当在今山东曹县境内西北部。三，蒙在今安徽西北部的蒙城，持此说者多为唐中叶以后的学者，特别是蒙城地方志的编纂者。总之，庄子故里有待于进一步探讨。

庄子在历史上虽然是一位大有影响的人物，但是，关于他生平事迹的记载却非常少。《史记》本传仅有235字，极其简略。因此，有关庄子的生平事迹及生卒年月已无法确考。

《史记》本传说庄子"与梁惠王、齐宣王同时"。梁惠王即魏惠王，名䓨，公元前369年至前319年在位。齐宣王，名辟疆，公元前319年至前301年在位。以此为据来推断，庄子生年当在公元前370年前后。庄子与惠施是好朋友。《庄子·徐无鬼》记载，庄子送葬，路过惠子之墓，发抒对亡友不胜怀念的慨叹。是为惠子死后而庄子仍在。惠施相魏，历魏惠王、魏襄王两代，前后达30余年。魏襄王13年（公元前306年）罢相后入楚。（笔者按：以下凡《庄子》引文只注篇名不加书名）《秋水》所载"濠梁之辩"当在惠施入楚之后。这是两人最为人们津津乐道的一次交往。可见在惠施入楚之后，两人还交往过一段时间。由此推测，庄子的卒年当在公元前三世纪初。享年当在八十馀岁。

庄子生于何种家庭，也无法确考。《史记》本传说他“其学无所不窥”，可以推知庄子青少年时代，一定受过良好的教育。因此，他的家庭不会是一般的家庭。据《庄子》本书记载，他的生活又十分贫困。学者多推断庄子出生于没落的奴隶主家庭。这样的推断，有一定道理。

对《庄子》一书最早进行研究的是西汉初年淮南王刘安。刘安著有《庄子略要》和《庄子后解》，但均已亡佚，其说已不得其详。西汉末年刘向曾对《庄子》一书进行过校勘和整理。《汉书·艺文志》所著录的《庄子》五十二篇，当是刘向所校理的本子。

庄子的文章和思想虽然在汉代就产生了广泛的影响，但对《庄子》进行深入的研究和探讨，应该说是从魏晋时代开始的。

魏晋之初，玄学兴起。《周易》、《老子》、《庄子》成为研究的热点，时称“三玄”。根据史书及其他资料记载，魏晋时注解《庄子》的书达二十种以上。这些注解，最重要的有四家：崔譔、向秀、司马彪、郭象。据《经典释文·叙录》记载，司马彪本为二十一卷，五十二篇。另有孟氏注十八卷，五十二篇。司马彪注本与孟氏注本均为五十二篇，与《汉书·艺文志》所著录的篇数相同。因而，陆德明《经典释文·叙录》认为：“《汉书·艺文志》《庄子》五十二篇，即司马彪、孟氏所注是也。”陆德明认为这个本子“言多诡诞，或似《山海经》，或类《占梦书》”。其中有“后人增足，渐失其真”。因此，魏晋时期的注《庄》者，对刘向校理本“以意去取”，又作一次整理。郭象所注的《庄子》，便是这样的本子。郭象认为五十二篇本为“一曲之才，妄窜奇说，若《阏弈》、《意修》之首，《危言》、《游凫》、《子胥》之篇，凡诸巧杂，十分有三”。可见，在郭象看来《汉志》五十二篇本，后人“妄窜”部分占十分之三。既是“妄窜”，当然应该删去。所以郭象的注本为三十三卷，三十三篇，分内篇七、外篇十五、杂篇十一。将五十二篇删去十九篇，保留三十三篇。

按陆德明《经典释文·叙录》的说法“惟子玄所注，特会庄生之旨，故为世所贵”，子玄是郭象的字，这就是说在当时学术界最为看重的是郭象的注本。郭象的注本是流传至今唯一完整的本子，其他注本在唐代以后均先后亡佚了。

唐代是儒、道、释三家鼎立的时代。唐代虽崇尚儒学，而道、释也同时受到尊重。庄子被尊为南华真人。《庄子》一书被尊为《南华真经》。因此，在唐代对庄子的研究依然十分盛行，根据新旧《唐书》的记载，注解《庄子》的书达二十三种之多，在这些著作中，最为重要的则是成玄英《南华真经注疏》三十卷。

成玄英是唐代初年的道士，唐太宗贞观五年（公元631年。笔者按：冯契主编《哲学大辞典》作637年，误。）被加号为西华法师。成玄英在《南华真经注疏》的序中称："玄英不揆庸昧，少而习焉，研精覃思三十年矣（世界书局本、中华书局校点本均无"年"字，甚为不词，当为误脱。近人郎擎霄《庄子学案》331页引此文增"年"字，当从）。依子玄所注三十篇，辄为疏解，总三十卷。虽复词情疏拙，亦颇有心跡指归；不敢贻厥后人，聊自记其遗忘耳。"可见，成玄英的疏，所依据的是郭象的注本。

唐代对古籍的注解称义疏之学。从总体上讲，义疏之学是汉学的余绪，它的原则是"疏不破注"，因而其特点是守成多于创新。很明显，这种学风又是对魏晋学风的一种反动。郭象的注偏重于义理，成疏除了对郭注的义理详加疏解使之更加明晰外，而且对字、词、句也加以训释，从而弥补了郭注的不足。同时，在义理的疏解上成玄英也有自己的心得体会。成疏代表了唐代庄子研究的最高成就。因而郭注成疏直到现在仍然是我们研究庄子思想的必不可少的重要参考书。

宋代，是思想十分活跃的时代，形成了具有鲜明特色的"宋学"而与"汉学"相对立。宋学的特点是偏重义理。这一时期研究《庄子》的著作，也大都体现了这一特点。根据有关资料记载，两宋时期有关《庄子》的注释及论著约在六十种以上。南宋末年褚伯秀《南华真经义海纂微》一书是对有宋一代学者《庄子》研究成果的汇集和总结。《四库全书总目提要》说："伯秀，杭州道士，其书成于咸淳庚午年（公元1270年），下距宋亡仅六年（笔者按：当为九年）。周密《癸辛杂识后集》载，至元丁亥年（公元1287年）九月与伯秀及王磐隐游阅古泉，则入元尚在也。其书纂郭象、吕惠卿、林疑独、陈祥道、陈景元、王雱、刘槩、吴俦、赵以夫、林希夷、李士表、王旦、范元应十三家之说,而断以己意,谓之'管见'。中多引陆德明《经典释文》而不列于十三家中,以是书主义理,而不主音训也。"

明代注解《庄子》的著作以焦竑《庄子翼》、释德清《庄子内篇注》、方以智《药地炮庄》为代表。焦竑为明代后期人,所著《庄子翼》其主旨在阐明儒、道互补之意。在庄学史上有一定影响及地位。

清代,在乾嘉学风的影响下,学者们对《庄子》的研究,从文字、训诂角度做了大量工作,解决了前人许多没有解决的问题。使《庄子》研究有了长足的进展。清末,郭庆藩的《庄子集释》和王先谦的《庄子集解》对这些成果做出总结性的整理,反映了清代学者的研究成就,是庄学史上的重要著作。《庄子注译》的《庄子》原文即以王先谦《庄子集解》(世界书局《诸子集成》本)为底本,并参照郭庆藩《庄子集释》(中华书局 1961 年校点本),同时,也酌取了古今学者的校勘成果。

近代学者继承了前代学者的传统,不仅从文字、训诂方面匡正前人的失误,同时也进一步解决了前人不曾解决的问题。对《庄子》书中的真伪,《庄子》思想体系及其艺术成就,进行了多角度、多层次的探讨,从而将庄学的研究又大大地向前推进了一步。

上世纪五、六十年代,由于极"左"思潮的影响,庄子思想被当作"反面教材"加以批判。七十年代末、八十年代初,学术界对极"左"思潮进行反思,从而坚决地摒弃了这种思潮及其研究方法,《庄子》的研究走上了健康的轨道。三十年来,在这一领域中已经取得了丰富的、积极的成果。不但出版了相当数量的专著,发表了大量的论文,而且出版了以陈鼓应教授为主编的《道家文化研究》专门性刊物,使庄子研究更加深入。同时,近年来在众多的出土文献中,道家文献占很大比重。如马王堆出土的《老子》帛书甲、乙本,1973 河北定县出土的《文子》残简,尤其是遗失了两千多年的《黄帝四经》的出土,意义更为重大。对道家文化的研究包括对《庄子》的研究,都将起到推动作用。可以预期,在学者们的共同努力下,《庄子》研究必将取得更大进展和更为重要的成果。

应当指出的是,庄子的思想是"以谬悠之说,荒唐之言,无端崖之辞,时恣纵而不傥,不以觭见之也"(《庄子·天下》)的方式展开的,所表达的思想又是那样的"宏大而辟,深闳而肆"(同上),且具有"其理不竭,其来不蜕,芒乎昧乎,未之尽者","其书虽瑰玮而连犿无伤也,其辞虽参差而諔诡可观"(同上)的特点。理解起来十分不易。《齐物论》中有这样一段话:"是其言也,其名为吊诡。万世之后而一遇大圣,知其解者,是旦暮遇之也。"这段话是借长梧子之口说的。其实是庄子的"夫子自道"。对这样的"夫子自道"我们不应当理解为庄子的傲慢。近代著名学者马叙伦先生在所著《庄子义证·自序》之前,写下了这样一首绝句:"胜义无疑第一禅,几人曾解笑前贤。开宗不了逍遥字,空读南华三十篇。"马叙伦先生这首绝句可证庄子的"夫子自道"并非虚语!

《河南程氏粹言》卷二有一段批庄子的话:"'物之不齐,物之情也。'庄周强齐之,岂能齐也。"这段话显然是针对《齐物论》而言。《河南程氏粹言》为二程弟子杨时所编,程氏兼指程颢、程颐兄弟二人。这段话究竟出自程颢或是程颐之口,杨时并未标明,难以确指。但无论程颢还是程颐在中国哲学史上,都是里程碑式的哲学家。然而,这段话表明二程(可能是程颐,在《二程集》中,程颐对庄子多有批评)没有读懂《齐物论》则是可以断言的。《齐物论》所说的"齐物"是从万物的本原意义上来说的。万物的本原是什么呢?庄子是这样回答的:"生也死之徒,死也生之始,孰知其纪!人之生,气之聚也;聚则为生,散则为死。若死生为徒,吾又何患!故万物一也,是其所美者为神奇,其所恶者为臭腐;臭腐复化为神奇,神奇复化为臭腐。故曰'通天下一气耳',圣人故贵一。"(《知北游》)"万物一也",人和万物一样都是从"气"那里产生出来的。"气"就是万物的本原。所谓"齐物"就是齐"物"于"气"。齐"物"于"气"是一种自然现象,并非出于庄周的"强齐"。从上述这段话中,我们可以了解庄子不但是一位气一元论者,而且是一位气化生论者。

庄子和老子一样,最高的哲学范畴是"道"。而这个"道"是以"气"为基础和核心的。"圣人故贵一"、"万物一也",这里的"一"指的就是

“气”。而“气”则是“无有象”的，所谓“无有象”是指没有形迹。所以庄子也用“无”来指称“气”。“天无为以之清，地无为以之宁，故两无为相合，万物皆化。芒乎芴乎，而无从出乎！芴乎芒乎，而无有象乎！万物职职，皆从无为殖。”(《至乐》)“从无为殖”的“无”指的就是“气”。“殖”，繁殖。可理解为产生。万物从“无”产生出来，也就是从“气”产生出来。

“舜问乎丞曰：‘道可得而有乎?’曰：‘汝身非汝有也，汝何得有夫道?’舜曰：‘吾身非吾有也，孰有之哉?’曰：‘是天地之委形也；生非汝有，是天地之委和也；性命非汝有，是天地之委顺也；孙子非汝有，是天地之委蜕也。故行不知所往，处不知所持，食不知所味。天地之强阳气也，又胡可得而有邪！’”(《知北游》)这里所讨论的问题是道可不可以占有，而回答则是“天地之强阳气也，又胡可得而有邪！”在这里，庄子不但明确地把道和气联系在一起，而且也可以看出庄子把气作为道的基础。

道、气、无、一是庄子哲学思想中四个重要的哲学范畴。这四个范畴之间，既有联系也有区别。(详见拙作《庄子气论发微》《道家文化研究》第八期)这四个范畴联系在一起组成了庄子哲学的本体论。只有正确地把握住这个本体论，才能正确地理解庄子的哲学思想。二程的错误就在于没有理解庄子哲学的本体论。按照庄子的逻辑，在万物没有产生之前，只有“无有象”的“气”，别的什么都没有。在“从无为殖”产生出“万物职职”之后，就像“吹万不同”(《齐物论》)一样，万物也就出现了万不同。而这种万不同也是自然形成的，因而，庄子从来没有想到要对这种万不同加以齐同。不仅如此，庄子还反对任何人对这种万不同加以齐同。

“长者不为有馀，短者不为不足。是故凫胫虽短，续之则忧；鹤胫虽长，断之则悲。故性长非所断，性短非所续，无所去忧也。意仁义其非人之情乎！彼仁人何其多忧也?”(《骈拇》)凫胫之短，鹤胫之长，是自然形成的，硬要通过人为的续、断，强暴地加以齐同，就一定会给凫与鹤造成痛苦和悲伤，不言而喻这种做法是非常错误的。

“南海之帝为儵，北海之帝为忽，中央之帝为浑沌。儵与忽时相与遇于浑沌之地，浑沌待之甚善。儵与忽谋报浑沌之德，曰：‘人皆有七窍以视

听食息,此独无有,尝试凿之。’日凿一窍,七日而浑沌死。”(《应帝王》)

这是一则耐人寻味的寓言。浑沌没有七窍,儵和忽为了报答浑沌的情意,想把浑沌搞成和别人一样具有七窍。于是“日凿一窍”,七天之后,七窍凿成了,浑沌也就被凿死了。多么发人深省!这则寓言充分表明庄子并没有像二程所说的那样强齐万物。其实,这样的例子在《庄子》一书中还可以找到很多,不知道为什么像二程这样的大哲学家却视而不见,实在令人难以理解。

庄子的本体论充满了辩证法思想,同样从庄子的本体论派生出来的方法论和认识论也充满了辩证法思想。

要深入而正确地理解和掌握庄子的思想,必须从微观和宏观两方面入手。所谓宏观,就是要正确地运用庄子的本体论、方法论、认识论,从整体上把握庄子哲学思想的精要;所谓微观,就是从文字、音韵、训诂入手加以研究,达到正确理解庄文中的字义、词义,同时还要从校勘入手厘清庄文中的真伪。两者虽然缺一不可,但宏观是第一位的,微观则是第二位的。宏观要以微观为基础,而微观要在宏观的指导下进行才可以避免误入歧途。

“以指喻指之非指,不若以非指喻指之非指也;以马喻马之非马,不若以非马喻马之非马也。天地一指也,万物一马也。”(《齐物论》)

这段话明显是对公孙龙白马非马论的批判,所讲都是哲理。虽然所使用的都是十分常见的字、词,并不生僻,但所包含的哲理却十分深奥,理解起来,十分不易。庄子在这里所表达的哲理,关键在两句:“不若以非指喻指之非指也”、“不若以非马喻马之非马也”。这两句中各有两个“非指”与“非马”,最重要的是要弄清前一个“非指”与“非马”的含义。这个“非指”与“非马”的含义是什么呢?从宏观的角度来考虑,庄子指的就是“气”。庄子的意思是说:用指来说明指不是指,不如用“气”来说明指不是指。同样的道理,用马来说明马不是马,不如用“气”来说明马不是马。这是从本原上来说明问题,亦即从根本上来说明问题,比公孙龙的理论既彻底又高明。

“天地与我并生，而万物与我为一。”(《齐物论》)天地寿命之长，长到无法计算，而我的寿命之短暂和天地寿命之长简直无法加以比较，但庄子却说“天地与我并生”；世间万物数量之多，多到无法计算，而我只不过是一个个体，庄子却说“万物与我为一”。如此“荒唐之言”应当怎样理解呢？也只有依据庄子的本体论才可以理解，天地寿命虽长，万物数量虽多，但和我一样都是都是从“气”产生出来的。“并生”、“为一”说的就是这个意思。

“之人也，物莫之伤，大浸稽天而不溺，大旱金石流土山焦而不热。”(《逍遥游》)这里所说的“之人”就是庄子所一再称道的“至人”。“子列子问关尹曰：‘至人潜行不窒，蹈火不热，行乎万物之上而不慄。请问何以至于此？’关尹曰：‘是纯气之守也，非知巧果敢之列。’”(《达生》)“至人”之所以能够做到这一点，就在于“纯气之守”。所谓“纯气之守”，就是说“至人”能够认识到自己本来就是一种“气”，不单自己本身是“气”，宇宙万物也都是“气”。“大浸”是“气”，“大旱”也是“气”。“潜行”是说在水中，“蹈火”是说在火中，水和火当然也是“气”。既然如此，那么“之人”、“至人”居于稽天的大浸之中，居于金石流土山焦的大旱之中，只不过是气与气的会合罢了。彼此都是“气”，何“溺”之有、何“热”之有、何“窒”之有、何“慄”之有？

就这样，从“气”一元论的观点出发，庄子展开了他那独特的哲理思辨。万物既然都是从“气”产生出来，而最后又复归于“气”，开始和结束便处在同一点上，这样的过程便成了“始卒若环”(《寓言》)而“无始无终”(《知北游》)。整个宇宙便处在这“始卒若环”“无始无终”的运动之中，而这种运动是一个自然而然的过程，它有自身的规律。庄子认为这种规律是无法抗拒，更无法改变的。庄子把这种无法抗拒无法改变的规律，称之为“道”。这就是庄子所提出的“无为”的理论根据。庄子认为以“气”为核心和基础的“道”以“无为”的方式化生出万物，从而做到了“无不为”。因而，人应当无条件地效法“道”，对待社会人生只有“无为”才能做到“无不为”。

从这样的本体论出发，庄子很自然地导引出崇尚自然的思想。“顺物自然而无容私焉”(《应帝王》)，“自然不可易也”(《渔父》)，并一步提出“法天贵真”的思想。“故圣人法天贵真，不拘于俗。愚者反此。不能法天而恤于人，不知贵真，禄禄而受变于俗，故不足。”(同上)这不但是庄子的哲学思想，也是庄子的美学思想、艺术思想。

“梓庆削木为鐻，鐻成，见者惊犹鬼神。鲁侯见而问焉，曰：‘子何术以为焉？’对曰：‘臣工人，何术之有！虽然，有一焉。臣将为鐻，未尝敢以耗气也，必齐以静心。齐三日，而不敢怀庆赏爵禄；齐五日，不敢怀非誉巧拙；齐七日，辄然忘吾有四枝形体也。当是时也，无公朝，其巧专而外骨消；然后入山林，观天性；形躯至矣，然后成见鐻，然后加手焉；不然则已。则以天合天，器之所以疑神者，其由是与！’”(《达生》。笔者按：文中四个“齐”字，均通“斋”，谓斋戒)

鐻，悬挂钟鼓的架子。在古代这种架子非常讲究，其足部要雕刻形状精美的兽类作为装饰。实际上这种架子也是一件艺术品。梓庆为什么能够将这件艺术品做得“惊犹鬼神”那样精美？按照梓庆本人的解释，其根本原因就在于“以天合天”。这里两个“天”，应当怎样理解？笔者以为前一个“天”当指梓庆本人之“天”，我们可以称之为主观的“天”；后一个“天”按照梓庆的说法就是“天性”的“天”，我们可以称之为客观的“天”。主观的“天”必须具备两个条件：一，“不敢怀庆赏爵禄”、“不敢怀非誉巧拙”，即排除一切杂念达到忘我的境界(所谓“无公朝，其巧专而外骨消”即指此意)。二，在这种思想指导下，经过长期而艰苦的努力使专业技艺达到极高的造诣。两者相辅相成，缺一不可(《养生主》中的庖丁便是适例)。只有具备这样的主观的“天”，才能在“观天性”之后，出现“形躯至矣，然后成见鐻”的情况而与客观的“天”相合。

“以天合天”、“法天贵真”的美学思想、艺术思想和庄子的哲学思想一样是一种独创性的哲理思辨。这种独创性的哲理思辨，展现了一种诡奇、绚丽多姿、广阔深邃的境界，显示了庄子那种不可企及的才华。在先秦诸子中，庄子的散文最富于文学色彩。生动的形象和深刻的哲理那样完美的结合在我国历史上是罕与比肩的。

以老子、庄子为代表的道家，两千多年来通过儒、道、释互补形成了传统文化的核心，产生了巨大而深远的影响。可以毫不夸张地说，两千多年来的思想家、文学家、艺术家就是在这种思想影响下成长起来并取得辉煌成就的。

庄子以他特有的贡献，成为一位文化巨人，永远矗立在中华民族的历史上乃至全人类的历史上。他所建立的思想体系，将作为中华民族乃至全人类的宝贵精神财富，永远供后人探索、汲取！

当然，由于历史的局限，庄子的思想体系中也存在一些不足甚至糟粕。这是不容讳言的。但无论是肯定其精华，还是否定其糟粕，都必须采取审慎的、实事求是的态度。马叙伦先生说："《庄子》书辞趣华深，度越晚周诸子，学者喜读之。然其用字多以音类比方假借为之。复有字之本义世久不用，而犹存于《庄》书，学者多不明文字本义，又昧古今音读变迁之迹。是以注释此书者，无虑百家，率皆望文生训。奇谈妙论，虽足解颐，顾使庄周复生，当复大笑。"（《庄子义证·自序》）马先生这段话，我们应当引以为戒。其实，马先生所批评的现象，不但古代有，今天也仍然存在。这是我们应当极力避免的！

笔者从1960年开始系统研读《庄子》，在研读《庄子》之初，一方面为《庄子》的文采所倾倒，另一方面又深感读懂《庄子》之不易。在那时，我就将马先生这部著作置诸案头作为重要参考书。不仅时时研读，而且将马先生那段话时时引以自警。1984我所主编的《庄子译注》由山东教育出版社出版，1998年应齐鲁书社之约将《庄子译注》加以修改订正，书名改为《庄子注译》，由我署名交齐鲁书社出版。在1984年出版《庄子译注》后，又历时八年撰成《老庄词典》交山东教育出版社于1993年出版。《老庄词典》的编撰有一定的工作流程。首先按原文逐字制成卡片，每字一张，并按每字在原文中出现的先后写明序号。这样每一篇原文的卡片制作完成后，这一篇原文的总字数就确切无误地统计出来了。今本《庄子》三十三篇的总字数为66152字。无论在撰写《老庄词典》还是在撰写

《庄子注译》的过程中，对于每一单音词或每一个由字组成的复合词，都是参考古今学者的注释，仔细斟酌，择善而从，或间出己意。个中甘苦，非亲身经历者，恐难理会！

从1960年到今天为止，整整经历了48年。在这将近半个世纪的漫长岁月里，虽然曾经从事过其他课题的研究，还经历过十年浩劫“文革”的煎熬，但对《庄子》哲学思想的探索和思考却从未间断。《庄子注译》出版后，我便开始着手就多年来研究所得，写一部全面探索《庄子》哲学思想的论著。但由于其他事务的干扰，加上资质鲁钝，又加上接连生了两次大病，十年来仅写了不足十万字。在《庄子注译》的《序言》中，我曾说“只要不出意外，这部论著将会如期完成，并尽早跟读者见面”，现在，竟然成了一句空话。这不仅使我感到十分惭愧，而且要郑重地向读者表示诚挚的歉意！

《庄子译注》、《庄子注译》两书的编撰情况，在两书的《前言》或《序言》中均有交代，此处不再重复。这里需要指出的是《庄子译注》以及《老庄词典》的顺利出版与原山东教育出版社社长也是我的老同学张华岗兄无私的支持与帮助是分不开的；《庄子注译》的出版以及再次梓行与齐鲁书社领导的推重是分不开的，此次梓行，社长宫晓卫先生对《序言》的修改又提出了指导性的意见；《庄子译注》与《老庄词典》的责任编辑朱晓晨先生以及《庄子注译》的责任编辑严茜子先生一丝不苟严肃认真的工作作风，至今仍历历在目，令人难以忘怀！在这里，请允许我向他们表示由衷的感谢！同时，在上述诸书的编撰过程中得到许多师友的指导、帮助、支持，他们中有的已经作古，而我也已年逾古稀，垂垂老矣。追忆往昔，不胜欷歔。请允许我对上述健在的师友，表示由衷的感谢！对上述已经作古的师友除了表示由衷的感谢以外，并表示由衷的怀念！

王世舜

2008年12月5日深夜

于京郊龙泽苑守拙斋

目录

杂 篇

内篇

逍遥游第一

［原文］

北冥有鱼，其名为鲲[①]。鲲之大，不知其几千里也，化而为鸟，其名为鹏[②]。鹏之背，不知其几千里也；怒而飞，其翼若垂天之云[③]。是鸟也，海运则将徙于南冥[④]。南冥者，天池也。《齐谐》者，志怪者也[⑤]。《谐》之言曰："鹏之徙于南冥也，水击三千里，抟扶摇而上者九万里[⑥]，去以六月息者也[⑦]。"野马也，尘埃也，生物之以息相吹也[⑧]。天之苍苍，其正色邪？其远而无所至极邪？其视下也，亦若是则已矣。且夫水之积也不厚，则其负大舟也无力。覆杯水于坳堂之上，则芥为之舟；置杯焉则胶，水浅而舟大也[⑨]。风之积也不厚，则其负大翼也无力，故九万里则风斯在下矣[⑩]。而后乃今培风，背负青天而莫之夭阏者，而后乃今将图南[⑪]。

蜩与学鸠笑之曰[⑫]："我决起而飞，枪榆枋，时则不至，而控于地而已矣[⑬]，奚以之九万里而南为[⑭]？"适莽苍者，三飡而反，腹犹果然[⑮]；适百里者，宿舂粮[⑯]；适千里者，三月聚粮，之二虫又何知[⑰]！小知不及大知，小年不及大年。奚以知其然也？朝菌不知晦朔，蟪蛄不知春秋，此小年也[⑱]。楚之南有冥灵者，以五百岁为春，五百岁为秋；上古有大椿者，以八千岁为春，八千岁为秋，此大年也⑲。而彭祖乃今以久特闻，众人匹之，不亦悲乎⑳！

汤之问棘也是已㉑："穷发之北，有冥海者，天池也㉒。有鱼焉，其广数千里，未有知其修者㉓，其名为鲲。有鸟焉，其名为鹏，背若泰山㉔，翼若垂天之云；抟扶摇羊角而上者九万里，绝云气，负青天，然后图南，且适南冥也㉕。斥鴳笑之曰：'彼且奚适也？我腾跃而上，不过数仞而下，翱翔蓬蒿之间，此亦飞之至也㉖。而彼且奚适也？'"此小大之辩也㉗。

故夫知效一官，行比一乡，德合一君，而徵一国者，其自视也亦若此矣㉘。而宋荣子犹然笑之㉙，且举世誉之而不加劝，举世非之而不加沮㉚。定乎内外之分，辨乎荣辱之境，斯已矣㉛。彼其于世，未数数然也㉜。虽然，犹有未树也。夫列子御风而行，泠然善也，旬有五日而后反㉝。彼于致福者，未数数然也㉞。此虽免乎行，犹有所待者也。若夫乘天地之正，而御六气之辩，以游无穷者，彼且恶乎待哉㉟？故曰：至人无己，神人无功，圣人无名。

[注释]

① 北冥：北海。冥，一作"溟"，溟，海。汉·东方朔《海内十洲记》："圆海水正黑，而谓之冥海也。"水极深方呈黑色，因称北海为北冥。鲲：《尔雅·释鱼》："鲲，鱼子。"郝懿行义疏："凡鱼之子，总名鲲。"鲲本指鱼卵，此处借作大鱼名。　② 鹏：古凤字，此处用作大鸟名。　③ 怒：振奋，奋发。垂：旧注或解作垂挂；或解作"陲"，边，垂天，指天边。马叙伦、高亨先生解作"遮"（见《庄子义证》及《诸子新笺》）。遮，遏止。谓鹏的翅膀可以遮遏天上的行云。此解充分体现了鹏翼的大而有力，较旧注于义为长，当从。　④ 海运：指海啸、海动而引起的大风。　⑤ 齐谐：当是书名。记载怪异之事，因称志怪。志，记载。　⑥ 抟

(tuán 团):拍击。一说抟聚。扶摇:由地面急剧盘旋而上的暴风。⑦ 六月息:息,风。海上六月间常起大风,因称六月息。 ⑧ 野马:春天阳气发动,原野或沼泽之中游气浮动,远望状如奔马,故名。尘埃:尘,尘土;埃,尘土中之尤细小者。生物:概指动物。息,气息,指生物呼吸时所产生的气息。 ⑨ 其正色邪:其,通"岂",表反诘。邪,通"耶",语词。坳(ào 傲):凹坑。坳堂,也作"堂坳",地上低洼之处。芥:小草。胶:粘住。 ⑩ 斯:就。 ⑪ 培:通凭,凭借。夭阏(è 遏):阻拦;遏止。 ⑫ 蜩(tiáo 条):蝉。学鸠:鸟名,古时为灰雀属各类小鸟的通称。学,一作"鷽",音同。 ⑬ 决(xuè 血):迅急飞起的样子。枪:突,冲过。一说集,指群鸟落在树上。榆、枋:两种树名。枋,檀树。控:投下,落下。 ⑭ 此句为嵌语式,将"奚为"拆开,嵌入"以之九万里而南",表示反问。"奚为",何为,为什么。 ⑮ 适:往,到。莽苍:野外迷茫不清的样子。飡,即"餐"。反:通"返"。果然:饱的样子。

⑯ 宿:本义为住宿。此处指一夜。舂(chōng 充):将谷物放在臼内,用杵捣去皮壳。 ⑰ 之:这。之二虫,指上文蜩与学鸠。 ⑱ 朝菌:生命极为短促的菌类,旧说为大芝,江东一带称为土菌,早晨出生,日出即死。晦:阴历月终。朔(shuò 数):阴历每月初一。蟪蛄:虫名。生于夏初,死于夏末,一说寒蝉。春生夏死,夏生秋死。 ⑲ 冥灵:树名,一说大龟名,与下文大椿并为神话传说。"此大年也",今本无此四字,《阙误》引成玄英本有此四字。从上下文推断,当有。疑今本误夺,当从成本。 ⑳ 彭祖:传说中的人物,姓篯(jiān 笺)名铿,尧时人,历夏、商至周,活八百岁,封于彭,以其年寿特长,故世称彭祖。特,独。闻,名声,此处指以长寿著称。 ㉑ 棘:商汤时贤大夫。《列子·汤问》作"夏革",革、棘音同,均读(jí 即)。已:通"矣",语气词。 ㉒ 穷发:不生草木的地方。地以草木为毛发,北方酷寒,草木不生,为不毛之地,因称穷发。 ㉓ 广:宽。修:长。 ㉔《庄子集释》本作"太山"。《世德堂》本及《庄子集解》本均作"泰山",当从。 ㉕ 羊角:旋风名。大风盘旋上升状如羊角,故名。绝:穿越。 ㉖ 斥鴳(yàn 晏):小鸟名,即鴳雀一类小鸟。斥,泽的崖岸。此类小鸟多生活在泽岸,因称斥鴳。仞:古时长度单位,周制八尺为一仞。 ㉗ 辩:通"辨",分别。

㉘ 知：通“智”，才能。效：功效，引申为胜任。行：行为，作为，一说品行，亦通。比：合。德：道德，品德。合：符合。而：能够。徵：信；取信。

㉙ 宋荣子：当是《庄子·天下篇》中所说的宋钘，齐国稷下学宫的学者，与尹文同属一派。当代学者称为宋尹学派。犹然：笑貌。一说讥笑，均通。译文取后一说。 ㉚ 此句文字从《庄子集解》本。《庄子集释》本作“且举世而誉之而不加劝”多一“而”字，不从。下句同此。举：全，举世，全社会。劝：勉，努力。 ㉛ 内外之分：《天下篇》介绍宋钘思想时说：“不累于俗，不饰于物，不苟于人，不忮于众。”又说：“见侮不辱，救民之斗。”这些话可作“内外之分”一语的注脚。“俗”、“物”、“人”、“众”和自身相对而言，前者是外，后者是内。宋钘所说的内，是指独立自主的精神。“誉”对内在的精神无所补益，故“举世誉之而不加劝”；“非”对内在的精神也无损伤，故“举世非之而不加沮”。这就叫“定乎内外之分”。辨：辨别。境：界，界限。斯：这。已：止。 ㉜ 数数（shuò 朔）：犹汲汲，着急的样子。 ㉝ 列子：姓列，名御寇，春秋时期郑国人，与郑穆公同时，著有《列子》八卷。御：驾驭。泠（líng 零）然：轻妙的样子。旬：十天。有：又。反：通“返”。 ㉞ 致福：求福。 ㉟ 御：本义为驾驭，此处当引申为因顺。六气：指阴、阳、风、雨、晦、明。辩：通“变”，指变化。恶（wū 乌）：何，什么。待：凭借。

［译文］

北海有一条鱼，它的名字叫做鲲。鲲的体积非常大，人们不知道它大到几千里；鲲变成鸟，它的名字叫做鹏。鹏的脊背，人们不知道它长到几千里；当这只鸟奋起飞翔的时候，它的翅膀像遮天的云彩。这只鸟，在海水翻腾激荡的时候向南海飞去。南海是天然形成的池。《齐谐》是一部记载怪异事情的书。《齐谐》的记载说：“鹏飞向南海的时候，将水面激起三千里高的浪花，拍击着暴风飞向九万里的高空。它是凭借六月间的大风离开北海飞向南海的。”春天，原野上蒸腾如野马奔驰的雾气，以及小的尘埃，这些都是由于生物气息的吹拂而浮动起来的。天空呈现着深青的颜色，难道深青就是天空真正的颜色吗？天空的辽远难道就没有边际吗？在九万里高空飞翔的大鹏，向下看，也不过是像这个样子罢了！进一步说，如果水聚积得不深厚，那么，它就没有力量负起大船。倒一杯水在地上的低洼之处，一根小草便可以在这样的水坑中当船；如果放上杯子，这杯子就会粘住不动，这是因为水很浅而杯子却很大的缘故！风所积蓄的力量如果不雄厚，那么它就没有力量负荷鸟庞大的翅膀。所以，鹏高飞九万里，是因为大风就在它的下面。有了大风之后，才能像现在这样，使大鹏凭着风力背负青天而无法遏止地飞翔着；有了大风之后，才能像现在这样使大鹏计划着飞向南海。

蝉和小鸟讥笑大鹏说："我迅速地从地上飞起，飞向榆树和檀树，有时飞不到，那就落在地上罢了，为什么偏偏要飞向九万里的高空往南海去呢？"飞向郊外，一天便可以飞回来，肚子里还饱饱的；飞向一百里远的地方，要用一夜的时间准备粮食；飞向一千里远的地方，那就要准备好三个月的粮食，蝉和小鸟这两个小东西知道什么呢？才智小的赶不上才智大的，寿命短的赶不上寿命长的。怎么知道是这样呢？生命只有一个早晨的菌类，不可能知道一个月的开头一天和最后一天，生命只有一个夏季的蟪蛄，不会知道春天和秋天。这些生物的寿命是短促的。楚国的南面，有一种树叫冥灵，把五百年当作一个春天，又把五百年当作一个秋天。远古的时候，有一种树叫做大椿，把八千年当作一个春天，又把八千年当作一个秋天。这些树木的寿命是长的。然而现在，只活了八百岁的彭祖，却唯独以长寿著称，而一般谋求长寿的人，往往拿彭祖来比较，这不是令人悲哀的吗？

商汤询问棘的一段话是这样的："不毛之地的北面，有极深的大海，叫做天池。里面有一条鱼，它的宽度有数千里，没有人能够知道它的长度，它的名字叫做鲲。有一种鸟，它的名字叫做鹏，脊背像泰山那样大，翅膀像遮天的云彩，凭借着极大的旋风飞向九万里的高空，穿过云层，背负青天，然后计划着向南飞去，将要飞向南海。小鸟讥笑大鹏说：'它将要飞向什么地方呢？我跳起来飞向空中，不超过几丈高便飞落下来，在蓬蒿之间盘旋飞舞。这样的飞翔也是最快活的，而它将要飞向什么地方呢？'"这就是小和大的区别。

所以，才智能够胜任一官之职的，作为能够符合一乡人的心愿的，品德能够使国君感到满意的，能力能够取信于一国之人的，他们对自己的看法也就像这样啊。而宋荣子却讥笑这种人。宋荣子，整个社会都在赞美他，他也不因此而更加努力；整个社会都在批评他，他也不因此而更加沮丧。他认清了自身和外界的区别，分清了光荣和耻辱的界线，不过如此而已！宋荣子对于社会，不去努力追求什么，虽然这样，他也还有尚未达到的境界。列子能够驾着风行走，样子十分轻妙，走了十五天便回来。他对于幸福，从来不去努力追求。这样他虽然免除走路的劳苦，但他还要有所凭借啊。至于顺应着万物的本性，因循着六气的变化，无始无终地遨游在无边无际的空间，他还依赖什么呢；因此说，修养最高的人，能够忘掉自己；修养达到人所不测地步的人，不去建立功业；修养臻于圣明的人，不去树立名望。

［原文］

尧让天下于许由[①]，曰："日月出矣，而爝火不息；其于光也，不亦难乎！时雨降矣而犹浸灌；其于泽也，不亦劳乎！夫子立而天下治，而我犹尸之，吾自视缺然，请致天下[②]。"许由曰："子治天下，天下既已治也；而我犹代子，吾将为名乎？名者，实之宾也，吾将为宾乎[③]？鹪鹩巢于深林，不过一枝；偃鼠饮河，不过满腹[4]。归休乎君，予无所用天下为[5]！庖人虽不治庖，尸祝不越樽俎而代之矣[6]！”

肩吾问于连叔曰[7]：“吾闻言于接舆，大而无当，往而不返[8]；吾惊怖其言，犹河汉而无极也；大有迳庭，不近人情焉[9]。”连叔曰：“其言谓何哉？”曰：“藐姑射之山，有神人居焉；肌肤若冰雪，淖约若处子，不食五谷，吸风饮露。乘云气，御飞龙，而游乎四海之外；其神凝，使物不疵疠而年谷熟。吾以是狂而不信也[10]。”连叔曰：“然。瞽者无以与乎文章之观，聋者无以与乎钟鼓之声；岂唯形骸有聋盲哉！夫知亦有之[11]。是其言也，犹时女也[12]。之人也，之德也，将旁礴万物以为一世蕲乎乱，孰弊弊焉以天下为事[13]！之人也，物莫之伤，大浸稽天而不溺，大旱金石流土山焦而不热[14]。是其尘垢秕糠将犹陶铸尧、舜者也，孰肯以物为事[15]！宋人资章甫而适诸越，越人断发文身，无所用之[16]。尧治天下之民，平海内之政，往见四子藐姑射之山，汾水之阳，窅然丧其天下焉[17]。”

［注释］

① 许由：古代传说中的隐士，姓许名由字仲武，颍川人，以高洁自许。相传尧要把天下让给他，许由认为这种话玷污了自己的耳朵，便到河中洗耳，然后归隐于箕山，尧拜他为老师。许由死后尧封其墓，并谥为箕公，后人号为洗耳翁。（见嵇康《高士传》） ② 爝（jué 爵）火：火把。用苇草捆扎而成。此处寓指人为。时雨：按一定的时令节气及时降落的雨。浸灌：指人工灌溉。尸：古代代表死者接受祭祀的活人，后引申比喻居其位而无所事事。 ③ 名：名称。实：实物。宾：谓派生物，附属品。 ④ 鹪（jiāo 焦）鹩（liáo 僚）：小鸟名。善于筑巢，又称巧妇鸟。偃鼠：鼠类。偃通“鼹”。 ⑤ 休乎：犹言罢了。 ⑥ 祝：古代

祠庙中主持祭礼的司仪。樽:酒器。俎:盛肉的器皿。 ⑦ 肩吾、连叔:均人名。旧注谓古时有道之士,近人疑为庄子虚构的人物,此说可从。 ⑧ 接舆:人名。姓陆名通,字接舆,楚国的隐士,和孔子同时,佯狂不仕。 ⑨ 河汉:指银河。无极:无边无际。迳:通"径"。门外的道路。庭:院内堂外之地。迳庭:比喻差别。 ⑩ 藐姑射(yè 夜):神话传说中的山名。旧说藐,远。姑射,山名。淖(chuò 绰)约:通"绰约",姿态柔美的样子。疵疠:灾害,疾病。 ⑪ 文章:文采,指错综华美的色彩和花纹。 ⑫ 时女:处女,未曾嫁人的少女。 ⑬ 旁礴:广被,混同。旁礴万物,指与万物混同。以为一世:指与社会混同。⑭ 大浸:大水。稽:至。 ⑮ 秕糠:瘪谷和米糠,比喻微末、细小。陶:烧制瓦器。铸:熔铸金属器物。陶铸:比喻造就、制作。 ⑯ 资:贩卖。章甫:一种礼帽。越:越国。春秋时南方诸侯国,在当时文化比较落后。断发文身:古代越国人风俗。断发,不蓄头发。文身,身上刺着花纹。 ⑰ 四子:《经典释文》引司马彪、李颐注,以四子为王倪、啮缺、被衣、许由。这里是寓言,不必确指。汾水之阳:汾水,在今山西省境内,相传临汾为尧都。阳,水的北面。窅(yǎo 咬):所见深远貌。

[译文]

尧要把天下让给许由,说:"太阳和月亮已经出来了,然而小火把却仍在燃烧而不熄灭,这小火把要增加光辉,不也是很困难吗?及时雨已经降落了,还要进行人工灌溉,这对增加土壤的水分,不也是徒劳的吗?先生您如果立为天子,天下一定会大治,然而现在我还在主持着天子的政务,我看看自己,能力很不够,请允许我把天下交给您。"许由说:"您治理天下,天下已经大治了,而我还要去代替您,难道我是为了出名吗?名是从'实'派生出来的东西,难道我还要去求取这派生物吗?巧妇鸟住在深林之中,它所筑的巢,不过占用一根树枝罢了;鼹鼠在河中饮水,不过喝满肚子罢了。回去吧!算了吧!你这个天子啊!我是不想对天下有所作为的!厨夫虽然不下厨,主持祭礼的司仪是不会逾越厨夫的职位而代替厨夫去做菜的!”

肩吾向连叔请教说:“我在接舆那里听到的话,都是一些大而没有边际的话,说开去就收拢不回来。对于这些话,我感到惊异和害怕,这些话就好像天河那样无边无际,和一般人的想法差别极大,实在不近人情啊。”连叔说:“他说些什么呢?”肩吾说:“他说:‘藐姑射的山上,有位神人住在那儿。他的皮肤像冰雪那样白,体态柔弱美好,像个少女。不吃五谷杂粮,吸着风,饮着露水,乘着云气,驾着飞龙,在四海之外遨游;他的精神十分集中专一,根本不去顾及万物,因而使万物不遭到病害,谷物年年丰收。’我以为这都是一些狂话而不敢相信。”连叔说:“是这样。瞎子没有办法让他看到文采的美丽,聋子没有办法使他听到钟鼓的声音,哪里只是在形体上有聋子和瞎子呢?在知识方面也有聋子和瞎子!接舆的话,就像未出嫁的少女一样,不易为人所理解。这位神人啊!他的德行覆被万物,和整个世界混同为一,以求得天下大治,他哪里会劳苦地去治理天下呢?这样的人,外物不能伤害他,连天大水淹不死他,天气旱热到金属和石头都被熔化,土地和大山都被烧焦,他也不会感到热。用他身上细小的尘垢,就可以制造出尧和舜来,他哪里还会把治理万物当作自己的事业呢?宋国人采购礼帽到越国出售,而越国人断发文身,礼帽对他们毫无用处。尧治理天下的臣民,使海内的政局平稳,于是到藐姑射的山上和汾水的北面,拜见四位有道的先生,懂得了更加深远的道理,从而忘掉了自己的天下。”

[原文]

惠子谓庄子曰①:“魏王贻我大瓠之种,我树之成而实五石②。以盛水浆,其坚不能自举也。剖之以为瓢,则瓠落无所容③。非不呺然大也,吾为其无用而掊之[④]。”庄子曰：“夫子固拙于用大矣！宋人有善为不龟手之药者，世世以洴澼絖为事。客闻之，请买其方百金。聚族而谋曰：‘我世世为洴澼絖，不过数金。今一朝而鬻技百金，请与之。’客得之，以说吴王。越有难，吴王使之将，冬与越人水战，大败越人，裂地而封之[⑤]。能不龟手一也；或以封，或不免于洴澼絖，则所用之异也。今子有五石之瓠，何不虑以为大樽而浮于江湖，而忧其瓠落无所容，则夫子犹有蓬之心也夫[⑥]！”

惠子谓庄子曰：“吾有大树，人谓之樗；其大本拥肿而不中绳墨，其小枝卷曲而不中规矩[⑦]。立之涂，匠者不顾[⑧]。今子之言，大而无用，众所同去也。”庄子曰：“子独不见狸狌乎[⑨]？卑身而伏，以候敖者[⑩]；东西跳梁，不辟高下[⑪]；中于机辟，死于罔罟[⑫]。今夫斄牛，其大若垂天之云[⑬]；此能为大矣，而不能执鼠。今子有大树，患其无用，何不树之于无何有之乡，广莫之野，彷徨乎无为其侧，逍遥乎寝卧其下[⑭]；不夭斤斧，物无害者。无所可用，安所困苦哉？”

［注释］

① 惠子：姓惠名施，庄子的朋友，战国时宋人，曾做过魏相，先秦名家学派重要代表人物。　② 魏王：即魏惠王。贻（yí 宜）：赠送。瓠（hù 户，旧读 hú 胡）：葫芦。实：容纳；填塞。石（dàn 但）：容量单位，十斗为一石。　③ 瓠落：又作“濩落”、“廓落”，大而平浅之貌。　④ 呺（xiāo 哮）：大而中空。　⑤ 龟（jūn 君）：通“皲”，手足皮肤因受冻而开裂。手足经常沾水，冬天尤易冻裂。洴（píng 瓶）澼（pì 辟）：在水中漂洗。絖（kuàng 旷）：絮衣服的新丝绵。难：指发难，发起反抗。⑥ 虑：通“攄”，拴，结。大樽：腰舟，形如酒器，故称大樽。蓬：草名，其状

拳曲不直。　⑦ 樗(chū 初):俗称臭椿,质地粗劣的大木,其高可达二十米。本:指树干。拥肿:即疙瘩。形容树干不成材。　⑧ 涂:通"途",道路。　⑨ 狸(lí 离):俗称野猫,善伏之兽。狌(shēng 生):通"鼪"。俗称黄鼠狼。　⑩ 敖:通"遨",游。敖者,指在地上来往的小动物,如鸡鼠之类,为狸狌猎获的对象。　⑪ 跳梁:即"跳踉",跳跃。辟:通"避"。　⑫ 中(zhòng 仲):受到。机辟:猎人设置的捕捉禽兽的机关。罔:通"网"。罟(gǔ 古):网的总名。　⑬ 斄(lí 离):牦(máo 毛)牛。产于我国青藏高原地区。　⑭ 莫:大。一说,无。广莫之野,指宽旷无人之处。

[译文]　惠子对庄子说:"魏王送我大葫芦的种子,我种下这颗种子,结出可以容纳五石东西的大葫芦。用这个葫芦去盛水浆,而它的坚固程度很差,不能被提起来。把葫芦切开制成瓢,瓢底大而平浅,不能容纳什么东西,这个葫芦不是不大,是因为它没有什么用处,便把它砸烂了。"庄子说:"先生原来不善于使用大物件!宋国有一个人善于制造不皲手的药物,祖祖辈辈在水中从事漂洗丝絮的劳动。一位客人听到了这件事,请求以百金购买他的药方。宋人把全家人集合在一起商量说:'我们祖祖辈辈从事漂洗丝絮的劳动,赢利所得不过数金,现在把药方卖掉,一个早晨便可得到百金,让我们把药方卖给他吧。'客人得到药方,拿来向吴王游说。一次越国发难侵吴,吴王派他统帅大军,冬天和越人在水上作战,把越国军队打得大败,吴王便分出一块土地赏赐给他。掌握不皲手的技艺是一样的,有的用来博取封赏,有的仍然不能免去在水中漂洗丝絮的劳苦,这是因为对药方的使用不同啊!现在先生有五石容量的大葫芦,何不将大葫芦做成腰舟,拴在腰间,借以飘浮在江湖之上,反而去忧虑它制成的瓢底大而平浅,不能容纳东西呢?先生的心窍大约是被卷曲不直的蓬草塞住了吧!"

惠子对庄子说："有一棵大树，人们把它叫做樗。这棵树的树干上长着许多疙瘩，无法打上墨线，它的小枝又都弯弯曲曲，不合乎规矩。它立在道路上，木匠连看也不看。现在，你说的那些话，大而无用，所以大家都一起离开了你。"庄子说："先生看不见那野猫和黄鼠狼吗？它把身子伏在地上，以等候那些来来往往的小动物；一会儿跳到东，一会儿跳到西，不管高处和低处，结果掉到猎人所设的机关中，死在猎人的网罟内。有一头牦牛，它的身躯很大，像遮天的云彩；这头牛算是大了吧，然而它却不会捉老鼠。现在先生有棵大树，却忧虑它没有什么用处，为什么不把它种在什么也没有的地方，以及那无边无际的原野，然后来往徘徊在树旁，自由自在地睡在它的下面，使它遭不到斧头的砍伐，也没有什么东西会侵害它。它没有什么用处，又会有什么困苦呢？"

齐物论第二

[原文]

南郭子綦隐机而坐，仰天而嘘，荅焉似丧其耦①。颜成子游立侍乎前，曰："何居乎？形固可使如槁木，而心固可使如死灰乎？今之隐机者非昔之隐机者也②？"子綦曰："偃，不亦善乎，而问之也③。今者吾丧我，汝知之乎④？汝闻人籁，而未闻地籁，汝闻地籁，而未闻天籁夫⑤！"子游曰："敢问其方⑥。"子綦曰："夫大块噫气，其名为风，是唯无作，作则万窍怒呺⑦。而独不闻之翏翏乎⑧？山林之畏佳，大木百围之窍穴，似鼻、似口、似耳、似枅、似圈、似臼、似洼者、似污者⑨。激者、謞者、叱者、吸者、叫者、譹者、宎者、咬者⑩。前者唱于而随者唱喁⑪。泠风则小和，飘风则大和，厉风济，则众窍为虚⑫。而独不见之调调之刁刁乎⑬？"子游曰："地籁则众窍是已，人籁则比竹是已，敢问天籁？"子綦曰："夫吹万不同，而使其自己也，咸其自取，怒者其谁邪？"

[注释]

① 南郭子綦：人名，楚昭王的庶弟，曾做过楚庄王的司马，因居于南郭，故称南郭子綦。《庄子·徐无鬼》又引作南伯子綦。隐：凭。机：通"几"，几案。嘘：吐气。荅（tà 沓）：通"嗒"，形容离形去智的样子。丧：失去。其：代词，此处指精神。耦：对。精神与肉体为对立的统一体，句中的耦指与精神对立的肉体。　② 颜成子游：人名，子綦的学生，姓颜名偃字子游，死后谥成，因称颜成子游。居（jī 基）：语气词，表疑问，犹"乎"。固：句中两固字，前一固字，作本来、诚然讲；后一固字作岂讲。

乎:与下一句中“也”用法相同,表示疑问的语气词。两句句式相同,都是疑问句。 ③ 而:通“尔”,你。 ④ 丧:丧失,丧亡。此指忘掉。 ⑤ 籁(lài 赖):古代的一种管乐器,即箫。“地籁”,文中解释说:“众窍是已。”而“众窍”是自然形成的,因而由“众窍”所发出的各种声音也是自然形成的。“人籁”,文中解释说:“比竹是已。”比竹,竹制编管乐器,如笙箫之类,由人工制作而成。因而由“比竹”所发出的声音是人为形成的。但地籁、人籁的音响均有赖于气的流动,“天籁”则指的是这种气,可见,天籁是地籁和人籁的本原。《齐物论》由三籁发端,寓意极深,读者当于此深加体味。 ⑥ 方:道,道理。 ⑦ 大块:大地。噫(ài 爱)气:呼气;嘘气。呺(háo 豪):呼啸;吼叫。 ⑧ 而:通“尔”,你。翏(liù 溜,又读 liú 流)翏:风声。一本作“飂飂”。 ⑨ 畏佳(cuī 崔):通“崔嵬”,高大雄伟貌。枅(jī 鸡,又读 jiān 坚):柱上的长形横木。污:小池。 ⑩ 謞(xiào 笑):像箭在空中飞行的声音。譹(háo 豪):像嚎哭的声音。宎(yào 要,又读 yǎo 咬、yáo 尧):风入孔窍发出的深沉声。咬(jiāo 交):鸟鸣声。 ⑪ 于、喁:风吹树动,前后相随之声。 ⑫ 泠(líng 零)风:小风;和风。飘风:大风。厉风:大风,也指西北风。济:停止。 ⑬ 调调、刁刁:均形容风吹物动的样子。

[译文]

南郭子綦靠着几案坐着,仰首向天,吐着气,神情木然,精神仿佛离开了躯体。颜成子游陪着站在南郭子綦的身前,说:“身体诚然可以使它像干枯的草木,而精神难道也可以使它像死灰那样吗?现在您凭几而坐,和过去凭几而坐怎么不一样呢?”子綦说:“你问的问题,不也是很好的吗。现在,我已经忘掉了我自己,你知道这一点吗?你听见过人制造的箫管发出的声音,却没有听到过大地发出的自然音响,你听到过大地发出的自然音响,却没有听到过宇宙发出的自然音响啊!”子游说:“请问这些道理怎样?”子綦说:“大地之上流动着的空气,它的名字叫做风。这风不发作便罢,一发作,那自然界无数的窍穴便发出怒号。你没有听到过嗖嗖的长风吗?这长风吹向高山的森林，吹到百围粗的大树上。这大树上面的窍穴，有的像鼻子，有的像嘴，有的像耳朵，有的像柱上的横木，有的像栏圈，有的像臼窝，有的像小水坑，有的像池塘。发出的声音，有的像湍急的流水声，有的像箭头疾飞声，有的像人的呵叱声，有的声音细如吸气，有的声音像大声呼叫，有的声音像嚎哭，有的声音深沉，有的声音像鸟鸣，有的像在前面领唱，有的像在后面应和。小风产生小的反应，大风产生大的反应，烈风停止的时候，众多的窍穴都空虚起来，所有的声音也都停止了。你难道不曾看见那风吹时所引起的各种不同的动摇吗？”子游说：“地上自然的音响，不过是众多的窍穴中发出来的罢了，人工乐器的声音，不过是从各种不同形状的竹管中发出来的罢了。请问宇宙中自然的音响，是怎么一回事呢？”子綦说：“吹出来的声音，虽有一万种不同，然而使它们发作或停止的，都是它们自己啊，发动者还能是谁呢？”

［原文］

大知闲闲，小知间间①；大言炎炎，小言詹詹②。其寐也魂交，其觉也形开；与接为构，日以心斗③。缦者，窖者，密者④。小恐惴惴，大恐缦缦⑤。其发若机栝，其司是非之谓也⑥；其留如诅盟，其守胜之谓也⑦；其杀若秋冬，以言其日消也⑧；其溺之所为之，不可使复之也⑨；其厌也如缄，以言其老洫也⑩；近死之心，莫使复阳也⑪。喜怒哀乐，虑叹变慹，姚佚启态，乐出虚，蒸成菌，日夜相代乎前，而莫知其所萌⑫。已乎！已乎！旦暮得此，其所由以生乎⑬？

非彼无我，非我无所取⑭。是亦近矣，而不知其所为使；若有真宰，而特不得其眹⑮；可行已信，而不见其形，有情而无形⑯。

百骸、九窍、六藏，赅而存焉，吾谁与为亲⑰？汝皆说之乎？其有私焉⑱？如是皆有为臣妾乎？其臣妾不足以相治也？其递相为君臣乎？其有真君存焉？如求得其情与不得，无益损乎其真。一受其成形，不亡以待尽。与物相刃相靡，其行尽如驰而莫之能止，不亦悲乎⑲！终身役役而不见其成功，苶然疲役而不知其所归，可不哀邪⑳！人谓之不死，奚益！其形化，其心与之然，可不谓大哀乎！人之生也，固若是芒乎㉑？其我独芒，而人亦有不芒者乎？

夫随其成心而师之，谁独且无师乎㉒？奚必知代而心自取者有之，愚者与有焉。未成乎心而有是非，是今日适越而昔至也。是以无有为有。无有为有，虽有神禹且不能知，吾独且奈何哉！

［注释］

① 闲闲：与下文“间间”相对，指宽达的情态。间间：《广雅·释诂》：“间，覗也。”覗通“伺”，窥伺。此处用指喜察人过失，借以形容斤斤于分辨是非的小智。 ② 炎炎（tán tán 谈谈）：言论美盛貌。詹詹：说话烦琐，喋喋不休的样子。 ③ 接：接触，指与社会接触。构：合。此处可引申理解为适应。 ④ 缦（màn 漫）：通“慢”。疏慢，形容漫不经心的样子。窖：深。指用心深沉或深刻。密：秘密，藏而不露。⑤ 缦缦：沮丧的样子。 ⑥ 机：弩的发射器。栝（guā 瓜）：箭的末端扣弦之处。司：主。司是非，犹言是非之主，谓产生是非的根源。 ⑦ 留：守，与发相对为文，指保守于内心。 ⑧ 杀（shài 晒）：衰颓；凋敝。

⑨ 溺：沉湎。为：做，指从事各种活动。 ⑩ 厌（yān 烟）：闭藏。缄：封闭。洫：深。 ⑪ 阳：生。复阳：谓复生。 ⑫ 虑：多思。叹：多悲。变：多反覆。慹（zhé 哲）：通“慑”，恐惧，害怕。姚：妖艳轻浮。佚：奢侈，放纵。启：开，指情欲开张。态：指娇淫妖冶的容态。乐：指乐声。虚：空虚，指乐器，中心词省略，乐声从空虚的乐器中发出，故称“乐

出虚”。蒸:蒸气。菌的生长要有一定的温度和湿度,故云:“蒸成菌。”萌:生。　⑬ 此:这,指上面所讲的道理。　⑭ 这里所说的是“彼”和“我”的相辅相成的关系。“无所取”之下有省略,指无所取以体现“彼”。　⑮ 特:但。眹(zhèn 朕):通“朕”,征兆,迹象。　⑯ 形:指形体。情:实,当指思想,思想是无形的,所以说“有情而无形”。

⑰ 百:言其多。骸:骨节。九窍:眼、耳、鼻、口共七窍,加上下体肛门、生殖器二窍,合为九窍。六藏(zàng 葬):即六脏。人体本只有五脏:心、肺、肝、脾、肾。据《难经·三十九难》,肾有两脏,左边叫肾,右边叫命门,因称五脏为六脏。赅:兼备,完备。　⑱ 说(yuè 悦):通“悦”,喜欢。私:偏爱。　⑲ 刃:比喻矛盾。靡:顺。谓适应。　⑳ 役役:劳苦不休。苶(niē 聂阳平):当作苶,疲倦的样子。一说作“苶”(ěr 耳),极,指疲倦之极。　㉑ 芒:通“茫”,暗昧无知。　㉒ 成心:犹言成见,指主观意识。

[译文]

很有智慧的人,表现出豁达的样子;小有才分的人,一定要区别是非而斤斤计较。合乎大道的言论,其势如烈火燎原,荡然无存,既美好又盛大;拘于小术的言论,琐琐碎碎,费话连篇。当他睡着的时候,便做起梦来;当他醒来的时候,便觉得形神开朗。为了求得和社会相适应,便时时要运用自己的心智去斗争。有的表现出漫不经心的样子,有的表现出深谋远虑的样子,有的表现出不露形迹的样子。心怀小的忧虑,就表现出惴惴不安的样子;心怀大的恐惧,就表现出沮丧的样子。他的心计像箭弩那样发了出去,这就是是和非产生的根源。他的这种是非观念存在于内心,像对待祈祷和盟约中的誓言那样牢固不移,就是说他要坚守这些信念以求战胜外物;这样他就会像秋天和冬天的万物那样衰老,并天天衰老下去。他沉湎在自己的思虑之中,并从事各种活动,以致无法使他恢复本来的性情;把自己的心计严密地藏在心里,好像封闭起来一样，这就是说越到老的时候，在自己的思虑之中就沉湎得越深。这种走向死亡的心理状态，是无法再恢复生机的。高兴、愤怒、悲哀、欢乐；思考、叹息、反复、恐怖；轻浮躁动，奢侈放纵；情欲大开，娇淫妖冶；这些也都像天籁一样出乎自然。乐声是从空虚的乐器中产生出来的，菌类是从蒸气中产生出来的，人的思想感情，就像乐声和菌类一样，产生出来之后，白天晚上交替变换着而不知道他是从哪里萌生的。算了吧，算了吧，一旦懂得了这个道理，不就懂得这些都是出乎自然吗？

没有他，也就没有我，没有我也就拿不出什么来体现他。懂得这个道理，也就算是接近真理了，然而却不知道他受谁的支配，好像有个主宰，但是却看不见它的征兆。已经表现出来的行动，自己是相信的，但究竟是谁使他们行动的，却看不到他的形状，虽有具体的运动形态，却没有使这种运动状态产生的形体。

上百个骨节，九个孔窍，以及六脏，完备地存于人的身体之内，这些我跟谁最为亲近呢？你对它们都喜欢吗？还是对其中有的特别亲近呢？像这样，它们都是臣妾吗？然臣妾是不能互相统率的，难道它们相互间轮流着做君臣吗？难道果然另有真君存在吗？如果你要去研求其间的究竟，那是得不到的，这样做没有什么益处，反而会损害他的本真。一旦产生了形体，就忘不了自己的思想感情，以等待着最后的灭亡。这样的人和外物有矛盾的时候，也有顺应的时候，他的思想在追逐着外物，像奔跑那样，而不能使他停止，这不也是很悲哀的吗？一辈子被役使，而看不到成功；困苦地疲于奔命，而不了解自己的归宿，这不是很悲哀的吗？人们说他没有死又有什么益处呢？他的形体在不断地变化，他的思想感情也跟着这样，这能够不把它叫做最大的悲哀吗？人们生在世上，就是这样的愚昧无知啊，难道只有我愚昧无知，而别人也有不是愚昧无知的吗？

假如追随已经形成的思想感情而把它当作老师，那谁没有老师呢？何必互相代替着做老师？如果取自己的思想感情做老师，那么，愚笨的人也会有自己的老师。还没有形成一定的见解，便产生了是非的观念，这等于说今天出发到越国去而昨天就到了越国啊！这是把无有当作有。把无有当作有，即使那神圣的大禹尚且不能了解，我又能怎么样呢？

［原文］

夫言非吹也。言者有言，其所言者，特未定也①。果有言邪？其未尝有言邪？其以为异于鷇音，亦有辩乎？其无辩乎②？

道恶乎隐而有真伪③？言恶乎隐而有是非？道恶乎往而不存？言恶乎存而不可？道隐于小成，言隐于荣华④。故有儒墨之是非，以是其所非而非其所是。欲是其所非而非其所是，则莫若以明⑤。

物无非彼，物无非是；自彼则不见，自知则知之。故曰彼出于是，是亦因彼⑥。彼是，方生之说也⑦。虽然，方生方死，方死方生；方可方不可，方不可方可；因是因非，因非因是。是以圣人不由而照之于天⑧，亦因是也。是亦彼也，彼亦是也；彼亦一是非，此亦一是非。果且有彼是乎哉？果且无彼是乎哉⑨？彼是莫得其偶，谓之道枢⑩。枢始得其环中，以应无穷。是亦一无穷，非亦一无穷也。故曰莫若以明。以指喻指之非指，不若以非指喻指之非指也⑪；以马喻马之非马，不若以非马喻马之非马也⑫。天地一指也，万物一马也⑬。

可乎可，不可乎不可。道行之而成，物谓之而然。恶乎然？然于然。恶乎不然，不然于不然。物固有所然，物固有所可；无物不然，无物不可。故为是举莛与楹，厉与西施，恢恑憰怪，道通为一[14]。其分也成也；其成也毁也。凡物无成与毁，复通为一。唯达者知通为一，为是不用而寓诸庸[15]。庸也者用也；用也者通也；通也者得也，适得而几矣[16]。

因是已，已而不知其然，谓之道。劳神明为一而不知其同也，谓之"朝三"。何谓"朝三"？狙公赋芧，曰："朝三而暮四[17]。"众狙皆怒。曰："然则朝四而暮三。"众狙皆悦。名实未亏而喜怒为用，亦因是也。是以圣人和之以是非而休乎天钧，是之谓两行[18]。

古之人，其知有所至矣。恶乎至？有以为未始有物者，至矣，尽矣，不可以加矣。其次以为有物矣，而未始有封也[19]。其次以为有封焉，而未始有是非也。是非之彰也，道之所以亏也。道之所以亏，爱之所以成。果且有成与亏乎哉？果且无成与亏乎哉？有成与亏，故昭氏之鼓琴也[20]；无成与亏，故昭氏之不鼓琴也。昭文之鼓琴也，师旷之枝策也，惠子之据梧也[21]，三子之知几乎！皆其盛者也，故载之末年。唯其好之也，以异于彼；其好之也，欲以明之。彼非所明而明之，故以坚白之昧终[22]；而其子又以文之纶终，终身无成[23]。若是而可谓成乎？虽我亦成也。若是而不可谓成乎？物与我无成也。是故滑疑之耀，圣人之所图也[24]。为是不用而寓诸庸，此之谓以明。

［注释］ ① 特：但。 ② 鷇（kòu 扣，又读 gòu 够）音：刚刚破卵而出的雏鸟的鸣声。辩：王先谦《庄子集解》本作“辨”。马叙伦以为“辩借为辨”。辨，分别，区别。 ③ 恶（wū 乌）：疑问代词。隐：隐蔽。 ④ 小成：小的成就，指儒家宣扬的仁义之道。荣华：指华美的言论。 ⑤ 莫若以明：不及于明。意谓无法做到把问题弄清楚。若，及；至。以，于。王先谦说：“案‘莫若以明’者，言莫若以本然之明照之。”可备一说，录以备考，译注不从此说。 ⑥ “彼”与“是”在句中是相对而言，指对立的双方。是，可理解为指示代词“这”，指对立面的一方；彼，则指对立面的另一方。因：依托；依赖。 ⑦ 方：始。 ⑧ 由：经过，经由。一说，“由”训“用”，不由，即不用。亦通。 ⑨ 果且：犹果真、诚然。 ⑩ 偶：对，指对立面。枢（shū 书）：重要部分；中心部分。道枢，指道的关键之处。 ⑪ 指：当是名家学派公孙龙子的《指物论》中所说的指。指，意谓要素。《指物论》说：“物莫非指。”意思是说，物都是要素的结合。但要素如果不表现于物，则无从了解要素的存在。所以说“指非指”。庄子对名家学派持反对态度，此处的论述便是对名家学派的批判，并借这个批判来阐明自己的哲学观点。 ⑫ 公孙龙子在《白马论》中提出了“白马非马”的论辩。公孙龙把“白”的颜色和“马”的形体割裂开来，以为只能说“白”和“马”而不能说“白马”，所以说“白马非马”。“白马非马”是当时的著名论题。从所处时代考查，公孙龙子比庄子晚将近五十年。但“白马非马”之说，并非始于公孙龙子，据《韩非子·外储说左上》记载：“儿说，宋人，善辩者也，持白马非马也，服齐稷下之辩者。”据学者研究儿说在公孙龙子之前。“白马非马”之说，至公孙龙子始完备。 ⑬ “指”指要素言；“马”指具体物象言。天地指自然界，自然界存在着无数的要素，但无论有多少要素，就要素本身而言则是一样的，因而说“天地一指”。马指具体的物象，世界上的万物和马一样都是由许多要素组成，所以“物”虽有“万”数，但这些物都是要素组成则是一样的，所以说“万物一马”。无论“指”或“马”都存在着可与不可这对立面的双方，所以由此又生出下面一段议论。 ⑭ 莛（tíng 廷，旧读 tǐng 挺）：也作“筳”，草茎，这里与“楹”相对为文，代表物之小者。楹（yíng 盈）：厅堂前的柱子，代表物之大者。厉：通疠，皮肤溃烂的恶

疮。此处指丑陋的妇女。西施:越王勾践献给吴王夫差的美女,是古代著名的美人。这一句是美、丑对比。恢:宽大。恑(guǐ 鬼):变异。憰(jué 决):怪异。一:在庄子哲学中是重要的概念,从全文来看,这里的一当指齐一,犹今语共同性,庄子认为自然界以及社会的事物虽然千差万别,但都有其共同性。《齐物论》所要探讨的,就是这种共同性。 ⑮ 寓:寄托。 ⑯ 得:自得;满意。几:将近;接近。 ⑰ 狙(jū 居):猴子。狙公:饲养猴子的人。赋:给予。芧(xù 序):即栎树,此处指栎树的果实,即橡子。 ⑱ 天钧:自然均平。钧,通"均"。一说,钧,陶钧,制造圆形陶器所用的转轮。意谓听任自然就像放在钧中的陶土一样,听凭制作陶器之人的摆布。两行:指对是非两方的变化任其自然,不加可否。 ⑲ 封:疆界、范围。 ⑳ 昭氏:姓昭名文,古代音乐家,以善于弹琴著称。庄子主张全,这里以音乐为例说明这个道理。古乐分宫、商、角、徵、羽五声,这五种声音,虽然都可以琴演奏出来,但在演奏时,从乐管中所发出的乐声,只能是或宫或商或角或徵或羽,而不可能五音并举。演奏时有的声音被演奏出来,有的声音就必然被遗漏,所以最好的办法是不去演奏。在庄子看来,不演奏才可以保持住音乐的全。 ㉑ 师旷:晋平公的乐师,妙解音律,为古代著名音乐家。枝策:打拍板。惠子:即惠施,先秦名家学派的代表人物,战国时宋人,和庄子同时,以倡说"合同异"著称,《庄子·天下篇》存其遗说。据:依。梧:梧桐木制成的几案。此句当是说惠施倚着桐木几案谈名理。 ㉒ 故载之末年:王先谦集解:"故记载之,传于后世。"坚白:公孙龙子著《坚白论》,以石为喻,其颜色为白,其质地坚硬。公孙龙子认为坚和白是独立存在的,并不存在于石体之中,因而坚、白、石各自独立,毫无联系。离坚白是公孙龙子所提出的著名论题。 ㉓ 纶:绪,此指遗绪,犹言遗业。 ㉔ 滑(gǔ 古)疑:惑乱。图:谋划;打算。章炳麟、于省吾、闻一多认为图为鄙之误,可备一说。译文不从。

[译文]

说话和吹风不是一回事。说话的人说出一些话来,但他所说的话,还不是定论。既然不是定论,那么,他是真的说了一些话呢？还是不曾说过一些话呢？你以为他所说的话跟小鸟的叫声不同吗？两者之间是有分别呢？还是没有分别呢？

道是被什么东西隐蔽起来而有真的和假的？话是被什么隐蔽起来而有正确的和错误的？道哪里不存在呢？话说什么不可以呢？道被微小的成就隐蔽起来，话被漂亮的言词隐蔽起来，因而就有了儒家和墨家的是非之争。用肯定的方法肯定对方认为是错误的东西，用否定的方法否定对方认为是正确的东西，那么，就无法把问题弄明白了。

凡物没有不存在对立的另一面；凡物也没有不存在对立的这一面。从他人那里就看不清楚，从自己这里就可以看明白。所以说彼出于此，此也离不开彼。彼和此的关系就和刚刚产生的东西一样，虽然刚刚产生，但接着就要死掉；虽然刚刚死掉，但接着就要产生新的。刚刚肯定的东西，接着就要否定；刚刚否定的东西，接着就要肯定。有以为这是对的，也有以为这是不对的；有以为这是不对的，也有以为这是对的。因此，圣人不走这种辨明是非的道路，而归之于自然，也正是因为是非无法究明的缘故啊！我方以彼方对的为非，同样，彼方也以我方对的为非。彼方有彼方的是非，我方也有我方的是非。彼方果真是对的吗？彼方果真是错的吗？彼和此都没有它的对立面，这就叫大道的枢纽。掌握了大道枢纽的中间环节，以此就可以应付无穷的变化了。“是”是无穷的，“非”也是无穷的。所以说，没有办法把它弄清。用“指”来说明指不是指，不如用不是指来说明指不是指；用马来说明马不是马，不如用不是马来说明马不是马。其实，天地即一指，万物即一马。

你要肯定吗？其中自有可以肯定的东西。你要否定吗？其中自有可以否定的东西。道路是人们行走之后形成的，东西是人们给它起了名字之后，才这样的。怎样才算对的呢？

对的就是对的;怎样才算是不对的呢?不对的就是不对的。万物本来就有对的地方,万物本来就有可以肯定的地方;没有什么东西是不对的,没有什么东西是不可以肯定的。所以,为了说明这一点,可以举出小小的草茎和厅堂前的大柱子,以及满身长着癞疮的丑妇和美丽无比的西施,还有那些变化无穷的,狡诈的,妖异的等等千奇百怪的东西。从道的观点来看,可以把这些东西都看成是相同的,而不必加以区别。世界上的万物,其中之一分解了,可以变成另外几种东西,这样的物件形成了,另外的物件便毁灭了。可见世间没有形成和毁灭,可以再一次把它们都看成是一样的。只有通达的人才了解把万物看成是一样的,因为这样,便不用自己的见解,而把自己的见解放在平常的道理之中。平常的道理就是无用而有用,能够用无用而有用的道理去观察一切才算是通达的,通达的人才可以自得,能够自得的人,就算是接近于大道了。

听任自然吧,把万物看成一样而不去了解它的所以然,这就叫做道。耗费自己的聪明才智才了解万物是一样的,和不了解万物本来是一样的,这两者没有什么差别,可以把它叫做"朝三"。什么叫做"朝三"呢?养猴子的老人在给猴子分配栗子的时候,说:"早晨三升,晚上四升。"所有的猴子都非常愤怒。老人说:"那么,早晨四升,晚上三升。"所有的猴子都非常高兴。名义和实际虽然都未曾亏损,然而却使之愤怒或高兴,也就是这个道理啊。因此,圣人把是非混同起来,而休息在自然那里,这就叫做两行。

古时候的人,他的知识达到了最高的境地。什么是最高的境地?他以为在宇宙开始的时候,什么都没有,这是最高的,最完美无缺的认识了,不可能再增加什么了。其次,则认为在宇宙开始的时候就有了万物,而万物之间却没有分别。再其次,以为虽然有了分别,但是却没有是非。是非清楚了,道也就因此而有所亏损了。道有了亏损，爱也就因此而形成了。难道真有所谓成功和亏损吗？难道真的没有成功与亏损吗？有了成功和亏损，是因为昭氏弹起琴弦的缘故；没有成功和亏损，是因为昭氏不去弹琴的缘故。昭文弹琴，师旷打拍板，惠施依着桐木几案谈哲理，这三位先生的才智，可以说接近顶峰了。他们都享有盛名，因而，他们的事迹才被记载下来，流传到现在。因为他们喜好自己的技艺与学问，因而和大家有所不同；也正因为他们喜好自己的技艺与学问，便想着把它表达出来。然而他们所要表达的东西，是不应该表达的，因而以昧于坚白之辩而告终；昭文的儿子又继承昭文的事业，也以一生无所成就而告终。如果这就叫做成功的话，那么，即使是我也可以说是成功了。这种情形，不可以叫做成功吗？那么，万物和我也都没有成功的可能了。所以，那些虽然华丽但却足以乱世的言论，圣人是一定要想办法去掉的，因为它有害于大道。大道就藏在平庸之中，只有这种认识，才可以称得起是圣明的。

[原文]

今且有言于此，不知其与是类乎？其与是不类乎？类与不类，相与为类，则与彼无以异矣。虽然，请尝言之①。有始也者②，有未始有始也者，有未始有夫未始有始也者；有有也者，有无也者，有未始有无也者，有未始有夫未始有无也者。俄而有无矣，而未知有无之果孰有孰无也。今我则已有谓矣，而未知吾所谓之其果有谓乎，其果无谓乎？天下莫大于秋毫之末，而太山为小③；莫寿于殇子，而彭祖为夭。天地与我并生，而万物与我为一④。既已为一矣，且得有言乎？既已谓之一矣，且得无言乎？一与言为二，二与一为三；自此以往，巧历不能得，而况其凡乎⑤！故自无适有，以至于三，而况自有适有乎！无适焉，因是已⑥。

夫道未始有封，言未始有常，为是而有畛也⑦。请言其畛：有左有右，有伦有义，有分有辩，有竞有争，此之谓八德⑧。六合之外，圣人存而不论；六合之内，圣人论而不议⑨；春秋经世先王之志，圣人议而不辩⑩。故分也者，有不分也；辩也者，有不辩也。曰：何也？圣人怀之，众人辩之以相示也⑪。故曰辩也者有不见也。

夫大道不称，大辩不言，大仁不仁，大廉不嗛，大勇不忮⑫。道昭而不道，言辩而不及，仁常而不成。廉清而不信，勇忮而不成。五者园而几向方矣。故知止其所不知，至矣。孰知不言之辩，不道之道？若有能知，此之谓天府⑬。注焉而不满，酌焉而不竭，而不知其所由来，此之谓葆光⑭。

［注释］ ① 尝：试。 ② 指宇宙言，以下数句同。 ③ 此处从相对的意义上立论。大小，长短都是相对而言的，天下虽大，但和无限大的宇宙相比较，便是渺小的了，至于太山则更加渺小了。殇子，未成人而死，他的寿命虽然很短，但和寿命更短的相比，则又是长寿的了，彭祖以长寿著称，但和寿命更长的相比，则又是短命的了。 ④ 一：当指气。《知北游》："通天下一气耳。"庄子把气看做是原初物质。认为万物的生死是气的聚散。气聚则生，气散则死。既然都是气，所以庄子说："天地与我并生，万物与我为一。" ⑤ 历：算学。巧历，指高明的数学家。 ⑥ 句中三个"适"字，均作往、到解。 ⑦ 封：分界，界限。常：指定论、结论。是：认为是正确的。释德清解释说："只因执了一个是字，故有是非分别之辩。"（见《庄子内篇注》）说甚允，可从。畛：界限；区分。 ⑧ 左、右，就次序言，以下伦、义、分、辩、竞、争，渐

次深入,区别更加清楚。句中“有伦有义”,陆德明说,崔本作“有论有议”,俞樾、王懋竑、王先谦、马叙伦诸家均以崔本为是,当从。八德:八类。　⑨ 六合:指天地四方。　⑩ 春秋:泛指古代历史。经世:指治理社会。　⑪ 怀:藏。圣人不去分别物我是非,故能将物我是非囊括于胸中。　⑫ 称:述说;称说。嗛(qiān 谦):通“谦”,谦逊。忮(zhì 至):害。　⑬ 园:圆。天府:指宇宙,谓天府乃自然的仓库,无所不藏。府,藏物之所,犹云仓库。　⑭ 酌:舀取。葆(bǎo 保)光:隐蔽其光不使人知。葆,隐蔽。

[译文]

现在我姑且在这里发表一些议论,我不知道这些议论和人们的议论是相同的呢?还是不相同呢?相同也好,不相同也好,既然同是议论,那也就是同类的了。那么,我的议论和人们的议论,也就没有什么差别了。虽然如此,还是请允许我把这个问题试着说得更清楚:宇宙有它的开始,那也就有了它未曾开始的开始,那也就有了未曾开始的未曾开始的开始。宇宙产生了有,但也产生了无,因而也就有了未曾有“无”的“无”,因而也就有了“未曾有无”的无。忽然产生了有和无,然而却不知道是不是真的有了有以及真的有了无。现在我已经发表了许多议论,然而却不知道我所说的是果真说了些什么呢?还是果真没说过什么呢?天下赶不上秋毫之末那么大,而泰山是小的。没有比未成年而死的人寿命更长,活了七、八百岁的彭祖却是短命的。天地和我共存,万物和我一体。既然已经和万物一体了,还能够再说什么呢?既然已经说过和万物一体了,怎能说没有说过什么呢?一体这个客观存在,加上表达一体的言论,便成为二,二再加上一便成为三,从这里发展下去,最高明的数学家也算不清楚,何况一般的人呢?所以,从无到有,以至于推演出三来,何况从有到有呢?不要去推演了,还是因任这个自然吧!

大道从来没有界限，言论从来没有定论，正因为人们自以为是，所以才产生了一些区别。请允许我谈一谈它的区别：有左面的，有右面的，有发议论的，有进行批评的，有分析的，有辩驳的，有竞赛的，有争斗的，简略地说来有这八种。对于宇宙以外的事情，圣人保存起来，不加议论；宇宙以内的事情，圣人虽然发表言论，但不加批评。历史上关于先王治理天下的记载，圣人虽然有所批评，但却不加以辩驳。所以说，分别的，有其不可分别的方面在；辩驳的，也有其不可辩驳的方面在。这种说法是什么意思呢？圣人把一切都藏在心里，而众人却徒逞辩智而互相夸耀。所以说这样的辩者都只能是各执一词，有许多自己看不到的东西。

大道是用不着称说的，最能辩论的人是不说话的，最仁爱的人是不去对人表示仁爱的，最廉洁的人是不去表示谦逊的，最勇敢的人是不表示出凶狠的样子而去害人逆物的。如果道被表现出来，那就不是真正的道了。话不论说得如何雄辩，总还有说不到的地方。如果经常向人表示仁爱，就不可能做得周到而获得成功。廉洁到极其清白，就不会取信于人。勇敢到害人逆物，就不会取得成功。这五种人执著地追求，就像本来着意求圆，结果却变成方形一样而行不通了。所以，极明智的人停止在什么知识都没有的阶段上，这就是登峰造极了。谁能够了解不说话的辩论，不言说的大道呢？假如有谁能够知道这一点，这就是无所不包的大自然的仓库了。这种仓库，无论注入多少东西，它也不会盈满，无论取出多少东西，它也不会枯竭，而且你也不会了解这些东西从什么地方产生出来，这就叫做隐蔽起来的光明。

［原文］

故昔者尧问于舜曰："我欲伐宗、脍、胥敖，南面而不释然，其故何也[①]？”

舜曰：“夫三子者，犹存乎蓬艾之间[②]，若不释然，何哉？昔者十日并出，万物皆照，而况德之进乎日者乎[③]？”

［注释］

① 宗、脍、胥敖：传说为尧舜时代的三个小部落。释（yì 异）然：喜悦。释，通“怿”。 ② 三子者：指上文三个小部落的首领。犹：如。句中将三个小部落的首领比喻为生于蓬蒿之间的小动物，意谓他们虽不开化，但安于自己的处境，并无不好，不必对他们加以讨伐。 ③ 进：更加；进一步。

［译文］

过去尧问舜说：“我想讨伐宗、脍、胥敖，每天上朝的时候，心里老是不高兴，这是什么缘故呢？”

舜说：“这三个小国的国君，好像生存在蓬艾之间的小动物，你对他们这样不高兴，这是什么缘故呢？过去十个太阳一起出来，万物都在阳光的照耀下，何况您的德行胜过太阳的光辉，难道还要忧虑你的德泽不能施及于蓬蒿之间吗？”

［原文］

啮缺问乎王倪曰[①]：“子知物之所同是乎？”曰：“吾恶乎知之！”“子知子之所不知邪？”曰：“吾恶乎知之！”“然则物无知邪？”曰：“吾恶乎知之！虽然，尝试言之。庸讵知吾所谓知之非不知邪[②]？庸讵知吾所谓不知之非知邪？且吾尝试问乎女：民湿寝则腰疾偏死，鰌然乎哉[③]？木处则惴慄恂惧，猨猴然乎哉[④]？三者孰知正处？民食刍豢，麋鹿食荐，蝍蛆甘带，鸱鸦耆鼠，四者孰知正味[⑤]？猨猵狙以为雌，麋与鹿交，鰌与鱼游[⑥]。毛嫱丽姬，人之所美也；鱼见之深入，鸟见之高飞，麋鹿见之决骤，四者孰知天下之正色哉⑦？自我观之，仁义之端，是非之涂，樊然殽乱，吾恶能知其辩⑧！”

啮缺曰：“子不知利害，则至人固不知利害乎？”王倪曰：“至人神矣！大泽焚而不能热，河汉沍而不能寒，疾雷破山风振海而不能惊⑨。若然者，乘云气，骑日月，而游乎四海之外，死生无变于己而况利害之端乎！”

［注释］

① 啮（niè 聂）缺：人名。传说为尧时的贤人。王倪的学生，许由的老师。一说啮缺、王倪均属虚构人名。　② 庸、讵：岂，表反诘。③ 腰疾：腰疼病。偏死：偏枯，犹半身不遂。鳝（qiū 丘）：通“鳅”。鱼名，泥鳅。　④ 惴（zhuì 缀）慄（lì 利）恂（xún 旬）惧：恐惧。四字近义迭用。　⑤ 刍（chú 除）豢（huàn 患）：泛指家畜。《荀子·荣辱》：“今使人生而未尝睹刍豢稻粱也。”杨倞注：“牛羊曰刍，犬豕曰豢。”又，刍，也指蔬菜。麋（mí 迷）鹿：鹿科动物，鹿的一种。荐：兽所食之草。蝍（jí 即）蛆（jū 居）：蜈蚣。带：小蛇。鸱（chī 吃）：猫头鹰。耆（shì 视）：通“嗜”。爱好。　⑥ 猨：猿猴。猵（biān 边）狙（jū 居）：一名獦牂，似猿而狗头。　⑦ 毛嫱：古代著名美人。一说越王美姬。一作毛廧。丽姬：晋献公嬖姬，也是古代著名美人。《太平御览》三八一卷引作“西施毛嫱”。决骤：急速奔跑。　⑧ 我：和彼、物相对，指主观而言，非第一人称代词。樊然：杂乱的样子。　⑨ 沍（hù 互）：冻结。“疾雷破山风振海”，赵谏议本作“疾雷破山飘风振海”，原文可能脱一“飘”字。

［译文］

啮缺问王倪说：“你知道万物有其相同之处的道理吗？”王倪回答说：“我哪里知道这些呢？”啮缺又问道：“你知道你不知吗？”王倪回答说：“我哪里知道这些呢！”啮缺又问道：“那么，万物都是无知的吗？”王倪回答说：“我哪里知道这些呢？虽然如此，还是让我试试谈一谈这个问题，你依据什么知道我所说的知不是不知呢？你依据什么知道我所说的不知不是知呢？现在姑且让我问一问你：老百姓如果在潮湿的地方睡觉，腰就要生毛病或半身不遂，泥鳅会这样吗？人如果居住在很高的树木上面，就会心情惴惴十分恐惧，猿猴会这样吗？这三者究竟谁最了解安稳的住处？老百姓吃的是蔬菜和家畜，麋鹿吃的是草，蜈蚣以蛇为美味，猫头鹰和乌鸦最爱吃老鼠，这四者谁知道真正的美味？狗头猿喜欢和母猴交配，麋喜欢和鹿交配，泥鳅喜欢和鱼交配，毛嫱和丽姬是人们所赞誉的美人，然而鱼见到后则深藏于水底，鸟看到后就飞向高空，麋鹿见到后就飞快地逃走，这四者究竟是谁知道天下真正的美色？从我的角度来观察这些问题，仁与义的端绪，是和非的道路，被搞得杂乱不堪，我怎么能了解它们之间的区别呢？”

啮缺说：“你不知道利害，难道至人也不知道利害吗？”王倪回答说：“至人实在太神妙了。大泽燃烧起来不能使他感到热，黄河和汉水封冻了也不能使他感到寒冷，迅疾的惊雷把山劈开了，暴风把大海震荡起来，不能使他感到震惊。像他这样，乘着云气，骑着太阳和月亮在四海之外遨游。死也好，生也好，都不能使他有所改变，何况是利害这样的小事呢！”

［原文］

瞿鹊子问乎长梧子曰[①]：“吾闻诸夫子，圣人不从事于务，不就利，不违害，不喜求，不缘道；无谓有谓，有谓无谓，而游乎尘垢之外。夫子以为孟浪之言，而我以为妙道之行也。吾子以为奚若[②]？”

长梧子曰：“是黄帝之所听荧也，而丘也何足以知之[③]！且女亦大早计，见卵而求时夜，见弹而求鸮炙[④]。予尝为女妄言之，女以妄听之，奚旁日月，挟宇宙，为其脗合，置其滑涽，以隶相尊[⑤]。众人役役，圣人愚芚，参万岁而一成纯[⑥]。万物尽然，而以是相蕴。

“予恶乎知说生之非惑邪！予恶乎知恶死之非弱丧而不知归者邪[7]！丽之姬，艾封人之子也[8]。晋国之始得之也，涕泣沾襟；及其至于王所，与王同筐床，食刍豢，而后悔其泣也[9]。予恶乎知夫死者不悔其始之蕲生乎[10]！梦饮酒者，旦而哭泣；梦哭泣者，旦而田猎。方其梦也，不知其梦也。梦之中又占其梦焉，觉而后知其梦也。且有大觉而后知此其大梦也。而愚者自以为觉，窃窃然知之[11]，君乎牧乎，固哉！丘也与女皆梦也！予谓女梦亦梦也。是其言也，其名为吊诡[12]，万世之后，而一遇大圣，知其解者，是旦暮遇之也。

“既使我与若辩矣，若胜我，我不若胜，若果是也，我果非也邪？我胜若，若不吾胜，我果是也，而果非也邪？其或是也，其或非也邪？其俱是也，其俱非也邪？我与若不能相知也，则人固受其黮暗[13]，吾谁使正之？使同乎若者正之？既与若同矣，恶能正之！使同乎我者正之？既同乎我矣，恶能正之！使异乎我与若者正之？既异乎我与若矣，恶能正之！使同乎我与若者正之？既同乎我与若矣，恶能正之！然则我与若与人，俱不能相知也，而待彼也邪？化声之相待，若其不相待[14]。和之以天倪，因之以曼衍，所以穷年也[15]。

“何谓和之以天倪？曰：是不是，然不然。是若果是也，则是之异乎不是也亦无辩。然若果然也，则然之异乎不然也亦无辩。忘年忘义，振于无竟，故寓诸无竟⑯。”

［注释］

① 瞿鹊子：人名，未详。俞樾以为是孔门七十子的后人。下文“吾闻诸夫子”可证。长梧子：人名，未详。 ② 夫子：指孔丘，下文“而丘也何足以知之”可证。孟浪：宽阔辽远无边无际的样子。 ③ 听荧：疑惑不明的样子。丘：指孔丘。 ④ 时夜：司夜，指鸡。鸮（xiāo 逍）炙：烤熟了的斑鸠肉。 ⑤ 傍（bàng 棒）：依。脗：同吻。滑（gǔ 古）：通“汩”，乱。涽（hūn 昏）：暗。 ⑥ 愚芚（chūn 春）：无知的样子。参（sǎn 散）：通“糁”，以米和羹，比喻掺杂糅合。万岁：指经历的年代久远。纯：不杂。一成纯，指混同万物，而不为万物的差别与人间的是非所乱。 ⑦ 说：通“悦”，高兴。弱丧：谓年少时失去家乡。弱，年少。丧，失去。 ⑧ 丽：丽戎。春秋时，晋国附近的小国。姬：美女之称。艾封人：指在艾地戍守边界的人。子：女儿。言丽姬是艾封人的女儿。 ⑨ 据《国语·晋语》及《左传·庄公二十八年》记载，晋献公伐骊戎，得骊姬，有宠，立以为夫人。 ⑩ 蕲（qí 其）：通“祈”，求。 ⑪ 窃窃然：明察的样子。 ⑫ 吊（dì 地）：诡：怪异；奇特。 ⑬ 黮（dàn 淡，又读 dǎn 胆）暗：不明白；不清楚。 ⑭ 化声：指是非之辩。是说是非之辩无定，待人之为是非，与不待人而自为是非，是相等的。化声也有的解为自然之声。相待：犹言对立。 ⑮ 天倪：天然的分际。倪，分。曼衍：变化。“化声之相待”至“所以穷年也”二十五字根据宣颖本及王先谦的意见，由下文移正于此。 ⑯ 振：起；自。

［译文］

瞿鹊子问长梧子说：“我听先生说过，圣人什么事情都不做，不追逐利益，不躲避危害，不去高兴地祈求什么，不按照一般的道理行事，没有说过什么，像是说了些什么，说了些什么，又好像是没有说过什么，而遨游于世俗的社会之外。我的老师认为这些是荒诞不经的言论，而我却以为这是可以身体力行的妙道，您以为如何？”

长梧子回答说：“这些言论黄帝听了也会感到迷惑不解，您的老师孔丘怎么会明白呢？您的谋虑也太早了，见到鸡蛋便想着立即得到报晓的雄鸡;见到弹弓便想着马上得到烤熟的斑鸠肉。我曾经对您胡扯一通,您也就随便听着吧!您何不依傍着日月怀藏着宇宙,和日月宇宙合为一体,把自己和宇宙万物都放在阴暗与混乱之中,对卑贱的和高贵的都一视同仁。那些庸俗的众人成天忙忙碌碌地去分辨是非,而圣人却表现出无知无识的样子,虽然经历了古今万年,但却和尘俗杂糅在一起,始终是随俗浮沉,一切都不放在心上。万物都能和圣人的态度一样,相互把圣人的这种思想蕴藏在心中。

“我怎么知道对活着感到高兴不是迷惑呢?我怎么知道对死亡感到厌恶,不像年轻时就离乡背井流离失所而不知道回到老家那样呢?丽姬是丽戎国艾地戍守边界的人的女儿,在晋国刚俘虏她的时候,哭得泪水湿透了衣襟;等她到了国王那里,和国王睡在一张床上,吃着珍馐美味,才后悔当时不该哭泣。我哪里知道死去的人在后悔开始的时候就不该求生呢?梦中在开怀畅饮,天亮了却在哭泣;梦中在哭泣,天亮了却又在打猎取乐。当他在梦中的时候,他不知道他是在做梦,睡梦之中在卜问他梦中之梦的吉凶,醒了以后,才了解原来是一场梦。只有十分清醒的人才会了解人生是他的一场大梦啊!然而愚昧无知的人,自以为很清醒,表现出明察一切的样子,觉得他什么都知道。国王就尊贵吗?牧夫就卑贱吗?见识真是太浅薄了!孔丘和你,都在梦中啊!我说你们在梦中,我也在梦中啊。这些言论可以把它称作“吊诡”,万世之后一旦遇到一位大圣人,知道这些道理,那也是偶然遇到的啊!

“既然你和我发生辩论,你胜了我,我没有胜你,那么,你果真就对吗?我果真就不对吗?我胜了你,你没有胜我,我果真就对吗?你果真就不对吗?难道有一个是,有一个不是吗?难道大家都对,难道大家都不对吗?我和你都不能知道啊!别人本来就受到他的蒙蔽而暗昧不明。我请谁来纠正呢?请同意你意见的人来纠正吗？既然跟你的意见相同了，那又怎么能够纠正呢？请同意我意见的人来纠正吗？既然跟我的意见相同了，那又怎么能够纠正呢？请既不同意我也不同意你的人来纠正吗？既然不同意我和你的意见了，那又怎么能够纠正呢？请同意我和你的意见的人来纠正吗？既然同意我和你的意见了，那又怎么能够纠正呢？然而我和你跟别人都不能够知道，那还再要等待另外的人来解决吗？那些辩论的言词化作声音而相互对立，因为不能相互纠正，所以就像没有对立一样。混同于自然之分，顺应着无穷的变化，因而享尽天年。

“什么叫做混同于自然之分呢？对的和不对的一个样；不对的和对的一个样，是的如果真的是是的，那么，是的不同于不是的也就不用分辩；对的果真是对的，那么，对的不同于不对的也就不用分辩。忘掉生死，忘掉是非，就能达到无法穷尽的境地，这样就可以把自己放在不能穷尽的所在了。”

［原文］

罔两问景曰：“曩子行，今子止，曩子坐，今子起；何其无特操与①？”景曰：“吾有待而然者邪？吾所待又有待而然者邪？吾待蛇蚹蜩翼邪②？恶识所以然？恶识所以不然？”

昔者庄周梦为胡蝶，栩栩然胡蝶也，自喻适志与③，不知周也。俄然觉，则蘧蘧然周也④。不知周之梦为胡蝶与？胡蝶之梦为周与？周与胡蝶，则必有分矣。此之谓物化。

［注释］

① 罔两：影子的影子。景即影。特操：指独立的操守，犹言自己当家做主。影子随物而动，不能当家做主，故有是问。 ② 蛇蚹（fù负）：蛇腹下面的横鳞，蛇赖以行走。蜩：蝉。翼：翅膀。 ③ 栩栩（xǔ

许)然:欣然自得的样子。喻:通“愉”,愉快。志:心意。适志,言合乎心意。 ④ 俄然,一会儿。觉:觉醒。蘧蘧(qú 渠)然:惊恐的样子。

[译文]

影子的影子问影子说:“过去你在行走,现在你又停下;过去你坐着,现在你又站起来;为什么你这样当不了自己的家呢?”影子回答说:“我是有所凭借才这样的吗?我的凭借又有所凭借才这样的吗?我凭借蛇腹下面的横鳞和知了的翅膀才这样的吗?我知道这是怎么回事吗?我不知道这是怎么回事吗?”

过去,庄周在梦中变为胡蝶,快乐地飞舞着,仿佛真的是胡蝶了,自以为适合自己的心意而高兴,不知道自己本来是庄周。一会儿觉醒了,就惊惧起来,意识到自己原来竟是庄周。不知道是庄周在梦中变为胡蝶呢?还是胡蝶在梦中变为庄周呢?庄周和胡蝶那是一定有区别的。这就是万物的变化。

养生主第三

［原文］

吾生也有涯，而知也无涯[①]。以有涯随无涯，殆已[②]；已而为知者，殆而已矣[③]。为善无近名，为恶无近刑[④]。缘督以为经，可以保身，可以全生，可以养亲，可以尽年[⑤]。

［注释］

① 涯：边际；限度。知（zhī 之）：知识。 ② 随：追随。殆：危殆；危险。 ③ 已而：算了；罢了。 ④ 近人张默生先生认为这两句系倒句，"当解作'无为善近名，无为恶近刑'也。即言善恶皆不当为，始合于'缘督为经'之理，始合于庄子哲学之思想。"（见《庄子新释》齐鲁书社版134页）说甚允，当从。 ⑤ 缘：顺。督：中间；中央。经：法则；规律。生：通"性"。本性；性情。

［译文］

我们的生命是有限的，然而知识却是无限的。以有限的生命去追求无限的知识，那就危险了。算了吧，追求无限知识的人，只会遭受危险罢了。不要去做善事，以免沾上名声，不要去做坏事，以免沾上刑罚。顺着中道行事才符合规律，这样，才可以保护自身，才可以保全本性，才可以奉养父母，才可以享尽天年。

［原文］

庖丁为文惠君解牛[①]，手之所触，肩之所倚，足之所履，膝之所踦，砉然向然[②]。奏刀騞然，莫不中音，合于《桑林》之舞，乃中《经首》之会[③]。

文惠君曰："谆，善哉！技盖至此乎[④]？"庖丁释刀对曰:“臣之所好者道也,进乎技矣[5]。始臣之解牛之时,所见无非牛者。三年之后,未尝见全牛也。方今之时,臣以神遇而不以目视,官知止而神欲行[6]。依乎天理,批大郤,导大窾,因其固然[7]。技经肯綮之未尝,而况大軱乎[8]!良庖岁更刀,割也;族庖月更刀,折也[9]。今臣之刀十九年矣,所解数千牛矣,而刀刃若新发于硎[10]。彼节者有间,而刀刃者无厚;以无厚入有间,恢恢乎其于游刃必有余地矣,是以十九年而刀刃若新发于硎[11]。虽然,每至于族,吾见其难为,怵然为戒,视为止,行为迟[12]。动刀甚微,謋然已解,如土委地[13]。提刀而立,为之四顾,为之踌躇满志,善刀而藏之[14]。”

文惠君曰:“善哉!吾闻庖丁之言,得养生焉。”

[注释]

① 庖丁:厨师,名丁。文惠君:梁惠王。解(jiě 姐):剖开。解牛,即宰牛。 ② 履:踩,踏。踦(yǐ 倚):以膝盖顶抵。砉(huā 花)然:皮骨相离时的响声。向(嚮):通“响”。 ③ 奏刀:进刀;运刀。騞(huō 豁)然:刀裂物的声音。桑林:传说为商汤时的乐曲名。桑林之舞,指伴以桑林乐曲的舞蹈。经首:传说为尧时的乐曲名。会:节奏。 ④ 譆(xī 西):同“嘻”,表赞叹。盖:通“盍”,何。 ⑤ 释:放下。进:超过。 ⑥ 遇:接触。神遇:以神思理会。成玄英疏:“率精神以会理,岂假目以看之。”官知:指感觉器官如耳、目的作用。神欲:神思悟想,指心理思维活动。 ⑦ 天理:指自然形成的牛体结构规律。郤(xì):空隙。窾(kuǎn 款):空,指骨节空隙。因:顺应;因循。固然:本来的样子。 ⑧ 技:俞樾疑为“枝”之误,当从。枝:指枝脉。经:经脉。肯:贴骨之肉。綮(qìng 庆):筋肉聚结之处。尝:试。軱(gū 孤):大的骨骼。 ⑨ 族:众。族庖:平常的厨师。 ⑩ 发:开。硎(xíng 刑):磨刀石。

俗谓磨刀为开刃。 ⑪ 恢恢:宽广貌。 ⑫ 族:筋骨交错处。怵(chù 触)然:戒惧貌。 ⑬ 謋(huò):骨与肉分离的声音。委:堆积。 ⑭ 善:擦拭。

[译文] 庖丁替文惠君宰牛,手所接触之处,肩所倚靠之处,脚所踩踏之处,膝盖所顶抵之处,都发出哗哗的响声。进刀的时候,发出霍霍的响声,无不与音乐节拍相合,合乎《桑林》舞曲的节奏,也合乎《经首》乐曲的节奏。

文惠君说:"咦,好啊! 技术怎么会好到这步田地呢?"庖丁放下刀子回答说:"我所爱的是对道的研求,已经超过技术的范围了。开始,我在宰牛的时候,所见到的没有不是完整的牛。三年以后,不曾见到完整的牛了。现在我运用神思悟想去理会牛体的各个部位,而不用眼睛去观察了,感官的知觉停止了,而神思悟想却在活动着,因循顺应着牛体结构自然形成的规律,从骨节间大的空隙劈进去,然后把刀子导入所有骨节间的空隙之处,顺应着牛体本来的结构,枝脉、经脉以及筋肉聚结之处都不曾碰到,何况那大的骨骼呢! 技术高明的厨师每年换一次刀,是因为刀刃损伤了。平常的厨师每月换一次刀,是因为刀子折断了。现在我这把刀使用十九年了,所宰杀的牛已有数千头了,然而刀刃却仍然像刚用磨刀石磨过一样。牛的骨节存在着空隙,而刀刃薄得像没有厚度一样,把薄薄的刀刃,送进骨节间的空隙,那空隙就显得宽大,刀子在其间运行还有回旋的余地,因此,用了十九年刀刃仍然像刚用磨刀石磨过一样。尽管如此,每当那难于运作之处,便戒惧谨慎,目光专注在这个地方,动作也变得缓慢起来。运刀时轻而又轻,而牛体却哗啦一下解开,好像土壤一样堆积在地上。提起刀来站在那里,为此环顾四周,为此感到心满意足,把刀擦得干干净净，收藏起来。”

文惠君说：“好啊！我听了庖丁这番话，懂得养生的道理了。”

［原文］

公文轩见右师而惊曰：“是何人也？恶乎介也？天与，其人与[①]？”曰：“天也，非人也。天之生是使独也，人之貌有与也[②]。以是知其天也，非人也。”

泽雉十步一啄，百步一饮，不蕲畜乎樊中[③]。神虽王，不善也[④]。

［注释］

① 公文轩：姓公文名轩，宋国人。右师：官名。恶（wū 乌）：何，疑问代词。介：单独，此指独足。 ② 独：一足曰独。与：赋予。 ③ 泽：有水有草的洼地。雉（zhì 治）：野鸡。蕲（qí 其）：通“祈”，求，祈求。樊：笼子。 ④ 王（wàng 旺）：通“旺”。

［译文］

公文轩见到右师惊讶地说：“这是什么人啊？怎么会只有一只脚呢？是天生的呢？还是被人断去的呢？”右师回答说：“是天生的，不是被人断去的。天生的时候就只让他有一只脚。人的形貌是自然赋予的，因此，我知道这是天生的，不是人为的。”

草泽中的野鸡要走十步远才啄到一口食，走一百步远才饮一口水，但它不希望被畜养在笼子中。畜养在笼中虽可免去十步、百步的劳苦而精神旺盛，但并不以为这是好事。

［原文］

老聃死，秦失吊之，三号而出[①]。弟子曰：“非夫子之友邪？”曰：“然。”“然则吊焉若此，可乎？”曰：“然。始也吾以为其人也，而今非也。向吾入而吊焉，有老者哭之，如哭其子；少者哭之，如哭其母。彼其所以会之，必有不蕲言而言，不蕲哭而哭者②。是遁天倍情，忘其所受，古者谓之'遁天之刑'③。适来，夫子时也；适去，夫子顺也④。安时而处顺，哀乐不能入也，古者谓是'帝之县解'⑤。"

［注释］ ① 老聃（dān 丹）：即老子。据《史记》本传记载，老聃为楚国苦县厉乡曲仁里（当在安徽亳县境内）人。秦失（yì 逸）一本作"秦佚"。姓秦，名失，老子朋友。秦失以及此节故事均可能出于庄子虚构。号（háo 毫）：大哭声。 ② 彼其所以会之：会，会聚。 ③ 遁（dùn 盾）：逃避。背：违背。 ④ 适：偶然。来：指生。去：指死。 ⑤ 县解：自然的解脱。指得失、哀乐、死生皆无动于心。

［译文］ 老聃死了，秦失去吊唁他，大哭三声便出来了。老聃的弟子说："您不是老师的朋友吗？"回答说："是的。""那么像这样吊唁，可以吗？"回答说："可以的。开始我认为你的老师是得道之人，现在看来，不是这样。刚才我进去吊唁的时候，有年老的人在哭他，好像哭他的儿子；年轻的人在哭他，好像哭他的母亲。他们之所以会聚在这里，一定是不想说什么而情不自禁地在说着，不想到要哭而情不自禁地在哭着。这样做实际上是逃避自然违反本性，忘掉了他们所秉受的天性，古代把这称作'逃避自然的惩罚'。偶然生出来，是你们的老师顺时而生；偶然死去了，是你们的老师顺时而死。安于应时而生，顺时而死，这样悲哀和快乐就不能进入他的心胸，古代把这称作'自然的解脱'。"

［原文］ 指穷于为薪，火传也，不知其尽也①。

[注释]

① 指:代指手。穷:尽。为:拿取。火:旧注多谓火比喻精神,此解大误,不可从。庄子认为世界上的万物种类繁多,然其生死均为气的聚散所致。物虽各有生死,而气却是永存的(详参作者与王蒨所著《庄子气论发微》一文,见《道家文化研究》第八辑,上海古籍出版社 1995 年版 91 页至 109 页)这里所表达的正是这种思想,以指所制作的薪比喻各有生死的万物,以火比喻永存的气,言物因其有生死而有穷尽之时,而气却是无穷无尽的。

[译文]

用手拿取薪点火,薪在燃烧中总有穷尽的时候,然而火种的流传,却不会有穷尽的时候。

人间世第四

［原文］

颜回见仲尼，请行[1]。曰："奚之？"曰："将之卫[2]。"曰："奚为焉？"曰："回闻卫君，其年壮，其行独；轻用其国，而不见其过；轻用民死，死者以国量乎泽若蕉，民其无如矣[3]。回尝闻之夫子曰：'治国去之，乱国就之，医门多疾[4]。'愿以所闻思其则，庶几其国有瘳乎[5]！"

仲尼曰："谆！若殆往而刑耳[6]！夫道不欲杂，杂则多，多则扰，扰则忧，忧而不救。古之至人，先存诸己而后存诸人。所存于己者未定，何暇至于暴人之所行！

"且若亦知夫德之所荡而知之所为出乎哉[7]？德荡乎名，知出乎争。名也者，相轧也[8]；知也者，争之器也。二者凶器，非所以尽行也。

"且德厚信矼，未达人气，名闻不争，未达人心[9]。而强以仁义绳墨之言术暴人之前者，是以人恶有其美也，命之曰菑人[10]。菑人者，人必反菑之，若殆为人菑夫！且苟为悦贤而恶不肖，恶用而求有以异？若唯无诏，王公必将乘人而斗其捷[11]。而目将荧之，而色将平之，口将营之，容将形之，心且成之[12]。是以火救火，以水救水，名之曰益多。顺始无穷，若殆以不信厚言，必死于暴人之前矣[13]！

"且昔者桀杀关龙逢，纣杀王子比干，是皆修其身以下伛拊人之民，以下拂其上者也，故其君因其修以挤之[14]。是好名者也。昔者尧攻丛枝、胥敖，禹攻有扈，国为虚厉，身为刑戮，其用兵不止，其求实无已[15]。是皆求名实者也，而独不闻之乎？名实者，圣人之所不能胜也，而况若乎！虽然，若必有以也，尝以语我来[16]！"

颜回曰："端而虚，勉而一，则可乎[17]？"曰："恶！恶可！夫以阳为充孔扬，采色不定，常人之所不违，因案人之所感，以求容与其心，名之曰日渐之德不成，而况大德乎[18]？将执而不化，外合而内不訾，其庸讵可乎[19]！"

"然则我内直而外曲，成而上比[20]。内直者，与天为徒。与天为徒者，知天子之与己皆天之所子[21]。而独以己言蕲乎而人善之，蕲乎而人不善之邪[22]？若然者，人谓之童子，是之谓与天为徒。外曲者，与人之为徒也[23]。擎跽曲拳，人臣之礼也，人皆为之，吾敢不为邪[24]！为人之所为者，人亦无疵焉，是之谓与人为徒[25]。成而上比者，与古为徒，其言虽教，谪之实也[26]。古之有也，非吾有也。若然者，虽直而不病，是之谓与古为徒。若是则可乎？"仲尼曰："恶！恶可！大多政，法而不谍，虽固亦无罪[27]。虽然，止是耳矣，夫胡可以及化！犹师心者也。"

颜回曰："吾无以进矣，敢问其方。"仲尼曰："斋，吾将语若！有而为之，其易邪？易之者，皞天不宜[28]。"颜回曰："回之家贫，唯不饮酒不茹荤者数月矣㉙。如此，则可以为斋乎？”曰：“是祭祀之斋，非心斋也。”回曰：“敢问心斋。”仲尼曰：“若一志，无听之以耳而听之以心，无听之以心而听之以气！听止于耳，心止于符㉚。气也者，虚而待物者也。唯道集虚，虚者，心斋也。”

颜回曰：“回之未始得使，实自回也；得使之也，未始有回也，可谓虚乎？”夫子曰：“尽矣。吾语若！若能入游其樊而无感其名，入则鸣，不入则止㉛。无门无毒，一宅而寓于不得已，则几矣㉜。绝迹易，无行地难。为人使易以伪，为天使难以伪。闻以有翼飞者矣，未闻以无翼飞者也；闻以有知知者矣，未闻以无知知者也。瞻彼阕者，虚室生白，吉祥止止，夫且不止，是之谓坐驰㉝。夫徇耳目内通而外于心知，鬼神将来舍，而况人乎？是万物之化也，禹舜之所纽也，伏羲几蘧之所行终，而况散焉者乎㉞！”

[注释] ① 颜回：姓颜名回，字子渊。春秋时鲁国人，孔子的著名弟子。这里是假托颜回与孔子的问答以发挥议论，并非实有其事。 ② 卫：古国名，周初，武王封其弟康叔于此，其地在今河南省东北部濮阳、滑县、淇县、沁阳一带。 ③ 卫君：成玄英以为是卫灵公蒯聩，非是。案蒯聩即卫庄公，据《左传》记载，鲁哀公十五年卫庄公始入国，当时颜回已死，故卫君当是出公辄。独：指独断专行，刚愎自用。蕉：本指生麻。清末郭嵩焘释为焦，指焦瘁，可从。无如：犹言无所归依。如，归往。 ④ 去：离开。 ⑤ 则：办法。瘳（chōu 抽）：病愈。 ⑥ 若：你。殆：大概，恐怕。宋陈景元《庄子阙误》引张君房本，殆在而字下，作“若往而殆刑耳”。 ⑦ 荡：沦丧；败坏。 ⑧ 轧：原本作札，依赵谏议本及世德堂本改。清代著名校勘学家卢文弨也说，今本作轧，当从。 ⑨ 矼（qiāng 腔）：诚实，笃厚。 ⑩ 术：通“述”。菑：音资。除草。 ⑪ 诏：告，言。王公：指卫君。乘：凭借。 ⑫ 荧：眩惑。平：平和。

营:营救。形:表现。　⑬ 厚言:忠厚之言。　⑭ 桀:夏代亡国之君,据传十分暴虐。关龙逢:夏桀的贤臣,因直言敢谏为夏桀所害。纣:殷代最后一代帝王,亦暴君。比干:纣的庶叔,因忠谏被纣割心而死。伛(yǔ 雨)拊(fǔ 府):怜爱抚育。拂:违背;违反。修:善,美好。挤:排挤;排斥。　⑮ 丛枝、胥敖:尧时部落名。有扈:夏时部落名。据传因反对禹传位于其子而被伐。虚:通"墟",废墟。厉:死掉而没有后代。

⑯ 若必有以也:以,因由;缘故。尝:试。　⑰ 端:正,指态度严肃庄重。勉:努力勤恳。一:指忠贞不贰。　⑱ 阳:阳刚之气,指刚猛威武的气质。充:充满。孔:甚。扬:指表现在外表上。采色:指面部表情。此处形容卫君。常人:一般人。案:压抑。容与:放纵;放任。渐:渐渍,犹浸润,形容逐渐受到感染。　⑲ 执:固执,指自以为是。外:指外表,如态度、表情等。内:指内心。訾(zǐ 紫):原指诋毁,此处当引申指批评,不訾,指没有自我批评的精神。庸讵:岂;何以;怎么。　⑳ 成:成就。上:上世,指古代。　㉑ 天:自然。　㉒ 而独以己言:而,同尔。蕲;求。　㉓ 与人之为徒也:人,指人类社会的伦理道德。如下文所述。　㉔ 擎(qíng 情):执,指执笏。跽;长跪。曲拳:鞠躬。

㉕ 疵:诽谤。　㉖ 谪(zhé 折):谴责;责备。　㉗ 大多政:大,即"太"。政,通"正"。谍:便僻;迎合。固:犹固陋,偏执一端而不通达。

㉘ 斋:古人在祭祀或举行典礼之前,清心洁身以表示庄重。这里则专指清心。易之者:承上文申说。苏舆说:"易之者,仍师心也,失其初心,是谓违天。"从之。皞(hào 号):通"昊",广大。皞天即昊天。

㉙ 茹:吃。荤:指葱、蒜、韭一类辛臭的菜。　㉚ 若:你。句中两"止"均应解作"只"。　㉛ 樊:篱笆,引申谓范围。　㉜ 毒:壔(dǎo 倒)之假借。《说文》:"壔,保也,高土也。"(采李桢说)王先谦疏解说:"门者可以沿为行路,毒者可以望为标的,无毒无门,使人无可窥寻指目之意。"说甚允,当从。　㉝ 阙:空。白:指纯白。用以形容什么东西都不存在的空虚状态。止止:"止焉"或"止之"之讹。谓停止于此。(采俞樾、王先谦说)　㉞ 徇:使。纽:枢纽,关键。伏羲、几蘧:上古传说帝王名。散:犹散人,不材之人,泛指一般人。

[译文] 颜回拜见仲尼,向他辞行。孔子说:“你要到什么地方去?”回答说:“我将要到卫国去。”孔子又问:“你到那里做什么?”回答说:“我听说卫君,他正在壮年,为人刚愎自用,轻率地处理国家大事,看不见自己的过错。轻率处理国事的后果是人民大量死亡。国内死掉的人不计其数,比量的话,就像被焚烧的大泽中烤焦的枯草一样多,人民无家可归。我曾听先生说过:‘治理得很好的国家,可以离开它;黑暗混乱的国家,则要前去,就像医生门前病人最多一样。’我希望根据听到的道理,考虑治理卫国的方法,这样,差不多可以把卫国治理好了吧!”

仲尼说:“哎呀!假如你真的要到卫国去,那恐怕要遭到刑戮了!唉,推行大道,是不能杂乱的,杂乱了就必然事绪繁多,事绪繁多内心就要受到扰乱,受到扰乱便会产生忧愁,产生了忧愁,就不会救人救国。古代道德最高尚的人先使自己立住脚跟,然后再去扶持别人。假如自己的脚跟还没有立定,哪里有工夫到暴人面前去纠正他的行为呢?

“况且你也知道道德的沦丧和才智出现的原因吗?道德的沦丧在于矜名;才智的出现在于争善。为了争名,便互相倾轧;有了才智,便是有了斗争的武器。所以,这两者都是凶器,在社会上是行不通的。

“况且你虽然道德高尚,诚实守信,但你没有和对方的声气相通;你虽然不争名誉和声望,但你的心意却没有为对方所了解,勉强地把仁义法制的言论,在暴人面前述说,像是以他人的过恶显示出自己的美德,这样就可以被当做是去害人。害人的人一定会受别人的祸害,这样你不是要被人祸害吗!况且,假如卫君喜欢贤人而讨厌坏人,自有贤人在侧又何求于你?你去了和那里的贤人又有什么区别?你去了也最好不要说话,否则卫君一定会凭借国王的威势巧于辩解,这样就会使你眼花缭乱。你一定会和颜悦色表现出顺从的样子,口中说出的将是营救自己的语言,态度也就会更加恭顺,这样,你就会舍弃心中正确的主张而助长卫君的过错。这实在是用火来救火,用水来救水,这就叫做不但不能匡正反而会更增加卫君的过错。一开始就这样顺从,以后,这样的顺从就会没完没了。假如一开始尚未取信于卫君,就加以深谏,那就一定会死在暴人的面前了。

"过去夏桀杀死了关龙逢,殷纣杀死了王子比干,这些被杀的人都是注重品德修养而怜爱其君主的人,也是位居臣下而不顺从他的君主的人。所以他的国君,便因为他注重品德修养而排挤、打击他。这都是因为好名而招来的祸害啊!过去尧讨伐丛枝和胥敖,禹讨伐有扈,被讨伐的国家的土地成为一片废墟,国人没有后代,三个国家的国君也都被杀死。也是因为这三个国家不间断地使用武力征伐别国,贪求实利的缘故啊!这两类人都是喜好美名,贪求实利的人。你难道没有听说过吗?美名和实利,就是圣人也无法解决的,何况是你呢?虽然如此,你一定有你的理由,你试试把这些对我讲一讲。"

颜回说:"端正而虚心,勤奋而忠贞,这样可以吗?"孔子说:"不!不可!卫君把刚猛威武充分地表现出来,喜怒无常,一般人谁也不敢违抗,如果有人以规劝来谏正并感动他,那么,他就对这个人加以压抑,以此满足放纵的欲望。这样,天天以小德来匡正他尚且不成,何况是大德呢?卫君顽固不化,即使外表上好像同意你的意见,而实际上内心毫无悔过自新的诚意。这样,你的想法怎么可以行得通呢?"

颜回说:"如此,我就内心公平正直,外表上随方就圆,追踪古人的德行,而成就君臣之大义于今天。内心公平正直的,和自然为友。和自然交朋友的,了解天子和自己都是大自然养育的儿子。他把自己的言论公布出来,是求得人们赞同他,或是求得人们不去赞同他的吗?像这样的人,人们可以把他叫做天真无邪的童子。这就叫做和自然为友。外表上随方就圆的,这是和人类社会交朋友。拿着笏板长跪鞠躬,这是做臣子的礼节。人们都这样做,我敢不这样做吗!做一般人都做的事情,人们也就不去对他诽谤了。这就叫做与人类社会交朋友。成就君臣之义于今天而追随前人的德行的,和古代贤人是一类。他的言论虽然很有教益,但实际上却包含讽刺责备的味道。古代就有这种情形,并不是从我开始才有这种情形的。像这样,虽然公平正直但却不会遭到祸害,这就叫做和古人交朋友。这样做可以吗?"孔子回答说:"不!不可以,这样做纠正的太多了,有了法规而不偏颇,即使还不够宏通,但也可以免去罪责,虽然如此,也就只是这样罢了,哪里可以感化人呢?这好像还是师法自己的思想和见解啊。"

颜回说:"我没有更好的方法了,请问您有什么方法?"仲尼说:"斋,我将要告诉你这种方法,如果存有积极用世之心,而来做斋,那岂是容易做到的呢?失去了开初的童心,便是违背天理了。"颜回说:"我的家境贫寒,不饮酒,不吃荤菜,已经有好几个月了,像这样,就可以算是斋戒吗?"孔子回答说:"这是祭祀的斋戒,不是内心的斋戒。"颜回说:"请问什么是内心的斋戒?"孔子回答说:"你要使心志高度集中,屏除一切杂念,不要用耳朵去听,要用心灵去听;再进一步,不要用心灵去听,而要用气去听,耳朵的功能仅只是听而已,心灵的功能仅只是自己和外物吻合而已;气,它以空虚来对待万物,只有道才可以把空虚集中起来,这种空虚,就是内心的斋戒。"

颜回说:"我没有采用内心的斋戒,所以我认为实际上有个颜回。假如我采用了内心的斋戒,那么我就会认为颜回实际上并不存在了。这可以叫做空虚吗?"孔子回答说:"你把内心斋戒的方法，说得十分详尽了。我告诉你，假如能够进入这种境界遨游，不因虚名而相互感动，能听进我的话，就说；听不进我的话，就不说。不去找什么门径让人们去遵行，也不去指示标的使人们窥寻。把心志高度集中起来，把自己放在自然而然的境地，就差不多接近于大道了。在这社会上什么都不做，这容易办到，但做了什么事情而不留下痕迹，这不容易做到。为人情所驱使，便容易作伪；为自然所驱使，就不容易作伪。我只听说有了翅膀才能飞翔，我没有听说没有翅膀也可以飞翔的；我只听说有了知识才可以认识事物，我没有听说没有知识也可以认识事物的。看那空旷的地方，就会了解，只有把心室空虚起来，才可以产生出纯白的状态，这样吉祥一定会停留在这里。如果不停留在这种状态上，这就叫做'坐驰'——虽然坐在这里，但心志却早已跑掉了。假如使耳目所感知的东西向内通达，心灵与神智又向外去感知外物，那么鬼神将在暗中前来归附而停留在这里，何况是人呢？万物的这种变化，正是禹和舜所掌握的关键，伏羲和几遽这样的古代帝王也停留在这里，何况是一般的人呢？"

[原文]

叶公子高将使于齐[①]，问于仲尼曰："王使诸梁也甚重，齐之待使者，盖将甚敬而不急。匹夫犹未可动，而况诸侯乎！吾甚慄之[②]。子常语诸梁也，曰：'凡事若小若大，寡不道以欢成，事若不成，则必有人道之患；事若成，则必有阴阳之患[③]。若成若不成而后无患者，唯有德者能之。'吾食也执粗而不臧，爨无欲清之人[④]。今吾朝受命而夕饮冰，我其内热与！吾未至乎事之情，而既有阴阳之患矣；事若不成，必有人道之患。是两也，为人臣者不足以任之，子其有以语我来！”

仲尼曰：“天下有大戒二：其一，命也；其一，义也。子之爱亲，命也，不可解于心；臣之事君，义也，无适而非君也，无所逃于天地之间[5]。是之谓大戒。是以夫事其亲者，不择地而安之，孝之至也；夫事其君者，不择事而安之，忠之盛也；自事其心者，哀乐不易施乎前[6]，知其不可奈何而安之若命，德之至也。为人臣子者，固有所不得已。行事之情而忘其身[7]，何暇至于悦生而恶死！夫子其行可矣！

“丘请复以所闻：凡交，近则必相靡以信[8]，远则必忠之以言，言必或传之。夫传两喜两怒之言，天下之难者也。夫两喜必多溢美之言，两怒必多溢恶之言。凡溢之类妄，妄则其信之也莫[9]，莫则传言者殃。故《法言》曰[10]：‘传其常情，无传其溢言，则几乎全。’

“且以巧斗力者，始乎阳，常卒乎阴，大至则多奇巧[11]；以礼饮酒者，始乎治，常卒乎乱，大至则多奇乐。凡事亦然，始乎谅，常卒乎鄙。其作始也简，其将毕也必巨[12]。

“夫言者，风波也；行者，实丧也[13]。风波易以动，实丧易以危。故忿设无由，巧言偏辞[14]。兽死不择音，气息茀然，于是并生心厉[15]。克核大至，则必有不肖之心应之[16]，而不知其然也。苟为不知其然也，孰知其所终！故《法言》曰：‘无迁令，无劝成，过度益也。’迁令劝成殆事，美成在久，恶成不及改，可不慎与！且夫乘物以游心，托不得已以养中[17]，至矣。何作为报也！莫若为致命，此其难者[18]。”

［注释］

①叶（shè舍）公子高：楚庄王的玄孙尹成子，名诸梁，字子高，封于叶（shè舍）地，又僭号称公，故称叶公子高。使：出使，即作为使臣出使别国，从事外交活动。 ②慄（lì吏）：恐惧。 ③欢成：圆满的结局。人道之患：指刑罚。阴阳之患：阳，指喜悦；阴，指忧惧。喜、忧过分易致疾病。 ④执：用。粗：指粗茶淡饭。不臧（zāng脏）：不好。臧，好。爨（cuàn窜）：灶。此处指厨夫。清：凉。句中省略甚多，颇费解。成玄英说：“所馔既其俭薄，爨人不欲思凉，燃火不多，无热可避也。” ⑤解：解脱；解除。言子女对父母之爱出于天性，故不可解除。适：往，无适，不论到什么地方。 ⑥施：王念孙、郭庆藩、王先谦均以为当读作移。易施，犹言移易。 ⑦行事之情：情，实。 ⑧靡（mǐ米）：爱；顺。 ⑨溢美：过分夸奖。溢恶：过分指责。莫：成玄英说：“莫，致疑貌。”奚侗说：“《论语》：‘无莫也。’邢疏：‘莫，薄也。’信之也莫，犹言信之不笃也。”马叙伦以为莫借为泊，《说文》：“泊，水浅也。”奚、马之说相近。“信之也莫”也就是怀疑的意思。 ⑩法言：古代的格言。 ⑪阳：指开始时戏谑欢欣的情态。阴：指斗力者好胜之情切而产生嫌隙，遂心生忿怒，阴谋倾轧的情态。大：通“太”。下文“大至则多奇乐”中的大，同此。 ⑫谅：谅解。鄙：鄙薄；厌恶。简：少；微小。 ⑬行：指做事。实丧：犹得失。 ⑭设：设置，引申谓产生。偏辞：片面的话。 ⑮茀（bó勃）然：喘气急促的样子。厉：虐害。心厉，指害人的恶念。 ⑯克核：苛责。不肖：不正。 ⑰托不得已以养中：中，指神智思想。 ⑱此句颇费解。郭象解释说：“任齐所报，何必为齐作意于其间。”（王先谦《庄子集解》引）姑从之。其：通“岂”。陶鸿庆以为：“此其难者，言致命之不难也，句末当有乎字。文省耳。”说甚允，当从。

［译文］

叶公子高将要出使到齐国去，向仲尼请教说：“国王派我出使齐国，任务非常重大，齐国接待使者十分殷勤恭敬，但却不急于答应使者的请求。平常的老百姓，尚且不易说服，何况是诸侯呢？我十分忧虑。先生常常对我说：‘大凡事情无论小的或大的，很少有不通过言语的疏通而得到圆满结果的。如果事情办不成，那就必然会产生遭到惩罚的祸患；如果事情办成了，那就产生忧愁和欢乐相冲突的祸患。无论事情办成功或者办不成功都不产生祸患的，只有道德高尚的人才可以做到。现在我吃的是粗糙而不精美的饭食，厨夫不想使饭菜凉了而烧着细火，因而无热可避。我早晨接受了命令，到了晚上就要饮冰，难道说我的内心发热吗？我现在还没有到达办事的所在，就已经产生忧患和欢乐相冲突的祸患了。事情办不成，又一定会产生遭到惩罚的祸患。这两种结果，做臣子的都无法担当起来，先生您有什么好办法告诉我吗？”

仲尼回答说：“天下有两种大法：一条叫做命，一条叫做义。儿女爱戴父母，这就是命，谁也无法在内心解除这种感情。臣子为君主服务，这就叫做义，无论到哪里都不可能没有君主，你没有办法在天地之间逃避这种情形。这些，可以叫做大法。因此，侍奉父母，无论在什么地方都一样，这是孝道的最高境界。为君主效劳，不论什么事情都办得很好，这是忠臣的最高境界。自己对待自己的思想感情，悲哀和欢乐都摆在自己的面前却无动于衷，了解到自己的处境无法改变而安于这种境遇就像是对待不能改变的命运一样，这是道德的最高境界。做人家臣子的，本来就存在着不得已，做什么事情，一定要忘掉个人的安危，哪里还有功夫去高兴地谋求生存而讨厌死亡呢？先生你可以出发了！”

“请允许我再一次告诉你我所听到的道理：凡是在近处交往，一定要坚守信用才能达到互相亲近和顺从。如果在远处，这就必须忠实地传达语言，言语一定要委托使者传达，那么传达两个国君高兴或愤怒的话语，是天下最困难的事情。如果两个国君相互亲近友好，言语之中一定会有许多过分夸奖的话；如果两个国君相互恶感太深，言语之中一定会有许多过分贬低的话。凡是过分夸奖或过分贬低的话，就和虚构相似；和虚构相似，就一定要引起国君的怀疑；引来国君的怀疑，传话的人就要遭殃。所以古代有句格言说：‘传达双方平实的言论，不要传达双方那些过分的话，这样差不多就可以保全自身了。’

“况且以机巧来相互较力的人，开始的时候常常是高兴的，明朗的，但最后却常常是心生愤怒而玩弄阴谋了。发展到顶点，那就什么样的阴谋诡计都可以使出来了。按照一定礼节在一起饮酒的，开始的时候还合乎伦理，到了最后便混乱了，发展到顶点就放纵荒淫无所不至。什么事情都是这样，开始的时候都能互相谅解，而到后来则常常是相互讨厌而告终。事情开始的时候，是微小的，然而临近结束的时候，就常常大了起来。

“说出来的话，就好像由风而引起的波浪一样。做一件事情一定会有得有失。风鼓动着波浪，这种波浪是容易动摇的。有了得失，就容易产生危险。所以愤怒的产生，没有一定的根由，都是由虽然好听而实际上是虚伪的言词或者片面的言辞所引起的。野兽在临死的时候，什么声音都可以叫出来而不加选择，喘气像沸腾的开水一样，于是产生了吃人的恶念。处理事情也是这样，如果过于苛责，受到苛责的人就一定会产生恶念来回应。那产生恶念来回应的人也不了解这是怎么回事。如果产生恶念来回应的人也不了解这是怎么回事，谁能知道将会出现什么结果呢？所以古代的格言说：‘不要去改变已经传达的命令，不要去鼓励他勉强做成一件事情。说话超过了本来的限度，便是多余的语言。’改变已经下达的命令，鼓励国王勉强做成一件事情，都是危险的。美好的事情，做成它要经过长久的时间。坏事一旦形成便来不及改正,可以不慎重地对待吗?顺应外界事物而使自己的心志遨游于虚无的境界,一切都顺应于自然,以此颐养空虚的心志,这就是最好的办法了。何必要为齐国着想而去回报楚王呢?不如平直地传达齐国国王的意见,这样做有什么困难呢?"

[原文]

颜阖将傅卫灵公太子,而问于蘧伯玉曰[①]:"有人于此,其德天杀。与之为无方,则危吾国;与之为有方,则危吾身[②]。其知适足以知人之过,而不知其所以过。若然者,吾奈之何?"

蘧伯玉曰:"善哉问乎!戒之慎之,正女身也哉!形莫若就,心莫若和,虽然,之二者有患[③]。就不欲入,和不欲出[④]。形就而入,且为颠为灭,为崩为蹶,心和而出,且为声为名,为妖为孽[⑤]。彼且为婴儿,亦与之为婴儿;彼且为无町畦;亦与之为无町畦;彼且为无崖,亦与之为无崖,达之,入于无疵[⑥]。

"汝不知夫螳螂乎?怒其臂以当车辙,不知其不胜任也,是其才之美者也[⑦]。戒之,慎之!积伐而美者以犯之,几矣[⑧]。

"汝不知夫养虎者乎?不敢以生物与之,为其杀之之怒也;不敢以全物与之,为其决之之怒也;时其饥饱,达其怒心。虎之与人异类而媚养己者,顺也;故其杀者,逆也。

"夫爱马者,以筐盛矢,以蜄盛溺[⑨]。适有蚊虻仆缘,而拊之不时[⑩],则缺衔毁首碎胸,意有所至而爱有所亡,可不慎邪!"

[注释]

① 颜阖:姓颜名阖,鲁国贤人。卫灵公:据《左传·昭公七年》记载,

其名为元。太子：据《左传·定公十四年》记载，卫灵公的太子名蒯聩。蘧伯玉：姓蘧名瑗，字伯玉。卫国的贤大夫。 ② 德：本性。天杀：天性残酷。 ③ 形：指态度表情。就：从，指亲附。和：和顺。 ④ 入：指关系深。出：越出。 ⑤ 颠：仆倒，坠落。崩：败坏。蹶：失败；挫折。此句意在形容结局之坏。 ⑥ 町畦：田界的界路，比喻界限、规定、约束。崖：崖岸，比喻人有棱角，不随和。疵：病，引申指缺点、错误。 ⑦ 螳螂：昆虫名，生有一对粗大呈镰刀形状的前足。怒：奋发。是：认为是正确的、美的。 ⑧ 积：长时间的。伐：夸耀。几：危险。

⑨ 矢：粪便。蜄(shèn 慎)：大蛤。溺(niào 尿)：小便。 ⑩ 适：恰好，正。蚊虻：牛虻。仆缘：附着。指牛虻附在马身上。拊：拍。

［译文］

颜阖将要做卫灵公太子的师傅，向蘧伯玉请教说："这里有这么一种人，他生来就好杀人，假如和他一样无法无天，那就要危害我们的国家；假如要用法制去要求他，那就要危害我自身。这个人的才智，足以了解别人的过错，然而却不了解他自己为什么会产生过错，像这样的人，我应该怎样对待他呢？"

蘧伯玉说："你问的问题很好啊！要警戒他，要谨慎地对待他，首先端正自身吧。使自己不产生过错，在态度上不如表现出亲附的样子，在内心里应怀着和顺的思想。虽然做到这两点，也仍然会产生祸患。在态度上亲附他，但不要同流合污，心里存在着和顺的思想，但不要丧失原则。如果在态度上亲附他而又同流合污，那就要倒霉了；如果在内心存着和顺的思想，而又无原则的迁就，并且是为了博取声名，那也会妄生妖孽加害于你。他如果像无知无识的婴儿那样，你也和他一样像无知无识的婴儿；他假如跟你不分彼此，你跟他也不分彼此；他假如一点棱角都没有，那么你也跟他一样没有棱角。总之，顺着他的心意，加以引导，使他逐步改正缺点，达到不犯错误的地步。

“你不知道那个螳螂吗？鼓起它的膀臂去阻挡车轮。它不了解自己是没有这种力量的，然而它却自认为很有力量。要警惕啊！要谨慎啊！老是自我吹嘘而去触犯它，那就危险了！

“你不知道那个饲养老虎的人吗？他不敢把活着的猪羊拿来喂它，就是因为怕它在吃活猪羊时而激起它的残杀的本性啊！也不敢把整猪整羊拿来给它吃，也是因为怕它在吃整猪整羊时激发撕裂的本性啊！知道它什么时候饿，什么时候饱，了解怎样使它高兴，怎样使它愤怒。老虎虽然和人异类，然而它却亲近饲养它的人，就是因为饲养的人能够顺着它们的心意啊！所以那些被老虎吃掉的人，都是因为不顺从老虎心意的缘故。

“那爱马的人，用筐子来盛马粪，用贵重的大蛤壳来盛马尿。恰巧有一只牛虻附在马的身上，爱马的人趁着马不注意的时候拍杀牛虻，而使马受惊，于是惊马挣断了辔头，撞破他的头颅，踏碎他的胸骨。爱马的人原来的意思在于爱马，而这种爱却招致了自身的死亡。能够不谨慎吗？”

［原文］

匠石之齐，至于曲辕，见栎社树①。其大蔽数千牛，絜之百围，其高临山，十仞而后有枝，其可以为舟者旁十数②。观者如市，匠伯不顾，遂行不辍③。

弟子厌观之，走及匠石④，曰：“自吾执斧斤以随夫子，未尝见材如此其美也。先生不肯视，行不辍，何邪？”曰：“已矣，勿言之矣！散木也，以为舟则沉，以为棺椁则速腐，以为器则速毁，以为门户则液樠，以为柱则蠹⑤。是不材之木也，无所可用，故能若是之寿。"

匠石归，栎社见梦曰："女将恶乎比予哉？若将比予于文木邪[6]？夫柤梨橘柚，果蓏之属，实熟则剥，剥则辱；大枝折，小枝泄[7]。此以其能苦其生者也，故不终其天年而中道夭，自掊击于世俗者也[8]。物莫不若是。且予求无所可用久矣，几死，乃今得之，为予大用。使予也而有用，且得有此大也邪？且也若与予也皆物也，奈何哉其相物也？而几死之散人，又恶知散木[9]！"

匠石觉而诊其梦[10]。弟子曰："趣取无用，则为社何邪？[11]"曰："密！若无言，彼亦直寄焉，以为不知己者诟厉也[12]。不为社者，且几有翦乎[13]？且也彼其所保与众异，而以义誉之，不亦远乎！"

南伯子綦游乎商之丘，见大木焉有异，结驷千乘，隐将芘其所藾[14]。子綦曰："此何木也哉？此必有异材夫！"仰而视其细枝，则拳曲而不可以为栋梁；俯而见其大根，则轴解而不可以为棺椁；咶其叶，则口烂而为伤；嗅之，则使人狂酲，三日而不已[15]。

子綦曰："此果不材之木也，以至于此其大也。嗟乎神人，以此不材！宋有荆氏者，宜楸柏桑[16]。其拱把而上者，求狙猴之杙者斩之[17]；三围四围，求高名之丽者斩之[18]；七围八围，贵人富商之家求椫傍者斩之[19]。故未终其天年，而中道之夭于斧斤，此材之患也。故解之以牛之白颡者与豚之亢鼻者，与人有痔病者不可以适河[20]。此皆巫祝以知之矣，

所以为不祥也。此乃神人之所以为大祥也。

[注释]

① 曲辕:地名。栎(lì 力);树名。社:土神庙。栎树本非无用之木,庄子把它作无用之木,意在取喻。后世遂本此以"栎散"比喻无用之材。

② 世德堂本无"数千"二字,《庄子阙误》引江南李氏及张君房本有"数千"二字。《庄子集释》及《庄子集解》本均有此二字,从之。絜(xié 协):用绳子计量圆筒形物体的粗细。圆周一尺称围,百围,指圆周十丈。旁:方。旁十数,犹言方十数。方,且,将近。 ③ 辍(chuò 绰):中止;停止。 ④ 厌:通"餍",饱,满足。走:跑。及:赶上。 ⑤ 散木:不成材的树木。椁:棺外的套棺。液:浸渍。樠(mán 蛮):松心。液樠,形容像松心那样流出脂液。 ⑥ 文木:可用之木。 ⑦ 柤(zhā 渣):水果树之一种。蓏(luǒ 裸):瓜类植物的果实。泄:俞樾以为当读为抴。也作"拽",用力拉。 ⑧ 掊(pǒu 剖上声)击:犹打击。

⑨ 几:近。几死,近死。散人:不材之人。 ⑩ 诊:通"畛"。《尔雅·释诂》:"畛,告也。" ⑪ 趣:旨趣,犹言意在。王先谦解作急,亦通。 ⑫ 直:特。诟厉:责骂。 ⑬ 翦:斩伐。 ⑭ 南伯子綦:即南郭子綦,见《齐物论》。商之丘:即商丘。其地在今河南商丘县境。隐将:《阙误》引张君房本作"将隐"。芘(bì 庇):通"庇",荫蔽。藾(lài 赖):荫庇。 ⑮ 轴:指木的中心部分。解:散,指纹理疏散。咶(shì 示):通"舐"。酲(chéng 呈):病酒。饮酒过度,酒醒后困惫如病状态。

⑯ 荆氏:地名,在宋国境内。 ⑰ 拱把:拱,两手合围;把,一手所握。表示粗细的量词。杙(yì 亦);小木桩,用以嬉戏狙猴。 ⑱ 名:大。丽:栋,即脊檩。 ⑲ 椫(shàn 善)傍:独幅大木板。古时棺材,以独幅板做成者为佳,故贵族富商求之。 ⑳ 颡(sǎng 嗓):额。古时祭祀,用纯色毛牛,不用杂色毛牛。亢:高。

[译文]

有一位名叫石的匠人到齐国去,走到曲辕这个地方,看见社庙旁边有一棵栎树,这棵树大到可以遮蔽数千条牛,用绳子量一量,树的围长有十丈粗。这棵树像山那样高,七、八丈以上才有树枝,如果用这棵树来做船的话,可以做几十条船,四方来观看的人像集市上的人那样多,然而匠石连看也不看,不住脚地往前走。

匠石的弟子们把树看了个够。然后跑着赶上了匠石,说:“自从我们拿着斧头跟随先生以来,从未见过像这样好的树木,先生却不肯看一眼,不住脚地往前走,这是为什么呀?”匠石说:“算了吧,不要谈起这棵树!这是一棵什么用处都没有的树木,用它来做船,这船一定会沉没;用它来做棺材,这棺材一定会很快地朽烂;用它来做家具,这家具也一定会很快地坏掉;用它来做门,它的脂液常常流出来;用它做柱子,这柱子好生虫以致为虫所蠹蚀。这是没有什么用处的树木,正因它没有什么用处,所以能够长这么大岁数。”

匠石回来后,社树托梦说:“你为什么这样比我啊?你拿我跟有用的树木比吗?比如山楂树、梨树、橘树、柚树以及瓜果之类,果实熟了就被摘采,摘采便是遭到毁辱。大枝折断了,小枝也被用力拖了下来,这些都是因为它们有用处而遭到痛苦的啊,所以不能过完它们应得的寿命,而中途死掉了。像这样的打击都是那些存有世俗思想的人自找的啊!世界上的事物没有不是这个样的,何况我寻求‘无用’已经很久了,几乎被砍伐而死,直到今天才得到它,‘无用’便是我的‘大用’。假如我有了用处,我会长得这样大吗?况且你我都是‘物’啊?为什么你这样看待物呢?你不过是接近死亡的不成材的散人,又怎么能够了解不成材的散木呢?”

匠石醒后把他所做的梦告诉给弟子,弟子们说:“既然栎树立意追求‘无用’,那么它为什么又生存在社庙旁边引人注目呢?”匠石说:“住嘴吧!你们不要这样说!是社神依托栎木的,社神的依托反而招来了不了解栎树的人的辱骂,不正是因为社神依托的缘故,才使栎树几乎遭到砍伐的吗?况且它用以保身的方法与众不同,以常理来分析它,岂不离开栎木的本意太远了吗?”

南伯子綦在商丘游览,看见一棵大树而感到惊异。天热的时候,千把辆车子连在一起,以及驾车所用的四千匹马都可以在这棵大树的树阴下乘凉。子綦说:“这是什么树木啊?它一定有特异的材质吧!”仰首看着树上的枝条,那些枝条弯弯曲曲,既不能用做脊檩也不能用做屋梁。低头看看树干,纹理粗疏,解开之后也做不成棺和椁。用舌头舔一舔它的叶子,口舌都会烂伤。用鼻子闻一闻,便使人像醉酒之后那样难受,三天还醒不过来。

子綦说:“这真是什么用处都没有的树木啊,由于这种原因,它才长得这么大。唉!神妙的至人也正像这样,以什么用处都没有,作为最大的用处。宋国的荆氏,这块地方宜于种植楸、柏、桑三种树,当这些树长到一把粗的时候,养猴子的人要做赶猴子用的木杆把它砍伐了。长到周围三、四尺粗时,有人寻求高大之脊檩,就把它砍伐掉了。长到周围七、八尺粗时,贵族、富商之家寻求棺木,就把它砍伐了。因此,这些树都不能享尽它的天年,半道便夭折在斧斤之下,这就是有用带来的祸患啊!所以巫书上说的白额头的牛,高鼻梁的猪和长着痔疮的人都在解除之列而不用于祭河神,巫者都知道这些,以为不吉祥,而神人却认为是最大的吉祥。”

[原文]

支离疏者,颐隐于脐,肩高于顶,会撮指天,五管在上,两髀为胁①。挫针治繲,足以糊口,鼓筴播精,足以食十人②。上征武士,则支离攘臂而游于其间;上有大役,则支离以有常疾不受功;上与病者粟,则受三钟与十束薪③。夫支离其形者,犹足以养其身,终其天年,又况支离其德者乎④?

［注释］ ① 支离:形体有残疾的样子,这里用作姓氏。疏:形体有残疾者之名。颐:下巴。脐:腹脐。会撮:发髻。古时发髻在头顶当中,由于驼背,故发髻指天。五管:五脏的腧穴。髀(bì 婢):股部,大腿。 ② 挫针:缝衣。治繲(xiè 解):洗衣。鼓:簸(bǒ)。筴,小簸箕。播,扬土。精,米。 ③ 攘臂:捋袖伸臂,形容振奋的情态。常疾:无法治愈的残疾。钟:古时重量单位,六斛四斗为一钟。 ④ 成玄英疏:"支离其形,犹忘形也;支离其德,犹忘德也。"

［译文］ 有个叫做支离疏的,面颊及下巴隐藏在腹脐之下,双肩高过头顶,发髻指天,五脏的腧穴都在脊背上面,两边的大腿和两胁相并。以缝洗衣服来糊口度日,替人簸米筛糠,所得的粮食,足供十个人食用。国家征兵时,支离疏不但不逃避反而捋袖伸臂,在征兵者面前走来走去。国家征发劳役,支离疏则因为身有残疾而不受驱调。国王对残疾者发放救济粮食,支离疏便可以领得三钟粮食和十捆柴草。唉!这种忘掉形体残废的人,还可以养活自身,享尽自己应得的寿命,何况是忘掉德行的人呢?

［原文］ 孔子适楚,楚狂接舆游其门曰[①]:"凤兮凤兮,何如德之衰也[②]?来世不可待,往世不可追也。天下有道,圣人成焉;天下无道,圣人生焉。方今之时,仅免刑焉。福轻乎羽,莫之知载;祸重乎地,莫之知避。已乎已乎,临人以德!殆乎殆乎,画地而趋!迷阳迷阳,无伤吾行!吾行郤曲,无伤吾足[③]!"

山木自寇也,膏火自煎也。桂可食,故伐之[④];漆可用,故割之。人皆知有用之用,而莫知无用之用也。

[注释] ① 适:往。楚狂接舆:楚国的隐士,姓陆名通,字接舆。 ② 凤:喻孔子。成玄英疏:"如何怀此圣德,往适衰乱之邦者耶!" ③ 迷阳:指荆棘。王先谦说:"谓荆刺也,生于山野,践之伤足,至今吾楚舆夫遇之,犹乎迷阳。" ④ 寇:掠夺侵犯,此指砍伐。桂:木名,极芳香可作香料。

[译文] 孔子到楚国去,楚国狂人接舆经过孔子的门前,唱道:"凤啊凤啊,为什么你怀着大德却来到那衰乱的国家呢?未来的社会无法期待,古代的社会也无法追寻。天下大治,圣人以为是自然形成的。天下大乱,圣人也以为是自然形成的。现在,只能把免去刑罚当成幸福了!幸福不过像羽毛那样轻,不知怎样才可以取得;祸患重得像大地一样,不知怎样才可以避免。算了吧!算了吧!不要再向人们去宣扬德教了。危险啊!危险啊!在地上画出道路,要求人们按照这样的道路去走。荆棘啊,荆棘,不要影响我走路!我走的是一条弯路,不要伤害我的脚啊!"

山上的树木,由于成材而被砍伐,膏脂因为能照明而被燃烧。桂树可以食用,所以才伐掉它;漆可以使用,故漆树被割剥。人们都知道有用的用处,而不知道无用的用处。

德充符第五

［原文］

鲁有兀者王骀，从之游者与仲尼相若①。常季问于仲尼曰②："王骀，兀者也，从之游者与夫子中分鲁。立不教，坐不议，虚而往，实而归。固有不言之教，无形而心成者邪③？是何人也？"

仲尼曰："夫子，圣人也，丘也直后而未往耳④。丘将以为师，而况不若丘者乎！奚假鲁国！丘将引天下而与从之。"

常季曰："彼兀者也，而王先生，其与庸亦远矣⑤。若然者，其用心也独若之何？"

仲尼曰："死生亦大矣，而不得与之变，虽天地覆坠，亦将不与之遗⑥。审乎无假而不与物迁，命物之化而守其宗也⑦。"

常季曰："何谓也？"仲尼曰："自其异者观之，肝胆楚越也；自其同者视之，万物皆一也。夫若然者，且不知耳目之所宜，而游心乎德之和⑧；物视其所一而不见其所丧，视丧其足犹遗土也。"

常季曰："彼为己以其知，得其心以其心⑨。得其常心，物何为最之哉⑩？"

仲尼曰："人莫鉴于流水而鉴于止水，唯止能止众止。受命于地，唯松柏独也在冬夏青青；受命于天，唯舜独也正，幸能正生，以正众生⑪。夫保始之征，不惧之实⑫。勇士一人，雄入于九军。将求名而能自要者，而犹若是，而况官天地，府万物，直寓六骸，象耳目，一知之所知，而心未尝死者乎⑬！彼且择日而登假，人则从是也⑭。彼且何肯以物为事乎？”

［注释］

① 兀：通“跀（yuè 月）”，古时断足之刑。王骀（tái 台）：人名。游：游学，从师求学。相若：相似。　② 常季：人名。鲁之贤人。一说孔子弟子。　③ 无形：指王骀残废的身躯。心成：思想成熟。　④ 直：特。　⑤ 王（wàng 妄）：尊；高出。庸：凡庸，平常的人。　⑥ 遗：失。全句意谓未尝丧我。　⑦ 假：当是瑕之误。无瑕：没有毛病、缺点。命：指自然之命运，这里用作动词，可理解为听任。　⑧ 和：同。　⑨ 此句倒装，顺读之应为：以其知为己。知：通“智”，理智。心：指理智。　⑩ 常心：指符合于大道的理智。最：聚，聚集。　⑪ 正生：指自正，意即能够端正自己的品行。　⑫ 保始：指保持其开始时的善心。征：成功。　⑬ 将求名而能自要（yāo 邀）者：要，通“徼”，求取。官：取法，效法。天地：自然。府：用作动词，谓包藏。寓：寄寓。　⑭ 假：通“格”。升。

［译文］

鲁国有位受刖刑而被砍去一只脚的人，名叫王骀，跟随他学习的门人和仲尼差不多。常季问仲尼说：“王骀是个被砍掉一只脚的人，跟随他学习的门人的人数，在鲁国与先生平分秋色。他站在那里，不教导人家；他坐在那里，不议论道理。人们到他那里去的时候，心中十分空虚；回来的时候，心里却装得满满的。难道说本来就有不用说话的教导，不用言语却心领神会的教育方式吗？这是怎样的人啊？”

仲尼回答说：“王骀先生是一位圣人，我的学问和道德都在他的后面，只是我还没有来得及前往拜他为师。连我都要去拜他为师，何况那些赶不上我的人呢？岂但只是鲁国一国，我还要引导天下的人都来跟王骀先生学习呢！”

常季说："他是一个被砍掉一只脚的人，从学的人竟然超过先生，那么，他一定是远远超出常人了，这样的人，他运用心智是怎样的呢？"

仲尼回答说："死和生是变化中最大的了，然而死和生却不能使他变化，即使天掉下来，地翻过来，他也不会因这种变故而丧失自我。他认识了无妄的真理，就不会随着物的变化而变化，却听任万物的变化，而坚守着自己的信仰。"

常季说："这怎样解释呢？"仲尼回答说："从事物的不同方面去观察它们，那么同处于身体之中的肝和胆，其不同也像楚国和越国一样；从事物的相同方面去观察它们，那么天地间的万事万物都是一样的。像王骀先生那样的人，甚至不知道耳朵听到的，以及眼睛所看到的，哪些是好的，哪些是不好的，而把思想放在大道的混同上面。对于万物，只看到它的相同点，而看不到它会丧失什么，把自己失去一只脚看得像丢掉土块一样。"

常季说："他仍然要运用自己的知识来培养自己的心智，仍然要运用心智来认识真理。如果真正得到了符合于大道的心智，那么，为什么还有许多学生聚集在他的身边呢？"

仲尼说："人不能从流动的水中看到自己，而只能从静止的水中看到自己。只有自己静止下来，才能使那些寻求静止的人停止下来。同样都是在地上生长，却只有那松柏在冬季和夏季始终保持青青的颜色。同样都是自然的产物，却只有舜的人品最为正直。正是因为舜能够端正自己的品行，所以才能端正大家的品行。人能保持天真的善心，以求得最后的成功，内心怀着毫无畏惧的志向，像一名勇士那样，称雄于千军万马之中。以建立功名来要求自己的人，还能这样做，何况是主宰天地，包藏万物，把肉体当作旅店，把耳目当作表象，运用通晓万物的知识去理解万物而心智不会死去的人呢？而且他将择日化去，人们都是不由自主地跟随他，他何尝把万物和众人放在心上呢？”

［原文］

申徒嘉，兀者也，而与郑子产同师于伯昏无人①。子产谓申徒嘉曰：“我先出则子止，子先出则我止。”其明日，又与合堂同席而坐②。子产谓申徒嘉曰：“我先出则子止，子先出则我止。今我将出，子可以止乎，其未邪③？且子见执政而不违，子齐执政乎④？”申徒嘉曰：“先生之门，固有执政焉如此哉⑤？子而说子之执政而后人者也⑥？闻之曰：‘鉴明则尘垢不止，止则不明也。久与贤人处则无过。’今子之所取大者，先生也⑦，而犹出言若是，不亦过乎？”

子产曰：“子既若是矣，犹与尧争善，计子之德不足以自反邪？”申徒嘉曰：“自状其过以不当亡者众⑧，不状其过以不当存者寡。知不可奈何而安之若命，唯有德者能之。游于羿之彀中⑨。中央者，中地也；然而不中者，命也。人以其全足笑吾不全足者多矣，我怫然而怒；而适先生之所，则废然而反⑩。不知先生之洗我以善邪⑪？吾与夫子游十九年矣，而未尝知吾兀者也。今子与我游于形骸之内，而子索我于形骸之外⑫，不亦过乎？”

子产蹴然改容更貌曰⑬：“子无乃称⑭！”

［注释］

① 申徒嘉：姓申徒，名嘉，郑国贤人。兀者：断足的人。伯昏无人：人名。庄子理想中人物，并非实有其人。 ② 堂：厅堂。学习之所在，犹今之教室。席：席位。 ③ 其：抑或。 ④ 违：通“讳”，回避。齐：同，并。子齐执政，意谓把自己看得和执政者相同。 ⑤ 先

生：指伯昏无人。门：师门。固：岂。 ⑥ 说：通“悦”。后：用作动词，谓把人放在后面。 ⑦ 取：求取。大者：指广博的见识。 ⑧ 状：陈述。 ⑨ 羿（yì 易）：人名。古代传说中善于射箭的人。彀（gòu 够）中：射程的范围。 ⑩ 怫（bó 勃）：通“勃”，发怒时的面部表情。适：往。 ⑪ 洗：洗刷。 ⑫ 形骸之内：指精神道德。形骸之外：指人的躯体。 ⑬ 蹴（cù 促）然：惭愧的样子。 ⑭ 称：说。

［译文］ 申徒嘉，是一个被砍掉一只脚的人，他和郑国的子产一起拜伯昏无人为老师。子产对申徒嘉说：“如果我先出去，您就留下，如果您先出去，我就留下。”到了第二天，子产又和申徒嘉在一间屋内一条席位上坐着。子产对申徒嘉说：“我先出去您就留下，您先出去我就留下。现在我将要出去了，您是留还是不留下呢？况且，您见到像我这样的官长，却不知道回避，您把自己看得和官长一样吗？”

申徒嘉回答说：“在伯昏先生的门下，难道有像您这样做了官来当学生而又如此自视特殊的吗？您就是这样沾沾自喜地对待自己的官位，而把别人放在后面吗？我听说过：‘镜子明亮，尘埃就不会停留在上面，如果尘埃停留在上面，那么，镜子就不会明亮了。长久地和贤人相处在一起，就不会有过错。’现在，您所追求的是广博的见识，是伯昏先生的大道，然而您还说出这样的话来，这不是十分错误的吗！”

子产说：“您既然是形体如此残缺的人，还要和尧那样的人争善，想一想您的德行吧，您一定是犯了什么过错，才受刑而致残的，难道您的智力还不足以使您自我反省吗？”申徒嘉回答说：“自己陈述自己的行迹，为自己的错误辩解，认为自己不当残废，这样的人是多数；不加陈述而把过错归之于自己，以为自己的肢体不应健全，这样的人是少数。了解一切都无可奈何，安于自己的境遇，像安于命运的安排那样，只有有道德的人才能够做到这一点。在社会上生活着的人,都处在善射者后羿的射程之内。中央那块地方,是最容易被射中的地方,然而却没有被射中,这是命运的安排!人们当中拿他们完好而不伤不残之脚讥笑我伤残之脚的人太多了。当初,遇到这种情况,我马上变脸而生起气来;但是,当我到了伯昏先生这里,我就丢掉这种态度而回到正道上来。我还不知是伯昏先生洗去我的缺点使我具备这种好的思想呢!我和您跟伯昏先生学习已经有十九年了,伯昏先生就好像从不知道我的脚被砍断一样。现在,您和我以道德相处,却要求我的身躯完好,这不是十分错误的吗?"

子产惭愧地改变了态度,说:"您不要再说了吧!"

[原文]

鲁有兀者叔山无趾,踵见仲尼①。仲尼曰:"子不谨,前既犯患若是矣。虽今来,何及矣②!"无趾曰:"吾唯不知务而轻用吾身③,吾是以亡足。今吾来也,犹有尊足者存,吾是以务全之也④。夫天无不覆,地无不载;吾以夫子为天地,安知夫子之犹若是也!"

孔子曰:"丘则陋矣。夫子胡不入乎,请讲以所闻!"无趾出。孔子曰:"弟子勉之!夫无趾,兀者也。犹务学以复补前行之恶,而况全德之人乎⑤?"

无趾语老聃曰:"孔丘之于至人,其未邪⑥?彼何宾宾以学子为⑦?彼且蕲以諔诡幻怪之名闻⑧,不知至人之以是为己桎梏邪?"老聃曰:"胡不直使彼以死生为一条,以可不可为一贯者,解其桎梏,其可乎?"无趾曰:"天刑之⑨,安可解!"

[注释]

① 叔山无趾:人名。姓叔山,名无趾,因断足无趾故名。踵:屡次。

一说脚后跟,亦通。 ② 犯:触犯。犯患,谓触犯刑律而遭受祸患。及:逮,到。 ③ 务:事务,指事务之理。 ④ 尊足者:指尊重足虽断而道德犹存之人。 ⑤ 全德:指躯体与道德并全。 ⑥ 其:抑或。 ⑦ 宾宾:频频。 ⑧ 蕲(qí 其):通“祈”,追求。諔(chù 触)诡:奇异。幻怪:虚妄。 ⑨ 一条、一贯:均指齐一。天:自然。

[译文]

鲁国有一个断足的人,叫做叔山无趾,屡次拜见孔子。孔子说:“由于您做事不谨慎,从前您已经遭到像断足这样的祸患了。现在虽然到我这里来,那又有什么办法呢?”无趾说:“我只是因为不了解事理而轻率地采取行动,因此,我丢掉了我的脚。现在,我到您这里来,原以为还有人尊重那虽然断足而道德尚未丧失的人,我因此要向他学习保全道德的方法。天没有什么地方覆盖不到,地没有什么东西承载不了,我把先生看成天地,哪里知道先生还是这样的人呢!”

孔子说:“我实在太浅薄了,先生您为什么不进来呢?请讲一讲您所听到的道理!”无趾出去之后,孔子说:“弟子们,努力呵!无趾是一个被砍断了脚的人,还要努力学习以求弥补以前的过失,何况是肢体健全而又具备道德的人呢?”

无趾对老聃说:“孔子达到了至人的境界还是没有达到至人的境界呢?他为什么频繁地向您学习呢?况且他们追求的是奇异的虚幻的名声,他不了解至人正是把这些看成是束缚自己的桎梏吗?”老聃说:“为什么不直接使他把死和生看成一样,把可与不可看成一样,从而解除束缚他的桎梏,这样做可以吗?”无趾回答说:“这是自然在惩罚他,怎么可以解脱呢?”

[原文]

鲁哀公问于仲尼曰:“卫有恶人焉,曰哀骀它①。丈夫与之处者,思而不能去也。妇人见之,请于父母曰‘与为人妻宁为夫子妾’者,十数而未止也。未尝有闻其唱者也，常和人而已矣。无君人之位以济乎人之死，无聚禄以望人之腹[②]。又以恶骇天下，和而不唱，知不出乎四域[③]，且而雌雄合乎前。是必有异乎人者也。寡人召而观之，果以恶骇天下。与寡人处，不至以月数，而寡人有意乎其为人也；不至乎期年，而寡人信之[④]。国无宰，寡人传国焉，闷然而后应，氾而若辞[⑤]。寡人丑乎，卒授之国。无几何也，去寡人而行，寡人卹焉若有亡也[⑥]，若无与乐是国也。是何人者也？"

仲尼曰："丘也尝使于楚矣，适见㹠子食于其死母者，少焉眴若皆弃之而走[⑦]。不见己焉尔，不得类焉尔。所爱其母者，非爱其形也，爱使其形者也。战而死者，其人之葬也不以翣资；刖者之屦，无为爱之[⑧]；皆无其本矣。为天子之诸御，不爪翦，不穿耳；取妻者止于外，不得复使。形全犹足以为尔，而况全德之人乎！今哀骀它未言而信，无功而亲，使人授己国，唯恐其不受也，是必才全而德不形者也。"

哀公曰："何谓才全？"仲尼曰："死生存亡，穷达贫富，贤与不肖毁誉，饥渴寒暑，是事之变，命之行也；日夜相代乎前，而知不能规乎其始者也[⑨]。故不足以滑和，不可入于灵府[⑩]。使之和豫，通而不失于兑，使日夜无郤而与物为春，是接而生时于心者也[⑪]。是之谓才全。"

"何谓德不形？"曰："平者，水停之盛也，其可以为法也，内保之而外不荡也[⑫]。德者，成和之修也。德不形者，物不能离也。"

哀公异日以告闵子曰⑬:"始也吾以南面而君天下,执民之纪而忧其死,吾自以为至通矣。今吾闻至人之言,恐吾无其实,轻用吾身而亡其国。吾与孔丘,非君臣也,德友而已矣。"

[注释]

① 鲁哀公:鲁国国君,和孔子同时。恶人:相貌丑陋的人。哀骀(tái 台,又音 dài 代)它(tuō 托):哀骀,形容丑陋,这里用作姓氏。它,名字。文中哀骀它是一位相貌丑陋而才全德满之人。 ② 以济乎人:济,救。望人之腹:望,满。 ③ 知:心智。四域:外界。 ④ 期年:周年。 ⑤ 闷然:淡漠不觉的情态。氾:同"泛",形容心不在焉的样子。辞:辞去。 ⑥ 寡人卹(xù 序)焉:卹,忧。 ⑦ 狆:一作豚,音义同。狆子,小猪。食:通"饮",指食乳。眴(shùn 顺):视貌。 ⑧ 翣(shà 霎)资:翣,古代的棺饰。资,送。人死之后,饰无所为用,故不用翣资。刖(yuè 月):断足。屦(jù 据):麻、葛等制成的单底鞋。无为爱之:为,原因;理由。 ⑨ 规(kuī 窥):通"窥",偷看。 ⑩ 滑(gǔ 骨):通"汩",乱。和:形容自然均衡的和谐状态。灵府:指心。古人认为心是精神的所在地,因称之为灵府。 ⑪ 豫:乐。兑:喜悦。郤(xì 戏):敦煌本作陈。当作郤,空隙。春:春天的和悦景象。一说作"推"解,《说文》:"春,推也。" ⑫ 荡:动。 ⑬ 异日:过了几天。闵子:孔子弟子,姓闵,名损,字子骞。

[译文]

鲁哀公向孔子问道:"卫国有一个相貌丑陋的人,叫做哀骀它。男人和他相处,便对他产生思慕的感情而不能离开他,女人见到他,就向她们的父母请求说:'与其做别人的妻子,不如做哀骀它先生的妾。'这样的女人已有十多个了,还在继续增加。未曾听说他提倡过什么,只是常常附和别人罢了。他没有统治人的地位,却能够把人从死亡的境遇中拯救出来。也没有丰厚的俸禄,却能够使人们吃饱肚子。反而以丑陋的相貌使天下的人惊骇。他只是在附和着别人而从不倡导,他的心思不用在外界，然而无论男人、女人都和他亲近。这样的人一定有不同于一般人的地方。我把他召来，看一看他，果然相貌丑陋，足使天下人感到惊骇，和我相处，不到一个月我已经察觉到他的为人了；不到一年我就信赖他了。国内没有更好的官吏，我要把国家的政权委托给他，他神情淡漠地回答，漫不经心的好像在推辞。我感到自己丑陋，终于还是把政权交给他。没有多长时间，他就离开我走掉了。我感到忧虑，若有所失，好像这个国家里再也没有和我在一起使我感到快乐的人了。这是怎样的人呢？”

孔子回答说：“我曾出使到楚国去，恰巧看见一群小猪在吮吸它们死掉的母亲的乳汁。过了一会，便都惊惧地抛弃它们的母亲而跑掉了。这是因为它们不知自己的同类已死，因为母猪再不能像先前那样哺育它们了，所以才惊惧地跑掉。小猪爱它母亲，不是它母亲的形体，而是那支配其形体的精神。因作战而死去的人，在他们的葬礼中，就不用武器来装饰他的棺椁。断足人的鞋子，断足人就没有理由再爱它。都是因为这些东西失去了它的根本啊。做天子侍从的，女的不剪指甲，不穿耳眼；男的娶了妻子的，只能在宫庭外服役，而不再留在宫庭内服役。为保持形体完整，天子的侍从尚且如此，何况是道德完善的人呢？现在哀骀它，不说话能够使人相信他，没有功劳能够使人亲近他，使人要把国家的政权交给他还唯恐他不接受；这一定是才质完美而德行并不表露的人。”

哀公说：“什么叫做才质完美？”孔子回答说：“死亡、生存、得到、丧失、困厄、顺利、贫穷、富贵、好的和坏的、毁谤、赞誉、饥饿、口渴，严寒、酷暑，这是事情的变化，自然的运行。不论白天黑夜，轮流出现在你的面前，然而你虽然有智慧却不能窥见它的来龙去脉。所以，这些变化都不能够搅乱人的和谐，都不能够进入人们的思想中去，要那些和谐而快乐的气氛畅行无阻，而不要丢掉那和悦的性情，使自己日日夜夜一刻不间断地和万物一起处在像春天那样的和乐之中。这样，顺应外物而在心中产生这种和悦之气，就叫做才质完美。”

“什么叫做德不形？”孔子回答说：“平静如水静止的至高点，它可以成为取法的准则。内心保持明智，就不会为外物所动，所谓德，就是无事不成，无物不和的修养，所谓德不形，就是人们都乐于亲近而不能离开他。”

几天之后，哀公告诉闵子说：“开始我以为我居于国王的位置统治天下，掌握着治理臣民的纲纪，忧虑臣民的生计，我自以为是最高明的人了。现在，我听到至人的言论，就担心自己有名无实，轻率的使用自己的躯体，而使自己的国家灭亡。我和孔丘，并不是君臣，是以道德相结交的朋友啊！”

[原文]

闉跂支离无脤说卫灵公，灵公说之；而视全人，其脰肩肩[①]。瓮㼜大瘿说齐桓公[②]，桓公说之；而视全人，其脰肩肩。故德有所长而形有所忘，人不忘其所忘而忘其所不忘，此谓诚忘。故圣人有所游，而知为孽，约为胶，德为接，工为商[③]。圣人不谋，恶用知？不斫，恶用胶？无丧，恶用德？不货，恶用商？四者，天鬻也[④]。天鬻者，天食也。既受食于天，又恶用人！有人之形，无人之情。有人之形，故群于人；无人之情，故是非不得于身。眇乎小哉，所以属于人也！謷乎大哉，独成其天[⑤]！

[注释]

① 闉（yīn 因）跂支离无脤（shèn 慎）：人名。闉，屈曲。跂，通“肢”，指四肢。支离，衰残瘦弱的样子。脤，趾，无脤即无趾。说（shuì）：游说。说卫灵公，向卫灵公游说。说（yuè 悦）：通“悦”。高兴，喜欢。灵公说之，言卫灵公喜欢他。脰（dòu 豆）：颈项。肩肩：细小的

样子。 ② 甕(wèng 翁去声):陶制盛器。瓮(áng 昂):通“盎”。腹大而口小的盛器。大瘿(yǐng 影):瘤子像甕瓮那样大。上述两处均以病体形态为姓名。 ③ 圣人有所游:游,指处世。知:通“智”,智慧。胶:牢固。接:交结,亦可理解为处世。 ④ 鬻(yù 玉):通“育”,养育。 ⑤ 眇(miǎo 秒):通“渺”,微小。謷(ào 敖):高大的样子。

[译文] 闉跂支离无脤向卫灵公游说,卫灵公非常喜欢他,看一看他的全部长相,他的脖子却那样细小。甕瓮大瘿向齐桓公游说,齐桓公非常喜欢他,看一看他的全部长相,他的脖子却那样细小。所以如果德性长于顺应外界事物,那就会使对方忘记其形貌的丑陋。人如果不忘掉他所应当忘掉的东西,而忘却他所不应忘却的东西,那才叫做真正的忘却。所以圣人处世把智慧当做祸根,把盟约看成束缚,把道德看成处世的工具,把工巧看成商贾的本能。圣人不去谋虑,哪里用得着智慧;不去雕琢,哪里用得着约束;不重货物,哪里用得着通商。这四者都是自然用来养育人的,自然的养育,也就是自然供给人以食物。既然从自然那里接受食物,又哪里还用得着人为呢?有人的形体,没有人的感情,有了人的形体,所以能够和人群居;没有人的感情,所以是非就不会在他的身上产生。多么渺小啊——属于人的东西。多么高大啊——属于自然的东西。

[原文] 惠子谓庄子曰:“人故无情乎?”庄子曰:“然。”惠子曰:“人而无情,何以谓之人?”庄子曰:“道与之貌,天与之形,恶得不谓之人?”惠子曰:“既谓之人,恶得无情?”庄子曰:“是非吾所谓情也。吾所谓无情者,言人之不以好恶内伤其身,常因自然而不益生也[①]。”惠子曰:“不益生,何以有其身?”庄子

曰："道与之貌，天与之形，无以好恶内伤其身。今子外乎子之神，劳乎子之精，倚树而吟，据槁梧而瞑②，天选子之形，子以坚白鸣③！"

［注释］

① 益：增。益和损是对立又统一的，有益则必有损；无益则就无损。庄子主张"不益生"就从这一点出发。 ② 据：凭倚。槁梧：矮几，一说琴，琴用梧桐木制作，故名。 ③ 坚白：见《齐物论》注。

［译文］

惠子对庄子说："人本来就没有感情吗？"庄子答道："是这样。"惠子说："人假如没有感情，为什么还叫做人呢？"庄子回答说："大道给他容貌，自然给他形体，怎么能不把他叫做人呢？"惠子说："既然叫做人，为什么会没有感情？"庄子回答说："这不是我所说的感情，我所说的感情是说人不要以喜好和厌恶伤害自己的身心，要经常因任自然而不要给自身添加些什么。"惠子说："不添加些什么，依靠什么来保养自己的身体？"庄子回答说："大道给人以容貌，自然给人以形体，不要以喜好和厌恶伤害自己的身心。现在，您驰逐您的心神，耗费着您的精力；您倚在树边吟咏，靠着几案苦思冥想，自然选择了您的形体，您却用您的坚白论夸夸其谈。"

大宗师第六

[原文]

知天之所为,知人之所为者,至矣。知天之所为者,天而生也;知人之所为者,以其知之所知以养其知之所不知①,终其天年而不中道夭者,是知之盛也。

虽然,有患。夫知有所待而后当,其所待者特未定也②。庸讵知吾所谓天之非人乎③?所谓人之非天乎?

且有真人而后有真知。何谓真人?古之真人,不逆寡,不雄成,不谟士④。若然者,过而弗悔,当而不自得也⑤。若然者,登高不慄,入水不濡,入火不热,是知之能登假于道者也若此⑥。

古之真人,其寝不梦,其觉无忧,其食不甘,其息深深。真人之息以踵,众人之息以喉⑦。屈服者,其嗌言若哇⑧。其耆欲深者,其天机浅。

古之真人,不知说生⑨,不知恶死;其出不䜣,其入不距;翛然而往,翛然而来而已矣⑩。不忘其所始,不求其所终;受而喜之,忘而复之,是之谓不以心捐道,不以人助天。是之谓真人。

若然者,其心志,其容寂,其颡頯;凄然似秋,煖然似春,喜怒通四时,与物有宜而莫知其极⑪。

故圣人之用兵也,亡国而不失人心;利泽施乎万世,不为爱人。故乐通物,非圣人也;有亲,非仁也;天时,非贤也;利害不通,非君子也;行名失己,非士也;亡身不真,非役人也。若狐不偕、务光、伯夷、叔齐、箕子、胥余、纪他、申徒狄,是役人之役,适人之适,而不自适其适者也⑫。

古之真人,其状义而不朋,若不足而不承⑬;与乎其觚而不坚也,张乎其虚而不华也⑭;邴邴乎其似喜乎?崔乎其不得已乎⑮?滀乎进我色也,与乎止我德也;厉乎其似世乎⑯!謷乎其未可制也;连乎其似好闭也,悗乎忘其言也⑰。以刑为体,以礼为翼,以知为时,以德为循。以刑为体者,绰乎其杀也⑱;以礼为翼者;所以行于世也;以知为时者,不得已于事也;以德为循者,言其与有足者至于丘也。而人真以为勤行者也。故其好之也一,其弗好之也一。其一也一,其不一也一。其一与天为徒,其不一与人为徒。天与人不相胜也,是之谓真人。

死生,命也,其有夜旦之常⑲,天也。人之有所不得与,皆物之情也⑳。彼特以天为父,而身犹爱之,而况其卓乎㉑!人特以有君为愈乎己,而身犹死之,而况其真乎㉒!

泉涸,鱼相与处于陆,相呴以湿,相濡以沫,不如相忘于江湖㉓。与其誉尧而非桀也,不如两忘而化其道。夫大块载我以形㉔,劳我以生,佚我以老,息我以死。故善吾生者,乃所以善吾死也。

夫藏舟于壑,藏山于泽,谓之固矣。然而夜半有力者负之而走,昧者不知也㉕。藏小大有宜,犹有所遁㉖。若夫藏天下于天下而不得所遁,是恒物之大情也。特犯人之形[27]，而犹喜之，若人之形者，万化而未始有极也，其为乐可胜计邪！故圣人将游于物之所不得遁而皆存。善妖善老，善始善终，人犹效之，又况万物之所系，而一化之所待乎[28]？

夫道，有情有信，无为无形；可传而不可受[29]，可得而不可见；自本自根，未有天地，自古以固存；神鬼神帝，生天生地；在太极之先而不为高，在六极之下而不为深，先天地生而不为久，长于上古而不为老。狶韦氏得之，以挈天地[30]；伏戏氏得之，以袭气母[31]；维斗得之，终古不忒[32]；日月得之，终古不息；堪坏得之，以袭昆仑[33]；冯夷得之，以游大川[34]；肩吾得之，以处大山[35]；黄帝得之，以登云天[36]；颛顼得之，以处玄宫[37]；禺强得之，立乎北极[38]；西王母得之，坐乎少广[39]，莫知其始，莫知其终；彭祖得之，上及有虞，下及五伯[40]；傅说得之，以相武丁，奄有天下，乘东维，骑箕尾，而比于列星[41]。

［注释］ ①“以其知”、“以养其知”两“知”字均通“智”，作智慧讲。 ②知有所待：指知识所反映的对象。特：犹言不过。 ③庸讵：岂，何以，怎么，反诘语。 ④逆：反对，此处含欺凌之意。寡：少。谟：计谋。 ⑤自得：自觉得意，快意。 ⑥慄（lì 利）：恐惧，瑟缩。濡（rú 如）：沾湿。登假：假，通“格”，格，至。 ⑦深深：深沉貌。踵：脚后跟。 ⑧嗌（ài 爱）：咽喉窒塞。春秋、战国时秦晋一带的方言。哇（wā 蛙）：呕吐。 ⑨说：通“悦”。 ⑩出：指出生。䜣：通“欣”，高兴。入：指死亡。距：一本作“拒”。义同。翛（xiāo 消）：无拘无束，自由自在的样子。 ⑪颡（sǎng 嗓）：额。頯（qiú 求，又读 kuí 葵），又作頄，本指颧骨，引申为质朴无华的样子。煖（xuān 宣）：同“煊”，温暖。

⑫狐不偕：姓狐，字不偕，尧时人。尧让之位，不受，投河而死。务光：夏时人，饵药养性，好弹琴。汤欲让之以位，不受，负石沉于庐水。一

说黄帝时人。伯夷、叔齐:殷末人,辽西孤竹君的两个儿子。父死,兄弟相让,不肯继位,闻西伯(即文王)有道,往观。恰逢文王死,武王率军伐纣。二人扣马而谏,武王不从。遂隐于河东首阳山,不食周粟,最后饿死。箕子:殷末人,纣贤臣,因谏正殷纣而遭奴戮。胥余:箕子名。一说胥余指伍子胥。吴王夫差之臣,因忠谏而遭残害。纪他:汤时人,听说汤让位于务光,务光负石投水而死,恐怕汤让位于己,遂率弟子蹈窾(kuǎn款)水而死。申徒狄:人名。与务光、纪他同时,听到务光、纪他的死讯,也沉于河中而死。　⑬ 义;情谊,指与人相处关系融洽没有矛盾。朋:朋党,古时用作贬义。承:承受。　⑭ 与:通“趣”。《说文》:“安行也。”觚(gū 孤):棱角。张:广大。谓宽宏大度。　⑮ 邴(bǐng 饼):喜悦。崔:动。　⑯ 滀(chù 搐,又读 xù 旭):颜色温和而有光泽,令人喜爱。与:相交接。厉:一本作“广”。广大。世:通“泰”。大。　⑰ 警(ào 敖):高大貌。连:长,形容绵邈深远的样子。悗(mèn 闷):心不在焉的样子。　⑱ 绰(chuò 啜):宽。　⑲ 常:指经常的变化。　⑳ 此句主语省略。言经常的变化“皆物之情也”。　㉑ 特:直;只。身:指自身。之:指代上文“天”。卓:高超,指道。　㉒ 愈:超过。　㉓ 涸(hé 何):水干。呴(xū 虚):吐口水,吐沫。濡:沾湿。沫:吐沫。　㉔ 大块:指大地,也指大自然。　㉕ 昧:通“寐”。睡眠。　㉖ 藏小大有宜:指藏小于大有宜。于字省略。遁:逃。　㉗ 犯:通“范”,模子。　㉘ 妖:世德堂本作夭。夭同枖,《说文》:“枖,木少盛貌。”此处与“老”相对为文,可解作年青。句中“所系”、“所待”均指道而言。系,连属。待,对立面。　㉙ 情、信:确实。受:指接受下来占为私有。　㉚ 狶(shǐ 使)韦:即豕韦,传说中的古代帝王。挈(qiè 妾):通“契”。投合。可引申为混同,谓混同天地万物。　㉛ 伏戏:即伏牺。传说中古代帝王,据说八卦即为伏牺所画。袭:入。一说合。均通。气母:指气的原始状态。古人所理解的始初物质。　㉜ 维斗:北斗,恒星,位置不变。忒(tè 特):差错。　㉝ 堪坏(pēi 胚):传说中神名。人面兽身,得道后入昆仑为神。《淮南子》作“钦负”。　㉞ 冯夷:据《清冷传》所载,冯夷为华阴潼乡堤首人,服八石,得水仙,成为河神。一说冯夷以八月庚子浴于河而溺死,遂成河神。　㉟ 肩吾:泰山之神。 ㊱ 黄帝:传说中古代帝王,轩辕氏。相传黄帝采首山之铜,铸鼎于荆山之下。鼎成,有龙垂于鼎以迎帝,帝遂将群臣及后宫七十二人,白日乘云驾龙,登天仙化而去。 ㊲ 颛(zhuān 专)顼(xū 吁):即帝高阳,为黄帝之孙,又称玄帝。传说他年十二而冠,十五岁辅佐少昊,二十岁即位,采羽山之铜为鼎,能召四海之神,有灵异,享年九十七岁,得道为北方之帝。玄,黑。北方之色,故云住在玄宫。 ㊳ 禺强:水神名。又名禺京,人面鸟身,乘龙而行,亦黄帝之后裔,得道不居帝位而为水神。依五行说,水位在北方,故云"立乎北极"。 ㊴ 西王母:传说为太阴之精,常坐于西方少广之山,不复生死,故云莫知始终。

㊵ 彭祖:见《逍遥游》注。 ㊶ 傅说:据传原为奴隶,在傅岩从事版筑劳作,后辅佐殷高宗武丁,为古代名相之一。又,据传傅说为星精。东维:星名,在箕、尾之间。箕、尾:均星名。属二十八宿。

[译文]

认识自然的作为,也认识人的作为,这样的知识,可以说达到顶点了。认识自然的作为,就是认识万物都是自然而然生长出来的。认识人的作为,就是用他的智慧所能掌握的知识,明了不必强求他的智慧所无法掌握的知识,从而使精神得到保护,使他能够享尽自然所赋予的寿命而不致中途夭折,这就是最高的智慧了。

虽然如此,但是还有祸患,知识一定要有知识所反映的对象才算确当。而知识所反映的对象则是不定的,你怎么知道我所说的自然不是人呢?所说的人不是自然呢?

有了真人然后才能有真正的知识。什么叫做真人呢?古时候的真人,不去反对少数人,不因为有所成就而妄自尊大,不运用计谋招徕士人。像这样的人,错过了机会不去懊悔,碰上好运气不洋洋自得。像这样人,登上高处不感到害怕,在水里不感到潮湿,在火里不感到炎热。这是达到大道的人才可以这样的。

古时候的真人，他睡觉的时候不做梦，他一觉醒来之后，也无忧无虑。他吃起饭来不觉得甘美，他的呼吸是深沉的。真人的呼吸是从脚后跟开始的，普通人的呼吸只是从喉咙间开始。当他在辩论中被屈服的时候，喉咙好像被卡住，说不出话来。嗜好欲望深的人，他的天然智慧就浅薄了。

古时候的真人，不知道喜欢活着，不知道厌恶死亡。当他出生的时候，并不欢欣鼓舞，当他面临死亡的时候，也并不抗拒，好像无拘无束地离开人间，自由自在地来到人间一样。不忘掉自己是怎样产生的，不刻意要求生命的终结，欢欢喜喜地接受生，也把死看成是回归到自然。这就叫做不运用自己的心智来损害道，不用自己的努力来帮助自然。这就叫做真人。

像这样的人，心思安定，他的容貌寂静淡漠，他的面额纯朴自然；冷清得像秋天，温暖得像春天。高兴和愤怒都是自然而然产生的，如同四时自然而然地运行一样。和万物相处没有不适宜的，人们无法了解他那宽广心怀的边际。

圣人使用武力，把敌国灭亡了，却能够不失掉敌国的人心。把利益和恩泽给予万物，不是为了爱人。所以乐于追求通晓万物的不是圣人。有所偏爱，就不是仁德。选择时机去行动，就不是贤人。没有把利与害看成相通的就不是君子。做事为了博取名声而失掉自己的本性的，不是有知识的人。白白地丧失了身躯与真性不符的，便不是役使世人的人。像狐不偕、务光、伯夷、叔齐、箕子、胥余、纪他、申徒狄，都是被人驱使，为了别人的安适，而不能使自己得到安适的人啊！

古时的真人，他处世的情形是：和外界相处得很好而不结成朋党；好像不足，却又不接受别人的帮助；安然地表现出卓然不群的样子，却又不固执；襟怀广阔却不夸饰，怡然自得好像是高兴的样子；有所行动，好像是出于不得已的样子；态度和蔼可亲，好像是要人们聚集在他周围的样子；宽厚的德性，好像要人们归依的样子；宽宏大量的气度，好像是骄傲的样子；高大的形象，好像不能控制的样子；绵邈深远的情态，好像是把自己封闭起来使人无法了解的样子；无心的状态，好像忘记要说话的样子。以刑法作主体，以礼教作羽翼，把知识当做对待时机的手段；把道德看作是对自然的遵循。以刑法作主体，顺应着自然，虽然杀人也是宽大的；以礼教作羽翼，顺应世事，就能在社会上畅行无阻；把知识当做对待时机的手段，就是迫于不得已而应付事务。把道德看作是对自然的遵循，就是说谁也能够达到这样的道德标准，就像只要有脚就可以登上那座山丘一样，而人们却以为他是勤于行走的人。所以，他所喜欢的是一，他所不喜欢的也是一；他以为一样的是一，他以为不一样的也是一；他以为相同的和自然同类，他以为不同的和人同类；认为天和人是不能互相对立的。这样的人就叫做真人。

死和生是命运的安排，它就像黑夜和白天那样有着固定的变化，这种变化是自然的作用。人不能参与安排这种变化，因为，这些变化都是万物本身所固有的。人们把天当作父亲，为天所生育的人对天那样爱慕，何况是那比天还要高的东西呢？人们把国君看得比自己高贵，可以为国王效劳进而为国王献身，何况是对待真人呢！

泉水干涸了，好多鱼被困在陆地上，相互用嘴吐着气，用唾沫相互沾湿。这就不如互相在江湖中生活自由自在。与其赞美唐尧而非难夏桀，不如把这两者都忘掉而去追随那道的变化。大地负载着我的形体，它用生使我劳苦，用老使我闲适安逸，用死使我安息。所以，那种把我的生存当做好事的，也同样把我的死看做是好事。

把船藏在深谷里，把山藏在水泽里，这可以说是很牢固了。然而，到了半夜，一个特别有力气的人却把它背走了，睡着的人还不知道呢。把小的藏在大的里面,是很合适的,然而还会丢失。假如把天下藏在天下里面,那就不会丢失了,这是万物所共有的常理。只要是变成了人的形状,就那么高兴,其实像人的形体不过是千万变化中的一种罢了。变化是没有穷尽的,如果这也值得快乐,那么快乐的事情多得还可以计算出来吗!所以,圣人将生活在无法丢失的地方,而和万物共存。年青是好事,老了也是好事,开始是好事,结束也是好事。对于这一切都不放在心上的人,人们还要效法他,何况是万物的依托,以及那统一万千变化的凭借——"道"呢?

道,是客观存在的,然而它又是无为的无形的;可以心传而不可以口授,可以领悟而不可以认识;它的根本就在自身。从远古没有那天地的时候,它就存在了;生出了神妙莫测的鬼神和上帝。生出了天,生出了地;它在太极之上不算高,在六极之下也不算深,在天地之前生出来不算久远,比上古的年岁长还不算老。豨韦氏得到它,便可以混同于天地万物。伏戏氏得到它,用以深入元气的底蕴。北斗得到它,就能够终古不出差错。太阳和月亮得到它,就可以终古运行不息。堪坏得到它,用它进入昆仑。冯夷得到它,用它来游历大河。肩吾得到它,依靠它住在太山。黄帝得到它,就依靠它登上太空。颛顼得到它,就依靠它住在玄宫。禺强得到它,便能够站在北极。西王母得到它,就能够坐在少广山上。没有谁能够知道它的开始,也没有谁能够知道它的结束。彭祖得到它,从有虞氏时代开始,一直活到殷周。傅说得到它,用以辅佐武丁从而统治天下,乘着东维星,骑着箕星和尾星与众星并列在一起。

[原文]

南伯子葵问乎女偊曰①:"子之年长矣,而色若孺子②,何也?"曰:"吾闻道矣。"南伯子葵曰:"道可得学邪?”曰“恶!恶可!子非其人也。夫卜梁倚有圣人之才而无圣人之道,我有圣人之道而无圣人之才,吾欲以教之,庶几其果为圣人乎[③]!不然,以圣人之道告圣人之才,亦易矣。吾犹守而告之,参日而后能外天下[④];已外天下矣,吾又守之,七日而后能外物;已外物矣,吾又守之,九日而后能外生;已外生矣,而后能朝彻[⑤];朝彻,而后能见独[⑥];见独,而后能无古今;无古今,而后能入于不死不生。杀生者不死,生生者不生[⑦]。其为物,无不将也,无不迎也;无不毁也,无不成也。其名为撄宁[⑧]。撄宁也者,撄而后成者也。”

南伯子葵曰:“子独恶乎闻之?”曰:“闻诸副墨之子[⑨],副墨之子闻诸洛诵之孙[⑩],洛诵之孙闻之瞻明[⑪],瞻明闻之聂许[⑫],聂许闻之需役[⑬],需役闻之於讴,於讴闻之玄冥,玄冥闻之参寥,参寥闻之疑始[⑭]。”

[注释] ① 南伯子葵:人名,姓南伯,名子葵。女偊(yǔ 羽,又读 jǔ 举):人名。均假想人物,并非实有其人。 ② 孺子:幼儿。 ③ 卜梁倚:人名。姓卜梁,名倚。一说卜梁,姬姓。庶几:也许。 ④ 守:保持,指守道的方法。参(sān 三):通“三”。外:遗忘。 ⑤ 朝彻:意谓像早晨太阳初升时那样清明,形容物我兼忘的心理状态。朝:早晨。彻:清明。 ⑥ 独:指大道。 ⑦ 杀:灭绝。杀生,指灭绝贪生的妄念。除去贪生的妄念,便可以齐生死,所以说杀生者不死。有人将杀生者解释为杀死生命的主宰,与原义大相径庭,殊不可从。生生:安于生命的自然,虽生不以为生,所以说生生者不生。 ⑧ 将:送,指毁灭。迎:与送相对为文,指新生。撄宁:撄,扰乱,压迫,纠缠;宁,静。撄宁,心神宁静不为外界纷杂的事物所扰。 ⑨ 副墨之子:寓指文字。副,辅助。文字是用墨写成的,故称文字为副墨,而后世文字均文字的孳生品,故称

副墨之子。 ⑩ 洛诵之孙：洛诵，反复诵读之意。古书先口授而后形成文字。所以说副墨之子闻之洛诵之孙。 ⑪ 瞻明：见解洞彻。 ⑫ 聂许：小声说话，犹言"嗫嚅"。 ⑬ 需役：谓须勤行勿懈怠。 ⑭ 於(wū 乌)讴(ōu 欧)：咏叹歌吟。玄冥：深远幽寂。参寥：高旷，形容虚空高远。疑始：似有始而未尝有始。以上副墨之子、洛诵之孙、瞻明、聂许、需役、於讴、玄冥、参寥、疑始，均系庄子虚拟而寓有一定意义的人名。其次序安排条理井然且寓有深意。

［译文］ 南伯子葵问女偊说："您的年寿已经很高了，而您的面容却像少女一般，什么缘故呢？"女偊回答说："我得道了。"南伯子葵说："道可以学吗？"女偊回答说："不，不可以！您不是可以学道的人。卜梁倚有圣人的才智然而他却没有圣人的道，我虽然有圣人的道，但我却没有圣人的才智。我想以道来教导他，也许可以使他真的成为圣人吧！结果却不是这样。以圣人的道，告诉给有圣人之才的人，这是很容易的。即便如此，我仍然要把保持道的方法告诉他。我保持着道，三天以后就忘记了天下；已经忘记天下了，我又保持了七天，而后便忘记了身外的万物；已经忘记身外的万物了，我又保持了九天，而后便能够忘记生命；已经忘记生命了，而后便能够像早晨的太阳那样清明；像早晨的太阳那样清明了，而后才能体见独特的大道；能够体见那独特的大道了，而后才能觉得古今没有区别；古今没有区别了，然后才能进入不生不死的境界。忘掉生的人，虽死不死；安于生的人，虽生不生。只要是物，无不既有毁灭也有新生，既有成功而又有失败的。成功与失败都不能使心有所动，这可以叫做撄宁，所谓撄宁，是指虽然在世事纷扰的影响之下仍然能够保持内心的宁静。"

南伯子葵说："您从哪里听到这些道理呢？"女偊回答说："我从副墨之子那里听到的，副墨之子又是从洛诵的孙子那里听到的，洛诵之孙是从瞻明那里听到的，瞻明是从聂许那里听到的，聂许是从需役那里听到的，需役是从於讴那里听到的，於讴是从玄冥那里听到的，玄冥是从参寥那里听到的，参寥是从疑始那里听到的。”

［原文］

子祀、子舆、子犁、子来四人相与语曰：“孰能以无为首，以生为脊，以死为尻，孰知死生存亡之一体者，吾与之友矣[①]。”四人相视而笑，莫逆于心，遂相与为友。

俄而子舆有病，子祀往问之，曰：“伟哉！夫造物者将以予为此拘拘也[②]！曲偻发背，上有五管，颐隐于齐，肩高于顶，句赘指天[③]。”阴阳之气有沴，其心闲而无事，跰䠥而鉴于井[④]，曰：“嗟乎！夫造物者又将以予为此拘拘也！”

子祀曰：“汝恶之乎？”曰：“亡，予何恶！浸假而化予之左臂以为鸡，予因以求时夜[⑤]；浸假而化予之右臂以为弹，予因以求鸮炙。浸假而化予之尻以为轮，以神为马，予因以乘之，岂更驾哉[⑥]！且夫得者，时也，失者，顺也；安时而处顺，哀乐不能入也。此古之所谓悬解也，而不能自解者，物有结之[⑦]。且夫物不胜天久矣，吾又何恶焉？”

俄而子来有病，喘喘然将死[⑧]，其妻子环而泣之。子犁往问之，曰：“叱！避！无怛化[⑨]！”倚其户与之语曰：“伟哉造化！又将奚以汝为，将奚以汝适[⑩]？以汝为鼠肝乎？以汝为虫臂乎？”

子来曰：“父母于子，东西南北，唯命之从。阴阳于人，不翅于父母⑪；彼近吾死而我不听，我则悍矣，彼何罪焉！夫大块载我以形，劳我以生，佚我以老，息我以死。故善吾生者，乃所以善吾死也。今之大冶铸金，金踊跃曰：‘我且必为莫邪。⑫’大冶必以为不祥之金。今一犯人之形，而曰‘人耳人耳’，夫造化者必以为不祥之人。今一以天地为大炉，以造化为大冶，恶乎往而不可哉！”成然寐，蘧然觉⑬。

[注释] ① 子祀、子舆、子犁、子来均为庄子所虚构的人物，并非实有其人。尻（kāo 考阴平）：臀部，俗称屁股。 ② 拘拘：拳曲不伸的样子。 ③ 曲偻：犹伛偻，驼背。发：露，发背，脊骨外露。五管：五脏的穴位。由于驼背，俯而不仰，所以五脏的穴位向上。颐：面颊。齐：通“脐”，肚脐。句赘：指因驼背而脊骨突起如赘瘤。 ④ 沴（lì）：因阴阳之气不和而引起的灾害。闲：宽。跰（pián 骈）䟥（xiān 鲜）：一拐一瘸，形容走路不稳的样子。鉴：照视。 ⑤ 浸假：逐渐地。时夜：司夜。 ⑥ 更：变更。 ⑦ 悬解：自然的解脱，指哀乐得失无动于心。 ⑧ 喘喘然：呼吸急促的样子。 ⑨ 怛（dá 达）：惊动。化：指人将死。无怛化，指人将死亡，不要去惊动他。 ⑩ 将奚以汝适：适，往。 ⑪ 不翅：犹不啻、不仅。 ⑫ 踊跃：跃起。莫邪：宝剑名。据传春秋时，干将、莫邪夫妇为楚王铸雌雄二剑，三年而成。因名雄剑为干将，雌剑为莫邪。 ⑬ 成然：安闲貌。寐：睡觉，指死去。蘧（qú 渠）：惊喜的样子。

[译文] 子祀、子舆、子犁、子来四人在一起谈论，说：“谁能把‘无’当作头，把‘生’当作脊梁，把‘死’当作屁股；谁能知道死、生、存、亡其实是一回事的，我就可以和他交朋友了。”四个人相视而笑，心照不宣，于是便相互结交为朋友。

不久，子舆有病，子祀前往问候他，子舆说：“伟大啊！造物主把我的身躯造成这种拳曲不伸的样子，我的腰弯曲了，脊骨露在背上面，五脏的穴位向上，面腮隐藏在肚脐的下边，双肩高过头顶，突起的脊骨形如赘瘤向上指着。”这是阴阳之气错乱造成的。子舆的心胸十分宽大，好像不曾生病一样，一拐一瘸地走到井边，用井水照着自己的影子，说：“唉！造物主把我的身躯造成这种拳曲不伸的样子！”

子祀说：“您讨厌这种拳曲不伸的样子吗？”子舆回答说：“不！我怎么会讨厌呢？造物主逐渐把我的左臂变成了鸡，我就用它来司夜；逐渐把我的右臂变成了弹弓，我凭借它用来求得可以烤熟了吃的小鸟；逐渐地把我的屁股变化成车轮，那我就用我的精神做马，凭借它坐上这种车子，我哪里会再变更车子呢？况且，我的生是因时而生，我的死也是因时而死。安于顺时而生也安于顺时而死，悲哀和欢乐就不会进入胸中了，这就是古时候所说的‘悬解’了。那种不能自我解脱的人，是外物束缚了他，况且，万物不能胜天已经很久了，对于这种变化我为什么要讨厌呢？”

不久，子来有病，呼吸十分急促，将要死了，他的妻子围绕在他的周围哭泣。子犁前往问候他，对子来的妻子呵叱说：“去吧！躲开！不要惊动正在走向死亡的子来！”倚着门户和子来说道：“伟大啊，造物主！它将要拿您变成什么呢？它将要把您送到什么地方呢？将要把您变成老鼠的肝吗？将要把您变成虫子的膀臂吗？”

子来回答说：“儿子对于父母，不管叫你到什么地方，无论是东西还是南北，只有按照父母的命令去做。阴阳对于人，无异于父母对于子女，它教我接近死亡，而我却不听从，我就太强梁了，它有什么罪过呢？大地负载着我的形体，它用生使我劳苦，用老使我闲适安逸，用死使我安息。所以，那种把我的生当作好事的，也同样把我的死看作好事。现在，铁匠铸造金属器物时，融化了的铁浆跳出来说：‘将来我一定要成为像莫邪那样的利剑。'铁匠一定会认为这是不吉祥的金属。现在，一旦成了人的形状，就说：'我一定要成为人啊！我一定要成为人啊！'造物主必定认为这是不吉祥的人，现在如果把天地当作大的熔炉，把造物主当作铁匠，变成什么不可以呢！"子来既是安详地睡去，又是自得地醒来。

[原文]

子桑户、孟子反、子琴张三人相与友，曰："孰能相与于无相与，相为于无相为？孰能登天游雾，挠挑无极；相忘以生，无所终穷①？"三人相视而笑，莫逆于心，遂相与为友。

莫然有间而子桑户死，未葬。孔子闻之，使子贡往侍事焉②。或编曲，或鼓琴，相和而歌曰："嗟来桑户乎！嗟来桑户乎！而已反其真，而我犹为人猗③！"子贡趋而进曰："敢问临尸而歌，礼乎？"二人相视而笑曰："是恶知礼意！"

子贡反，以告孔子，曰："彼何人者邪？修行无有，而外其形骸，临尸而歌，颜色不变，无以命之④。彼何人者邪？"

孔子曰："彼，游方之外者也；而丘，游方之内者也⑤。外内不相及，而丘使女往吊之，丘则陋矣。彼方且与造物者为人，而游乎天地之一气⑥。彼以生为附赘县疣，以死为决疣溃痈，夫若然者，又恶知死生先后之所在⑦！假于异物，托于同体；忘其肝胆，遗其耳目；反覆终始，不知端倪；芒然彷徨乎尘垢之外，逍遥乎无为之业。彼又恶能愦愦然为世俗之礼，以观众人之耳目哉⑧！"

子贡曰："然则夫子何方之依？"孔子曰："丘，

天之戮民也[9]。虽然，吾与汝共之。”子贡曰：“敢问其方。”孔子曰：“鱼相造乎水，人相造乎道。相造乎水者，穿池而养给；相造乎道者，无事而生定[10]。故曰，鱼相忘乎江湖，人相忘乎道术。”子贡曰：“敢问畸人。”曰：“畸人者，畸于人而侔于天[11]，故曰，天之小人，人之君子；人之君子，天之小人也。”

［注释］

①子桑户、孟子反、子琴张：庄子虚构人物。其作为体现了庄子的思想。挠挑：循环周游。无极：指太空。 ②莫然：寂静的样子。莫，通“漠”。有间：过了一会。侍事：谓帮助料理丧事。 ③而已反其真：而，通“尔”，你。猗：语气词。 ④外：抛弃。外其形骸：谓抛弃其形骸。命：称作，引申谓形容。 ⑤方之外：世外，超然于世俗礼教之外。方之内：世内。孔子提倡仁义，积极用事，故称游于方之内。 ⑥为人：为偶。王引之说：“人，偶也；为人，犹为偶。”为偶，交朋友。 ⑦附：附着。赘：瘤子。县：通“悬”。疣（yóu 尤）：俗称瘊子。附赘县疣：比喻多余无用之物。疣（huàn 换）痈：均属疮毒，初起时，患处赤肿作痛，后化脓。 ⑧端倪：头绪。芒然：犹茫然。尘垢：指尘世。愦愦（kuì 溃）：烦乱。 ⑨方：道术。指上文所说方外、方内之术。戮民：犹“刑民”，即遭到惩罚的人。 ⑩生定：性定。生、性，指性情。 ⑪畸（jī 基）人：不与世俗同调的人。侔：等同。

［译文］

子桑户、孟子反、子琴张三个人相互结为朋友，说：“谁能相互结交在不结交之中，相互帮助在不帮助之中，谁能登上天空遨游在云雾，循环周游在无极的太空，互相把生命忘却而没有终结和穷尽呢？”三个人相视而笑，志同道合，心照不宣，于是结为朋友。

不久，子桑户死了，还没有埋葬。孔子听到这件事，派子贡前去帮助料理丧事。孟子反、子琴张两个人，有的编曲，有的弹琴，相互唱和道：“唉，桑户啊！唉，桑户啊！您已经返回到你真正的归宿了，而我却还是活着的人啊！”子贡快步走到近前说道：“请问对着死人的遗体唱歌，合乎礼仪吗？”二人你看看我，我看看你，笑着回答说：“你怎么知道礼的大意呢？”

子贡回来，把这件事情告诉给孔子，说：“他们是些什么人呢？不去培养自己的德行，而将自己的身躯置之度外。面对着尸体在唱歌，面色不变，没有办法形容他们。他们是些什么人呢？”

孔子回答说：“他们是一些游处于世俗礼教之外的人，而我孔丘则是游处于世俗礼教之内的人。世俗礼教之外和世俗礼教之内是不相通的，我派你前去吊唁他，我实在太浅陋了。他们正在和造物者结成朋友，游处于天地的元气之中，他们把生命看作多余的东西，把死亡看成是脓疮的溃破。像他们这样的人又哪里知道生的好处之所在以及死亡的坏处之所在！他们把人的躯体看成是寄托精神的奇异的东西，又把躯体看成是许多不同的东西所寄托而结合起来的统一体。忘掉了自己的肝胆，忘掉了自己的耳目，终结和开始反复循环，无法了解它的头绪。茫茫然徘徊在污浊的尘世之外，自由自在地生活在无所作为的境地。他们怎么会不厌其烦地从事世俗的礼仪，以此让众人观看呢？”

子贡说：“那么，先生遵循什么道术呢？”孔子回答说：“我是自然所惩罚的人，虽然这样，我愿意和你共同得到我所获得的道。”子贡说：“请问这种道术。”孔子回答说：“鱼到水中才适意，人得到道术才适意。到水中生活的鱼，凿地成池就可以得到给养，得到道术的人，就会无所事事，性情安定而自娱。所以说，鱼相忘于江湖之中，人相忘于道术之中。”子贡说：“请问‘畸人’是怎样的人？”孔子回答说：“‘畸人’是不与世俗同调而混同于自然的人。所以说，大自然的小人，便是人间的君子；而人间的君子，却是大自然的小人。”

［原文］

颜回问仲尼曰："孟孙才，其母死，哭泣无涕，中心不戚，居丧不哀。无是三者，以善处丧盖鲁国①。固有无其实而得其名者乎？回壹怪之。"

仲尼曰："夫孟孙氏尽之矣，进于知矣②。唯简之而不得，夫已有所简矣③。孟孙氏不知所以生，不知所以死；不知就先，不知就后④；若化为物，以待其所不知之化已乎！且方将化，恶知不化哉？方将不化，恶知已化哉？吾特与汝，其梦未始觉者邪！且彼有骇形而无损心，有旦宅而无情死⑤。孟孙氏特觉，人哭亦哭，是自其所以乃⑥。且也相与吾之耳矣，庸讵知吾所谓吾之乎？且汝梦为鸟而厉乎天，梦为鱼而没于渊⑦。不识今之言者，其觉者乎，其梦者乎？造适不及笑，献笑不及排，安排而去化，乃入于寥天一⑧。"

［注释］

① 孟孙才：人名，姓孟孙，名才，鲁国人。涕：泪水。戚：哀痛。 ② 进：超过。 ③ 唯：通"虽"，音同。此句谓世俗礼仪，因习已久，一般人则拘于礼俗，处理丧事不得独自从简。 ④ 就：趋从。先：指生。后：指死。 ⑤ 骇：惊。形：指躯体。骇形：言人死必生惊人的变化。心：指精神。无损心，指不因死的变化而惊骇，使精神受到损伤。 ⑥ 特：独。 ⑦ 厉：通"戾"，至。 ⑧ 造：达到。适：快适。此句借心理活动为喻，言快适是心里先感觉到的，然后才形之于色，两者之间必有一个短暂的过程。在这一过程的开始，是来不及笑的。献：善。排：安排。寥：寂寥，空虚。天：自然。

［译文］

颜回问孔子说："孟孙才，他的母亲死了，哭泣时泪水流得很少，心中不悲戚，守丧时不哀痛。虽然没有这三种表现，但却以善于处理丧事而名扬鲁国，难道真的会有并无其实反而可以得到虚名的吗？我对这件事情感到很奇怪。”

孔子回答说：“孟孙才的做法完全合乎道，已经超过了通晓丧礼的人了。虽然处理丧事过于简略，世俗之人是难以做到的，而孟孙才已经做到这样简略了。孟孙才不了解生是怎么回事，也不了解死是怎么回事；不知道追求生，也不知道去追求死，任凭自然把自己变为鬼物，而等待无法了解的变化再把自己变成别的什么。况且，正在变化着，又怎么知道是不曾变化呢？正在不发生变化，又怎么知道已经发生变化了呢？只拿我和你来说吧，我们是正在做梦而未曾觉醒的人啊！虽然形体发生了惊人的变化，但是却没有因此而使心智受到损害，把形体的变化看成是变换了新的住宅，因而认为自己实在并不曾死。孟孙氏是已经独自觉悟了的人，人们因死亡而悲哀地哭泣，他也在随着哭泣，这正是因为他懂得混同生死，而又顺物之宜的大道，所以才这样的。人们常常因为看到我暂时有身躯形体，就和我交游，他知道暂时具有身躯形体的我，就一定是我吗？你在梦中成为鸟而飞到天上，又在梦中成为鱼而沉没于深渊之中，不知道今天说话的人，是醒了的人呢？还是仍在睡梦中的人呢？欢笑是心情舒畅的表现，其实达到高兴的程度是内心首先意识到的，因而来不及欢笑，已经笑出声音来了，那也是自然而然产生的，事先来不及安排。所以，安于命运的安排，忘掉那因死亡的变化而产生的悲哀，就可以进入空虚的自然并且与之合为一体了。”

［原文］

意而子见许由。许由曰：“尧何以资汝①？”意而子曰：“尧谓我：‘汝必躬服仁义而明言是非。’”许由曰：“而奚来为轵？夫尧既已黥汝以仁义，而劓汝以是非矣,汝将何以游夫遥荡恣睢转徙之涂乎②?”意而子曰:“虽然,吾愿游于其藩③。”

许由曰:“不然。夫盲者无以与乎眉目颜色之好,瞽者无以与乎青黄黼黻之观④。”意而子曰:“夫无庄之失其美,据梁之失其力,黄帝之亡其知,皆在炉捶之间耳。庸讵知夫造物者之不息我黥而补我劓,使我乘成以随先生邪⑤?”

许由曰:“噫!未可知也。我为汝言其大略。吾师乎!吾师乎!齑万物而不为义⑥,泽及万世而不为仁,长于上古而不为老,覆载天地刻雕众形而不为巧,此所游已。”

[注释] ① 意而子:传说中的古代贤人。许由:见《逍遥游》注。资:给。② 而:通“尔”,你。轵(zhǐ 纸):通“只”,作语助。黥(qíng 擎):即墨刑,古代的一种肉刑,用刀在犯人面额刻刺,然后涂上墨。这里用作比喻。劓(yì 异):割鼻的刑罚,古时五刑之一。遥荡:逍遥放荡。恣睢:放任无拘无束的样子。 ③ 藩:篱笆。此喻指境地。 ④ 黼(fǔ 府)黻(fú 伏):古代礼服上所绣的衣服上绣的斧形花纹。 ⑤ 无庄:古代美女名。无庄含不装饰打扮之意。庄、装谐音,无庄,即无装。据梁:古代传说中的勇夫。乘:载。成:成体,完好的躯体。 ⑥ 齑(jī 基):碎。义:马叙伦说:“当从本书《天运篇》作戾。”此说可从。

[译文] 意而子见到许由。许由说:“尧对你说了些什么呢?”意而子说:“尧对我说:‘你一定要亲身实行仁义,明确地阐述是非。’”

许由说:“你干吗还要到这里来呢?尧既然已经用仁义来残害你,好像在你的面部施以墨刑,又用是非来残害你,好像割掉了你的鼻子。你将来还有什么办法走上那逍遥自在无拘无束顺应变化的道路呢?”意而子说:“虽然如此,我还是希望能够游处于这样的境界。”

许由说：“不行的，瞎子无法使他看到眉目娇好的面容；瞎子无法使他看到青、黄的颜色和衣服上绣的斧形花纹。”意而子说：“无庄不去打扮自己，忘掉了自己的美貌，据梁不去逞雄，忘掉了自己的勇力，黄帝闻道之后，忘掉了自己的智慧，都是在熔炉中经过冶炼锻打才成为这样的。你怎么知道造物者不养好我那因黥刑而受到的伤害，补上我那因劓刑而割掉的鼻子，使我以完整的身躯跟随先生呢？”

许由说：“唉！这是无法知道的。我为你谈一谈至道的大略吧！我的大宗师啊！我的大宗师啊！粉碎万物不是为了发泄暴戾，恩泽施于万代不是为了推行仁义，生在上古，不是为了长寿。覆着天，载着地，创造了不同形状的万物也不是为了显示自己的技巧，这就是我的大宗师所达到的境界。”

［原文］

颜回曰：“回益矣①。”仲尼曰：“何谓也？”曰：“回忘仁义矣。”曰：“可矣，犹未也”。

他日，复见，曰：“回益矣。”曰：“何谓也？”曰：“回忘礼乐矣。”曰：“可矣，犹未也。”

他日，复见，曰：“回益矣。”曰：“何谓也？”曰：“回坐忘矣②。”仲尼蹴然曰③：“何谓坐忘？”颜回曰：“堕肢体，黜聪明，离形去知，同于大通，此谓坐忘④。”仲尼曰：“同则无好也，化则无常也，而果其贤乎⑤！丘也请从而后也。”

［注释］

① 益：增益，指进步。 ② 坐忘：庄子所追求的物我两忘，淡泊无为，无思无虑的精神境界。 ③ 蹴然：恭敬的样子。一说惊惧的样子。 ④ 堕（huī 灰）：通“隳”。毁坏。黜：退除。 ⑤ 而：通“尔”，你。下一句中的“而”同此。

[译文]

颜回说:“我有进步了。”孔子说:“你说的进步是什么呢?”颜回说:“我忘掉仁义了。”孔子说:“这就不错了,然而还没有达到最高的境界。”

过了几天,颜回又一次见到孔子,说:“我有进步了。”孔子说:“你说的进步是什么呢?”颜回说:“我忘掉礼乐了。”孔子说:“这就不错了,然而还没有达到最高的境界。”

过了几天,颜回再一次见到孔子,说:“我有进步了。”孔子说:“你说的进步是什么呢?”颜回说:“我坐忘了。”孔子吃惊地说:“什么叫做坐忘呢?”颜回说:“废弃肢体,丢掉聪明,离开身躯,抛弃智慧,和大道混同相通,这就叫做坐忘。”孔子说:“混同于大道就没有私好,随自然的变化而变化,就不会拘执常理,你的确是贤人啊!我只好跟在后面,步你的后尘了。”

[原文]

子舆与子桑友,而霖雨十日①。子舆曰:“子桑殆病矣②!”裹饭而往食之。至子桑之门,则若歌若哭,鼓琴曰:“父邪?母邪?天乎?人乎③?”有不任其声而趋举其诗焉④。

子舆入,曰:“子之歌诗,何故若是?”曰:“吾思夫使我至此极者而弗得也。父母岂欲吾贫哉?天无私覆,地无私载,天地岂私贫我哉?求其为之者而不得也。然而至此极者,命也夫!”

[注释]

① 霖雨:大雨,连阴雨。 ② 殆:大概,恐怕,病,困乏。 ③ 以上四个疑问短句,意在探索使自己贫困不堪的究竟是谁。 ④ 任:堪;不任其声,形容声音微弱。趋:急促。

[译文]

子舆和子桑结成朋友,一连下了十天大雨。子舆说:“子桑大概饿坏了吧!”于是包了一些饭食,准备到子桑家里,把这些饭食拿给他吃。到了子桑家门口,听到子桑好像在唱歌,又好像在哭泣,弹着琴说:“父亲吗?母亲吗?天吗?人吗?”声音衰弱而又急促地念着自己的诗。

子舆走进来,说道:“您唱歌诵诗,为什么像这样?”子桑回答说:“我在考虑使我这般困窘的是谁?却找不到答案。难道父母希望我贫困吗?天并不对谁特别亲近,一无遗漏地覆盖着大地,地也不对谁特别亲近,一无遗漏地负载着万物,难道天和地使我贫穷的吗?我在探求造成这种现象的原因却得不到答案。然而,我到了这样困窘的地步,是命运的安排啊!”

应帝王第七

[原文]

啮缺问于王倪，四问而四不知。啮缺因跃而大喜，行以告蒲衣子①。

蒲衣子曰："而乃今知之乎？有虞氏不及泰氏。有虞氏，其犹藏仁以要人；亦得人矣，而未始出于非人②。泰氏，其卧徐徐，其觉于于，一以己为马，一以己为牛；其知情信，其德甚真，而未始入于非人③。"

[注释]

① 啮缺问于王倪一事，见于《齐物论》，可参看。蒲衣子：传说中的古代贤人。据《尸子》记载为尧时人，舜拜他为师，并且要将帝位让给他，他不接受。《淮南子》作披衣子。 ② 有虞氏：指帝舜。泰氏：指太昊，伏羲。要（yāo 腰）：结。非人：指物，出于非人，指超出物累。③ 徐徐：舒缓的样子。于于：无知无识的样子。知，通"智"，理智。情：感情。信：真实。

[译文]

啮缺向王倪请教，四次提出问题，而王倪四次都回答说不知道。啮缺因此高兴地跳了起来，走到蒲衣子那里，把这件事情告诉他。

蒲衣子说："你现在知道这件事情吗？有虞氏赶不上泰氏。有虞氏心里藏着仁义并且用仁义来交结人，也是很能得到人们拥护的，然而他却从未跳出人世间的系累。泰氏，他睡觉的时候，慢慢地躺下；他醒来的时候，仍然是无知无识的样子。一任别人把自己当成马，一任别人把自己当成牛。他的智慧是自然的真知，他的德性是纯真无邪的。他没有陷入人世间的系累。”

［原文］

肩吾见狂接舆。狂接舆曰：“日中始何以语女？”肩吾曰：“告我君人者以己出经式义度，人孰敢不听而化诸①！”

狂接舆曰：“是欺德也；其于治天下也，犹涉海凿河而使蚊负山也。夫圣人之治也，治外乎？正而后行，确乎能其事者而已矣。且鸟高飞以避矰弋之害，鼷鼠深穴乎神丘之下以避熏凿之患，而曾二虫之无知②！”

［注释］

① 肩吾、接舆：均人名。见《逍遥游》注。日中始：日，日者，古代占候卜筮的人。中始，人名，肩吾之师。经式义度：王念孙以为旧注均失，应皆指法度而言。义，通“仪”。 ② 矰（zēng 曾）：一种系有丝绳的射鸟短箭。一说指网。弋（yì 亦）：用绳系在箭上射。鼷（xī 希，旧读 xí 奚）：鼠类中最小的一种。

［译文］

肩吾见到了狂人接舆。狂人接舆说：“日中始跟你说了些什么？”肩吾回答说：“日中始告诉我，做国君的人，把自己所定的法度拿出来推行，老百姓谁敢不遵从而被它教化呢？”

狂接舆说：“这是欺骗的办法啊，他用这种办法来治理天下，就好像要在海中开凿出一条河，又好像让蚊子去背大山一样的不可能。圣人治理天下，难道要治它的外表吗？性情端正而后才能推行教化，推行教化，也不过是使人们做一些他们确实能做的事情罢了。况且鸟高高地飞到天上去，以躲避网罟和短箭的祸害，小老鼠在社坛下掘洞藏在里面，以躲避烟熏和挖掘的祸害，而你们这样无知，连这两个虫子都不如吗？”

［原文］

天根游于殷阳，至蓼水之上，适遭无名人而问焉①，曰：“请问为天下。”无名人曰：“去！汝鄙人也，何问之不豫也②！予方将与造物者为人，厌，则又乘夫莽眇之鸟，以出六极之外，而游无何有之乡，以处圹埌之野③。汝又何帠以治天下感予之心为④？”

又复问。无名人曰：“汝游心于淡，合气于漠，顺物自然而无容私焉，而天下治矣。”

［注释］

① 天根：虚构的人物。殷阳：殷山的南面。殷山亦当是庄子所虚构的山名。蓼（liǎo 了）水：在赵国境内。一说当为庄子虚构的河名。适：恰。遭：碰到。无名人：虚构的人物。　② 豫：悦。　③ 人：偶。为人，结为朋友。　④ 帠：未识何字，《经典释文》引徐邈《庄子音》：“音艺，又鱼例反。”崔譔本作“为”，一本作“寱”。俞樾疑为臬字之误，一本作寱为臬，寱《一切经音义》引《通俗文》：“梦语谓之寱。”指天根所问都是梦话。马叙伦以为崔本作“为”是对的，全句当作“汝又何为以治天下感予之心为？”未知孰是，译文姑从马说。

［译文］

天根在殷山的南面游玩，走到蓼水之滨，恰巧碰到无名人，便向他请教说：“请问怎样治理天下？”无名人说：“走开！你真是一个浅薄低下的人，竟提出这种问题来惹人不快！我和大自然为友，当我厌烦人世的时候，我乘上那轻盈虚无的鸟，飞到六极之外，在什么都没有的地方游玩，在广阔无垠的地方逍遥自在地生活。你又何必拿治理天下这种梦话来打扰我的内心呢？”

天根再一次向无名人请教，无名人回答说：“您不应该把心思放在追求名利上面，应专注于广漠无垠的空虚之境，顺应万物的规律使之自由自在地生长，不要去运用你个人的智慧进行干预，天下也就会大治了。”

［原文］

阳子居见老聃，曰：“有人于此，向疾强梁，物彻疏明，学道不倦。如是者，可比明王乎[①]？”老聃曰：“是于圣人也，胥易技系，劳形怵心者也[②]。且曰虎豹之文来田，猨狙之便，执斄之狗来藉[③]。如是者，可比明王乎？”

阳子居蹴然曰[④]：“敢问明王之治。”老聃曰：“明王之治，功盖天下而似不自已，化贷万物而民弗恃；有莫举名，使物自喜；立乎不测，而游于无有者也[⑤]。”

［注释］

① 阳子居：人名，即杨朱，详见《寓言》篇。老聃（dān 丹）：即老子。疾：敏捷。强梁：强悍。物：事物。彻：透彻。疏明：疏通明达。 ② 胥：有才智，这里当指胥徒，即古时官府中供役使的人。易：改易，指改变面目。技：技艺。系：系累。句中省略介词“于”。应作“胥易于技系”，言胥徒改变面目在于为技艺所累。一说，胥指大胥，乐官；易指卜筮之官。此说恐非，不从。 ③ 田：通“畋”，田猎。猨狙：猕猴。便：便捷。斄（lí 离）：指狸。藉：绳索。 ④ 蹴然：惊惧的样子。 ⑤ 化：化育。贷：施舍。恃：依赖。举：显露。

［译文］

阳子居见到老聃，说：“在这里有这样一个人，他聪明敏捷，强悍果断，对于事理看得十分清楚明白，学道的时候，不知疲倦。像这样的人，可以和明王相比吗？”老聃回答说：“如果拿这样的人来比拟圣王的话，那么，这样的人跟那种聪明的工匠，为技艺所累而身心劳苦，以致改变了自己的面目的人是一样的。况且虎豹因为它有美丽的毛皮，才遭到猎获，猴子因为它的便捷，狗因为它会捉狐狸，所以脖子上面才被系上绳索。像这三种动物，可以拿来和明王相比吗？”

阳子居惊惧地说道：“请问什么叫做明王之治？”老聃回答说：“圣明的国王治理天下，虽然他的功劳超过了所有的人，而他好像并不把这些功劳看成是自己的；虽然他的教化普及于万物，而人民却并不依赖他；他不把功劳归于自己，使自己的名声显露；他使人人都自得其乐，而他自己却立在神妙莫测的境地，游处于什么都没有的地方。”

［原文］

郑有神巫曰季咸，知人之死生存亡，祸福寿夭，期以岁月旬日，若神。郑人见之，皆弃而走。列子见之而心醉，归以告壶子[①]，曰：“始吾以夫子之道为至矣，则又有至焉者矣。”

壶子曰：“吾与汝既其文未既其实，而固得道与[②]？众雌而无雄，而又奚卵焉！而以道与世亢[③]，必信，夫故使人得而相汝。尝试与来，以予示之。”

明日，列子与之见壶子，出而谓列子曰：“嘻！子之先生死矣！弗活矣！不以旬数矣！吾见怪焉，见湿灰焉[④]。”

列子入，泣涕沾衿以告壶子，壶子曰：“向吾示之以地文，萌乎不震不正。是殆见吾杜德机也[⑤]。尝又与来。”

明日，又与之见壶子，出而谓列子曰：“幸矣，子之先生遇我也！有瘳矣，全然有生矣！吾见其杜权矣[⑥]。”

列子入,以告壶子,壶子曰:“向吾示之以天壤,名实不入,而机发于踵[⑦]。是殆见吾善者机也[⑧]。尝又与来。”

明日,又与之见壶子。出而谓列子曰:“子之先生不齐,吾无得而相焉。试齐,且复相之[⑨]。”

列子入,以告壶子,壶子曰:“吾向示之以太冲莫胜。是殆见吾衡气机也。鲵桓之审为渊,止水之审为渊,流水之审为渊[⑩]。渊有九名,此处三焉。尝又与来。”

明日,又与之见壶子。立未定,自失而走[⑪]。壶子曰:“追之!”

列子追之不及。反,以报壶子曰:“已灭矣,已失矣,吾弗及已。”

壶子曰:“向吾示之以未始出吾宗。吾与之虚而委蛇,不知其谁何,因以为弟靡,因以为波流,故逃也[⑫]。”

然后列子自以为未始学而归,三年不出。为其妻爨,食豕如食人[⑬]。于事无与亲,彫琢复朴,块然独以其形立。纷而封哉,一以是终[⑭]。

[注释] ① 神巫:占卜甚有灵验的巫者。季咸:神巫的姓名。期:指算定的日期。列子:即列御寇。见《逍遥游》注。壶子:人名,号壶子,名林,列子之师。 ② 既其文:既,尽。《阙误》引江南《古藏》本,既作无。文:喻外表。而:通“尔”,你。固:岂。 ③ 亢:通“抗”,匹敌。 ④ 怪:怪异,人临死前的表情。湿灰:死灰不可复燃。湿灰比死灰更甚,比喻必死无疑。 ⑤ 地文:地面山岳河海丘陵平原的形状。比喻寂然不动。不震不正:当作“不誫不止”。即不动不止。(此采俞樾说)杜:闭塞。机:动,意谓至德之机,开而不发。与

上文“见湿灰焉”相应。 ⑥ 瘳(chōu 抽):痊愈。杜:闭塞。权:权变。杜权,意为闭塞之中有权变。 ⑦ 天壤:天地。示以天壤,意谓表示出天和地互相感应的状态。名:指名誉。实:指实利。不入:指不入于胸中。踵:脚根,比喻根本。 ⑧ 善:生。 ⑨ 齐:通“斋”,斋戒。 ⑩ 鲵(ní 倪):雌鲸,泛指大鱼。桓:盘桓,逗留。审:崔譔本作潘,水流回聚处。 ⑪ 失:通“佚”,佚又通“逸”,逃走。 ⑫ 委蛇(yí 宜):周旋应付。弟靡:柔顺的样子,随波逐流的样子。 ⑬ 爨(cuàn 窜):烧火煮饭。食(sì 四):喂给人吃。 ⑭ 纷:指人间纷杂事务。封:守。全句谓不为世事所扰而坚守不移。

[译文] 郑国有一个神巫,名字叫做季咸,他知道人的生死、成败、祸福以及寿夭,预言这些在哪一年哪一月哪一旬哪一天发生,没有不灵验的,简直像神人一样。郑国人见到他,都赶快躲开跑掉。

列子见到他却对他崇拜到如醉如痴的地步。回来之后,便把这件事告诉给他的老师壶子,说:“开始我以为先生的道术是最高的,现在又有了更高的道术了。”

壶子说:“我教给你的都是道的外表,还没有教给你道的本体,你难道就算是得道的人吗?这好比虽有许多母鸟,然而却没有雄鸟,又怎么会生出鸟蛋来呢!你用你的道术和社会抗争,想着一定要施展自己的才能。所以,才使得人家看清了你的底细。你把季咸请来,让他给我相一相面,试试看。”

第二天,列子和季咸一起来见壶子。见面之后,季咸出来对列子说:“唉!您的老师要死了,活不成了!不会超过十天了!我已经看到了他临死之前的怪样子了,就像湿灰不可再燃一样,必死无疑了。”

列子走进来，痛哭流涕，泪水沾湿了衣襟，把季咸的话告诉给壶子。壶子说："刚才我所显示的，是像大地那样寂然不动的状态，像山岳那样屹立不移，他大概看见我把生机关闭起来了。你和他再来一次看看。"

第二天，列子又和季咸一起来见壶子。季咸出来后对列子说："幸运啊！您的老师遇见我了！可以痊愈了，完全有活的希望了，我看到他那闭塞了的生机，有了变化。"

列子走进来，把季咸的话告诉给壶子，壶子说："刚才我所显示的是像天和地那样相互感应的迹象，至于名誉和实利都不放在心上，而我的生机是从根本上显示出来的。因而，他所见到的大概是我那一线生机了。你和他再来一次看看。"

第二天，列子又和季咸一起来见壶子。季咸出来后对列子说："您的老师没有斋戒，我没有办法观察，请他斋戒之后，我再来观察一下试试看。"

列子走出来，把季咸的话告诉给壶子，壶子说："刚才我所显示的是极其虚静和谐的状态。他大概是看到我神气均衡的状态了。大鱼所游玩的地方是深渊，不动的水聚集在一起是深渊，流动的水聚集在一起是深渊。深渊有九种，这里谈到了三种。你和他再来一次看看。"

第二天，列子又和季咸一起来见壶子，还没站稳脚跟，季咸就自行逃跑了，壶子对列子说："追赶他！"

列子追赶季咸没有追上，回来，把情况报告给壶子，说："已经见不到他的影踪了，已经让他跑掉了，我实在赶不上了。"

壶子说："刚才我所显示的未曾超出我的根本的大道，我跟他虚与周旋，使他不了解我究竟是谁，顺应着外物的变化而变化，好像水流一样没有穷尽。所以，他逃跑了。"

从这以后,列子认为自己什么也没学到,便回家了。三年时间没有走出家门,帮他的妻子做饭,他把给猪调饲料看成给人做饭菜一个样。对于人世的事务,无亲无疏,抛弃对华美事物的追求而回到朴实无华中来。像木头人那样无知无识,只留个形体在人世上。外表杂乱无章,内心却始终如一,如此享尽天年。

[原文] 无为名尸,无为谋府;无为事任,无为知主①。体尽无穷,而游无朕;尽其所受乎天,而无见得,亦虚而已②。至人之用心若镜,不将不迎,应而不藏,故能胜物而不伤③。

[注释] ① 名:名誉,名声。尸:主。谋府:指计谋论议所出的地方。任:承担。 ② 体尽无穷:体,指体悟。而游无朕:朕,迹。 ③ 不将不迎:将,送。

[译文] 不要做名誉的主宰,不要做计谋的机关;不要负责任何事情,不要做智慧的主人。领悟大道是无穷的,而自由自在地遨游于无边无际的所在,自己所有的一切都是自然的赐予;不要以为自己得到了什么,那不过是虚无罢了。圣人的用心好像镜子一样,不去送什么也不去迎什么,虽然能够反映外物,然而却不把反映的东西隐藏起来,所以能够超出外物而不为外物所损害。

[原文] 南海之帝为倏①,北海之帝为忽②,中央之帝为浑沌③。倏与忽时相与遇于浑沌之地,浑沌待之甚善。倏与忽谋报浑沌之德,曰:“人皆有七窍以视听食息,此独无有,尝试凿之。”日凿一窍,七日而浑沌

死。

［注释］ ① 倏(shū 叔)：庄子虚构的神名。比喻有像。 ② 忽：也是庄子虚构的神名。比喻无形。 ③ 浑沌：庄子虚构的神名，没有孔窍。比喻自然。

［译文］ 南海的帝王叫做倏，北海的帝王叫做忽，中央的帝王叫做浑沌。倏和忽经常在浑沌的地方见面，浑沌待他们很好，倏和忽在一起商量报答浑沌的情意，说："人都有七窍，用来看、听、吃饭、呼吸，唯独浑沌没有，我们试着给他凿成七窍。"一天凿成一窍，到了七天，浑沌就死了。

外篇

骈拇第八

[原文]

骈拇枝指，出乎性哉！而侈于德[1]。附赘悬疣，出乎形哉！而侈于性[2]。多方乎仁义而用之者，列于五藏哉！而非道德之正也[3]。是故骈于足者，连无用之肉也；枝于手者，树无用之指也；多方骈枝于五藏之情者，淫僻于仁义之行，而多方于聪明之用也[4]。

[注释]

① 骈(pián 便)：并联。骈拇：足大趾与二趾相连成为一个大趾。枝(qí 其)指：大拇指歧生一指。枝，通“歧”。歧指，俗称六指。性：天生的；自然形成的。侈：多。德：通“得”。　② 附赘悬疣：见《大宗师》第四段注⑦。形：形体。　③ 方：道术。五藏：即五脏，泛指胸中。　④ 多方骈枝：比喻千方百计地矫治天性。五藏之情：指天生的品性、情欲。淫：沉湎。僻：不正。

[译文]

两个足趾并连着生在一起，或拇指旁边多生一指，这是天生如此的！但是从人类正常生长的情况来看，却是多余的！附生的赘瘤，悬生的小疣，是从身躯上生长出来的，但是，从人类正常生长的情况来看，也是多余的。有人千方百计地推行运用仁义，并把它安置在人们的心胸之中。然而这种仁义却不是纯正的道德。因此，足趾并生在一起的，则是连着无用的肉，多生的指头，则是无用的指头；千方百计将仁义安置在人们的心胸之中，并将它说成是和五脏一样本来就应当具备的，而错误地沉溺于推行仁义，实在是千方百计地将聪明才智耗费在多余的地方啊。

［原文］

是故骈于明者，乱五色，淫文章，青黄黼黻之煌煌，非乎？而离朱是已①。多于聪者，乱五声，淫六律，金石丝竹黄钟大吕之声，非乎？而师旷是已②。枝于仁者，擢德塞性以收名声，使天下簧鼓以奉不及之法，非乎？而曾史是已③。骈于辩者，累瓦结绳窜句，游心于坚白同异之间，而敝跬誉无用之言，非乎？而杨墨是已④。故此皆多骈旁枝之道，非天下之至正也。

彼正正者，不失其性命之情⑤。故合者不为骈而枝者不为跂；长者不为有余，短者不为不足。是故凫胫虽短，续之则忧；鹤胫虽长，断之则悲。故性长非所断，性短非所续，无所去忧也。意仁义其非人情乎⑥！彼仁人何其多忧也？

［注释］

① 骈：承上文，意谓多余。明：指视觉。五色：青、黄、赤、白、黑五种颜色的总称。文章：各种华美的色彩、花纹。黼（fǔ 俯）黻（fú 伏）：古代贵族服饰上所绣的斧形花纹。泛指华丽的服装。煌煌：光彩夺目的样子。离朱：人名。亦作离娄，相传为黄帝时人，视力过人，能于百步见秋毫之末。 ② 聪：听觉灵敏。五声：古代音乐中宫、商、角、徵、羽五个音阶。也称五音。六律：古代用于音乐演奏的定音器。相传为黄帝时乐官伶伦以竹制成。分阴阳两大类，共十二。阳称律，为六律；阴称吕，为六吕。六律为黄钟、太蔟、姑洗（xiǎn 险）、蕤（ruí 瑞阳平）宾、夷则、无射（yì 异）。金、石、丝、竹：泛指用这些材料制成的乐器。黄钟：六律之一。大吕：六吕之一。师旷：古代著名音乐家。字子野，晋平公乐师。 ③ 擢：拔。塞：王念孙以为当作搴，与擢义同。簧鼓：用乐器吹奏出美妙的音乐。簧，

乐器中的发声器。鼓，鼓动。簧鼓，犹言鼓吹。曾、史：曾，指曾参，孔子弟子；史，史鳝，卫国的大夫。二人以仁孝著称。 ④ 累瓦结绳：比喻攒聚无用的语言。坚白：见《齐物论》注。敝：疲劳。跬，半步。跬誉：一时之誉。杨：指杨朱。墨：墨翟。 ⑤ 正正：俞樾以为前一正字为至字之误，当从。 ⑥ 意：通“噫”，叹词。

［译文］ 因此，视觉过于灵敏的人，就会被五色所迷乱，陶醉于美丽的花纹和绚烂的色彩之中，这不是很错误的吗？而离朱就是这样的人。听觉过于灵敏的人，就会被五声所迷乱，沉湎于各种乐器奏出的乐音之中，这不是很错误的吗？而师旷就是这样的人。追求仁义的人，总是喜欢矫情拔高自己的德性去沽名钓誉，并使天下人鼓吹奔走竞相奉行那没法做到的礼法，这不是很错误的吗？而曾参、史鳝就是这样的人。长于辩才的人，总是喜欢像垒瓦结绳一样的攒聚语词、穿凿文句，把心智耗费在关于坚白、是非、异同的辩论之中，劳神费力地用许多废话去邀取一时的声誉，这不是十分错误的吗？而杨朱、墨翟就是这样的人。因此说，这些都是多余无用的邪道，而不是天下最纯正的道术。

那天下最纯正的道德，就是听任万物自然而然地生长发展，而保持其自然的禀赋和天真的性情。因此，两个脚趾连在一起的不算骈足，拇指旁多生一指的不算异常；长的不算有余，短的不算不足。正因如此，鸭的腿虽短，如果给它续上一截，它就会忧愁；鹤的腿虽长，如果给它砍掉一段，它就会悲伤。所以，天生长的不去截短它，天生短的不去续长它，自然也就没有什么忧伤需要排除了。唉！仁义大概不是人的天性中固有的吧！那些仁人为什么有那么多的忧虑呢？

［原文］

且夫骈于拇者，决之则泣；枝于手者，龁之则啼[①]。二者，或有余于数，或不足于数，其于忧一也。今世之仁人，蒿目而忧世之患；不仁之人，决性命之情而饕贵富[②]。故意仁义其非人情乎！自三代以下者，天下何其嚣嚣也[③]？

且夫待钩绳规矩而正者，是削其性者也，待绳约胶漆而固者，是侵其德者也；屈折礼乐，呴俞仁义，以慰天下之心者，此失其常然也[④]。天下有常然。常然者，曲者不以钩，直者不以绳，圆者不以规，方者不以矩，附离不以胶漆，约束不以纆索[⑤]。故天下诱然皆生而不知其所以生[⑥]，同焉皆得而不知其所以得。故古今不二，不可亏也。则仁义又奚连连如胶漆纆索而游乎道德之间为哉，使天下惑也！

［注释］

① 决：分开；割裂。龁（hé 合）：咬。 ② 蒿目：放眼远望。决：弃。饕（tāo 滔）：贪。 ③ 嚣嚣：喧嚣；吵闹。 ④ 屈折：强施约束加以矫正。呴（xū 虚）俞：爱抚化育。常然：本性。 ⑤ 纆（mò 墨）索：绳索。 ⑥ 诱然：不知不觉、欣然自得的样子。

［译文］

况且足趾并生在一起的，分开它，它就会哭泣；多生一个指头，咬掉它，它就会啼哭。这两者，有的多余，有的缺少，但在因此而产生痛苦方面却是一样的。当今社会上的仁人，极目远望忧虑着社会上的祸患；不仁的人，抛弃本性，贪婪地追逐富贵。因此，细想起来那仁义恐怕不是人的性情中所固有的吧！自三代以后的朝代，整个社会为什么那样喧嚣不安呢？

再者，依靠钩、绳、规、矩的作用而得以矫正的，则是伤害它的本性了,依靠绳索和胶漆的作用而得以牢固的,则是侵害它那自然的禀赋了,用礼乐去约束矫正,用仁义去爱抚化育,这样做就使天下人丧失自己的本性了。天下万物都有其自然形成的天赋。所谓自然形成的天赋,就是弯曲的不依靠钩,正直的不依靠绳墨,圆的不依靠规,方的不依靠矩,附着上去的不依靠胶漆,捆束在一起的,不依靠绳索。所以,天下的万物在不知不觉中欣然自得地生长。万物各有所得,却不知道为什么会各有所得。所以,从古到今没有两样,自然的本性是不应该亏损的。那么,仁义又何必接连不断地像胶漆绳索那样作为矫正性情的道德标准而使人们奉行其间呢,这样,便会使天下人受到迷惑啊!

[原文]

夫小惑易方,大惑易性。何以知其然邪?自虞氏招仁义以挠天下也①,天下莫不奔命于仁义,是非以仁义易其性与?故尝试论之,自三代以下者,天下莫不以物易其性矣。小人则以身殉利,士则以身殉名,大夫则以身殉家,圣人则以身殉天下。故此数子者,事业不同,名声异号,其于伤性以身为殉,一也。臧与谷二人,相与牧羊而俱亡其羊②。问臧奚事,则挟筴读书;问谷奚事,则博塞以游③。二人者,事业不同,其于亡羊均也④。伯夷死名于首阳之下,盗跖死利于东陵之上⑤,二人者,所死不同,其于残生伤性均也。奚必伯夷之是而盗跖之非乎!天下尽殉也。彼其所殉仁义也,则俗谓之君子;其所殉货财也,则俗谓之小人。其殉一也,则有君子焉,有小人焉;若其残生损性,则盗跖亦伯夷已,又恶取君子小人于其间哉⑥！

［注释］

① 虞氏：即有虞氏，指舜。挠：乱。　② 臧与谷：两个假托的人名。一说臧，奴仆，男仆；谷（gòu 够），童仆。　③ 筴：策的异体字，通“册”。指书籍。博塞：古代棋类游戏。　④ 均：同。　⑤ 伯夷：见《大宗师》第一段注⑫。盗跖：详见《盗跖》篇。　⑥ 恶（wū 污）：何。

［译文］

小的迷惑可以使人改变方向，大的迷惑可以使人改变本性。根据什么知道会这样呢？自从虞舜打着仁义的招牌扰乱天下以后，天下的人没有不在仁义的要求下疲于奔命的，这难道不是用仁义来改变人的本性吗？因此，我曾经试着讨论过这个问题，自三代以后，天下人没有不因为追逐外物而改变他们的本性的。小人牺牲身躯则是为了利，读书人牺牲身躯则是为了名，大夫牺牲身躯则是为了家，圣人牺牲身躯则是为了天下。因此，以上各类人，尽管从事的事业不同，所得到的名声也不一样，但在伤害本性把自己的身躯当作牺牲品这一点上，则是一样的。臧和谷两人一同放羊，都丢失了他们所放的羊。问臧干什么去了，说是夹着书本读书去了；问谷干什么去了，说是博弈下棋去了。这两个人，所干的事情虽然不同，但他们在丢失羊这一点上，则是相同的。伯夷为了名而死在首阳山下，盗跖为了利而死在东陵山上。这两个人，所死的目的虽然不同，但他们在牺牲身躯残害性命方面却是相同的。何必一定要断定伯夷是正确的而盗跖是错误的呢！天下人都是牺牲品啊。那些为仁义而献身的，世俗之人就称他作君子；那些为了获取财货而死去的人，世俗之人就称他为小人。在牺牲身躯这一点上他们都是相同的，有的则成为君子，有的则成为小人；如果从摧残身躯损伤性命的角度去看，那么盗跖也就是伯夷罢了，又何必在他们中间去区分君子和小人呢！

［原文］

且夫属其性乎仁义者，虽通如曾、史，非吾所谓臧也[①]；属其性于五味，虽通如俞儿，非吾所谓臧也[②]；属其性乎五声，虽通如师旷，非吾所谓聪也；属其性乎吾五色，虽通如离朱，非吾所谓所明也。吾所谓臧者，非仁义之谓也，臧于其德而已矣[③]；吾所谓臧者，非所谓仁义之谓也，任其性命之情而已矣；吾所谓聪者，非谓其闻彼也，自闻而已矣；吾所谓明者，非谓其见彼也，自见而已矣；夫不自见而见彼，不自得而得彼者，是得人之得而不自得其得者也，适人之适而不自适其适者也。夫适人之适而不自适其适，虽盗跖与伯夷，是同为淫僻也。余愧乎道德，是以上不敢为仁义之操，而下不敢为淫僻之行也。

［注释］

① 属（zhǔ 主）：专注；着意。臧（zāng 脏）：善。　② 五味：甘、酸、苦、辛、咸五种味道。俞儿：人名，以味觉特别灵敏而著称。　③ 臧（cáng 藏）：通“藏”，怀藏；保藏。

［译文］

况且，执著地推行仁义，即便像曾参和史鳍那样通达，不是我所说的美好；醉心于辨析五味，即使像俞儿那样通达，不是我所说的美好；醉心于美妙的音乐，即使像师旷那样通达，不是我所说的聪敏；沉迷于绚烂的色彩，即使像离朱那样明察秋毫，也不是我所说的美好。我所说的美好，不是仁义那些说教，而是善于保持自己的本性而已；我所说的美好，不是所谓的仁义那些说教，而是使人按照自己的禀赋去发展罢了；我所说的听觉灵敏,不是说他能够听到别的什么,而是说他能够听到自己罢了;我所说的视觉灵敏,不是说他能够看到别的什么,而是说他能够看到自己罢了;不能看到自己,只能看到别的什么,不能得到自己应得的东西,而得到别人应得的东西,那就是得到人家应得的东西而不能得到自己应得的东西之人啊,也就是到达别人应去的地方而不能到达自己应去的地方之人啊。到达别人应去的地方,而不能到达自己应去的地方,即便是盗跖和伯夷,也同样都是邪恶啊。我惭愧自己不能按道德行事,因此,我上不敢遵循仁义的操守,下不敢行邪恶之事。

马蹄第九

[原文]

马，蹄可以践霜雪，毛可以御风寒，龁草饮水，翘足而陆，此马之真性也①。虽有义台路寝，无所用之②。及至伯乐，曰："我善治马③。"烧之，剔之，刻之，雒之，连之以羁馽，编之以皂栈，马之死者十二三矣；饥之，渴之，驰之，骤之，整之，齐之，前有橛饰之患，而后有鞭策之威，而马之死者已过半矣④。陶者曰："我善治埴，圆者中规，方者中矩⑤。"匠人曰："我善治木，曲者中钩，直者应绳⑥。"夫埴木之性，岂欲中规矩钩绳哉？然且世世称之曰："伯乐善治马而陶匠善治埴木。"此亦治天下者之过也。

[注释]

① 御：抵挡；抵御。龁（hé 和）：咬。翘（qiáo 桥）：通"跻"，举足。《说文》："跻，举足小高也。"陆德明《文选》郭璞《江赋》注引作"踛（lù 路）"，跳跃。 ② 义台：高台。义，通"峨"，高貌。俞樾以为义台即仪台，古时行礼仪之台，义，古仪字，亦可备一说。路寝：大殿。 ③ 伯乐：相传为秦穆公时人，姓孙，名阳，字伯乐。以善于相马而著称于世。

④ 烧：以铁器灼炙马毛，与下文雒（luò 洛）当为同一工序，雒，通"烙"，烧、烙，当指用烙铁打印记。剔：通"剃"，指剪去马毛。刻：指削马蹄。羁（jī 基）：马络头。馽（zhí 直）：指马缰绳。皂栈：马厩，马棚。橛：马口所衔的横木，俗称勒口。饰：指马笼头上的装饰物。 ⑤ 埴（zhí 直）：粘土。规：画圆的工具，今称圆规。矩：画方形的工具。 ⑥ 钩：圆规。绳：指绳墨。

[译文]

马蹄可以践踏霜雪，马毛可以抵御风寒，吃草饮水，抬起蹄子跳跃，这就是马的本性。即便有高台、大殿，对马来说，没有什么用处。到了伯乐手里,他说:“我善于驯马。”就用烙铁烙上火印,用剪刀修剪鬃毛,用刀子铲削马蹄,夹上笼头,然后用络头和绳索将马连在一起,编排在马厩或马棚里面。马因此而死掉的就有十分之二、三了;再加上吃不饱、饮不足,奔跑过度,又要求它在奔跑时步伐整齐划一,前边要遭受络头、勒口的钳制,后边则有马鞭的威胁,马因此而死掉的就超过一半了。陶工说:“我善于烧冶陶土,制成的陶器圆的符合圆规的标准,方的符合直尺的标准。”木匠说:“我善于修治木材,制成的木器,圆的符合圆规的标准,直的符合墨线的标准。”那陶土和木材就其本性而言,难道要想着符合圆规、直尺、墨线的标准吗?然而社会上的人却一代又一代地称赞他们说:“伯乐善于驯马,陶工善于治陶,木匠善于治木材。”这也是治理天下的人的过错啊。

[原文]

吾意善治天下者不然。彼民有常性,织而衣,耕而食。是谓同德;一而不党,命曰天放①。故至德之世,其行填填,其视颠颠②。当是时也,山无蹊隧,泽无舟梁;万物群生,连属其乡;禽兽成群,草木遂长③。是故禽兽可系羁而游,鸟鹊之巢可攀援而窥④。

夫至德之世,同与禽兽居,族与万物并,恶乎知君子小人哉⑤!同乎无知,其德不离;同乎无欲,是谓素朴⑥;素朴而民性得矣。

[注释]

① 同德:共同的本性。党:偏私。命:称作。天放:任乎自然。② 填填(tián 田):稳重。颠颠:专一。 ③ 蹊(xī 兮):小路。隧:山中通道;地道。蹊隧均人为而成。梁:桥梁。连属:相毗邻不分界限。遂长:顺利成长。 ④ 系羁:用绳子拴着。 ⑤ 族:聚合。 ⑥ 素

朴:本色;本来面貌。

[译文] 我认为善于治理天下的人不是这样。那些百姓具有不变的本性,织布是为穿衣,耕田是为吃饭,这是百姓共同的本性;他们同样地要求自给自足,没有自私偏颇的用心,完全顺乎自然。所以,最理想的社会,人们的举止安详,目光专一。在那个时代里,山间没有小路和隧道,水上没有船只和桥梁;万物自行生长,乡村连接在一起而不分界限;鸟兽成群,草木茂盛。因此可以用绳索拴着禽兽牵着它们一起游玩,可以爬上树去窥探鸟鹊的巢窠。

最理想的社会,人们和禽兽住在一起,万物聚合混同在一起,哪里知道君子和小人的区别呢!大家一样的无知无识,保持着他们的本性而不使丧失;大家一样的不存私欲,这叫做保持本色,保持住本色,人们纯真的本性就得以保持而不致丧失了。

[原文] 及至圣人,蹩躠为仁,踶跂为义,而天下始疑矣①;澶漫为乐,摘僻为礼,而天下始分矣②。故纯朴不残,孰为牺尊!白玉不毁,孰为珪璋!道德不废,安取仁义!性情不离,安用礼乐!五色不乱,孰为文采!五声不乱,孰应六律③!夫残朴以为器,工匠之罪也;毁道德以为仁义,圣人之过也!

[注释] ① 蹩(biē 别)躠(xuè 血):勉强尽力行走的样子。踶(zhì 治)跂(qí 其):用力的样子。 ② 澶(dàn 但)漫:放纵。摘僻:琐碎。 ③ 纯朴:指原木。牺尊:雕刻精致的酒器。尊,一作"樽"。珪璋:古代礼器,以玉制成,上尖下方称珪,半珪称璋。道德:由人类自然形成的本性生发出的行为规范。五色、五声、六律:均见《骈拇》第二段注①、②。

［译文］ 等到圣人出世，用尽心力地去推行仁，用尽心力地去推行义，于是天下之人相互间便开始产生猜疑了；毫无节制地制造乐曲，又编制出杂乱琐碎的礼仪，于是天下之人开始分裂了。所以说原木不遭到破坏，谁能雕刻成华美的酒器！白玉不被毁坏，谁能做成珪和璋！人们自然形成的行为规范不被抛弃，怎么会需要仁义！人们的本性不被离弃，怎么会用得上礼乐！五种颜色不被搞乱，怎么会出现华丽的色彩！五声不被搞乱，怎么会应合六律！破坏原木制造器具，是工匠的罪过啊；毁弃人们自然形成的行为规范而提倡仁义，是圣人的过错啊！

［原文］ 夫马，陆居则食草饮水，喜则交颈相靡，怒则分背相踶，马知已此矣①。夫加之以衡扼，齐之以月题，而马知介倪，闉扼鸷曼，诡衔窃辔，故马之知而态至盗者②，伯乐之罪也。

夫赫胥氏之时，民居不知所为，行不知所之，含哺而熙，鼓腹而游，民能以此矣③。及至圣人，屈折礼乐以匡天下之形，县跂仁义以慰天下之心，而民乃始踶跂好知，争归于利，不可止也④。此亦圣人之过也。

［注释］ ① 靡：通“摩”，摩擦；接触。踶（dì 帝）：踢，踏。 ② 衡：车前的横木，用以拴缚马轭。扼：轭。牛马等拉东西时架在脖子上的器具。月题：马额上的佩饰。介倪：怒目斜视的样子。介，独；特。倪，通“睨”，侧目斜视。闉（yīn 因）：屈曲。鸷：凶猛。曼：狂突。诡衔：偷偷地退出马勒。窃辔：暗暗地脱去马笼头。 ③ 赫胥：传说中的古代帝王。含哺：口内含着食物。熙：通“嬉”，嬉戏。鼓腹：吃得饱饱的。 ④ 匡：匡正。悬跂：王先谦说：“悬举而企及之，使人共慕也。”踶跂：见第三段注①。知：通“智”，智巧。

[译文] 马，在陆地上生活，吃的是草，喝的是水，高兴的时候，相互偎依，交颈摩蹭；发怒的时候，就相背而立，相互踢踏，马的智力就是这样罢了。等到人们用横木和络头加在它的身上，额上挂着月形佩饰，使之整齐划一，这样马就要怒目侧视，凶猛狂暴地想要折断横木，或者偷偷地退出马勒，暗暗地脱去马笼头，以马的智力竟然发展到像强盗那样做坏事的程度，这是伯乐的罪过啊。

在远古赫胥氏时代，百姓们住在家中无事可做，走起路来也不考虑要到哪里去，口里含着食物在嬉戏玩耍，肚子吃得饱饱的到处游玩，百姓们就是这样的生活着。等到圣人出世，妄图以礼乐来约束和矫正天下人的行为，高举起仁义的旗号来安抚天下的人心。因而百姓们便开始费尽心力地追求智巧，争着猎取私利，而不能制止。这也是圣人的过错啊。

胠箧第十

[原文]

将为胠箧、探囊、发匮之盗而为守备，则必摄缄縢、固扃鐍，此世俗之所谓知也[①]。然而巨盗至，则负匮、揭箧、担囊而趋，唯恐缄縢、扃鐍之不固也[②]。然则向之所谓知者，不乃为大盗积者也[③]？

故尝试论之：世俗之所谓知者，有不为大盗积者乎？所谓圣者，有不为大盗守者乎？

何以知其然邪？

昔者齐国，邻邑相望，鸡狗之音相闻，罔罟之所布，耒耨之所刺，方二千余里；阖四竟之内，所以立宗庙社稷，治邑屋州闾乡曲者，曷尝不法圣人哉[④]？然而田成子一旦杀齐君而盗其国[⑤]。所盗者，岂独其国邪？并与其圣知之法而盗之。故田成子有乎盗贼之名，而身处尧舜之安，小国不敢非，大国不敢诛，十二世有齐国[⑥]。则是不乃窃齐国并与其圣知之法，以守其盗贼之身乎？

尝试论之：世俗之所谓至知者，有不为大盗积者乎？所谓至圣者，有不为大盗守者乎？

何以知其然邪？

昔者龙逢斩，比干剖，苌弘胣，子胥靡[⑦]。故四子之贤，而身不免乎戮。故跖之徒问于跖曰："盗亦有道乎？"跖曰："何适而无有道邪[⑧]？夫妄意室中之藏，圣也[⑨]；入先，勇也；出后，义也；知可否，知也；分均，仁也。五者不备，而能成大盗者，天下未之有也。”由是观之，善人不得圣人之道不立，跖不得圣人之道不行；天下之善人少，而不善人多，则圣人之利天下也少，而害天下也多。故曰：唇竭则齿寒，鲁酒薄而邯郸围，圣人生而大盗起[10]。掊击圣人，纵舍盗贼，而天下始治矣[11]！

［注释］ ① 胠（qū 曲）：撬开。箧（qiè 妾）：箱子。匮（guì 贵）：櫃的本字，简体作“柜”。摄（shè 涉）：收敛。缄（jiān 尖）縢（téng 腾）：绳子。扃（jiǒng 迥）：门窗或箱柜上的插销。鐍（jué 决）：箱子上加锁的铰钮。② 揭：举。趋：小跑。 ③ 向：同“曏”，以前。 ④ 罔：同“网”。罟（gǔ 古）：网的总称。耒（leǐ 垒）：犁。耨（nòu）：锄头。刺：插入。阖；全。竟：同“境”。邑、屋、州、闾、乡均为古代行政区划。《司马法》：“亩百为夫，夫三为屋，屋三为井，井四为邑。”又：“五家为比，五比为闾，五闾为族，五族为党，五党为州，五州为乡。”曲：角落，一隅。曷尝：何尝，何曾。 ⑤ 田成子：齐大夫陈恒。《史记》作田常。恒、常字通，故恒亦作常。陈恒，为陈敬仲七世孙。陈敬仲，名完，本为陈厉公之子，因陈国内乱，奔齐为大夫，封于田，故改称田氏。据《左传》记载，哀公十四年田常杀死齐简公，立简公弟骜为平公，遂专国政，死后谥为成子。后田常的曾孙田和放逐齐康公于海上，自立为诸侯。 ⑥ 十二世：自陈完至田成子为七世，田成子至田和为三世，田和至齐威王为二世，共十二世，威王之后为宣王，但齐宣王与庄子同时当不计算在内，故言“十二世有齐国”。俞樾以为“十二世”为“世世”之误，言自田成子之后，世世有齐国。可备一说。 ⑦ 龙逢：关龙逢，夏桀时贤臣，为桀所杀。比干：殷纣时贤臣，纣之庶叔，因谏纣被剖心而死。苌弘：周灵王时贤臣，为周所杀。胣（chǐ 齿）：车裂之刑。一说以刀剖腹将肠挖空的酷刑。子胥：即伍员，春秋时楚人。投吴，助吴成霸业，后事吴王夫差，强谏，夫差赐死，投其尸于江。靡同“縻”，縻烂。 ⑧ 跖；盗跖，事详《盗跖》篇。适：往。 ⑨ 妄意：凭空猜测。 ⑩ 唇竭：俞樾说：“谓反举其唇以向上。”《战国策·韩策》作“揭”，又《说文》：“竭，负举也。”竭、揭义同，谓

高举。又，竭，尽。犹亡，谓残缺，《左传·僖公五年》作“唇亡齿寒”。唇竭犹唇亡。亦通。鲁酒薄而邯郸围：陆德明《经典释文》：“楚宣王朝诸侯，鲁恭公后至酒薄，宣王怒，欲辱之。恭公不受命，乃曰：‘我周公之胤，长于诸侯，行天子礼乐，勋在周室。我送酒已失礼，方责其薄，无乃太甚！’遂不辞而还。宣王怒，乃发兵与齐攻鲁。梁惠王常欲击赵，而畏楚救。楚以鲁为事，故梁得围邯郸。言事相由也，亦是感应。”又引许慎注《淮南》云：“楚会诸侯，鲁、赵俱献酒于楚王。鲁酒薄而赵酒厚，楚之主酒吏求酒于赵，赵不与。吏怒，乃以赵厚酒易鲁薄酒，奏之。楚王以赵酒薄，故围邯郸也。” ⑪ 掊(pǒu 剖上声)击：抨击。纵舍：犹言释放。

［译文］

为了防备撬箱子、掏口袋、开柜子的盗贼，就一定要用绳索将口袋捆紧，用锁将柜子、箱子锁牢。这是世俗之人所说的聪明办法。然而大盗来了，就背起柜子，抬起箱子，扛起口袋迅速逃跑，还唯恐绳索捆得不结实，锁钥锁得不牢固。那么，以往所说的聪明办法，不正是给大盗聚积财物吗？

所以，我曾经试着表达这样的议论：世俗的所谓聪明，有谁不是给大盗收敛财物呢？所谓圣哲，有谁不是给大盗守护财产的呢？

怎么知道是这样的呢？

从前的齐国，邻近的城邑相互能够看得见，鸡狗的叫声相互可以听得见，用作捕捞的网所散布的地方，犁和锄所耕作到地方，方圆二千余里，整个国境之内，宗庙、社稷建造的体制，治理地方行政的法规，何尝不是取法圣人的呢？然而田成子一旦杀掉齐国国君而窃取了齐国的政权，所盗取的难道仅仅是齐国的政权吗？连原先齐国在治国时所使用的先圣的治国之法也一并盗窃去了。所以，田成子虽然有盗贼的名声，却安然处在尧舜的位置之上，小国不敢加以非议，大国不敢加以讨伐，前后十二代掌握着齐国的政权，这难道不是将齐国的政权及其圣明的治国之法一并盗窃来,用以保护他那盗贼之身吗?

我曾经试着发表过这样的议论:世俗的所谓聪明,有谁不是给大盗积累财物的呢?所谓圣哲,有谁不是给大盗守护财物的呢?

怎么知道是这样的呢?

从前,关龙逢被杀害,比干被剖腹挖心,苌弘被剖腹刳肠,子胥的尸体腐烂在江中,这四位先生都是贤明之人,然而自身却不能避免遭到杀戮。所以,盗跖的党徒向盗跖提问道:"当盗贼也有法度吗?"跖回答说:"做什么事情没有法度呢?能够猜测到室中所藏的财物,这就是圣明;率先进入室内,这就是勇敢;最后从室内撤出,这就是义气;事先权衡能不能下手,这就是智慧;分赃公平,这就叫做仁义。不具备这五种品德,而能够成为大盗的,整个天下还没有这样的人。"从这里看来,善良的人,不懂得圣人所说的道理就不能够立身,盗跖不了解圣人所说的道理就不能行事;天下好人少,坏人却很多,那么圣人对天下有利的也就很少,对天下的危害就很多。所以说:嘴唇卷起来,牙齿就会寒冷,鲁国的酒淡薄了,邯郸就遭到围困,圣人出世而大盗也就产生了。只有推倒圣人,释放盗贼,天下才能开始太平。

[原文]

夫川竭而谷虚,丘夷而渊实;圣人已死,则大盗不起,天下平而无故矣①。圣人不死,大盗不止。虽重圣人而治天下,则是重利盗跖也②。为之斗斛以量之,则并与斗斛而窃之;为之权衡以称之,则并与权衡而窃之;为之符玺以信之,则并与符玺而窃之;为之仁义以矫之,则并与仁义而窃之③。何以知其然邪?彼窃钩者诛,窃国者为诸侯;诸侯之门,而仁义存焉[④]。则是非窃仁义圣知邪？故逐于大盗、揭诸侯、窃仁义并斗斛权衡符玺之利者，虽有轩冕之赏弗能劝，斧钺之威弗能禁[⑤]。此重利盗跖而使不可禁者，是乃圣人之过也。故曰："鱼不可脱于渊，国之利器不可以示人[⑥]。"彼圣人者，天下之利器也，非所以明天下也。

故绝圣弃知，大盗乃止；擿玉毁珠，小盗不起；焚符破玺，而民朴鄙；掊斗折衡，而民不争；殚残天下之圣法，而民始可与论议[⑦]。擢乱六律，铄绝竽瑟，塞瞽旷之耳，而天下始人含其聪矣；灭文章，散五采，胶离朱之目，而天下始人含其明矣[⑧]。毁绝钩绳而弃规矩，攦工倕之指，而天下始人有其巧矣[⑨]，故曰："大巧若拙[⑩]。"削曾、史之行，钳杨、墨之口，攘弃仁义，而天下之德始玄同矣[⑪]。

彼人含其明，则天下不铄矣；人含其聪，则天下不累矣；人含其知，则天下不惑矣；人含其德，则天下不僻矣[⑫]。彼曾、史、杨、墨、师旷、工倕、离朱，皆外立其德，而以爚乱天下者也，法之所无用也[⑬]。

［注释］ ① 夷：平。故：事，事故。 ② 重利：厚利。 ③ 斗斛（hú 胡）：量器。十斗为一斛。权：秤锤。衡：秤杆。符：古代用作凭证信物的总称。矫：纠正。 ④ 钩：腰带钩，指价值极小之物。 ⑤ 逐：追随。揭：拔取；占领。轩冕：轩，古代官员乘坐的车子。冕，古代官员及帝王所戴的礼帽。因以轩冕代指官位爵禄。斧钺：指刑罚。 ⑥ 语出《老子·三十六章》。脱：离开。利器：指策略。 ⑦ 擿（zhì 治）：掷，扔掉。朴鄙：敦厚；朴实。掊（pǒu 剖上声）：破。殚残：犹言破除。 ⑧ 擢（zhuó 浊）乱：犹言搅乱。铄（shāo 勺）绝：烧断。瞽旷：即下文师旷，古代著名音乐家，善于以耳审辨音律。双目失明，因称瞽旷。胶：

粘住。离朱，传说中古代视力最好的人。 ⑨ 钩：画曲线的工具。绳：定直线的工具。攦（lí 丽）：折断。工倕（chuí 垂）：传说为尧时的巧匠。 ⑩ 语出《老子·四十五章》。 ⑪ 削：除去。曾：曾参，孔子弟子，以至孝闻名于世。史：史鱼，卫灵公时的直臣，灵公宠信小人，疏远贤臣，史鱼自杀以尸谏，为孔子所赞赏。杨：杨朱。墨：墨翟。二人均为先秦时期著名思想家且以善辩著称于世。攘弃：排除；排斥。玄同：与天地万物混同为一，语出《老子·五十六章》。 ⑫ 铄（shuò 朔）：通“烁”，闪烁，指迷乱。不累：没有忧患。僻：邪恶。 ⑬ 爚（yuè 月）乱：惑乱。爚，炫，迷惑。

[译文]

河水枯竭山谷就空虚，山丘铲平深渊就能够填实；圣人没有了，大盗就不会产生，天下也就太平无事了。假如圣人没有死去，大盗就不会消失。假如借重圣人来治理天下，就会更加有利于盗跖。圣人为人们制造斗斛来计量多少，那么大盗就会把斗斛一并偷去；圣人为人们制造衡器计量轻重，那么大盗就会把衡器一并偷去；圣人为人们制造出符玺作为信物，那么大盗就会把符玺也一并偷去；圣人为人们制定仁义作为准则来矫正人的行为，那么大盗就会把仁义也一并偷去。怎么知道会这样呢？那些盗窃衣带钩的人被杀掉了，而盗窃国家政权的人却成为诸侯；诸侯的门前，就竖着仁义的旗号。这不正是盗窃仁义以及圣人智慧的明证吗？所以，追随大盗，夺取诸侯的权位，盗窃仁义的旗号以及以斗斛权衡符玺来谋利的人，即使有高官厚禄的赏赐也不能激励他们做好事，即使有斧钺的刑罚威严也不能制止他们做坏事。这种大有利于盗跖使他们为非作歹而不能禁止的状况，正是圣人的过错造成的啊。所以说：“鱼不可以离开深渊，国家的策略，不可以轻易地向人们显示。”那圣人就是治理天下的利器，是不能显示于天下的。

所以，抛弃圣人及其智慧，大盗就会消失；打碎美玉珍珠，小盗就不会产生；烧掉信符，砸烂印信，百姓们就会恢复淳朴；劈开斗斛折断秤杆，百姓们就不再争夺；彻底废除天下尊奉的圣法，才可以跟百姓谈论道理。搅乱音律，销毁乐器，堵塞师旷的耳朵，天下人才能够保持住他们的听力；消除华美的花纹，消散斑斓的五彩，粘住离朱的眼睛，天下人才能保全他们的视力；毁坏绳墨，抛弃规矩，折断工倕的手指，天下人才能保持他们的技巧。所以说："具有最高技巧的人，好像愚拙之人那样。"铲除曾参、史鱼的德行，钳住杨朱、墨翟的嘴巴，抛弃了仁义，天下人的德性才能与自然之道玄妙地混同为一。

所以，人们都将那敏锐的目力保藏起来，天下就不会被闪烁的光辉迷乱了；人们都将聪慧的听力保藏起来，天下就没有忧患了；人们都将他们的德性保藏起来，天下就不会有邪恶了。那曾参、史鱼、杨朱、墨翟、师旷、工倕、离朱等人都是在向外界炫耀他们的品德，因而惑乱天下，对大道是没有什么用处的。

［原文］

子独不知至德之世乎？昔者容成氏、大庭氏、伯皇氏、中央氏、栗陆氏、骊畜氏、轩辕氏、赫胥氏、尊卢氏、祝融氏、伏羲氏、神农氏[①]，当是时也，民结绳而用之，甘其食，美其服，乐其俗，安其居，邻国相望，鸡狗之音相闻，民至老死而不相往来。若此之时，则至治已。今遂至使民延颈举踵[②]，曰"某所有贤者"，赢粮而趣之，则内弃其亲，而外去其主之事；足迹接乎诸侯之境，车轨结乎千里之外，则是上好知之过也[③]。上诚好知而无道，则天下大乱矣！

何以知其然邪？

夫弓弩、毕弋、机变之知多，则鸟乱于上矣[④]；

钩饵、罔罟、罾笱之知多，则鱼乱于水矣[5]；削格、罗落、罝罘之知多，则兽乱于泽矣[6]；知诈渐毒、颉滑坚白、解垢同异之变多，则俗惑于辩矣[7]。故天下每每大乱，罪在于好知。故天下皆知求其所不知，而莫知求其所已知者；皆知非其所不善，而莫知非其所已善者，是以大乱。故上悖日月之明，下烁山川之精，中堕四时之施，惴耎之虫，肖翘之物，莫不失其性[8]。甚矣，夫好知之乱天下也！自三代以下者是已。舍夫种种之民而悦夫役役之佞，释夫恬淡无为，而悦夫哼哼之意[9]。哼哼已乱天下矣！

［注释］

①句中十二氏皆传说中的古代帝王。其中多不见于古书记载，可能另有所本，或出于虚构。　②延颈举踵：渴望的样子。　③嬴(yíng 迎)粮：装足粮食。趣：同趋。接：连接。结：连接。　④弩(nǔ 努)：设有机关可以发射连珠箭的弓。毕：捕捉禽兽用的长柄网。弋(yì 义)：系绳的箭。机：弓上发矢的机关。变(bō 波)：通"磻"，射鸟用的石制箭头。　⑤钩：钓钩。饵：鱼饵。罔：同网。罟：网的总称。罾(zēng 增)：用竿支架的渔网。笱(gǒu 狗)：竹制捕鱼器。　⑥削：即箭，竹竿。格：木柄。削格，用以张网之物。罗：捕鸟的网。落：篱笆。罝(jiē 结，又读 jū 居)罘(fú 扶)：捕兽的网。　⑦知：智。诈：欺骗。渐毒：欺骗；欺诈。颉(xié 协)滑(gǔ 古)：错乱；混淆。解垢：指诡辩的言论。坚白、同异：参见《齐物论》注。　⑧每每：犹"昧昧"，昏乱的样子。悖：遮蔽：掩蔽。烁(shuò 朔)：通"铄"。熔化。堕(huī 灰)：通"隳"。毁坏。惴(chuǎn 喘)耎(ruǎn 软)：虫类蠕动的样子。肖翘之物：能飞的小虫。　⑨种种：淳厚朴实的样子。役役：奸猾轻薄的样子。佞：巧言谄媚。释：弃置。哼哼：通"谆谆"。诲人不倦的样子。

［译文］

你难道不了解那最理想的社会吗？古代容成氏、大庭氏、伯皇氏、中央氏、栗陆氏、骊畜氏、轩辕氏、赫胥氏、尊卢氏、祝融氏、伏羲氏、神农氏，在那个时候，百姓用结绳的方法来记事，他们感到自己的饮食很甜美，自己的衣着很美观，自己的习俗很快乐，自己的住处很安适，国与国相连，相互之间可以看得到，鸡狗的叫声相互可以听得到，然而百姓之间直到老死也不相往来。像这个时代，就是治理得最好的时代。现在，甚至到了使百姓们伸着脖子，踮起脚跟向往着说："某处有贤人。"于是带足粮食急急忙忙赶着归附他。这样，对内就抛弃了他们的双亲，对外就离开了他们所负责的事业，足迹踏遍了诸侯的国境，车轨连接到千里之外，这就是君主崇尚智巧的过错。君主如果崇尚智巧而不按大道行事，那么，天下就大乱了！

怎么知道是这样的呢？

弓箭、网罗这类机械多了，鸟就会在空中乱飞；鱼钩、鱼饵、渔网这类东西多了，鱼就会在水中乱游；张网之物、篱笆、捕兽之网这类东西多了，野兽就会在山泽中乱跑；人们中欺诈、狡辩、无谓的争论等事情多了，社会风气就会败坏。所以，社会黑暗而大乱，罪过就在于崇尚智巧。天下人都知道去追求他们所不知道的东西，却不了解去追求他们已经知道的东西；都知道去否定他们所认为不好的东西，却不知道去否定他们已经认为是好的东西，因此大乱。在上遮蔽了日月的光明，在下销熔了山川的精华，中间破坏了四时的运行，地上蠕动的昆虫，空中能飞的小虫，没有不失掉其本性的。太严重了，那些崇尚智巧的人给天下所造成的祸乱！从三代以后就是这样啊。舍弃淳厚朴实的百姓，而喜欢那奸猾轻薄巧言谄媚之人。那喋喋不休的教诲已经把天下搞乱了！

在宥第十一

［原文］

闻在宥天下，不闻治天下也[①]。在之也者，恐天下之淫其性也；宥之也者，恐天下之迁其德也[②]。天下不淫其性，不迁其德，有治天下者哉！昔尧之治天下也，使天下欣欣焉人乐其性，是不恬也；桀之治天下也，使天下瘁瘁焉人苦其性，是不愉也[③]。夫不恬不愉，非德也。非德也而可长久者，天下无之。

人大喜邪，毗于阳[④]；大怒邪，毗于阴。阴阳并毗，四时不至，寒暑之和不成，其反伤人之形乎！使人喜怒失位，居处无常，思虑不自得，中道不成章，于是乎天下始乔诘卓鸷，而后有盗跖曾史之行[⑤]。故举天下以赏其善者不足，举天下以罚其恶者不给，故天下之大不足以赏罚。自三代以下者，匈匈焉终以赏罚为事，彼何暇安其性命之情哉[⑥]！

而且说明邪，是淫于色也；说聪邪，是淫于声也；说仁邪，是乱于德也；说义邪，是悖于理也；说礼邪，是相于技也；说乐邪，是相于淫也；说圣邪，是相于艺也；说知邪，是相于疵也[⑦]。天下将安其性命之情，之八者，存可也，亡可也；天下将不安其性命之情，之八者，乃始脔卷獊囊而乱天下也[⑧]。而天下乃始尊之惜之，甚矣天下之惑也！岂直过也而去之邪[⑨]！乃齐戒以言之，跪坐以进之，鼓歌以儛之，吾若是何哉[10]！

故君子不得已而临莅天下，莫若无为[11]。无为也而后安其性命之情。故贵以身于为天下，则可以托天下；爱以身于为天下，则可以寄天下[12]。故君子苟能无解其五藏，无擢其聪明[13]；尸居而龙见，渊默而雷声，神动而天随，从容无为而万物炊累焉[14]。吾又何暇治天下哉！

［注释］

① 在宥：推行无为之治。在，存；宥，宽。范耕研解释说："存而不论，宽而不迫，任天下之自治，使民相安于无事也。"可从。 ② 淫：过。性：指人的自然之性。 ③ 恬（tián 田）：安适。瘁瘁：忧愁的样子。愉：和悦。 ④ 毗（pí 皮）：破坏；损伤。 ⑤ 中道不成章：章，法度。乔诘：指意不平。卓鸷：独断专行，指行不平。盗跖：详见《盗跖》篇。曾史：见《胠箧》第二段注⑪。 ⑥ 匈匈：吵嚷的声音。成玄英疏："谨哗也。" ⑦ 句中八个"说"字，均通"悦"。相：助长。技：技能。指掌握礼仪方面的技能。艺：六艺，包括礼、乐、射、御、书、数。疵：毛病，指是非一类的流弊。 ⑧ 脔卷：不舒展貌，形容受束缚的样子。猞（cāng 仓）囊：犹抢攘，纷乱的样子。 ⑨ 过：指经过。去：通"弆（jǔ 举）"，收藏。 ⑩ 齐：通"斋"。僻（wǔ 午）：通"舞"。 ⑪ 临莅：指治理。 ⑫ 郭嵩焘解释这两句说："言贵其身重于所以为天下，爱其身甚于所以为天下。惟贵惟爱故无为。"（见《庄子集释》引）说甚允，可从。 ⑬ 解：放开。一说读作 xiè，散。五藏：五脏，泛指心胸。一说指仁义。《骈拇》："多方乎仁义而用之，列于五藏哉。"擢：拔，意谓显示。 ⑭ 尸居：不动的样子。龙见：形容精神的运动。天：指自然。天随，意谓精神依据自然而动。炊：一本作吹。累：尘埃。炊累，空中随动的细尘，形容从容自由，任其去留的样子。

［译文］

听说只有用存而不论、宽而不迫的态度来对待天下的，没有听说过对天下要加以治理的。采取存而不论的态度，是为了怕天下的人超出了他那自然的本性;采取宽而不迫的态度,也是为了怕天下的人有所仿效而变更了他那自然的本性。如果天下的人既不超出自然的本性,也不改变自然的本性,又何必对天下加以治理呢?过去,尧在治理天下的时候,使天下的人高高兴兴,人们都以尧有这样的品性而感到快乐。这样,天下的人就不安静了;桀在治理天下的时候,使天下的人生活在忧愁之中,人们都以桀的品性感到痛苦,这样天下的人就不高兴了。无论快乐和痛苦都是不合于自然的本性的。不合乎自然的本性而能够长久的,天下之中还没有这种情况。

人在非常高兴的时候,就会破坏阳气;人在非常愤怒的时候,就会破坏阴气。阳气和阴气遇到了破坏,四时就不会按时到来,严寒和酷暑也不会形成,这岂不是反而要伤害人的形体吗?如果使人们的高兴和愤怒失去常态,人们的居处没固定的所在,人们思考问题不能符合于自己的本性,那就会违背法度,于是天下就开始出现了种种不平的现象,然后就会出现盗跖、曾史等截然不同的行为。这样,即使整个天下都来奖赏好人还会感到不足;即使整个天下都来惩罚坏人也会感到不够。所以天下虽然很大,却不足用以赏罚。从夏、商、周三代以后,治国者吵吵嚷嚷把赏罚当作治理天下的手段,他们哪里还有功夫使他们的性情得到安宁呢?

况且你喜欢目明吗?那就要过度地沉溺在美色之中;你喜欢耳聪吗?那就要过度地沉溺在乐声之中;你喜欢仁吗?那就要扰乱了自然的品德;你喜欢义吗?那就要违背自然之理;你喜欢礼吗?那就助长了浮华的技能;你喜欢乐吗?那就助长人们沉溺在乐声之中;你喜欢圣人吗?那就要助长六艺的泛滥;你喜欢智慧吗?那就要助长诸如是非一类流弊的产生。如果天下的人将要安于人的自然本性,这八条,保存可以,丢弃也可以;如果天下人不能够安于人的自然的本性,那么这八条就会束缚人们并使人们互相争夺,从而使天下陷于紊乱之中。然而天下的人对这八条却尊重它,爱惜它,天下的人真是太糊涂了!这八条流传到他们那里的时候,他们岂但只是珍藏起来呢,还要经过一番斋戒之后,才谈论它,要在跪拜之后,才把它请来,要唱歌跳舞表示欢迎,对于这种现象,我又有什么办法呢!

所以,君子是在不得已的时候才来治理天下的,因而不如采取无为。用无为的办法来治理天下,然后才能使性命得以安宁。所以说把保护自身看得比争利于天下还要重要的,才可以把天下交付给他。把爱惜自身看得比争利于天下更为重要的,才可以把天下托付给他。所以,君子如果能够不把胸中的仁义施展出来,不把他的聪明表现出来,坐在那里,一动不动而精神却活动于体内,虽然像深渊那样沉默而声名却像雷那样响亮。精神的运动出自于天然,从容无为,像万物在微风中拂动那样。我哪里还有功夫去治理天下呢!

[原文]

崔瞿问于老聃曰:"不治天下,安藏人心[①]?"老聃曰:"女慎无撄人心[②]。人心排下而进上,上下囚杀,淖约柔乎刚强[③]。廉刿雕琢,其热焦火,其寒凝冰[④]。其疾俯仰之间而再抚四海之外,其居也渊而静,其动也悬而天。偾骄而不可系者,其唯人心乎[⑤]!

"昔者黄帝始以仁义撄人之心,尧舜于是乎股无胈,胫无毛,以养天下之形,愁其五藏以为仁义,矜其血气以规法度[⑥]。然犹有不胜也,尧于是放讙兜于崇山,投三苗于三峗,流共工于幽都[⑦],此不胜天下也。夫施及三王而天下大骇矣。下有桀跖,上有曾史，而儒墨毕起[8]。于是乎喜怒相疑，愚知相欺，善否相非，诞信相讥，而天下衰矣[9]。大德不同，而性命烂漫矣；天下好知，而百姓求竭矣，于是乎釿锯制焉，绳墨杀焉，椎凿决焉[10]。天下脊脊大乱，罪在撄人心[11]。故贤者伏处大山嵁岩之下，而万乘之君忧慄乎庙堂之上[12]。

"今世殊死者相枕也，桁杨者相推也，刑戮者相望也，而儒墨乃始离跂攘臂乎桎梏之间[13]。意！甚矣哉！其无愧而不知耻也甚矣！吾未知圣知之不为桁杨椄槢也，仁义之不为桎梏凿枘也，焉知曾史之不为桀跖嚆矢也[14]！故曰：'绝圣弃知而天下大治。'"

[注释]

① 崔瞿：人名，事迹不详。藏：《世德堂》本作臧，当从。臧，善。"安臧人心"，言人心何由向善。　② 撄：扰乱。一说羁落，犹言束缚。　③ 排：排挤压抑。下：退让。进：提拔重用。上：凌驾。囚：指束缚。杀：指坑害。淖(chuò 绰)约：柔顺的样子。　④ 廉：品行端方，有志节。刿(guì 贵)：刺伤；伤害。雕琢：修饰。热：形容情绪或感情。焦火：形容热的程度。寒：亦形容情绪或感情。凝冰：形容寒的程度。　⑤ 俯仰：犹瞬息，形容时间短暂。再：多次。临：到。此句形容思想或意念的迅速。偾(fèn 奋)骄：骄傲矜持。　⑥ 股：大腿。胈(bá 拔)：白肉。一说指大腿上的细毛。胫：人的小腿。矜：苦。　⑦ 讙兜：尧时四凶之一。放：流放。崇山：《通典》以为沣阳县有崇山即放讙兜之所。沣阳县为晋所置，北周废，其故治在今湖北黄陂县南。三苗：古国名，舜时为南方民族，其所居约在湖南江西境内。三峗：在今甘肃省敦煌县境。幽都：《尚书·尧典》作"幽州"，《史记正义》引《括地志》："故龚城，在檀州燕乐县界。故老传云舜流共工居此城。"燕乐县，东晋时所置之县，故城在河北密云县东北七十里。　⑧ 三王：指夏、商、周三代。桀：夏桀。夏代暴君。跖：即盗跖。曾史；曾参及史鱼。　⑨ 否(pǐ 匹)：恶。

诞:夸诞不实。 ⑩ 性命:指自然的本性。烂漫:散乱。犹言破坏。杀:吴汝纶以为当作设。 ⑪ 脊脊:践踏。犹言倾轧。一说与“藉藉”同,混乱的意思。 ⑫ 嵁(kān 堪)岩:深谷;峭壁。 ⑬ 殊死:判决死刑。殊,决断。相枕:指尸首互相枕着,极言杀人之多。桁(háng 杭)杨:古时拘系囚犯用在脚上或颈上的刑具。相推:极言其多。刑戮:指肉刑。离跂:自异于众(王念孙说)。一说有力貌。攘臂:举臂。
⑭ 椄(jiē 接)槢(xí 习):连接桎梏两孔的木梁。嚆(hāo 蒿)矢:响箭。发射时声音先到而箭后至。比喻事物的初始。

[译文] 崔瞿向老聃问道:“不去治理天下,人心怎么会好起来?”老聃说:“你一定要谨慎,不要去扰乱人心。人们的心理状态往往是这样,遭到排挤和压抑就低声下气;受到推崇和提拔就趾高气扬。如果对之排挤和压抑就使他受到束缚,像把他囚禁起来一样;如果对之推崇和提拔,就使他骄傲放肆,便是坑害了他。能柔弱,才能制服刚强。刻意求名的人往往因过分修饰而遭到伤害,这种人情绪激动的时候,感情往往像火那样热,情绪低落的时候,感情往往像冰那样冷。他的心思变化得十分迅速,在一俯一仰的瞬间便可周流整个世界,居住的时候,像深渊那样平静;行动的时候,像天空那样动荡。强傲而无法约束的,大概只有人们的心理活动吧!

“过去黄帝用仁义来扰乱人心,尧和舜被搞得大腿上瘦得没有肉,小腿上光秃秃没有毛,以这种辛勤的劳动来养活天下的生灵,并且怀着满腹的忧愁来推行仁义,耗损着心血来建立法度。虽然如此,还是不能解决问题。于是便把谨兜流放到崇山,把三苗流放到三峗,把共工流放到幽都,这便是尧没有把天下治理好的证明。及至到了夏、商、周三代,天下的人民所受到的惊骇就更加厉害了,反面人物有夏桀和盗跖,正面人物有曾参和史鳍,儒家和墨家都相继发展起来了。于是有人高兴，有人愤怒，而相互猜疑；有人聪明，有人愚蠢，而互相欺骗；有人肯定，有人否定，而相互非难；好的坏的，互相指摘；浮夸不实的和忠诚老实的互相讽刺。因而，天下便走向衰落了。人们的道德观念如此不同，因而人们的自然本性便遭到破坏了。治理天下的人喜好智慧，即使用尽力气，也不会满足天下人的要求。于是制作出斧头和锯来截断树木，制作出绳墨并据以砍削树木，制作出锥子和凿子凿穿树木。这样，天下的人便互相践踏而大乱了。这样做的罪过，就在于扰乱人心。因此，贤能的人隐居在大山的岩穴之中，而国君则怀着忧愁和恐惧处在朝廷之上。

现在，社会上被杀掉的人，尸首一个挨着一个；戴着刑具坐牢的人，一个接着一个；遭到毒打的人，一个跟着一个。然而儒家和墨家装出与众不同的样子，举着臂，往来于犯人之间，唉！太过分了，他们是那样不知道惭愧和羞耻！我不知道那种圣知是不是在引导人们为非，以致被套上枷锁！那种仁义是不是在引导人们作歹，以致被戴上镣铐！我哪里知道那曾参和史鳍不是夏桀和盗跖的先导呢！所以说，‘灭绝圣明，抛弃智慧，天下就大治了’。”

［原文］

黄帝立为天子十九年，令行天下，闻广成子在于空同之上[①]，故往见之，曰：“我闻吾子达于至道，敢问至道之精。吾欲取天地之精，以佐五谷，以养民人。吾又欲官阴阳，以遂群生，为之奈何[②]？”

广成子曰：“而所欲问者，物之质也；而所欲官者，物之残也[③]。自而治天下，云气不待族而雨，草木不待黄而落，日月之光益以荒矣[④]。而佞人之心翦翦者，又奚足以语至道[⑤]！”

黄帝退，捐天下，筑特室，席白茅，闲居三月，复往邀之⑥。

广成子南首而卧，黄帝顺下风膝行而进，再拜稽首而问曰："闻吾子达于至道，敢问，治身奈何而可以长久？"广成子蹶然而起，曰："善哉问乎！来，吾语女至道。至道之精，窈窈冥冥；至道之极，昏昏默默，无视无听，抱神以静，形将自正⑦。必静必清，无劳女形，无摇女精，乃可以长生。目无所见，耳无所闻，心无所知，女神将守形，形乃长生。慎女内，闭女外，多知为败⑧。我为女遂于大明之上矣，至彼至阳之原也；为女入于窈冥之门矣，至彼至阴之原也。天地有官，阴阳有藏，慎守女身，物将自壮。我守其一以处其和，故我修身千二百岁矣，吾形未常衰⑨。"

黄帝再拜稽首曰："广成子之谓天矣！"

广成子曰："来，余语女。彼其物无穷，而人皆以为有终；彼其物无测，而人皆以为有极。得吾道者，上为皇而下为王；失吾道者，上见光而下为土。今夫百昌皆生于土而反于土，故余将去女，入无穷之门，以游无极之野。吾与日月参光，吾与天地为常⑩。当我，缗乎⑪！远我，昏乎！人其尽死，而我独存乎！"

[注释]

① 广成子：传说人物，《释文》："或云即老子。"空同：神话中的山名。 ② 官阴阳：官，用作动词，主宰的意思。遂：顺。 ③ 而所欲问者：而，通"尔"。下文"而所欲官者"、"自而治天下"、"而佞人之心"中"而"字同此。质：正，指至道的精髓。犹言未散之朴。残：残余，犹言朴散之残余。 ④ 族：聚集。荒：章炳麟说借为普，《说文》：

"普,日无色也。"　⑤ 佞人:善于逢迎的小人。翦翦:心地褊狭的样子。　⑥ 捐:弃,抛弃。特室:即斋室,言其特别清静。席:凭借。白茅:古时祭祀用品,垫以白茅,取其清洁之意。　⑦ 蹶(guì 贵)然:急遽的样子。窈窈(yǎo 咬):幽远。冥冥:昏暗。昏昏:昏黑无光的样子。默默:静止的状态。　⑧ 摇:动荡。内:指精神。慎女内,意谓弃绝思虑。外:指耳目。闭女外,意谓弃绝视听。　⑨ 遂于大明之上矣:遂,到达。我守其一:一,指道。和:阴阳二气之和。　⑩ 参:同。　⑪ 缗(mín 民):泯合。

[译文]

黄帝做了十九年的天子,政令畅行于天下。听说广成子住在空同山上,便前往拜见他,说:"我听说先生已经到达了'至道'的境界,请问这种圣道的精髓是什么?我想取用天地的精气来帮助五谷生长,用以养活人民。我又想主宰阴阳,使阴阳顺应生物的生长,怎样才能做到这一点呢?"

广成子回答说:"你要问的是事物的本质部分,你想要主宰的却是事物的残破部分,这样做一定会给事物带来伤害。自从你治理天下,云气不等到聚集就下起雨来了,草木还不到发黄就陨落下来了,太阳和月亮也逐渐失去了光辉,善于逢迎的小人,他们的心地是那样褊狭,怎么能够跟他们谈论至道呢?"

黄帝从广成子那里回来之后,抛弃了天下。造了一座特别的房子,铺着白茅,悠闲地住了三个月,再一次到广成子那里请教至道。

广成子回头向南躺在那里,黄帝顺着下风跪下来,用膝盖爬行,走到广成子面前,一再叩头,然后请教说:"我听说先生到达了至道的境界。请问,怎样调养身体,才能够使生命长久?"广成子迅速地站了起来,说道,'好啊,你提的问题!到前面来,我告诉你什么是至道。至道的精微之处是邈远的,昏暗的，是没有光辉的，没有声音的，什么也看不见，什么也听不到。只要能够守住精神而归于沉静，形体也就自然而然的正了。一定要保持绝对安宁，内心才能够清静，不要使你的形体疲劳，不要使你的精神动摇，这样就可以长生了。眼睛什么也不去看，耳朵什么也不去听，心里什么也不去想。这样，你的精神就能够守住你的形体，你的形体就可以长生了。谨慎地抛弃一切思虑，停止一切活动，有了很多知识，一定会招致失败。我带你前往那最光明的地方，到达那至阳产生的所在；我带你前往那最黑暗的地方，到达那至阴产生的所在。天和地各有自己的主宰，阴和阳也各有自己的住所，谨慎地守住自身，万物将会自然而然地茂盛生长。我坚守着正道处在阴阳谐和之处，所以我调养身体，活了一千二百岁了，我的身体从来不曾出现衰弱的现象。”

黄帝一再叩头，说：“广成子可以说和天一样高大了！”

广成子说：“到前面来！我告诉你，那自然界的万物是没有穷尽的，而人们都认为有个终结；那自然界的万物千变万化，是不能测量的，人们都以为有个极限。掌握了我所说的道的，在天上可以成为上帝，在人间可以成为帝王。没有掌握我所说的道的，活着的时候可以看到光明，死了之后就变成泥土。现在，自然界各种茂盛地生长着的东西，都是从土地上生长出来，而后又回到了土地中去。所以，我将要离开你，进入那没有穷尽的大门而游玩在那无边无际的原野。我将要和太阳与月亮一样光明，我将要和天地一样长久。向我而来，我没有什么反应；背我而去，我仍然没有什么反应。人将来都要死掉的，难道我可以长生不死吗？”

[原文] 云将东游，过扶摇之枝而适遭鸿蒙[①]。鸿蒙方

将拊髀雀跃而游。云将见之，倘然止，贽然立[②]，曰："叟何人邪？叟何为此？"

鸿蒙拊髀雀跃不辍[③]，对云将曰："游！"云将曰："朕愿有问也。"鸿蒙仰而视云将曰："吁！"云将曰："天气不和，地气郁结，六气不调，四时不节[④]。今我愿合六气之精以育群生，为之奈何？"鸿蒙拊髀雀跃掉头曰："吾弗知！吾弗知！"云将不得问。

又三年，东游，过有宋之野而适遭鸿蒙。云将大喜，行趋而进曰："天忘朕邪[⑤]？天忘朕邪？"再拜稽首，愿闻于鸿蒙。

鸿蒙曰："浮游，不知所求；猖狂，不知所往，游者鞅掌，以观无妄[⑥]。朕又何知！"

云将曰："朕也自以为猖狂，而民随予所往，朕也不得已于民，今则民之放也[⑦]。愿闻一言。"

鸿蒙曰："乱天之经，逆物之情，玄天弗成；解兽之群，而鸟皆夜鸣；灾及草木，祸及止虫，意，治人之过也[⑧]！"

云将曰："然则吾奈何？"鸿蒙曰："意，毒哉！仙仙乎归矣[⑨]。"

云将曰："吾遇天难，愿闻一言。"鸿蒙曰："意！心养[⑩]。汝徒处无为，而物自化。堕尔形体，吐尔聪明，伦与物忘，大同乎涬溟，解心释神，莫然无魂[⑪]。万物云云，各复其根[⑫]，各复其根而不知；浑浑沌沌，终身不离；若彼知之，乃是离之。无问其名，无窥其情[⑬]，物固自生。"

云将曰："天降朕以德，示朕以默；躬身求之，乃今也得。"再拜稽首,起辞而行。

[注释] ① 云将:云神。将云拟人化。扶摇:神话中的树名。鸿蒙:将自然元气拟人化。 ② 拊髀(bì 婢):拊,拍。髀,股部,大腿。雀跃:跳跃的样子。倘:通"惝(tǎng 倘)",惊异。一说自失貌。贽然:不动的样子。 ③ 辍:止。 ④ 六气:阴、阳、风、雨、晦、明。不节:节令失调。 ⑤ 天:指鸿蒙。 ⑥ 鞅掌:急遽的样子。无妄:不乱;和谐。妄,乱。 ⑦ 猖狂:恣意地,漫无目的地。放(fǎng 访):依。《国语·楚语下》:"民无所放。"韦昭注:"放,依也。" ⑧ 玄天:指自然。止虫:《经典释文》:"本亦作昆虫。" ⑨ 仙仙:轻扬的样子。 ⑩ 心养:即养心。 ⑪ 堕(huī 灰):通"隳"。毁坏。吐:王引之说:"吐当为咄,咄与黜同。黜,废。"伦:理。涬溟:自然之气。莫然:无知无识的样子。 ⑫ 云云:众多。根:根本,指自然的本性。 ⑬ 情:情况;实情。

[译文] 云将到东方游玩,从扶摇神木树的树枝旁边经过,恰好碰到了鸿蒙。鸿蒙正在兴奋地用手拍着大腿,跳跃着准备出外游玩。云将看到他,惊异地停下脚步,一动不动地站在那里,说道:"老先生您是什么人呢?老先生您为什么这样呢?"

鸿蒙依然兴奋地拍着大腿,不停地跳跃,对云将说:"游玩。"云将说:"我有些问题,希望得到解答。"鸿蒙抬起头来,看了看云将说:"唉!"云将说:"天上的气体失去平衡降不下来,地上的气体郁结在一起升不上去,六种气体不协调,四时节气失去了正常状态。现在,我希望取六气的精华来养育万物,怎样才能做到这一点呢?"鸿蒙拍着大腿跳跃着,掉过头去说:"我不知道!我不知道!"云将得不到回答。

过了三年,云将又一次到东方游玩,经过宋国的原野又碰到了鸿蒙。云将非常高兴,连忙走到跟前说:"天啊,您忘记了我吗?天啊,您忘记了我吗?"一再行礼叩头,希望能够从鸿蒙那里得到回答。

鸿蒙说:“我任意游玩,什么也不去追求;没有目的到处走动,我不知道何处是我要去的地方,只一心观赏那和谐的大自然。我又知道什么呢?”

云将说:“我也自以为我是无目的地到处走动,然而老百姓却跟随着我走动,我实在没有办法对待那些跟随着我的老百姓,我现在不能不依从这些老百姓,我希望能够得到回答。”

鸿蒙说:“扰乱了自然的秩序,违背了事物的规律,这样自然的变化就不会形成。兽类本来是群居的,反而解散了;鸟本来是白天叫的,晚上却叫起来了;祸害波及草木,也波及昆虫。唉!这些都是那治理天下的人的过错啊!”

云将说:“那么,我怎么办呢?”鸿蒙说:“唉,你受到的毒害太深了!你还是轻轻地回去吧。”

云将说:“我遇到您是很困难的,希望能听到您的教益。”鸿蒙说:“唉!那就颐养你的精神吧。你只要处在无所作为的境地,万物就自然而然地变化了。忘掉你的形体,抛弃你的聪明,把伦理和外物统统忘掉,就可以和自然之气完全混同了。解除和抛弃你的精神束缚,无知无识的好像没有灵魂一样。万物纷纭众多,让它们各自回到自然的本性上去。当它们各自回到自然的本性上来时,自己却感觉不到。浑浑沌沌,任其自然。假如它们自己有所感觉,有所了解,那就是又离开自然了。不要去探究它的名称,不要去窥寻它的内情,万物本来就是在自然而然地生长着。”

云将说:“您给我留下了关于道德的言论,告诉我无为的做法;自立身以来,我所追求的东西,到现在才得到。”一再行礼叩头,起身辞别了鸿蒙,走开了。

[原文] 世俗之人,皆喜人之同乎己而恶人之异于己

也。同于己而欲之，异于己而不欲者，以出乎众为心也[①]。夫以出乎众为心者，曷尝出乎众哉！因众以宁所闻，不如众技众矣。而欲为人之国者，此揽乎三王之利而不见其患者也[②]。此以人之国侥幸也，几何侥幸而不丧人之国乎！其存人之国也，无万分之一；而丧人之国也，一不成而万有余丧矣[③]。悲夫，有土者之不知也[④]。

夫有土者，有大物也[⑤]。有大物者不可以物；物而不物，故能物物。明乎物物者之非物也，岂独治天下百姓而已哉！出入六合，游乎九州，独往独来，是谓独有。独有之人，是谓至贵。

大人之教，若形之于影，声之于响。有问而应之，尽其所怀，为天下配[⑥]。处乎无响，行乎无方。挈汝适复之挠挠，以游无端，出入无旁[⑦]，与日无始；颂论形躯，合乎大同，大同而无己。无己，恶乎得有有！睹有者，昔之君子；睹无者，天地之友。

［注释］

① 欲：婉顺。《礼记·祭义》："其荐之也敬以欲。"郑注："欲，婉顺貌。"这里可引申为喜欢。出乎众：超乎众人之上。心：指思想。 ② 因众以宁所闻：因，随顺。宁：安。揽：撮取。 ③ 一不成：指自身无所成。万：指万方。 ④ 有土者：占有土地的人，指统治者。 ⑤ 大物：古时认为："普天之下，莫非王土。"因称天子所占有的土地为大物。 ⑥ 为天下配：配，在统一的对立体中处于被动的一方。 ⑦ 挈：提挈纲领。适复：往。挠：乱。旁（bàng 磅）：依傍。

［译文］

世俗的人，都喜欢别人附合自己，不喜欢别人跟自己不同，为什么附合自己的就高兴，不附合自己的就不高兴呢？因为他一定要超群出众才称心。其实，一心一意要超群出众的人,他的聪明才智何尝超出一般人呢！顺从众人的心愿,委而任之,就会相安无事。所以这样做,是因为一个人能力有限,不如众人的能力大而且多。假如一个国家的统治者,不这样做,那就是盲目追求三王的治国之利而看不到他们有为的祸患。治国者凭借着权力希望侥幸地得到利益。哪有希望侥幸得利而不丧失自己的国家的呢！这样做能够保住国家权柄的,一万个统治者中一个也没有;不但他本人一事无成,而且还要给万方带来祸害。实在悲哀啊,然而,那些国家的统治者,却不了解这一点。

那些占有土地的人,就是占有大物的人。既然占有大物,怎么可以再对物有所作为呢?占有物而又不能对物有所作为,才能使物发挥物的作用。要明白占有物的人,是不能再对物发挥作用的。岂但治理天下的人是这样,所有的人都是这样啊！在天地四方之内往来出入,在九州之中遨游,只有他自己一人独来独往,这就叫做独有,能够独有的人,才是最贵的人。

大人的教导,像形体对于影子那样,像声音对于回声那样。提出了问题,接着就做了回答,把自己想到的都谈出来,作提问者的对立面,在社会交往中处在响应的一方。随着事物的变化而变化,没有固定的方向。率领着那些乱糟糟的世俗之人,并和他们一起来往,而遨游在没有固定的方向之中。出来进去,无所依傍,天天和他们在一起,无始无终。如果形容他的形体,那么他的形体和众人完全一样,和众人相同到失去他自己的程度。既然失去了自己,又怎么能够占有万物。看到“有”的人是过去的君子,看到了“无”的人,才是天地的朋友。

[原文]

贱而不可不任者①，物也；卑而不可不因者②，民也；匿而不可不为者③，事也；粗而不可不陈者，法也④；远而不可不居者，义也；亲而不可不广者，仁也；节而不可不积者⑤，礼也；中而不可不高者⑥，德也；一而不可不易者，道也；神而不可不为者，天也。故圣人观于天而不助，成于德而不累，出于道而不谋，会于仁而不恃，薄于义而不积，应于礼而不讳⑦，接于事而不辞，齐于法而不乱，恃于民而不轻，因于物而不去。物者莫足为也，而不可不为。不明于天者，不纯于德；不通于道者，无自而可；不明于道者，悲夫！

何谓道？有天道，有人道。无为而尊者，天道也；有为而累者，人道也。主者，天道也；臣者，人道也。天道之于人道也，相去远矣，不可不察也。

[注释]

① 任：听凭。 ② 因：依据；随顺。 ③ 匿：通"慝"（tè 忒），灾害（采范耕研说）。 ④ 法：指可以效法的言论，中心词省略。 ⑤ 节：指礼节仪式。 ⑥ 中：马叙伦认为"中"应作得字解。从之。 ⑦ 讳：俞樾以为当读作违，《广雅・释诂》"违，避也。"《国语・周语》："未能违难。"《国语・晋语》："夫阵不违忌。"韦昭并注："违，避也。"避，回避。

[译文]

虽然低贱但又不能不任其自然的，是万物；虽然地位低下但又不能不顺从的，是人民；虽然有害，但又不能不做的，是事情；虽然粗疏，但又不能不陈述的，是可以取法的言论；虽然距离道很远，但又不能不遵守的，是义；亲近便流于褊狭，因而不能不推而广之的，是仁；仪式虽然文饰，然而其中不能倾注深厚感情的，是礼；得到它，而不可不高尚的，是德；虽然根源于一，但又不能不变动的，是道；虽然神妙莫测，然而又不能不为的，是天。所以，圣人虽然看到了自然，却不去帮助它。虽然成就了德，却不受其约束。虽然思想行为合于道，事先并不曾思考过。虽然和仁的原则相符，却不依赖它。虽然接近于义，却并不故意积累。虽然和礼相应，却不回避它。虽然成天和事打交道，却并不推辞。按照事物的规律加以统一，就不会紊乱。依靠人民自己去活动而不轻易地使用他们，遵循事物的规律而不抛弃其根本。对于万事万物，是不能有所作为的而又不能不为。不明白自然的，他的德性就不纯粹，不通晓道的，就会处处碰壁，什么事情也做不好。不明白道的人，实在是可悲啊！

什么叫做道，有天道有人道。无所作为而能处于尊贵地位的，是天道，有所作为又一定受到牵累的，是人道。天子所尊奉的是天道，大臣所尊奉的是人道。天道和人道的差别太远了，对于这一点是不能不看到的。

天地第十二

［原文］

天地虽大，其化均也；万物虽多，其治一也；人卒虽众，其主君也[①]。君原于德而成于天，故曰，玄古之君天下，无为也，天德而已矣[②]。

以道观言而天下之君正，以道观分而君臣之义明，以道观能而天下之官治，以道泛观而万物之应备[③]。故通于天地者，德也；行于万物者，道也；上治人者，事也；能有所艺者，技也[④]。技兼于事，事兼于义，义兼于德，德兼于道，道兼于天[⑤]。故曰，古之畜天下者，无欲而天下足，无为而万物化，渊静而百姓定。《记》曰："通于一而万事毕，无心得而鬼神服[⑥]。"

夫子曰："夫道，覆载万物者也，洋洋乎大哉[⑦]！君子不可以不刳心焉[⑧]。无为为之之谓天，无为言之之谓德，爱人利物之谓仁，不同同之之谓大，行不崖异之谓宽，有万不同之谓富[⑨]。故执德之谓纪，德成之谓立，循于道之谓备，不以物挫志之谓完[⑩]。君子明于此十者，则韬乎其事心之大也，沛乎其为万物逝也[⑪]。若然者，藏金于山，藏珠于渊，不利货财，不近贵富；不乐寿，不哀夭；不荣通，不丑穷；不拘一世之利以为己私分，不以王天下为己处显[⑫]。显则明，万物一府，死生同状。"

夫子曰："夫道，渊乎其居也，漻乎其清也[⑬]。

金石不得,无以鸣。故金石有声,不考不鸣⑭。万物孰能定之!夫王德之人,素逝而耻通于事,立之本原而知通于神⑮。故其德广,其心之出,有物采之⑯。故形非道不生,生非德不明。存形穷生,立德明道,非王德者邪!荡荡乎⑰!忽然出,勃然动,而万物从之乎⑱!此谓王德之人。视乎冥冥⑲,听乎无声。冥冥之中,独见晓焉;无声之中,独闻和焉⑳。故深之又深而能物焉,神之又神而能精焉;故其与万物接也,至无而供其求,时骋而要其宿,大小,长短,修远㉑。"

[注释] ① 均:同;都。治:郭象解释说:"自得为治。"即万物按照自身规律生长发展就叫治。一:同一。 ② 原:本。天:自然。玄古:远古。君天下:治理天下。 ③ 言:名称。道:万事万物的自然规律。分(fèn 奋):名分;职分。泛:普遍;广泛。应备:应有尽有。 ④ 上:最好的;上等的。艺:技艺。此指能力的表现。 ⑤ 兼:连带;统带;兼有。兼于义,为事所兼,受事务的统带。做何事,用何技。以下的兼义仿此。

⑥ 畜:养。化:滋生化育。《记》:书名。《经典释文》谓老子所作。"记曰"以下两句,成玄英谓:"语在《西升经》,庄子引此为证。"一:道。毕:尽。 ⑦ 道:指天地、自然。洋洋:广大丰盛貌。 ⑧ 刳(kū 枯)心:去掉有为的心智,像"道"一样虚通无为而包罗万象。 ⑨ 无为为之:意谓使万物按自然规律生长发展。无为言之:什么也不说,什么问题也不回答。爱人利物:意谓慈爱和恩惠施及万物就像阳光普照,云行雨施般自然而无私。不同:指万物禀赋各异,不求同一。同之:指万物同样都保持其本性,统一于自然规律。行:行为。崖:岸。异:与众不同。

⑩ 执:持。纪:纲纪。德:德行。成:成就。立:立功。 ⑪ 韬:包容蕴藏。事心:俞樾说:"犹立心也,言其立心之大也。"沛:水势湍急的样子。逝:往。 ⑫ 不拘一世之利:拘,杨树达说:"'拘'当读为'钩',谓钩致之。疏以'拘束'为释,误。"此说可从。私分(fèn 奋):自

己分内的。王(wàng 旺)天下;统治天下。显:荣显。 ⑬ 渊:深。漻(liáo 辽):水清而深。 ⑭ 考:敲击。 ⑮ 素:质朴,原有的。本原:根本;原初。知:智慧通达。 ⑯ 出:表现出,有所动。采:意谓探求,影响。 ⑰ 荡荡:宽而平。 ⑱ 忽、勃:无心、不知不觉地自然产生。出、动:指有所反应,有所活动。从:依附;归从。 ⑲ 冥冥:幽深昏暗。 ⑳ 晓:天刚亮。这里形容若隐若现的一线光明。和:和谐;应合。 ㉑ 物:用作动词,而能物焉,谓产生万物。精:用作动词,而能精焉,谓产生出精神。时:是,此。骋:驰骋,放纵。要:通"邀",容留。宿:归宿、荟萃。

[译文]

天地虽然广大,它们的运动变化都是出于自然;万物虽然繁杂,它们的生长发展都有自身规律;天下民众虽多,主宰他们的却是国君。国君治理天下,以道德为根本,顺应自然才能有所成就。因此,远古时的国君统治天下的办法就是无为,一切任凭自然的运动罢了。

用道来看待名称,天下的国君就能名正言顺地实行统治;用道来看待职分,君臣的关系就能得到明确;用道来看待智能,天下的官吏就会各称其职,各尽其才;用道来广泛地看待一切,万物就自给自足,应有尽有了。所以,贯通天地的是德;支配万物的是道;最会治理百姓的是让人人自得其事;使能力得以表现的是各种技艺。技艺适应事务的需要,事务接受义理的支配,义理符合道德的准则,道德顺从法度的制约,法度反映自然的规律。所以说,古时候养育百姓治理天下的人,没有什么欲望而天下富足;不做什么事情而万物化生,胸怀如深渊般平静而百姓安定。记书上就说:"通晓大道就能包举万事;心无所欲能让鬼神敬服。"

先生说:"道,是覆盖和负载万物的,它是多么广大而丰盛啊!君子不可不去掉心智而师法自然啊。不做什么而什么都自然进行,这就叫做天;不说什么而什么都自明其理,这就叫做德;爱万民利万物,这就叫做仁;不求同一,而让禀赋各异的物类都得到合乎自身规律的生长发展,这就叫做大;行为不偏执,不怪异,不追求与众不同,这就叫做宽;包容着千差万别的物类,这就叫做富。因此,保持本性就叫做掌握了纲纪,成就了德行就叫做建立了功业,遵循天道行事就可说没有缺陷,不因外物而挫伤志操就可说品德完美。君子明白了这十个方面,那么他的心地就大到能包容一切,他就成为流水般运动着的万物的合适的归宿。如果能像这样,那么,任黄金埋在深山,任珍珠藏在深渊,不贪恋财物,不追求富贵;不因长寿而欢乐,不因夭折而悲伤;顺利时不觉得荣耀,困厄时不觉得羞辱;不把营谋天下的利益当作自己分内的事情;不因主宰着天下而自认为居于显贵地位。彰显便是炫耀,万物同属自然,死生没有两样。”

先生说:“道,它的深邃寂静如同渊海,它的明澈清澄如同流水。它在清静沉寂中鉴照万物,感应万物。金属和石头得不到它就不能够发出响声,因此,金属和石头本身是有声音的,不过,不敲击它就不会响。一切事物都是这样,谁能够规定它!那有王者天赋的人,凭着自己的本真往来,而以通晓事务为耻辱,立身于本原而智慧与神明相通。所以,他的德行广大而能感应万物。他的性灵的活动和表现,是因外物对他有所需求而自然地有所反应。所以,形体离开道就不能生存,生命离开德就不会明达。保存形体,享尽天年,建立盛德,明晓大道,这岂不就是有王者天赋的人吗?他的心性是那样的宽和平静!不知不觉中忽然会心有所感,自然而然地勃起而产生活动,万物都在他那儿得到反响,万物都归向于他!这就叫做有王者天赋的人。道,看起来幽暗渺茫,听起来寂无声响。但正是在幽暗中独能见到一线光明;在阒寂中独能听到一丝和谐的声音。所以，那深而又深的地方正是万物产生的所在，那玄而又玄的地方正是精神产生的所在；因此，当它和万物交接的时候，自己一无所欲而能供应万物的需求。这儿是纵放万物的自由驰骋的出发点，也是容纳、荟萃万物的自然归宿地，它极大而又极小，极长而又极短，无边无际，以至于无限。”

［原文］

黄帝游乎赤水之北，登乎昆仑之丘而南望，还归，遗其玄珠①。使知索之而不得，使离朱索之而不得，使喫诟索之而不得也②。乃使象罔，象罔得之。黄帝曰："异哉！象罔乃可以得之乎？"

［注释］

① 赤水：虚构的河水名。玄珠：比喻道。 ② 知：虚拟的人物。因其有智慧所以求道而不得。离朱：传说中黄帝时人，以视力特佳著称。此处意在说明因其视力特佳，故求道而不得。喫（chī 蚩）诟：传说中大力士。郭嵩焘以为应为力诤者，而非多力者，知索之以神，离朱索之形影，喫诟索之以声，愈索愈远。说甚辩，可供参考。象罔：虚无渺茫的样子。象征无智慧、无形体、无声色的状态。意在说明无为的功效。又作为神话中的水神名叫"罔象"。

［译文］

黄帝在赤水之北游玩，登上昆仑山向南瞭望，回来的时候，把玄珠丢掉了。派遣知去寻找，没有找到。派遣离朱去寻找，没有找到。派遣喫诟去寻找，也没有找到。于是派遣象罔去寻找，象罔却找到了。黄帝说："奇怪啊！象罔为什么可以得到呢？"

［原文］

尧之师曰许由，许由之师曰啮缺，啮缺之师曰王倪，王倪之师曰被衣。

尧问于许由曰："啮缺可以配天乎？吾藉王倪以要之①。"许由曰："殆哉圾乎天下！啮缺之为人也，聪明睿智，给数以敏，其性过人，而又乃以人受天②。彼审乎禁过，而不知过之所由生③。与之配天乎？彼且乘人而无天，方且本身而异形，方且尊知而火驰，方且为绪使，方且为物絯，方且四顾而物应，方且应众宜，方且与物化而未始有恒④。夫何足以配天乎？虽然，有族，有祖，可以为众父，而不可以为众父父⑤。治，乱之率也，北面之祸也，南面之贼也。"

［注释］

①配天：指当天子。藉：通"借"。要：通"邀"，请。 ②殆；差不多。圾（jí 急）：通"岌"。危险。睿（ruì 锐）：明智；智慧。给：捷。以人受天：人，指人的心智、权术。天，指自然。 ③审：审察；明悉。所由生：指产生的原因。在庄子看来，智慧是产生过错的根源。运用智慧去禁过，只能是火上加油，愈演愈烈，因而庄子批评这种做法是"不知过之所由生"。 ④乘：驾。可引申为运用。乘人，指运用人的智慧。天：指自然的本性。本身：倒装，以身为本。异形：指万物不同的形状。知：通"智"，智慧。火驰：形容迅速。指迅速地追逐功利。绪：事端。使：役使，驰使。絯（gāi 该）：拘束。 ⑤不可为众父父：意谓每一族类各有始祖。各种不同族类之上，不可能再有一个始祖。

［译文］

尧的老师叫做许由，许由的老师叫做啮缺，啮缺的老师叫做王倪，王倪的老师叫做被衣。

尧问许由："啮缺可以当天子吗？我要通过他的老师王倪的帮助邀请他来当天子。"许由说："这样做天下就太危险了！啮缺的为人，聪明而有智慧，办事机智而敏捷，他的天赋超过常人，而他却要运用人的智慧，强加在自然之上。他运用自己的智慧去禁止过错，而他却不知道过错为什么会产生。你要他当天子吗？他一定会只运用人的智慧而不顾自然本性。他将要执一己之见，使天下万物服从于自己的教化，他将要重视智慧和机巧,急如星火地奔驰追逐。他将要为细小的事情所驱使。他将要被外物所束缚。他将要四面环顾而目不暇给地应接外物。他将要追求每件事情都处理得合适。他将要和外物一样变化而失去常态。像这样的人,怎么能够当天子呢?虽然凡是族类都有自己的始祖,啮缺可以做族类的尊长,但是却不能够做众多族类的尊长的尊长。运用智慧去治理国家,虽然能取得一时的大治,但以后必然还要乱起来。所以,智慧是天子的祸害,也是臣子的祸害。"

[原文]

尧观乎华。华封人曰:"嘻,圣人!请祝圣人①。""使圣人寿。"尧曰:"辞。""使圣人富。"尧曰:"辞。""使圣人多男子。"尧曰:"辞。"

封人曰:"寿、富、多男子,人之所欲也。女独不欲,何邪?"尧曰:"多男子则多惧,富则多事,寿则多辱。是三者,非所以养德也。故辞②。"

封人曰:"始也我以女为圣人邪,今然君子也③。天生万民,必授之职。多男子而授之职则何惧之有!富而使人分之,则何事之有!夫圣人,鹑居而鷇食,鸟行而无彰;天下有道,则与物皆昌;天下无道,则修德就闲;千岁厌世,去而上仙;乘彼白云,至于帝乡;三患莫至④,身常无殃;则何辱之有!"封人去之。尧随之,曰:"请问。"封人曰:"退已⑤!"

[注释]

① 华:地名,成玄英以为即华州。按华州治所在华县,位于陕西省东部,渭河下游。华封人:管理华地边界的官吏。嘻:表示惊异的感叹词。 ② 女独不欲:女,通"汝",你。养德:指培养无为之德。 ③ 今然君子也:然,犹"乃"(采杨树达说)。 ④ 鹑(chún 纯):鸟名。

这种鸟没有一定的住处。鷇(kòu 扣,又读 gòu 够):待母哺食的雏鸟。三患:指上文多惧、多事、多辱。 ⑤ 已:通“矣”,语末助词。

[译文] 尧在华地视察。华封人说:“哎呀!圣人来了,请允许我们为圣人祝福。让圣人长寿。”尧说:“不要。”“让圣人富有。”尧说:“不要。”“让圣人多子多孙。”尧说:“不要。”

华封人说:“长寿、富有、多子多孙,每一个人都想得到,唯独您不想得到,什么原故呢?”尧回答说:“多生孩子就会使人更多地产生恐惧,富有了就会多事,寿命长了遭到的困辱也会多起来。这三点,不能够培养无为的品德,所以我不要。”

华封人说:“开始,我以为您是圣人,现在看来,您只不过是君子罢了。上天生下无数的臣民,一定要授给他们相应的职务,子孙多,职务也多,您怎么会产生恐惧呢?富有了就把财产分给人家,怎么会多事呢?圣人像鹌鹑那样居无定所;像小鸟那样,只能依靠母鸟喂养;像鸟的飞行那样不露行迹。天下大治的时候,就和万物一同昌盛;天下大乱的时候,就提高品德修养而避世闲居。活到一千岁,对人间厌恶了,就离开升到天上去。乘坐着白云,到达上帝住的地方,三种祸患都不会到来,身体也没有损伤,哪里还会有什么困辱呢?”封人离开尧,尧跟在他的后面,说:“请问……”封人说:“回去吧!”

[原文] 尧治天下,伯成子高立为诸侯①。尧授舜,舜授禹,伯成子高辞为诸侯而耕。禹往见之,则耕在野。禹趋就下风②,立而问焉,曰:“昔尧治天下,吾子立为诸侯。尧授舜,舜授予,而吾子辞为诸侯而耕,敢问,其故何也?”

子高曰:“昔尧治天下,不赏而民劝,不罚而民畏。今子赏罚而民且不仁,德自此衰,刑自此立,后世之乱自此始矣。夫子阖行邪?无落吾事[3]!”俋俋乎耕而不顾[4]。

[注释] ① 伯成子高:传说中的人物。《经典释文》引《通变经》说:“老子从开天辟地以来,吾身一千二百变,后世得道,伯成子高是也。” ② 下风:风向的下方,这里比喻下位,用作谦词。 ③ 阖(hé 盒):通“盍”,犹言何不。落:耽误,妨碍。 ④ 俋俋(yì 异):用力的样子。

[译文] 尧治理天下的时候,伯成子高曾被立为诸侯。尧把帝位让给舜,舜把地位让给禹,伯成子高便辞去诸侯,从事耕种。禹前去拜见他,他正在田野里耕作,禹便站在风向的下方,向伯成子高问道:“过去,尧治理天下的时候,您被立为诸侯,尧把帝位让给舜,舜把帝位让给我,而您却辞去诸侯的职位从事耕作。请问,这是什么原故呢?”

子高回答说:“尧治理天下的时候,不奖赏人们却努力生产,不惩罚人们却自然畏服。现在,您实行赏罚人们却不做好事,道德从此衰落,刑罚从此建立,后代的祸乱,从现在就开始了!先生您何不走开呢?不要荒废了我的工作!”伯成子高依然用力地耕作,对禹连看都不看一眼。

[原文] 泰初有无,无有无名;一之所起[1],有一而未形。物得以生,谓之德;未形者有分,且然无间,谓之命[2];留动而生物,物成生理,谓之形[3];形体保神,各有仪则[4],谓之性。性修反德[5],德至同于初。同乃虚,虚乃大。合喙鸣;喙鸣合,与天地为合[6]。其合缗缗,若愚若昏,是谓玄德,同乎大顺[7]。

[注释] ① 泰初:即太初。泰,通“太”。庄子把元气萌动之前称之为“无”

和“太初”。一:即是道。指阴阳未分之时。 ② 未形者:仍指一。分:区别,指阴阳的区别。且然:仍将如此。间(jiàn 建):空隙。 ③ 留:停留,指静止。生理:指动植物的机体。 ④ 仪则:仪,法度;则,准则。 ⑤ 反:通“返”。 ⑥ 喙(huì 会);原指鸟兽的嘴,也借指人的嘴。 ⑦ 缗(mín 民);吻合。玄德:高妙深远之德。指大自然的本性本质。

[译文]

在最古的时候,只有“无”,没有“有”,也没有名称;接着“一”产生了,“一”虽然产生了却没有形状。万物得到了“一”便产生了出来,这就叫做德;没有形状却有阴和阳的分别,然而这阴和阳却结合得紧密无间,这就叫做命。经常处于变化之中,稍一停留便产生了物,物产生后有了生命,便叫做形体,形体保守着精神,各有自己的法度准则,这就叫做性。提高了性的修养,就可以回到德,德达到最完美的程度就和开始相同了。和开始相同,就成为空虚。成为空虚,便形成广大。混合无心之言;无心之言的混合,就和天地融为一体了。这种混合不露形迹,好像愚昧,好像昏聩,可以称之为玄德,和同于自然。

[原文]

夫子问于老聃曰:“有人治道若相放,可不可,然不然①。辩者有言曰:‘离坚白若县寓②。’若是则可谓圣人乎?”

老聃曰:“是胥易技系劳形怵心者也③。执留之狗成思,猿狙之便自山林来④。丘,予告若,而所不能闻与而所不能言⑤。凡有首有趾无心无耳者众,有形者与无形无状而皆存者尽无⑥。其动,止也;其死,生也;其废,起也,此又非其所以也⑦。有治在人⑧,忘乎物,忘乎天,其名为忘己。忘己之人,是之谓入于天。”

[注释] ① 治:研究。放:本亦作方。郭象释“放”为仿效,不妥。于省吾认为“方”应作背逆解,“有人治道若相放”谓有人治道若相违背。说甚允,可从。可:可以,用作动词,表示使可以。然:这样;如此。用作动词,表示使如此。 ② 辩者:善于辩论的人。在先秦多指名家学派。离坚白:见《齐物论》第三段注㉒。县寓:县,通“悬”,寓,同“宇”,空间。悬宇,谓悬挂在空中,指日月。 ③ 胥易技系:见《应帝王》第四段注②。 ④ 留:赵谏议本作狸。郭嵩焘以为当作留,指系留,言因有能而被系留。此说较为圆通,从之。思:指愁思。猿狙:猴子。便:便捷。 ⑤ “不能闻”和“不能言”皆指道。在庄子看来,道是听不到也无法言述的,所以不能闻、不能言。 ⑥ 有形:指人。无形无状:指道。有形者要变化,所以不能和无形无状者并存。 ⑦ 句中有省略,指不能了解其原因。 ⑧ 治:治理。指对人的治理,应不假外力使人自为治。这和上文“可以为众父,而不可为众父父”的意思是一致的。庄子的这一思想应予重视。

[译文] 孔子向老聃请教说:“有人研究道,像是在互相违背,把不可以当作可以,把不是这样当成是这样,辩者中有人这样说:‘把坚和白分开,就像把太阳和月亮悬在空中那样清楚。’像这样可以把他叫做圣人吗?”

老聃说:“这样的人跟聪明的工匠为技艺所累,而身心劳苦,以致改变了自己的面目的人是一样的啊。狗正因它有些能耐,所以被拘留,以致造成它的苦恼;猿猴因为轻捷矫健,所以才把它从山林中捉来。孔丘,我告诉你,你不能够听到的以及你无法说明的道理。凡是有头有脚趾而没有心没有耳朵的是多数,有形体的人和没有形体没有形状的道能够并存这是完全不可能的。当它在运动的时候,也是在停留的时候,当它死去的时候,也是产生的时候;当它衰废的时候,也是它兴起的时候,这又是人们无法了解其所以然的地方。如果存在着治理的话,也不过是人们各自按照自己的天性在行动罢了。忘掉外物,忘掉自然,这可以称它为忘掉自己。忘掉自己的人,这就可以和自然融而为一了。"

[原文]

将闾葂见季彻曰①:"鲁君谓葂也曰:'请受教。辞不获命,既已告矣,未知中否,请尝荐之②。'吾谓鲁君曰:'必服恭俭,拔出公忠之属而无阿私,民孰敢不辑!③'"

季彻局局然笑曰:"若夫子之言,于帝王之德,犹螳螂之怒臂以当车轶④,则必不胜任矣。且若是,则其自为处危,其观台,多物将往,投迹者众。"

将闾葂觑觑然惊曰:"葂也汒若于夫子之所言矣。虽然,愿先生之言其风也⑤。"季彻曰:"大圣之治天下也,摇荡民心,使之成教易俗,举灭其贼心而皆进其独志,若性之自为,而民不知其所由然。若然者,岂兄尧舜之教民,溟涬然弟之哉⑥?欲同乎德而心居矣。"

[注释]

① 将闾葂(miǎn 免):人名。将,一作蒋,姓,名闾葂;一云复姓将闾,名葂。季彻:人名,姓季,名彻。 ② 中(zhòng 仲):合乎。荐:进。此处指陈述。 ③ 服:实行。拔:选拔。辑:和睦。 ④ 局局然:俯身大笑的样子。轶(zhé 哲):通"辙"。车辙。 ⑤ 觑觑(xī 西):吃惊的样子。汒若:犹茫然。风:俞樾说:"风当读为凡,犹云言其大凡也。风本从凡声,故得通用。" ⑥ 摇荡:变化的样子,指因教化而变化。举:皆,全。溟涬(xìng 性):也作"涬溟",指元气未分的状态。庄子将此看成最高境界。

[译文] 将闾葂见到季彻,对他说:“鲁国的国君对我说:‘请允许我接受您的教导。’我推辞了,然而鲁君却不答应,我已经回答他的问题了,但不知回答是否妥当,因此,请允许我把我的回答告诉您,请您指正。我对鲁君说:‘一定要躬身实行恭谨和节俭,然后选拔公正、忠诚的人管理朝政而没有私心,这样,老百姓谁敢不和睦相处!’”

季彻听了俯着身子大笑说:“像您这番话,以及您把这番话当作帝王的行动准则,就好像螳螂奋起臂膀来阻挡车轮一样,必定无法胜任。况且,像这样,就是自己把自己放在危险的境地。好像他在台上,而台下观看的人一定很多,人们都将要到这里来,投奔的人一定会很多。”

将闾葂吃惊地说道:“先生的话使我感到茫然,虽然这样,我仍然希望先生能够谈个大概。”季彻说:“伟大的圣人在治理天下的时候,使老百姓自己教育自己,使老百姓自行教育,一切陋俗自然就会改变。这样所有的老百姓就会消灭坏的思想而增长好的思想。好像本性在驱使他们这样做一样,这样做了,老百姓还不知道为什么这样做。像这样,难道还用得着尊崇尧舜对人民的教化,而看轻浑沌不分的状态吗?圣人是要同于自然之德而心安啊!”

[原文] 子贡南游于楚,反于晋,过汉阴,见一丈人方将为圃畦,凿隧而入井,抱瓮而出灌,搰搰然用力甚多而见功寡[①]。子贡曰:“有械于此,一日浸百畦,用力甚寡而见功多,夫子不欲乎?”

为圃者卬而视之曰[②]:“奈何?”曰:“凿木为机,后重前轻,挈水若抽,数如泆汤,其名为槔[③]。”为圃者忿然作色而笑曰:“吾闻之吾师,有机械者必有机事，有机事者必有机心。机心存于胸中，则纯白不备④；纯白不备，则神生不定；神生不定者，道之所不载也。吾非不知，羞而不为也。”子贡瞒然惭⑤，俯而不对。

有间，为圃者曰：“子奚为者邪？”曰：“孔丘之徒也。”为圃者曰：“子非夫博学以拟圣，於于以盖众，独弦哀歌以卖名声于天下者乎，汝方将忘汝神气，堕汝形骸，而庶几乎⑥！而身之不能治，而何暇治天下乎？子往矣，无乏吾事⑦！”

子贡卑陬失色，顼顼然不自得，行三十里而后愈⑧。其弟子曰：“向之人何为者邪？夫子何故见之变容失色，终日不自反邪？”

曰：“始吾以为天下一人耳，不知复有夫人也⑨。吾闻之夫子，事求可，功求成。用力少，见功多者，圣人之道。今徒不然。执道者德全，德全者形全，形全者神全。神全者，圣人之道也。托生与民并行而不知其所之，汒乎淳备哉⑩！功利机巧必忘夫人之心。若夫人者，非其志不之，非其心不为。虽以天下誉之，得其所谓，謷然不顾；以天下非之，失其所谓，傥然不受⑪。天下之非誉，无益损焉，是谓全德之人哉！我之谓风波之民。”

反于鲁，以告孔子。孔子曰：“彼假修浑沌氏之术者也；识其一，不知其二⑫；治其内，而不治其外。夫明白入素，无为复朴，体性抱神，以游世俗之间者，汝将固惊邪⑬？且浑沌氏之术，予与汝何足以识之哉！”

[注释] ① 反:通"返"。汉阴:汉水南岸。古时称河水南岸为阴。丈人:老人的通称。圃:菜圃。畦:畦埂。隧:隧道,这里指水沟。甕:陶制盛器,当指瓦罐一类的东西。搰搰(gǔ 古):用力的样子。 ② 卬(yǎng 仰):《经典释文》音仰,赵谏议本作仰。 ③ 数(shuò 朔):迅速。泆(yì 义):沸溢。槔(gāo 高):即桔(jié 洁)槔,也称吊杆,一种原始的提水工具。 ④ 纯白:形容不受任何沾染的极为朴素的原始状态。 ⑤ 瞒(mén 门)然:惭愧的样子。 ⑥ 於于:行动舒缓自得,一说夸诞自得。堕(huī 灰):通"隳",毁坏。而:通"尔",下文两"而"字同此。庶几:差不多。 ⑦ 乏:荒废。 ⑧ 卑陬(zōu 邹):惭愧的样子。一说惶恐的样子。项项然:若有所失的样子。 ⑨ 先言"天下一人"表示对孔子崇拜,次言人外有人,天外有天,在孔子之外又"复有夫人",谓汉阴丈人更值得崇拜。 ⑩ 汒:通"茫",茫昧深远,不可测量的样子。备:完备,指德行完备。 ⑪ 謷(ào 傲):通"傲"。傥(tǎng 倘)然:无心的样子。 ⑫ 假:读为"遐",远。(采杨树达说)一,指上文所说的浑沌氏之术。二,指浑沌氏之术以外的道术。全句的意思是说汉阴丈人不能顺应当今已经变化了的形势。 ⑬ 入素:当作太素,入、太形近致误。固:俞樾以为当读作胡,犹何。

[译文] 子贡往南到楚国游览,在返回晋国的路上,经过汉阴,看见一位老人正在菜园中整理菜畦,掘出一条通向井的沟,用瓦罐汲水灌溉,显出十分吃力的样子,虽然花了很大气力,但功效很小。子贡说:"现在有一种机械,一天就能浇灌一百畦,用力很少而功效却很大,先生您不想用这种机械吗?"

灌园老人抬起头来,看一看子贡说:"那是一种什么样的机械?"子贡回答说:"用木材制作而成,后面重而前面轻。汲起水来好像抽引一样;水流得十分迅速好像开了锅的米汤从锅中溢出一样。这种机械的名字叫做槔。"灌园老人生气地变了脸色,然后笑着说:"我听我的老师说过,有了机械,就一定会产生机巧之事;有了机巧之事,就一定会产生机巧之心;产生机巧之心,纯洁的心就不具备;纯洁的心不具备,思想就会产生不安定;思想不安定,道也就学不到了。我不是不知道这种机械,我把它当作耻辱,我不愿意使用这种机械。”子贡满面羞惭,低下头无言以对。

过了一会儿,灌园老人说:“您是做什么的?”子贡回答说:“我是孔丘的学生。”灌园老人说:“您不是那位十分博学而效法圣人,夸夸其谈来压倒众人,独自弹奏乐器唱着哀歌在天下沽名钓誉的人吗?假如您能够忘掉您的神气,毁弃您的躯体,您就差不多接近于道了,现在您连自身都不能治理,又哪里有功夫去治理天下呢!您走开吧,不要影响我的工作。”

子贡惭愧得变了脸色,一副茫然若失的样子,走了三十里之后,心情才恢复正常。子贡的学生说:“刚才碰到的人是干什么的?先生为什么看见他以后就惭愧得脸色都变了,一整天神气都不能恢复正常呢?”

子贡回答说:“开始的时候,我以为天下只有孔夫子一人道德学问最高,不知道还有另外的人。我听孔夫子说过,做事要正确,事业要成功,用较少的力量,获得较多的功效,这是圣人之道。现在看来,不是这样。掌握道的人,他的德性就完全,德性完全的人,形体也就完全;形体完全的人,精神也就完全。精神完全,就是圣人之道。托生人世间和一般老百姓一样生活,而不知道自己要到什么地方去,茫昧深远,难以测度,品行朴实,道德完备,对于功利机巧,他根本不放在心上。像这样的人不是他的志向,他不去;不合他的心意,他不做。即使天下的人都在夸奖他,称他为有德之人,他也是傲然不顾;即使天下的人都在批判他,说他是失去道德的人,他也好像没有感觉一样,不去接受。天下人的批评和赞誉,对他既不增加什么,也不损失什么,这就叫做德性完备的人啊!水虽然是澄清的,然而一碰上风,它就要起波澜,我把这样的人称为风波之民。”

回到鲁国，子贡把这件事告诉给孔子。孔子说：“他是奉行浑沌氏学说主张的人，他只知其一，不知其二；只知道锻炼自己的品德修养，而不知道应该治理社会。这种人思想纯洁，达到一尘不染的程度，淡泊无为回到远古的淳朴。他体悟到了真性，坚守着自己的信念，游于世俗的社会之中，对于这种人，你何必惊异呢？况且，浑沌氏的学说和主张，我和你怎么能够了解呢？”

［原文］

谆芒将东之大壑，适遇苑风于东海之滨[①]。苑风曰：“子将奚之？”曰：“将之大壑。”曰：“奚为焉？”曰：“夫大壑之为物也，注焉而不满，酌焉而不竭[②]；吾将游焉。”

苑风曰：“夫子无意于横目之民乎[③]？愿闻圣治。”谆芒曰：“圣治乎？官施而不失其宜，拔举而不失其能，毕见其情事而行其所为，行言自为而天下化，手挠顾指，四方之民莫不俱至，此之谓圣治[④]。”

“愿闻德人。”曰：“德人者，居无思，行无虑，不藏是非美恶。四海之内共利之之谓悦，共给之之谓安；怊乎若婴儿之失其母也，傥乎若行而失其道也[⑤]。财用有余而不知其所自来，饮食取足而不知其所从，此谓德人之容。”

“愿闻神人。”曰：“上神乘光，与形灭亡，此谓照旷[⑥]。致命尽情，天地乐而万事销亡，万物复情，此之谓混冥。”

门无鬼与赤张满稽观于武王之师[⑦]。赤张满稽曰："不及有虞氏乎！故离此患也[8]。"门无鬼曰："天下均治而有虞氏治之邪？其乱而后治之与[9]？"

赤张满稽曰："天下均治之为愿，而何计以有虞氏为！有虞氏之药疡也，秃而施髢，病而求医[10]。孝子操药以修慈父，其色燋然[11]，圣人羞之。

至德之世，不尚贤，不使能；上如标枝，民如野鹿；端正而不知以为义，相爱而不知以为仁，实而不知以为忠，当而不知以为信，蠢动而相使，不以为赐[12]。是故行而无迹，事而无传。"

［注释］

① 谆芒：虚拟的人物。谆，迟钝的样子。芒，一本作汇。芒通"茫"，看不清的样子。一说指雾气。大壑：指东海。苑风：也是虚拟人物，将风拟人化。成玄英解作小风，一说指大风。 ② 注：流入；灌入。焉，代词，指大壑。酌：酌取。 ③ 横目：民的代称。 ④ 毕见其情事：毕：全。其：代词，指上文所说的圣人。挠：动。顾：看。此处指使眼色。 ⑤ 怊（chāo 超，又读 tiáo 条）：悲伤。傥（tǎng 倘）：若有所失的样子。 ⑥ 乘：用。旷：旷远，照旷，言无处不照。 ⑦ 门无鬼：人名。姓门，名无鬼，一本作无畏。赤张满稽：人名。姓赤张，名满稽。在武王伐纣时，观看武王的军队。此处人和事均属庄子虚构。 ⑧ 有虞氏：指舜。舜、禹禅让，而武王则以武力争夺帝位，所以说武王不及有虞氏。离：遭。 ⑨ 均：平，指太平。其：抑，犹还是。 ⑩ 这一句是假设句，假设部分省略，译文补出。药：动词，指治疗。疡（yáng 阳）：疮。髢（dí 敌，旧读 dì 地）：装饰的假发。 ⑪ 燋（qiáo 乔）然：憔悴的样子。燋：通"憔"。 ⑫ 标：树梢，树枝。树梢部分的枝条，位于树的最高处，用以比喻君位，并取其树枝在上并非有意追求而是出之于自然之意。蠢动：指没有目的、没有思想指导的行动。赐：赐惠。

［译文］

谆芒将要出发到东方的大海，恰巧在东海的海滨碰到了苑风。苑风说："您将要到哪里去？"谆芒说："将要到大海去。”苑风说:“到大海干什么?”谆芒回答说:“大海无论注入多少水,它也不会满,无论取出多少水,它也不会枯竭,我要到这个地方去游历。”

苑风说:“先生您难道没有想到去治理老百姓吗?我希望听到圣人治理天下的主张。”谆芒说:“您想听到圣人治理天下的主张吗?设置官吏,发布号令,没有一件做得不合适,选拔荐举人才,没有一个有才能的人不被选拔。每个人都能完全看清楚圣人的行事,做他们应该做的事情,推行圣人的主张,就是说要他们自为,从而使天下归于教化,只要动一下手指,使一下眼色,四方的老百姓无不前来听命,这就叫做圣治。”

“希望听到什么叫做‘德人’。”谆芒说:“德人,居住的时候,不去思索,行走的时候不去考虑,心里不藏着是非善恶的观念。四海之内,每一个人都能得到好处,这就叫做喜悦;每一个人都能得到给养,这就叫做平安。表现出悲伤的样子,好像婴儿失去了他的母亲,表现出难过的样子,好像走路迷失了方向;财产、费用绰绰有余而不知道这些东西从何而来;吃的喝的都很充足,而不知道这些东西从何处开支。这就是‘德人’的容迹。”

“希望听到神人。”谆芒说:“神人在使用光来照见万物的时候,看不见它的任何形迹,这就叫做‘照旷’——什么地方都可以照到。穷尽天命、人情,和天地同乐,万事也就自然而然地消亡,万物自然而然地恢复它的本性,这就叫做浑然一体,消灭了差别。”

门无鬼和赤张满稽观看武王的军队,赤张满稽说:“周武王赶不上有虞氏,所以遭到这样的祸患。”门无鬼说:“天下已经太平,政治已经清明,是有虞氏去治理的吗?还是因为乱了,而后再去治理呢?”

赤张满稽说:“天下太平,人们的愿望也就满足了,又何必考虑有虞氏的德行而推举他为君呢？正是因为有人头上长着疮，所以，有虞氏才用药去治疗；正因为是秃子，才要求带假发；正因为是病人，才要求医治。孝子拿着药给父亲治病，面容憔悴；圣人治理社会，羞于显示功劳。

“最好的社会，不推崇有道德的人，不任用有才能的人，国君好像树枝并不有意追求而是自然而然地生在上面，老百姓好像浑浑噩噩无知无识的野鹿；行为端正，而自己却不了解是按照义的原则行事；相互爱护，而不了解是按照仁的原则行事；老老实实，而不了解是按照忠的原则行事；事情处理得妥当，而不了解是按照信的原则行事。行动单纯而互相友助，并不认为要给别人以好处。因此，走过去之后，留不下痕迹；事情虽然做了，却流传不下来。”

［原文］

孝子不谀其亲，忠臣不谄其君，臣子之盛也。亲之所言而然，所行而善，则世俗谓之不肖子①；君之所言而然，所行而善，则世俗谓之不肖臣。而未知此其必然邪？世俗之所谓然而然之，所谓善而善之，则不谓之道谀之人也②。然则俗故严于亲而尊于君邪？谓己道人，则勃然作色；谓己谀人，则怫然作色③。而终身道人也，终身谀人也，合譬饰辞聚众也，是终始本末不相坐④。垂衣裳，设采色，动容貌，以媚一世，而不自谓道谀，与夫人之为徒，通是非，而不自谓众人，愚之至也。知其愚者，非大愚也；知其惑者，非大惑也。大惑者，终身不解；大愚者，终身不灵⑤。三人行而一人惑，所适者犹可致也，惑者少也；二人惑则劳而不至，惑者胜也。而今也以天下惑，予虽有祈向，不可得也⑥。不亦悲乎！

大声不入于里耳，折杨皇华，则嗑然而笑⑦。是故高言不止于众人之心，至言不出，俗言胜也。以二缶钟惑，而所适不得矣⑧。而今也以天下惑，予虽有祈向，其庸可得邪！知其不可得也而强之，又一惑也，故莫若释之而不推。不推，谁其比忧！厉之人夜半生其子，遽取火而视之，汲汲然唯恐其似己也⑨。

百年之木，破为牺尊，青黄而文之，其断在沟中。比牺尊于沟中之断，则美恶有间矣，其于失性一也⑩。跖与曾史，行义有间矣，然其失性均也⑪。且夫失性有五：一曰五色乱目，使目不明；二曰五声乱耳，使耳不聪；三曰五臭薰鼻，困惾中颡；四曰五味浊口，使口厉爽；五曰趣舍滑心，使性飞扬⑫。此五者，皆生之害也。而杨墨乃始离跂自以为得，非吾所谓得也⑬。夫得者困，可以为得乎？则鸠鸮之在于笼也，亦可以为得矣。且夫趣舍声色以柴其内，皮弁鹬冠搢笏绅修以约其外，内支盈于柴栅，外重缰缴，睆睆然在缰缴之中而自以为得，则是罪人交臂历指而虎豹在于囊槛，亦可以为得矣⑭。

［注释］ ① 不肖：不似，谓不贤。 ② 谀：谄。道谄，即谀谄（采郭庆藩说）。 ③ 人：即谄谀之人。勃然作色：发怒的样子。怫：通“勃”。 ④ 坐：形容恰好相合。 ⑤ 灵：知。 ⑥ 适：往。所适者，指要去的地方。致：通“至”。祈向：祈求达到要去的目的地。俞樾以为祈字无义。一说祈当作所，形近致误。 ⑦ 大声：指咸池、大韶一类高雅的音乐，犹如阳春白雪，一般人欣赏不了。里：乡里，指老百姓。折杨、皇华：古时俚曲，亦即民间音乐。嗑（hé 盒）：笑声。 ⑧ 缶、钟：古时的盛器。缶的容量为四斛（按一斛为十斗）。钟的容量为八斛。 ⑨

厉之人：丑陋之人。遽：速。汲汲然：匆迫的样子。 ⑩ 牺尊：祭器中最为华美的一种，上面雕刻牺牛的形状，故名牺尊。间：差别。 ⑪ 均：同。 ⑫ 五臭（xiù 秀）：指羶、薰、香、鯹、腐五种气味。困惾（zōng 宗）：壅塞。中：伤害。颡（sǎng 嗓）：额。厉爽：伤害。趣：通“取”。滑：乱。飞扬：形容因利害的影响和引诱，以致竞争不息、轻浮躁动的情状。 ⑬ 杨墨：杨，杨朱；墨，墨翟。离跂：用力的样子。⑭ 趣舍：即取舍。趣，通“取”。声色：指歌舞及女色。皮弁（biàn 变）：古代贵族的一种帽子，以皮制成。鹬（yù 玉）冠：用鹬鸟羽毛装饰的帽子。搢（jìn 晋）：插。笏（hù 户）：朝笏。古时大臣朝见君主时，手中所持的狭长呈弯弓形状的板子。用象牙或竹片制成。绅：宽带。修：长，指长裙。以上均贵族服装。纆（mò 末）：绳索。缴（zhuó 酌）：丝制绳索。睆睆（huǎn 缓）：明亮貌，浑圆貌，形容瞪着眼睛。历指：古代拶指的刑罚。历，通“枥”。槛：栏槛，关禽兽的木笼。

［译文］

孝子不去巴结他的父亲，忠臣不去谄媚他的君主。这是作臣、子的最高境界。父亲说了一句话，就随声附和表示肯定，父亲做一件事情就称颂说做得好，这就是世俗所说的不肖之子；君主说了一句话，就马上随声附和表示肯定，君主做了一件事情，就马上称颂说做得好，这就是世俗所说的不肖之臣。然而他不了解这正是社会人情的必然吗？社会上大家都说这是对的，便跟着说这是对的，大家都说这是好的，便跟着说这是好的，就不说他是谄媚的人了。这样做岂不是把世俗看得比父亲更严，比君主更尊贵吗？假如有人说你是一个谄媚的小人，你一定会勃然变色；有人说你是一个好巴结人的人，你一定会面带怒容。其实，你一辈子是一个谄媚的小人，是一个好巴结人的人。你不过会广泛地使用比喻，说的道理使人容易明白，巧于修饰辞令，说得娓娓动听，因而把众人吸引到自己这里来罢了。这叫做开始和结束，根本和末节不相吻合。垂衣拱手，穿着涂有不同彩色的衣裳，改动容貌，以取悦整个社会上的人，而他却不把自己说成是谄媚之人。和众人在一起，并且跟众人的是非观念完全相同，而他却不把自己称作普普通通的众人。这真是最愚蠢的人啊！了解自己愚蠢，并不是最愚蠢的人；了解自己糊涂，并不是最糊涂的人。最糊涂的人一辈子不清醒，最愚蠢的人一辈子不明白。三个人在一起走路，其中有一个糊涂人，所走的地方还可以达到，这是因为糊涂人少的原故。其中有两个糊涂人，虽然忙忙碌碌，所去的地方怎样也不会到达，这是因为糊涂人多的原故。而现在，天下都是一些糊涂人，我虽然有所祈求，也不可能得到，这不是很令人悲哀的吗！

高尚的音乐，乡下人是听不进去的；里巷小曲，乡下人听了就高兴得大笑起来。所以高尚的言论进不了世俗众人的心中，至理言论，发表不出来，庸俗的言论就会占上风。对缶和钟这两种盛器容量大小分不清楚，便用来称量东西，那他所求的确数，一定得不到。现在天下人都糊里糊涂，我虽然有所祈求，怎么能够得到呢？明明知道不可得到仍然强求得到，这又是一种糊涂。所以，不如放下它而不去推究。不去推究，还会有谁和你一道去忧虑呢？丑陋的人，半夜生了一个孩子，急忙取出火来照看，唯恐孩子生得像自己那样丑陋。

百年的大树，破开之后，一段加以雕刻，做成牺牛形状的祭器，画上青色和黄色的花纹，另一段丢弃在沟中。做成祭器的一段，和丢弃在沟中的一段，两相比较，就显出美恶的差别来了；然而在失去它的自然本性这一点上，却是一样的。盗跖和曾参史鳍，在按照道义来行事方面是有差别的，然而在失去他们的本性这一点上也是一样的。失去本性有五方面的表现：一是五种颜色扰乱了你的视线，使你的眼睛看不清楚；二是五种声音扰乱了你的听觉，使你的耳朵听不清楚；三是五种气味熏着你的鼻子,使你的鼻管壅塞不通,因而伤害了你的头脑;四是五种滋味的污染,使你的嘴受到了伤害;五是取舍的念头扰乱了你的心,使你的心性飞扬。这五个方面,对于人生都是有害的,而杨朱和墨翟却在努力宣扬自己的学说。自以为得到了道,其实他们所得到的不是我们所说的道。他们得到的仁义,必然要束缚他们的天性,这可以算是得道吗?如果这也算是得道,那么斑鸠、猫头鹰被捉在鸟笼之中,也可以说是得道了。况且把声色取来享受,不过像把柴草取来充塞在自己的心头一样。皮帽子,用鹬鸟的羽毛装饰的帽子,笏板,宽大的绅带,修长的裙子,用这些来装饰自己的外表,使自己受到那么多的约束。心中充满了柴草,体外又被捆上了一重又一重的绳索,瞪着眼睛在绳索之中,还自以为是得到了道。如果这也算是得道,那么罪人被绳索反绑着双臂,手指被串起来,以及放在栏槛中的虎豹也可以算是得道了。

天道第十三

［原文］

天道运而无所积，故万物成；帝道运而无所积，故天下归；圣道运而无所积，故海内服[①]。明于天，通于圣，六通四辟于帝王之德者，其自为也，昧然无不静者矣[②]。圣人之静也，非曰静也善，故静也；万物无足以铙心者，故静也[③]。水静则明烛须眉，平中准，大匠取法焉[④]。水静犹明，而况精神！圣人之心静乎！天地之鉴也，万物之镜也。夫虚静恬淡寂漠无为者，天地之平而道德之至，故帝王圣人休焉。休则虚，虚则实，实者伦矣。虚则静，静则动，动则得矣。静则无为，无为也，则任事者责矣。无为则俞俞，俞俞者忧患不能处，年寿长矣[⑤]。夫虚静恬淡，寂漠无为者，万物之本也。明此以南乡，尧之为君也；明此以北面，舜之为臣也。以此处上，帝王天子之德也；以此处下，玄圣素王之道也[⑥]。以此退居而闲游江海，山林之士服；以此进为而抚世，则功大名显而天下一也。静而圣，动而王，无为也而尊，朴素而天下莫能与之争美。夫明白于天地之德者，此之谓大本大宗[⑦]，与天和者也；所以均调天下，与人和者也。与人和者，谓之人乐；与天和者，谓之天乐。

庄子曰："吾师乎！吾师乎！𩐈万物而不为戾，泽及万世而不为仁，长于上古而不为寿，覆载天地刻雕众形而不为巧,此之谓天乐[8]。故曰:'知天乐者,其生也天行,其死也物化。静而与阴同德,动而与阳同波[9]。'故知天乐者,无天怨,无人非,无物累,无鬼责。故曰:'其动也天,其静也地,一心定而王天下[10];其鬼不祟,其魂不疲,一心定而万物服。'言以虚静推于天地,通于万物,此之谓天乐。天乐者,圣人之心,以畜天下也。"

[注释]

① 天道:指自然的现象和规律,如四时的运行,日月的照耀,雨露的滋润等等。积:停滞。帝道:帝王治理国家之道,庄子认为帝道是效法天道的。运:指臣下各司其职为帝王效劳。圣道:圣人之道。圣人,如老聃一类人。道:指圣人所提倡的学说。 ② 六通:指四方上下。四辟:指春、夏、秋、冬四时。六通四辟均属庄子所说的天道。 ③ 铙(náo 挠):通"挠",扰乱。 ④ 中:符合。准:水平,这里指水准器。大匠:手艺高明的木工。 ⑤ 俞俞:从容自得的样子。 ⑥ 南乡:即南面,指帝位。乡,通向,南向指面南而坐,古时帝王南面而坐,因称帝位为南面。北面:古时臣子朝见君主时面北,因称臣服于人为北面。玄圣素王:古时称有帝王之德而不在帝王之位的人。 ⑦ 大本:即根本,指事理最主要的依据。大宗:指事物的本原。 ⑧ 齑(jī 基):碎。戾:暴戾。 ⑨ 德:指规律和性质。 ⑩ 心:指宁静之心。

[译文]

自然规律的运行不停顿,万物才得以生成;帝王治国也是如此,因任社会自然而然的发展而不停顿,天下的人民就会归附。圣人的大道能够畅通无阻,四海之内就会服从。明了自然的规律,通晓圣人的大道,四方上下以及春夏秋冬四时,在通晓帝王治国之道的人看来,它们都是自己在运动的,而这些运动都在冥暗中进行,看起来没有不是平静的。圣人内心宁静,不是说宁静有什么好处才使内心宁静的,而是因为万物不能够扰动他的内心,他的内心才宁静的。水平静的时候,就可以清楚地照出胡须和眉毛。水的平静和水平相吻合,手艺高超的木工便取为准则,水平静了还这样明亮,何况是精神呢!何况是圣人的心呢!平静是天地的镜子,万物的镜子。那空虚,宁静,恬淡,寂寞,无为,是天地的平静,是道德的最高峰,所以,帝王和圣人都把心思停留在这里。无所用心就空虚了;空虚了,才能和真实的自然之道相吻合。和真实的自然之道相吻合,也自然会有条有理了。空虚就会出现平静,平静才能产生运动,这样的运动才能无往而不得其宜,平静就会无为,无为之后负责具体事物的人才能各负其责。无为,就从容自得。从容自得的人,心中就不会藏着忧患,这样的人一定会长寿。空虚,平静,恬淡,寂寞,无为,这些是万物的根本。明白这个道理而南面为王的,尧就是这样的人;明白这个道理而北面为臣的,舜就是这样的人。按照这个道理处于朝廷之上的帝王天子,就算有了崇高的道德;按照这个道理,处于江湖之下的圣人,就算掌握了真理。按照这个道理弃官不做,退居山林的,山林之中的隐士就会心悦诚服;按照这个道理出来做官治理社会的,就可以建立功业而声名显赫,从而使天下大同。宁静可以成为圣人,运动可以成为天子。无为,才能取得崇高的地位;朴素,天下的人就无法和他争美。明白了天地的自然规律的,这样的人就叫做掌握了大本大宗顺从于自然而不与之违背的人,也可以叫做平等而顺从地对待天下之人并与之融洽无间的人。和人融洽无间的人,可以称作人乐;和自然融洽无间的人,可以称作天乐。

庄子说:"我的师长啊!我的师长啊!它粉碎了万物不是为了发泄暴戾,它的恩泽施于万代不是为了推行仁义,生在上古,不是为了长寿,覆着天,载着地,创造了不同形状的万物也不是为了显示自己的技巧,这就叫做'天乐'。所以说:'了解天乐的人,他活着和自然一样运行,他死了也只是混同于万物的变化，宁静的时候和阴的宁静一样，运动的时候和阳的运动一样。’所以了解天乐的人，天不会埋怨，人不会非难，外物不能系累，鬼不会指责。所以说：‘他运动的时候和天一样，他静止的时候和地一样，心思专一于宁静就可以统治天下，鬼不会作祟，精神也不会感到疲劳，心思专一于宁静，万物就会顺从你。’这些话都是说把虚静推广到天地之间、万物之中，这就叫做天乐。天乐，是圣人的思想，圣人就是用这种思想来养育天下的啊。”

［原文］

夫帝王之德，以天地为宗，以道德为主，以无为为常①。无为也，则用天下而有余；有为也，则为天下用而不足②。故古之人贵夫无为也。上无为也，下亦无为也，是下与上同德，下与上同德则不臣；下有为也，上亦有为也，是上与下同道，上与下同道则不主。上必无为而用天下，下必有为为天下用，此不易之道也③。故古之王天下者，知虽落天地，不自虑也；辩虽彫万物，不自说也；能虽穷海内，不自为也④。天不产而万物化，地不长而万物育，帝王无为而天下功。故曰莫神于天，莫富于地，莫大于帝王。故曰帝王之德配天地。此乘天地，驰万物，而用人群之道也。

本在于上，末在于下；要在于主，详在于臣⑤。三军五兵之运，德之末也；赏罚利害，五刑之辟，教之末也；礼法度数，形名比详，治之末也⑥。钟鼓之音，羽旄之容，乐之末也；哭泣衰绖，隆杀之服，哀之末也⑦。此五末者，须精神之运，心术之动，然后从之者也。

末学者，古人有之，而非所以先也。君先而臣从，父先而子从，兄先而弟从，长先而少从，男先而女从，夫先而妇从。夫尊卑先后，天地之行也，故圣人取象焉。天尊，地卑，神明之位也；春夏先，秋冬后，四时之序也。万物化作，萌区有状，盛衰之杀，变化之流也。夫天地至神，而有尊卑先后之序，而况人道乎！宗庙尚亲，朝廷尚尊，乡党尚齿，行事尚贤，大道之序也[8]。语道而非其序者，非其道也；语道而非其道者，安取道！

是故古之明大道者，先明天而道德次之，道德已明而仁义次之，仁义已明而分守次之，分守已明而形名次之，形名已明而因任次之，因任已明而原省次之，原省已明而是非次之，是非已明而赏罚次之[9]。赏罚已明而愚知处宜，贵贱履位；仁贤不肖袭情，必分其能，必由其名。以此事上，以此畜下[10]，以此治物，以此修身，知谋不用，必归其天，此之谓太平，治之至也。

故书曰："有形有名。"形名者，古人有之，而非所以先也。古之语大道者，五变而形名可举，九变而赏罚可言也[11]。骤而语形名，不知其本也；骤而语赏罚，不知其始也。倒道而言，迕道而说者，人之所治也，安能治人[12]！骤而语形名赏罚，此有知治之具，非知治之道；可用于天下，不足以用天下，此之谓辩士，一曲之人也[13]。礼法数度，形名比详，古人有之。此下之所以事上，非上之所以畜下也。

[注释]

① 宗：本，以天地为宗，即以自然为本，效法自然，把自然的规律作

为自己行动的根据。 ② 用天下：指君主善于用臣，臣下各司其职为君主效劳，这样君主自然就闲暇了。不足：指臣下为君主效劳时，虽竭尽全力，仍感不足。 ③ 不易：不能更改。 ④ 知虽落天地：落，通“络”，笼络，可引申为驾驭。彫：杨树达说：“‘雕’与‘周’同。”此说可从。周，全；遍。 ⑤ 本：指道德。末：指仁义。要：纲要。主：指天子、诸侯。详：繁多，这里指繁多的事物。这两句话和《韩非子·扬权》所说“事在四方，要在中央”意思相同。 ⑥ 三军：军队的通称。五兵：弓、殳（shū 书）、矛、戈、戟，五种兵器，这里泛指武器。五刑之辟：五刑之法。辟：法。形名：形指事物的实体，名指名称。先秦思想家常用的术语。用以讨论事物概念及一般与特殊的关系。 ⑦ 羽：鸟羽。旄：兽毛。这句是说采集鸟羽兽毛用以装饰乐器。衰（cuī 崔）绖（dié 迭）：丧服。隆：重。杀（shài 晒）：差：等差。隆杀，指丧服有轻重等不同的差别。 ⑧ 齿：年龄。尚齿，指按年龄大小排列顺序。 ⑨ 分（fèn 份）守：指各守自己的职分。因任：根据才能大小授以职务。原：恕免。省：省察。 ⑩ 袭：因。情：实。谓表现出来的是实际情形而不加掩饰。畜：养。 ⑪ 五变：上文“先明天而道德次之”至“形名已明而因任次之”为五变，至“赏罚已明而愚知处宜”为九变。 ⑫ 倒道：指舍本逐末。迕（wǔ 午，又读 wù 务）逆：违背。 ⑬ 一曲之人：囿于一隅，见识不广的人。犹《秋水》中所说的“曲士”。

［译文］ 帝王的品质，以天地为依据，以道德为枢纽，以无为作常规。帝王无为，天下的人乐于用命而帝王自己也就闲暇有余；臣下有为，就会努力为帝王治理天下而唯恐不足，所以，古人尊崇帝王的无为。帝王无为，臣下也无为，这样，臣下和帝王就一样了。臣下与帝王一样，那么，做臣下的就没有尽到做臣下的责任。臣下有为，帝王也有为，这样，帝王与臣下就一样了，帝王与臣下一样，帝王就无法维持自己的地位。帝王必须无为，使用臣僚来治理天下；臣下一定要有为，帮助帝王治理天下。这是不可更改的规律。所以，古时统治天下的人，他的

智慧虽然可以经略天地，然而他却不去思虑；他的雄辩虽然可以说尽万物的巧妙，然而他却不言不语；他的能力可以居海内之冠，然而他却什么也不做。天并不有意要生产什么，而万物却自然而然的化育，地并不有意要长成什么，而万物却自然而然地生长。帝王无所作为，而天下就自然会治理得很好。所以说，玄妙莫过于天，富有莫过于地，伟大莫过于帝王。所以说帝王的品德要和天地相配，这就是驾驭自然，安排万物，任用人才之道啊！

道德在上古的时候实行，仁义在今天实行；枢要掌握在君主手中，繁多的事物放在臣下的肩上。军队和武器的运用是在德教衰微的时候，用利做奖赏，用害作惩罚，推行五刑的法律，是在教化衰微的时候；礼义、法律、制度、术数的运用以及对事物的实体和名称加以比较详审，是在政治衰微的时候；钟鼓的声音，鸟羽兽毛的装饰，是在音乐衰微的时候；亲人死了痛哭流涕，并根据血缘关系的远近，定出各种不同的丧服，是在悲哀衰微的时候。这五种衰微现象，是要等待精神和心术的运用，然后才可以跟着产生的。

无本之学，在古代人中就已经有了，然而当时却不把它当作根本，君王居于主要地位，臣下居于从属地位；父亲居于主要地位，儿子处于从属地位；哥哥居于主要地位，弟弟居于从属地位；长辈处于主要地位，晚辈居于从属地位；男人居于主要地位，女人居于从属地位；丈夫居于主要地位，妻子居于从属地位。尊贵和卑下，主要和次要，是天地在运行时表现出来的现象，所以圣人取法这些现象。天是崇高的，地是卑下的，这是神明安排的位置；春夏在先，秋冬在后，这是四时的顺序；万物在不停地变化着，在开始萌生的时候就区分出各种不同的形状，春夏在茂盛的生长，秋冬在衰老而死亡，这是变化在流行。天和地是最为玄妙的，仍然有尊贵、卑下以及先后的顺序,何况是人类社会呢?宗庙尊崇血缘关系,朝廷看重爵位高下,乡里之间以年龄大小排列顺序,做起事来要合乎道德,这是大道安排的秩序。谈论大道而不讲究大道的秩序的,这并不是真正的大道。谈论的大道其实并不是大道,怎么会得到大道呢?

因此,古代那些阐述大道的人,首先阐明天,而把阐明道德放在次要地位;道德已经阐明了又把阐明仁义放在次要地位,仁义已经阐明了又把阐明职分放在次要地位;职分已经阐明了又把阐明事物的实体和名称放在次要地位;事物的实体和名称已经阐明了,又把因才授任放在次要地位;因才授任已经阐明了,又把原恕和省察放在次要地位;原恕和省察已经阐明了,又把阐明是非放在次要地位;是非已经阐明了,又把赏罚放在次要地位。赏罚已经分明了,愚鲁的人和聪明的人才能各得其所;尊贵的人和卑贱的人才能够各安其位;道德高尚的智者和道德低下的愚人,就能各自显出自己的本来面目而不夸饰虚伪。一定要区分人们才能的高下,一定要根据他的职守来考查他实际的成绩。要用这些办法为君王服务,用这些办法来治理百姓,用这些办法治理万物,用这些办法来提高自己的修养,不去运用智谋,一定要归之自然,这就是太平盛世,这就是最好的政治。

因此,古书上说:“事物有实体,有名称。”事物的实体和名称古时就有人在区别它了,然而并不把它放在首要地位。古时谈论大道的人,要在五次变化之后才提出形名的问题,要在九次变化之后才谈到赏罚的问题。突然谈到形名的人,不了解大道的根本;突然谈到赏罚的人,不了解大道的开始。本末倒置地谈论道,违背道的本质来谈论道,一定要为人所治,怎么能够治人呢!突然谈论形名赏罚的人,这些人虽然掌握了治世的工具,但他并不了解治世的规律,认为可以把形名赏罚用来治理天下的人,是不能够用他来治理天下的。这些夸夸其谈的人,实际上是一些只有一孔之见的人。礼义、法律、制度、术数,对事物实体和名称加以比较详审,古时的人就已经有了。这些都是臣下用来为君王服务的,并不是君王用来养育臣下的。

[原文]

昔者舜问于尧曰:"天王之用心何如①?"尧曰:"吾不敖无告,不废穷民,苦死者,嘉孺子而哀妇人②。此吾所以用心已。"舜曰:"美则美矣,而未大也。"尧曰:"然则何如?"舜曰:"天德而出宁③,日月照而四时行,若昼夜之有经,云行而雨施矣。"尧曰:"膠膠扰扰乎④! 子,天之合也;我,人之合也。"

夫天地者,古之所大也,而黄帝尧舜之所共美也。故古之王天下者,奚为哉? 天地而已矣。

[注释]

① 天王:即天子。句中指尧。 ② 敖:通"傲",倨慢。苦:用作动词,指对死者加以怜悯。嘉:善,指善待。 ③ 天德而出宁:天德:指自然。出:指运行。宁:静。自然的运行是无意识的,所以虽运行却宁静。 ④ 膠膠扰扰:扰乱的样子。

[译文]

过去,舜向尧请教说:"天子的用心怎样呢?"尧回答说:"我不欺侮傲视平民,不抛弃那穷苦的老百姓,老百姓中有人死掉了,我感到悲哀并慰问他的家属。很好地对待那些幼小的儿童,怜悯抚恤那些妇人,这就是我的用心。"舜说:"这样做当然很好了,然而还不够伟大。"尧说:"那么,怎样才算伟大呢?"舜说:"和自然一样,虽然出去了仍然很宁静,就好像日月的照耀和四时的运行,好像白昼和夜晚那样有规律地交替出现,好像云彩的运行和时雨降下一样。"尧说:"我真是庸人自扰啊！您能够和天道相吻合；我只能做到和人道相吻合。”

天和地，在古人的心目中是最伟大的，黄帝和尧舜都同样赞美它，所以，古时统治天下的，做些什么呢？不过是效法天地罢了。

[原文]

孔子西藏书于周室。子路谋曰：“由闻周之徵藏史有老聃者，免而归居，夫子欲藏书，则试往因焉。”孔子曰：“善。”

往见老聃，而老聃不许，于是繙十二经以说①。老聃中其说，曰：“大谩，愿闻其要②。”孔子曰：“要在仁义。”老聃曰：“请问，仁义，人之性邪？”孔子曰：“然。君子不仁则不成，不义则不生。仁义，真人之性也，又将奚为矣？”老聃曰：“请问，何谓仁义？”孔子曰：“中心物恺③，兼爱无私，此仁义之情也。”

老聃曰：“意，几乎后言④！夫兼爱，不亦迂乎！无私焉，乃私也。夫子若欲使天下无失其牧乎⑤？则天地固有常矣，日月固有明矣，星辰固有列矣，禽兽固有群矣，树木固有立矣。夫子亦放德而行，循道而趋，已至矣；又何偈偈乎揭仁义，若击鼓而求亡子焉⑥？意，夫子乱人之性也！”

[注释]

① 繙（fán 凡）：犹反复。十二经：解说不一。《经典释文》有三种说法：一、诗、书、礼、乐、易、春秋六经再加上六纬（易纬、书纬、诗纬、乐纬、春秋纬，或无乐纬加孝经纬），合为十二经。按：纬书为汉以来的产物，庄子不得而闻，此说不可从。二、易上、下经加易传十种，合为十二。三、春秋所记为十二公，因而以春秋十二公经为十二经。唐代开成年间以易、诗、书、周礼、仪记、礼记、左传、公羊、谷梁、孝经、论语、尔雅为十二

经。 ② 经中：借作“终”。近人胡朴安说：“中其说，即终其说。诸说皆非。”大：通“太”，音义同。谩（màn 慢）：空泛，一说繁琐。 ③ 恺（kǎi 慨）：和乐。 ④ 意：通“噫”，表感叹。几：接近。后言：末论，非本论。 ⑤ 牧：养。这里指养生的资本。 ⑥ 放：通“仿”，仿效。仿德：指仿效自然。偈偈（jié 竭）：用力的样子。揭：举起。

[译文]

孔子打算到西方把经书储藏在周的王室。子路谋议说：“我听说周室掌管典籍的官吏老聃，引退在家，先生您要藏书，何不到老聃那里问一问呢？”孔子说：“好。”

孔子前往拜见老聃，而老聃不答应。于是孔子把十二部经书取来，向老聃反复加以解释，老聃听完了孔子的解释，便向孔子说道：“太繁琐，我希望能够听到它的纲要。”孔子说：“纲要就是仁义。”老聃说：“请问，仁义是人的本性吗？”孔子回答说：“仁义是人的本性。君子没有仁，声望便不能成立，没有义，大道就难以产生和建立。仁义，的确是人的本性；抛弃了仁义，你还能做些什么呢？”老聃说：“请问什么叫做仁义？”孔子说：“有一颗忠诚的心，愿意和外物一起获得安乐，对一切都爱而没有私心，这就是仁义的实际内容。”

老聃说：“唉！这些话接近于后代儒者的话了，对一切都爱，这不太迂腐了吗？没有私，其实就是私。先生你要想使天下的人不失去养生的资本吗？天地本来就有它的规律，太阳和月亮本来就存在着光明，星辰本来就排列在天上，飞禽走兽本来就成群结队，树木本来就站立在那里。先生你也应该仿照着自然行事，遵循着大道前进，这样做就是最好的了，你又何必那样忙忙碌碌地举起仁义这面旗帜，好像敲着鼓去追捕那逃亡的人呢？唉！先生你是在扰乱人的本性啊！”

[原文]

士成绮见老子而问曰[1]：“吾闻夫子圣人也，吾固不辞远道而来愿见，百舍重趼而不敢息②。今吾观子，非圣人也。鼠壤有余蔬，而弃妹之者，不仁也，生熟不尽于前，而积敛无崖③。”老子漠然不应。

士成绮明日复见，曰：“昔者吾有刺于子，今吾心正郤矣，何故也④？”老子曰：“夫巧知神圣之人，吾自以为脱焉。昔者子呼我牛也而谓之牛，呼我马也而谓之马。苟有其实，人与之名而弗受，再受其殃。吾服也恒服，吾非以服有服⑤。”

士成绮雁行避影⑥，履行遂进而问：“修身若何？”老子曰：“而容崖然，而目冲然，而颡頯然，而口阚然，而状义然，似系马而止也⑦。动而持，发也机，察而审，知巧而睹于泰，凡以为不信，边竟有人焉，其名为窃⑧。”

夫子曰：“夫道，于大不终，于小不遗，故万物备。广广乎其无不容也，渊乎其不可测也。形德仁义，神之末也，非至人孰能定之！夫至人有世，不亦大乎！而不足以为之累⑨。天下奋棅而不与之偕，审乎无假而不与利迁，极物之真，能守其本，故外天地，遗万物，而神未尝有所困也⑩。通乎道，合乎德，退仁义，宾礼乐，至人之心有所定矣⑪。”

［注释］　① 士成绮：人名。庄子虚构的人物。　② 固：必，一定。百：指一百天，言天数之多。舍：旅舍。用作动词，指在旅舍停歇。重：重叠。趼（jiǎn 茧）：因长久地步行，脚板生起的硬皮。息：休息。　③ 鼠壤：鼠穴之土。弃妹：对愚昧的人弃而不教。妹：犹昧。积敛：积累聚敛。崖：限。　④ 昔者：昨天。正：端正。郤（xì 戏）：通“隙”，嫌隙，恶感。这里指恶感消除。　⑤ 恒服：保持常态。郭象注：“服者，容行之谓也，不以毁誉自殃，故能不变其容。”说甚允，从之。　⑥ 雁行避影：形

容侧身走路的样子。 ⑦ 而:而容、而目、而颡、而口、而状,五个“而”字,均通“尔”,你。崖:崖岸,形容人性格高傲,不随和。冲,冲击。形容目光射出后左顾右盼的样子。一说直视的样子。颡(sǎng 嗓):额。頯(qiú 求,又读 kuí 葵):形容额角高亢的样子。阚(hǎn 喊):虎怒的样子,引申为口大张的样子。义:当读为峨,高大的样子。 ⑧ 审:详查,细究。睹:看。泰:骄泰。凡:总计,总计上述各种表现。 ⑨ 形德:形通刑,指刑名;德,功德。有世:有天下,即统治天下的意思。 ⑩ 棅(bǐng 丙,或 bìng 并):通“柄”,权威,权柄。假:通“瑕”,毛病。极:穷究。本:根本,指大道。 ⑪ 宾:通“摈”,排斥。

[译文]

士成绮见到老子,向老子问道:“我听说先生是圣人,所以我不辞遥远的道路到这里来,希望能够见到您。路上走了一百天,才停下在旅店里稍事停歇。平时虽然脚上的趼子起了一重又一重,也不敢休息。现在我看先生,其实并不是圣人。您这里,连老鼠洞里都有剩余的菜蔬,人们不爱惜东西,而您却抛弃这些愚昧之人不加教育,这是不符合于仁的。无论生的熟的这些人都吃不完,然而却无限制地聚敛这些东西。”老子好像没有听到一样,一句话也不答应。

士成绮第二天又来拜见老子,说:“过去我曾经讽刺过您,现在,我的认识端正了,过去的那种嫌隙消除了,这是什么原故呢?”老子说:“那种心灵手巧有智慧的神圣之人,我以为我早就不希望成为这种人了。过去你把我叫做牛,我也跟着你把自己叫做牛,你把我叫做马,我也跟着你把自己叫做马。假如有了实体,旁人要送给他一个名称,而他却不接受,那就是再一次受到祸害的牵累了。我的表情和行为是不受外界影响而有所变化的,我没有那种因外界影响而有所变化的表情和行为。”

士成绮像大雁在躲避自己的身影一样侧着身子走路,跟在老子的后面,却不敢踏着老子的足迹,慢慢地向前问道:“修身的道理是怎样的呢?”老子回答说:“你的态度十分高傲,你的眼睛在不停地转动,你的额角高起显得不同凡响,你的嘴好像铁嘴钢牙那样,说出话来令人畏惧,你的体态显得十分高大。你的心好像被拴住了的马那样,虽然想着奔驰,而强制自己不动,真要有所行动,就好像发射出去的箭那样,观察事物详细认真,自以为机智巧妙可以使人看到你脸上那种骄傲的态度。凡是这些都与自然的本性不吻合。边远的地方有这种人,这种人可以把他叫做贼。”

先生说:“道从大的角度看,没有穷尽;从小的角度看,没有遗漏,因而,万物齐备。广大啊,道是无所不包的;渊深啊,道是不可测量的。刑名,功德,以及仁义,都是精神的细枝末节,不是至人能够考定它的!至人治理社会,不是很伟大吗!社会之大不足以成为他的累赘,天下的人都奋起争逐,妄图猎取权柄,而至人却不同他们一起这样做。审视自己的确没有什么毛病,而不随着利害变迁,能够穷究事物的本真,因而能够守住根本,所以能够把天地置之度外,能够忘掉万物,从而使自己的精神不为这些东西所困扰,和大道相通,和道德吻合,抛弃仁义,排斥礼乐,至人的心就可以放在最好的地方了。”

[原文] 世之所贵道者书也,书不过语,语有贵也。语之所贵者意也,意有所随[①]。意之所随者,不可以言传也,而世因贵言传书。世虽贵之,我犹不足贵也,为其贵非其贵也。故视而可见者,形与色也;听而可闻者,名与声也。悲夫,世人以形色名声为足以得彼之情!夫形色名声果不足以得彼之情,则知

者不言，言者不知，而世岂识之哉[②]！

桓公读书于堂上。轮扁斫轮于堂下，释椎凿而上[③]，问桓公曰："敢问，公之所读者何言邪?"公曰："圣人之言也。"曰："圣人在乎！"公曰："已死矣。"曰："然则君之所读者，古人之糟魄已夫[④]！"

桓公曰："寡人读书，轮人安得议乎！有说则可，无说则死。"轮扁曰："臣也以臣之事观之。斫轮徐则甘而不固，疾则苦而不入[⑤]。不徐不疾，得之于手而应于心，口不能言，有数存焉于其间[⑥]。臣不能以喻臣之子[⑦]，臣之子亦不能受之于臣，是以行年七十而老斫轮。古之人与其不可传也死矣，然则君之所读者，古人之糟魄已夫！"

[注释]

① 意：当指精神实质与思想内容。随：从。从出，指产生的地方。② 知者、不知：知，均通"智"，聪明。③ 桓公：齐桓公。轮扁：轮，姓氏（按春秋战国以前，常有把职业当作姓氏的情况）。扁，名。斫(zhuó 酌)：砍削。释：放下。椎、凿：木工工具。④ 糟魄：糟烂。魄，一本作粕。⑤ 甘：缓。苦：急。⑥ 数：术，指技艺。⑦ 喻：晓，了解。

[译文]

世上能够把道的可贵之处表达出来的是书籍，书籍不过是用语言编成的，所以语言也有它可贵的地方。语言的可贵之处就在于表达思想内容，而思想内容也一定有它产生的地方，思想内容产生的地方，是不能用语言来描述的。然而世人却因为看重语言便把书籍流传下来。世人虽然看重它，在我看来它是不足看重的。因为它所重视的，并不是真正值得重视的东西。所以用眼睛可以看得到的是形状和颜色，用耳朵可以听得到的是名望和声音。可悲啊！世上的人以为得到了形状、颜色、名望、声音，就以为得到了它的本质。其实得到形状、颜色、名望和声音的是不足以得到它的本质的。因此，聪明的人并不说话，那些夸夸其谈的人，其实并不聪明。世上难道有谁认识到这一点吗？

桓公在堂上读书，轮扁在堂下制作车轮。这时，轮扁放下锥子和凿子，走到堂上，向桓公问道："请问，公所读的书，书中都是谁说的话呀？"桓公回答说："是圣人说的话。"又问："圣人现在活着吗？"桓公回答说："已经死了。"轮扁说："既然如此，那么您所读的书，不过是古人留下的糟粕罢了！"

桓公说："我在读书，你一个制作车轮的工匠怎么可以妄发议论呢！能够说出道理就可以放过你，说不出道理，我就要把你杀死。"

轮扁说："我是拿我所做的事情看出这个道理的，砍削车轮，动作慢了车轮做得就不牢固，动作快了就砍不进去，不慢不快，手上的做法和心里的想法完全吻合，嘴里却表达不出来，技艺就表现在这里。这种技艺，我无法让我的儿子了解，我的儿子也无法从我这里接受这种技艺。因此，我虽然是七十岁的老人了还要做这种制作车轮的工作。古时的人和他的那种无法传授的东西都已经死去了。既然如此，那么您所读的书不过是古人的糟粕罢了！"

天运第十四

［原文］

“天其运乎①？地其处乎②？日月其争于所乎③？孰主张是④？孰维纲是⑤？孰居无事推而行是？意者其有机缄而不得已邪⑥？意者其运转而不能自止邪？云者为雨乎？雨者为云乎？孰隆施是⑦？孰居无事淫乐而劝是？风起北方，一西一东，有上彷徨，孰嘘吸是？孰居无事而披拂是⑧？敢问何故？”

巫咸祒曰⑨：“来！吾语女。天有六极五常⑩，帝王顺之则治，逆之则凶。九洛之事⑪，治成德备，监照下土，天下戴之，此谓上皇。”

［注释］

① 其：犹殆，表示揣测。下两句中其字同此。运，运动。设问句，意思是说天禀自然，无心运行而自动。 ② 处；指静处。意思是说地浊沉在下，无心宁静而自止。 ③ 太阳和月亮交替出现，好像是在争夺住所。以上三句是说天的运行，地的静止，太阳和月亮的交替出现，都是自然形成的，没有外在因素，下面一连串的设问，都是为了说明这个问题的。 ④ 主：主宰。张：布置，指云行雨施等现象。此句和“天其运乎”相应。 ⑤ 维：维持。纲，纲纪，指山川河流，春生、夏长、秋收、冬藏等现象。 ⑥ 意：猜想；意料。机，机关。缄，闭。 ⑦ 隆：兴，指兴云。施，布施，指施雨。一说施（shǐ 始），通“弛”，废弃，指废弃水泽而致干旱。 ⑧ 披拂：扇动。 ⑨ 巫咸祒：殷中宗时著名巫者，曾为中宗相，名祒（zhāo 召，又读 tiáo 条，或 shǎo 少）。 ⑩ 六极：指东、西、南、北四方及上、下。五常即五行，指金、木、水、火、土。俞樾疑为即《尚书·洪范》所说的五福六极，此说不可从。因为联系上文，六极五常

当指自然现象，而《洪范》所说的五福六极则是社会现象。 ⑪ 九洛：成玄英以为指九州聚落之事，郭嵩焘据《尚书·洪范》以为即禹所受的九畴，未知孰是，译文姑从成疏。

［译文］

天是自己在运转吗？地是自己在静止吗？太阳和月亮是在往复照临吗？是谁在主宰这一切呢？是谁在维持着有条不紊的纲纪使它成为这样的呢？是谁闲居无事推动它的运行成为这样的呢？或是一种无形的制约力量使它不能自已吗？或是它自己在运转而无法自止的吗？乌云是雨造成的呢？还是雨是由乌云造成的呢？是谁在兴云施雨？是谁闲居无事，自己激励自己并劝勉别人以酿造淫雨为快乐的呢？大风从北方刮来，一会儿刮向东，一会儿刮向西，是谁在天空中来回走动，吐气吸气造成这样的呢？还是谁闲居无事在一旁扇动的呢？请问这些原因，究竟在哪里？

巫咸祒回答说："来！我告诉你。大自然有六极和五常，帝王顺应它就能把国家治好，违背它国家就要遭到祸殃。顺应九州聚居的臣民的心理去治理，从而使政治获得成功。人们的德性也得以完备，光辉照耀于大地，天下的人都拥戴他，这就是最好的国君了。"

［原文］

商大宰荡问仁于庄子①。庄子曰："虎狼，仁也。"曰："何谓也？"庄子曰："父子相亲，何为不仁？"曰："请问至仁。"庄子曰："至仁无亲。"

大宰曰："荡闻之，无亲则不爱，不爱则不孝。谓至仁不孝，可乎？"庄子曰："不然。夫至仁尚矣，孝固不足以言之。此非过孝之言也，不及孝之言也。夫南行者至于郢，北面而不见冥山，是何也②？

则去之远也。故曰:以敬孝易,以爱孝难;以爱孝易,以忘亲难;忘亲易,使亲忘我难;使亲忘我易,兼忘天下难;兼忘天下易,使天下兼忘我难。夫德遗尧舜而不为也,利泽施于万世,天下莫知也,岂直大息而言仁孝乎哉③! 夫孝悌仁义,忠信贞廉,此皆自勉以役其德者也,不足多也④。故曰,至贵,国爵并焉;至富,国财并焉;至愿,名誉并焉。是以道不渝⑤。"

[注释]

① 商:指宋,宋为殷商后裔,故称宋国为商。大宰:官名。荡:人名。 ② 郢:楚国首都,在今湖北江陵县北纪南城。冥山,北海山名。郢在南而冥山在北。比喻若用仁爱来说明它,犹如到郢都去看冥山一样,距离更远,说明仁孝愈彰,离至道则愈远。 ③ 直:特;但。大息:即太息,叹息。 ④ 这八个方面都是儒家所提倡的伦理道德。多:推重;赞美。 ⑤ 并:弃除。下两句中的并同此。渝:改变。

[译文]

宋国的太宰荡向庄子请教关于仁的问题。庄子回答说:"虎和狼即是仁。"荡说:"为什么这样说呢?"庄子说:"虎和狼父子之间相互亲爱,为什么不是仁?"荡说:"请问什么是最高的仁?"庄子回答说:"最高的仁没有亲。"

太宰说:"我听说,没有亲就不会有爱,没有爱就不会有孝顺,说最高的仁没有孝顺,可以吗?"庄子回答说:"不是这样。那最高的仁是值得崇拜的,用孝本来就不足说明它。这些话不是批评孝,而是说根本不必谈到孝。向南走的人到了楚国的首都郢,回过头来向北看,就看不到北海中的冥山了,这是为什么呢? 这是因为离冥山相去太远了啊! 所以说,用尊敬来行孝容易,用爱戴来行孝就困难了;用爱戴来行孝容易,用来忘掉双亲就困难了;忘掉双亲容易,使双亲忘掉我就困难了;使双亲忘掉我容易,同时把天下都忘掉就困难了;同时忘掉天下容易,使天下忘掉我就困难了。德教为尧舜所遗弃而不会推行,他们把利益和恩泽给了万代人,然而天下的人却不知道这一点,他们哪里会赞叹着夸称那仁孝呢?像孝、悌、仁、义、忠、信、贞、廉这些道德都是用来自勉因而束缚人性的,这些东西是不值得夸耀的。所以说:最尊贵的,一定会抛弃国家所给予的爵位;最富足的,把整个国家的财产都给他,他也一定会弃而不顾;最有理想的,是把名誉完全抛弃。因此大道是永恒不变的。”

[原文]

北门成问于黄帝曰①:“帝张咸池之乐于洞庭之野,吾始闻之惧,复闻之怠,卒闻之而惑;荡荡默默,乃不自得②。”

帝曰:“汝殆其然哉!吾奏之以人,徵之以天,行之以礼义,建之以大清③。夫至乐者,先应之以人事,顺之以天理,行之以五德,应之以自然,然后调理四时,太和万物④。四时迭起,万物循生;一盛一衰,文武伦经;一清一浊,阴阳调和,流光其声;蛰虫始作,吾惊之以雷霆;其卒无尾,其始无首;一死一生,一偾一起⑤;所常无穷,而一不可待。汝故惧也。

“吾又奏之以阴阳之和,烛之以日月之明;其声能短能长,能柔能刚;变化齐一,不主故常;在谷满谷,在阬满阬;涂郤守神,以物为量⑥。其声挥绰,其名高明。是故鬼神守其幽,日月星辰行其纪⑦。吾止之于有穷,流之于无止。予欲虑之而不能知也,望之而不能见也,逐之而不能及也;傥然立于四虚之道,倚于槁梧而吟⑧。目知穷乎所欲见,力屈乎所欲逐，吾既不及已夫！形充空虚，乃至委蛇[9]。汝委蛇，故怠。

“吾又奏之以无怠之声，调之以自然之命，故若混逐丛生，林乐而无形[10]；布挥而不曳，幽昏而无声。动于无方，居于窈冥；或谓之死，或谓之生；或谓之实，或谓之荣；行流散徙，不主常声。世疑之，稽于圣人[11]。圣也者，达于情而遂于命也。天机不张而五官皆备，此之谓天乐，无言而心说[12]。故有炎氏为之颂曰：‘听之不闻其声，视之不见其形，充满天地，苞裹六极[13]。’汝欲听之而无接焉，而故惑也[14]。

“乐也者，始于惧，惧故祟[15]；吾又次之以怠，怠故遁；卒之于惑，惑故愚；愚故道，道可载而与之俱也。”

［注释］ ① 北门成：人名，姓北门，名成，相传是黄帝的臣。　② 帝：指黄帝。张：设置、布置。咸池：古代音乐名。洞庭：指神话中的洞庭。怠：平息，指恐惧的心理平息。荡荡：摇动，指心神不定，一说平易的样子。默默：不说话。一说无知的样子。不自得：郭象注：“坐忍之谓也。”一说指失其常态。　③ 殆：大概。以：依，按照。人：指人的性情。天：自然。大清：即太清，指声气的本元。一说指天道。　④ 至乐：最好的音乐。从这句以下至“太和万物”三十五字，当是郭象注误入正文，宣颖本也无此三十五字。五德：礼义等五种道德规范。太和：指音乐与天地同和，金代称郊庙社稷乐曲为太和，即取此义。　⑤ 盛：指夏季万物茂盛生长。衰：指秋季万物衰老。文：比喻和平生长，指春季万物孕育。武：比喻肃杀，指秋季万物在风霜中受摧残。清：指天。浊：指地。蛰虫：藏在泥土中过冬的虫豸。作：起。雷霆：疾雷。偾（fèn 奋）：覆败。起：与偾相对为文，指成功。　⑥ 变化齐一：言齐一于变化。故常：常例；习惯。阬（gāng 冈）：高岗，大土山。这两句形容无处不在。涂：堵塞。

郤:同“郄”,孔隙。以:按照。量:尺度。 ⑦ 挥绰:传播广远。鬼神守其幽:指鬼神与人事各不相扰。纪:道,指规律而言。 ⑧ 傥(tǎng 倘)然:无心的样子。四虚之道:四方空大之道。槁梧:矮几。多以桐木制成。 ⑨ 屈:竭。委蛇(yí 宜):顺应。 ⑩ 无怠:即庄子所描述的物我两忘的境界。命:名(采于省吾说)。混:混同。丛:丛林。林乐:郭嵩焘说:“林乐者,相与群乐之。” ⑪ 荣:指花。稽:考,考究,这里指请教。 ⑫ 遂:顺。天机:大自然的枢纽、机关。心说:心中喜悦。说,通“悦”。 ⑬ 苞裹:囊括。六极:指整个宇宙。 ⑭ 接:承接。 ⑮ 祟:祸患。

[译文]

北门成向黄帝问道:“您在洞庭的原野布置演奏咸池的音乐,我开始听到时,感到害怕;再一次听到时,害怕的心情便有所减退;最后听到时就迷迷糊糊,精神游移不定,口中说不出来,乃至于把听到的音乐跟我自己都忘掉了。”

黄帝说:“你差不多是这样的!我所演奏的音乐是按照人们的心性,顺应着自然的规律,根据礼义的要求,以声气的本元做主宰。那最好的音乐,首先和人事相吻合,顺应着天下的常理,根据那五德的要求,和自然的规律相吻合,然后依据春夏秋冬四时节气的不同加以调理,以至和万物共乐。春夏秋冬这四个季节交替来临,自然界的万物,便按照这样的规律生长,有夏天茂盛阶段,有冬天衰亡阶段,春天在温暖和煦中孕育,秋天在风霜肃杀中受摧残,这些都是自然的常规。一方面是天在覆盖着,一方面是地在负载着,阴气和阳气相互调和,因而产生了流动的光辉和声音,蛰居的昆虫开始活动,我模仿那迅疾的雷声使人震惊,使你不知道它从什么地方开始,不知道在什么地方结束。一方面是死,一方面是生。一方面是失败,一方面是成功。这些都在经常的变化之中而没有穷尽;而且所有这些都是无法等待的。所以,你感到害怕。

“我又按照那阴气和阳气的调和来演奏，好像要用太阳和月亮的光辉照耀大地。这种声音能够短也能够长，能够柔也能够刚，都按照变化的道理来安排，而不固守那常例与习惯。这声音在山谷间便充满山谷，在高冈上便充满高冈，堵塞住心智的孔隙，固守着凝聚而虚寂的精神，以外物的大小长短为尺度。这声音可以传播到宽阔而辽远的地方，可以和天那样高，可以像日月那样光明。因此，鬼神都守在那幽暗的地方，太阳、月亮、星辰，都按照它自己的规律在运行。我使这声音停止下来，也可以使这声音永远演奏下去而没有止境。我想要考虑它，然而我却不能了解它，我想着看一看它，然而我却不能见到它。我想着要追赶它，然而我却赶不上它。只好无所用心地站在那四面皆空的大道上，倚着矮几在吟咏。眼睛和智慧被想要看见什么的欲望所困迫，力量为想要追到什么而用尽。我的智慧和力量实在赶不上啊！形体好像不存在一样，因而能够顺应外物而与之契合，你能够顺应外物而与之契合，所以，你那害怕的心情才能有所减退。

“我又奏起那‘无怠’的音乐，根据那自然的规律来调整音节。所以，这音乐就像风在丛林中吹动时所发出的音响那样。大家在一起演奏的音乐是没有形体可见的，好像是有人在振扬，就像扯开布匹那样，愈扯愈长，而实际上却看不到扯布的人。这声音越来越悠远，最后在幽暗中消失，好像没有声音一样。其实，这声音开始的时候，找不到它一定的方向，好像居住在深远幽暗的地方。有的说它已经消失了，有的说它还存在；有的说它像秋天的果实，有的说它像夏天的繁花。一会儿在流动，一会儿在散开，一会儿在远徙，不固守一定的声音。社会上的人在怀疑它，便到圣人那里请教。其实，圣人不过是通达事理而顺遂于自然规律的人罢了。自然的机关不打开,就像人体内的五脏一样,全都齐备。这就叫做自然的音乐,什么话也说不出来,而心中却非常快适。所以,有炎氏为它作颂歌,说:‘用耳朵听它却听不到它的声音,用眼睛看它,却看不到它的形体,充满在天地之间,囊括了整个宇宙。’你想要听到它,可是你的耳朵却无法承接,所以你感到迷迷糊糊。

“这种音乐,开始时感到惊惧,惊惧便以为是祸患,我又演奏使人心情松弛的音调,惊惧的心理平息了,祸患也就跟着消失;最后奏的音乐使你感到迷惑,迷惑了才醇和无知。心灵醇和无知才能符合于大道。达到这种境界,便可与大道会通融合了。”

[原文]

孔子西游于卫。颜渊问师金曰:“以夫子之行为奚如?”师金曰:“惜乎,而夫子其穷哉①!”颜渊曰:“何也?”

师金曰:“夫刍狗之未陈也,盛以箧衍,巾以文绣,尸祝齐戒以将之,及其已陈也,行者践其首脊,苏者取而爨之而已②;将复取而盛以箧衍,巾以文绣,游居寝卧其下,彼不得梦,必且数眯焉③。今而夫子,亦取先王已陈刍狗,聚弟子游居寝卧其下。故伐树于宋,削迹于卫,穷于商周,是非其梦邪?围于陈蔡之间,七日不火食,死生相与邻,是非其眯邪④?

“夫水行莫如用舟,而陆行莫如用车,以舟之可行于水也而求推之于陆,则没世不行寻常⑤。古今非水陆与?周鲁非舟车与?今蕲行周于鲁,是犹推舟于陆也,劳而无功,身必有殃。彼未知夫无方之传,应物而不穷者也⑥。

“且子独不见夫桔槔者乎?引之则俯,舍之则仰[7]。彼，人之所引，非引人也，故俯仰而不得罪于人。故夫三皇五帝之礼义法度，不矜于同而矜于治。故譬三皇五帝之礼义法度，其犹柤梨橘柚邪？其味相反而皆可于口。

"故礼义法度者，应时而变者也。今取猨狙而衣以周公之服，彼必龁啮挽裂，尽去而后慊[8]。观古今之异，犹猨狙之异乎周公也。故西施病心而矉其里，其里之丑人见而美之，归亦捧心而矉其里[9]。其里之富人见之，坚闭门而不出，贫人见之，挈其妻子而去之走。彼知矉美而不知矉之所以美。惜乎，而夫子其穷哉！"

[注释] ① 西游于卫：卫国在鲁国西面，因称孔子去卫为西游。师金：鲁国的太师，名金。奚如：何如；怎么样。穷：困窘。 ② 刍狗：古代以草扎成的狗，用于祭祀。箧(qiè 怯)：箱子。衍：箱笼一类的盛器。巾：郭庆藩说："案巾字，疑饰之误。"可备一说。文绣：绣画。尸祝：主持祭祀的人。将：送。苏：拾柴割草。爨(cuàn 窜)：烧火做饭。 ③ 眯(mì 密)：梦魇，即感到压抑而呼吸困难的梦。 ④ 伐树于宋：《史记·孔子世家》："孔子去曹适宋，与弟子习礼大树下，宋司马桓魋欲杀孔子，拔其树。孔子去。"削迹于卫：孔子出游卫国，卫人很讨厌他，所以削去车迹。围于陈蔡：孔子出游陈、蔡时，楚国使人聘请孔子，陈、蔡两国恐孔子仕楚后不利于陈蔡，便发兵围孔子于陈蔡。 ⑤ 寻常：古时八尺为一寻，两寻为一常。 ⑥ 蕲(qǐ 起)：求。无方：即圆形。传：郭庆藩以为读若转，言无方的转动。 ⑦ 桔(jié 洁)槔(gāo 高)：吊杆。一种原始的提水工具。引：举，指汲水。 ⑧ 龁(hé 核)：咬。啮(niè 聂)：咬。慊(qiè 怯)：满足；惬意。 ⑨ 矉(pín 频)：同"颦"。皱眉头，难过的表情。里：邻里。

[译文] 孔子西游到卫国，颜渊向师金问道："您以为我先生这次

卫国之行怎么样呢?”师金回答说:“可惜啊!您的先生将要受到困穷啊!”颜渊说:“为什么呢?”

师金说:“那种用茅草扎成的狗,在它还未被献祭的时候,用竹制的筐子装着它,用绣巾覆盖着它,主持祭祀的人,斋戒之后恭敬地护送着它。到了把它陈列出来之后,走路的人践踏着它的头部和脊梁,收集柴草的人,把它当作燃料烧掉了。如果不是这样,你又重新把它拿来,盛在竹制的筐子里面,用刺着花纹的幅巾覆盖着它,徘徊、居住并睡在它的下面,即使不做噩梦,也要做那种感到压抑而呼吸困难的梦。现在,你们的先生,也是取先王已经陈列过的用茅草扎成的狗,聚集弟子徘徊、居住并睡在它的下面。所以在宋国坐过的树被砍伐,在卫国走路的足迹被削去,在殷和东周遭到困厄,这难道不就是那种噩梦吗?被围困在陈国和蔡国之间,七天没有烧火做饭,死和生是那样靠近,这难道不就是那种感到压抑而呼吸困难的噩梦吗?

“在水中行走,不如用船,在陆地行走,不如用车。在水中航行的船放在陆地上而推着它走,那就一辈子也走不了八尺或一丈六尺远。古代和今天的差别,难道不就像水中和陆地那样吗?周和鲁的不同难道不就像船和车子那样吗?现在期望着把治理西周的办法用来治理鲁国,这和推着船在陆地上行走是一样的啊!花费了劳力不会有什么功效,自身还一定会遭到祸殃。他还不了解只有不是方形而是圆形的转动,才是应接外物而不穷尽的大道啊。

“你难道没有看到那用桔槔汲水的人吗?提水的时候,身子就要弯下,把提的水放下,身子就仰起来了。桔槔是人把它提举起来的,并不是桔槔把人提举起来的。所以,无论使人弯下身躯,或者使人仰起身躯,都不会得罪人。三皇五帝的礼义法度,不贵于相同,而贵于能使天下太平。所以三皇五帝的礼义法度,就好像山楂、梨、橘子、柚子一样,它们的味道虽然不同,但吃起来都很可口。

“所以礼义法度,都是依据时代的不同而有所变动的。现在,如果把猿猴牵来给它穿上周公穿的衣服,它必然会用牙齿咬碎它用爪子撕裂它,一定要把这些衣服完全剥光,才满足,才舒服。看一看古代和今天的不同,就好像猿猴和周公不同一样。所以,西施心口疼痛的时候,在邻里面前皱眉头,邻里中一个丑陋的人看到后感到很美,回去之后,也用手捧着胸口,在邻里面前皱眉头,邻里中的富人见到她,牢牢地闭上门而不出来,穷人见到她,便带着妻子逃跑了。她知道皱着眉头很美,却不了解皱起眉头为什么美。可惜啊!你的先生将要遭到穷困了。”

[原文]

孔子行年五十有一而不闻道,乃南之沛见老聃[①]。老聃曰:“子来乎?吾闻子,北方之贤者也,子亦得道乎?”孔子曰:“未得也。”老子曰:“子恶乎求之哉?”曰:“吾求之于度数,五年而未得也[②]。”老子曰:“子又恶乎求之哉?”曰:“吾求之于阴阳,十有二年而未得。”

老子曰:“然。使道而可献[③],则人莫不献之于其君;使道而可进,则人莫不进之于其亲;使道而可以告人,则人莫不告其兄弟;使道而可以与人,则人莫不与其子孙。然而不可者,无它也,中无主而不止,外无正而不行[④]。由中出者,不受于外,圣人不出;由外入者,无主于中,圣人不隐。名,公器也,不可多取。仁义,先王之蘧庐也,止可以一宿而不可久处,觏而多责[⑤]。

“古之至人，假道于仁，托宿于义，以游逍遥之虚，食于苟简之田，立于不贷之圃[6]。逍遥，无为也；苟简，易养也；不贷，无出也。古者谓是采真之游[7]。

“以富为是者，不能让禄；以显为是者，不能让名；亲权者，不能与人柄。操之则慄，舍之则悲，而一无所鉴，以窥其所不休者，是天之戮民也。怨恩取与谏教生杀，八者，正之器也，唯循大变无所湮者为能用之[8]。故曰，正者，正也。其心以为不然者，天门弗开矣[9]。”

［注释］ ① 据《史记·老庄申韩列传》记载，老子是楚国苦县人。苦县与沛相近，在鲁国南面，所以说南之沛见老子。 ② 度：指制度。数：名数。 ③ 使：假如。 ④ 中：指心中。主：主持。止：停留。正：俞樾以为正乃匹之误。《礼·缁衣》：“唯君子能好其正。”郑玄注：“正当为匹字之误。”可为旁证。 ⑤ 蘧（qú 渠）庐：传舍，即今之旅馆。觏（gòu 构）：同“遘”，遇见。 ⑥ 虚：通“墟”，土丘，这里泛指地方。贷：借。 ⑦ 采真：神采真实。一说指不为形迹所役。 ⑧ 湮：停滞。 ⑨ 天门：天机之门，指心。

［译文］ 孔子到了五十一岁还没有听说道，于是向南到了沛地拜见老聃。老聃说：“您为什么到这里来啊？我听说您是北方的贤人，您也学得大道了吗？”孔子说：“没有得到。”老子说：“您想要追求什么呢？”孔子说：“我想学习制度名教方面的道理，用了五年功夫没有学到。”老子说：“您还想追求什么呢？”孔子说：“我又追求关于阴阳的道理，用了十二年功夫没有得到。”

老子说：“是这样。假使可以把道拿来献给别人，那么，人没有不把道拿来献给他的君主的；假如可以把道拿来送给别人,那么,人没有不把道拿来送给他的亲戚的;假如可以把道拿来告诉别人,那么,人没有不把道拿来告诉他的兄弟的。假如道可以拿来传给别人,那么,人没有不把道拿来传给他的子孙的。然而,人们无法做到这一点,没有别的原因,就在于心中没有接受道的素质,所以道虽然经过这里,却不停下。外面,也没有和道做伴的,因而,道也不会到这里来。由心中发出的,假如不为外界所接受,圣人就不会把心中的东西拿出来。从外界学习得来的东西,当然要放在心中,假如不是心中的精微,圣人也不会把它放在心中。名器是天下人共用的,不可过多地猎取。仁义,是先王的旅舍,只可以住一晚上,不可以长久地居住。形迹昭彰,就必然会受到谴责。

"古代的至人,假道于仁,托足于义,来往在逍遥自在的地方。吃的饭食是简略地从田地上生长出来的,站在那什么东西也不施与的所在。自由自在就是无所作为,简略就容易满足,不施与就没有耗费。古代把这叫做神采真实,毫无虚伪的遨游。

"把贪取财富当做正确的,就不能把所得的财产让给别人;把追求显赫的名声当作正确的,就不能把名誉让给别人;对权利喜爱的,就不会把权利让给别人。掌握这些东西的时候,就唯恐怕失去它而忧惧战栗;失去这些东西的时候就感到悲哀。对于大道一点也看不到,眼睛只是盯着他那猎取的对象而追逐不休的人,则是被自然所惩罚的人。怨恨、恩爱、猎取、赠与、谏正、教化、生存、杀戮,这八者都是端正人品的工具。只有那遵循着永恒的变化而不停滞的人才能够使用它。所以说,政治就是端正人心。假如你心里以为不是这样,那么天机之门就堵塞而不开了。"

[原文] 孔子见老聃而语仁义。老聃曰:"夫播糠眯目。

则天地四方易位矣；蚊虻噆肤，则通昔不寐矣[①]。夫仁义憯然乃愦吾心，乱莫大焉[②]。吾子使天下无失其朴，吾子亦放风而动，总德而立矣，又奚杰然若负建鼓而求亡子者邪[③]？夫鹄不日浴而白，乌不日黔而黑[④]。黑白之朴，不足以为辩[⑤]；名誉之观，不足以为广。泉涸，鱼相与处于陆，相呴以湿，相濡以沫，不若相忘于江湖。"

孔子见老聃归，三日不谈。弟子问曰："夫子见老聃，亦将何规哉[⑥]？"孔子曰："吾乃今于是乎见龙[⑦]！龙合而成体，散而成章，乘云气而养乎阴阳。予口张而不能嗋[⑧]，予又何规老聃哉！"

子贡曰："然则人固有尸居而龙见，雷声而渊默，发动如天地者乎？赐亦可得而观乎[⑨]？"遂以孔子声见老聃[⑩]。

老聃方将倨堂而应，微曰："予年运而往矣，子将何以戒我乎[⑪]？"子贡曰："夫三王五帝之治天下不同[⑫]，其系声名一也。而先生独以为非圣人，如何哉？"

老聃曰："小子少进！子何以谓不同？"对曰："尧授舜，舜授禹，禹用力而汤用兵，文王顺纣而不敢逆，武王逆纣而不肯顺，故曰不同。"

老聃曰："小子少进！余语汝三皇五帝之治天下。黄帝之治天下，使民心一，民有其亲死不哭而民不非也。尧之治天下，使民心亲，民有为其亲杀其杀而民不非也。舜之治天下，使民心竞，民孕妇十月生子，子生五月而能言，不至乎孩而始谁，则人始有夭矣⑬。禹之治天下，使民心变，人有心而兵有顺，杀盗非杀，人自为种而天下耳⑭，是以天下大骇，儒墨皆起。其作始有伦，而今乎妇女，何言哉！余语汝，三皇五帝之治天下，名曰治之，而乱莫甚焉。三皇之知，上悖日月之明，下睽山川之精⑮，中堕四时之施。其知憯于蛎虿之尾，鲜规之兽⑯，莫得安其性命之情者，而犹自以为圣人，不可耻乎，其无耻也？”子贡蹴蹴然立不安⑰。

［注释］ ① 噆（zǎn 攒）：叮；咬。昔：通“夕”。通昔：犹言通宵。 ② 憯：同“惨”，毒。愤：《经典释文》作愦，当从。愦，糊涂。 ③ 放：通“仿”，仿效。放风，像风那样。总：同。德：这里指自然。杰然：《阙误》引张君房本及赵谏议本作杰杰然。《天道》篇作偈偈乎。杰然，犹偈偈。偈偈，用力的样子。 ④ 黔：黑色。 ⑤ 辩：通“辨”，分辨。 ⑥ 规：规劝。一本作“归”。 ⑦ 龙：比喻老子。古人以龙为善于变化的神物。老子善言变化，故以龙喻之。 ⑧ 噏（xié 协）：嘴合拢。 ⑨ 固：岂。尸：尸体。见（xiàn 现）：通“现”。 ⑩ 声：声教，教化，指孔子所宣传的义理及主张。 ⑪ 倨：通“踞”，伸出腿坐着。运：行。往：迈。年运而往，意谓年岁高迈。 ⑫ 三王：下文作“三皇”。指伏羲、神农、黄帝。五帝：黄帝、颛顼、帝喾、尧、舜。三皇和五帝均有多种说法，这里仅列一种。 ⑬ 孩：指二三岁的小孩。 ⑭ 种：类。这里指党属。 ⑮ 睽（kuí 葵）：违背。 ⑯ 蛎（lì 厉）虿（chài 钗去声）：蝎子。鲜规：未详。《经典释文》引李云：“鲜规，明貌。一云小虫也，一云小兽也。”王先谦以为是吃人之兽。 ⑰ 蹴蹴：惊惧的样子。

［译文］ 孔子见到老聃的时候，谈论仁义。老聃说：“播扬的米糠眯了眼睛，辨不清方向，天地四方就变易位置了。蚊子牛虻咬着你的皮肤，你就通夜睡不着了。仁义的毒害就更加惨痛，可以使你的思想糊涂混乱，祸乱没有比这更大的了。我希望你

不要使天下丢掉朴实，我希望你像风那样顺应自然而动，全部按照自然的规律行事，又何必那样用力，好像敲着鼓追捕那逃亡的人呢？那天鹅，并不天天沐浴，而羽毛却是洁白的；那乌鸦并不天天暴晒，而羽毛却是乌黑的。天鹅的洁白，乌鸦的乌黑，都出自天然，用不着分辨谁丑谁美。可见沽名钓誉、引人注目不足以说明自己伟大。泉水干涸了，好多鱼被困在陆地上，相互吐着唾沫。用吐沫相互沾湿，不如在江湖中相互忘却而自由自在的生活。”

孔子拜见老聃回来之后，三天不讲话。弟子向孔子问道：“先生拜见老聃，对老聃也有什么规劝吗？”孔子回答说：“我现在在老聃那里见到了龙，龙合在一起，便形成身躯，分散开来，便又成为华美绚丽的花纹，乘坐着云气，而颐养在阴气和阳气之中。看到他，我的嘴张开了就合不拢，我怎么能够规劝老聃呢？”子贡说：“如果这样，那么人坐在那里像死尸那样，有所行动时却又像龙那样表现出千变万化，说话的时候像迅雷那样响亮，不说话的时候又像深渊那样沉默，发动他的各个器官，就像天地化生万物的情形那样吗？我也可以看一看他吗？”于是便怀着孔子的教义前往拜见老聃。

老聃坐在堂上等待子贡，声音微弱地说道：“我的年龄已经很高迈了。您将要拿什么来开导我呢？”子贡回答说：“三皇和五帝治理天下的方法虽然有所不同，但他们的声誉都同样崇高，而先生却唯独认为他们并非圣人，道理在什么地方呢？”

老聃说：“小子稍微向前靠近些，谈谈为什么说三皇五帝治理天下有所不同？”子贡回答说：“尧让位给舜，舜让位给禹，禹用极大的力量把洪水治好，而汤则用武力讨伐夏桀，文王顺服于殷纣而不敢违抗，武王则违抗殷纣而不肯顺服，所以说不同。”

老聃说：“小子稍微向前靠近些，我告诉你三皇五帝治理天下的情形。黄帝治理天下使人民的心地淳一,老百姓中有父母死了而不哭泣,人们并不非难他。尧治理天下,使老百姓都敬爱他们的父母,为了敬爱他们的父母,对别人的敬爱则按亲疏的差别而依次减等,这样做老百姓也不加以非难。舜治理天下,使老百姓心存竞争,老百姓中怀孕的妇女十个月便生下孩子,孩子生下五个月就能够说话,还不到两三岁,便开始了解别人的意思而懂得是非。这样,人们自然的本性,就开始过早地夭折了。大禹治理天下,使老百姓心存变诈,人们有变诈的心理,以为杀伐是应天顺人,以为杀死盗贼,并非杀人。于是人们便自行结成党派竞争于天下了。因此天下的人民受到震动,儒家和墨家便都应运而起。开始的时候还有伦理道德,而现在,他们的行事就好像妇女那样以色取悦于人了。为什么这样说呢?我告诉你三皇五帝对于天下的治理,名义是治理它,其实对社会的祸害没有比这更严重的了。三皇的智慧,向上扰乱了日月的光明,向下违背了山川的规律,当中抛弃了四时的设施,他的智慧比蝎子的尾巴还要毒,比鲜规之兽的祸害还要大。他们是一些连安于自己的性情的方法都没有找到的人,还自以为是圣人,不是可耻吗?他们真是无耻啊!”子贡表现出惊恐的样子,惴惴不安地站在那里。

[原文]

孔子谓老聃曰:“丘治《诗》、《书》、《礼》、《乐》、《易》、《春秋》六经,自以为久矣,孰知其故矣;以奸者七十二君,论先王之道而明周召之迹,一君无所钩用①。甚矣夫!人之难说也,道之难明邪?”

老子曰:“幸矣子之不遇治世之君也!夫《六经》,先王之陈迹也,岂其所以迹哉!今子之所言,犹迹也。夫迹，履之所出，而迹岂履哉！夫白鶂之相视，眸子不运而风化[②]；虫，雄鸣于上风，雌应于下风而风化；类自为雌雄，故风化。性不可易，命不可变，时不可止，道不可壅。苟得于道，无自而不可；失焉者，无自而可。”

孔子不出三月，复见曰：“丘得之矣。乌鹊孺，鱼傅沫，细要者化，有弟而兄啼[③]。久矣夫丘不与化为人！不与化为人，安能化人！”老子曰：“可。丘得之矣！”

[注释]

① 孰：通“熟”，熟悉。故：通“诂”，义旨。奸（gān 干）：通“干”，请求。一说通“迁”，进。钩：取。 ② 鶂（yì 亿）：即鹢，一种水鸟。眸子：眼珠。风：动物相诱。 ③ 乌鹊孺：成玄英疏：“鹊居巢内，交尾而表阴阳。”鱼傅沫：成玄英疏：“鱼在水中，傅沫而牝牡。”傅沫，谓以沫相育。细要：要，通“腰”。《经典释文》引司马说：“稚蜂细腰者，取桑虫祝之，使似己也。”

[译文]

孔子对老聃说：“我整理《诗》、《书》、《礼》、《乐》、《易》、《春秋》六部经书，自己以为时间很久，熟悉六部书的要义了。用七十二个诸侯国君违反先王之道的事例，来论述先王之道，从而阐明周公和召公的政绩，然而却没有一位诸侯国君肯取用我的主张，真是太困难了啊！诸侯国君这样难以说服，王道为什么这样难于阐明呢？”

老子说：“幸运呀！您没有碰上治世的国君！这六经是先王遗留下来的陈迹，这哪里是先王的真性呢？现在，您所说的，不过是遗留下来的陈迹罢了。足迹，是用鞋踏出来的，而足迹怎么会是鞋呢！一对白鹢鸟，四目相视，眼睛一动不动地盯着对方，相互引诱而交配。虫，雄的在上风头叫唤，雌的在下风头响应，相互引诱而交配；都是根据不同类派，自愿结成配偶，所以才能相互引诱而交配。本性是不能更改的，命运是无法变换的，时间不可能停止，规律不可能被阻挡。假如得到道，无论到哪里都可以行得通，失去道的人，无论到哪里都行不通。”

孔子三个月没有出门，然后再一次拜见老聃说：“我得到道了，鸟在巢中交配孵化小鸟，鱼在水中以沫交配而生鱼子，细腰蜂把桑虫取来祈求使似己子。生下弟弟，哥哥就要啼哭。长期以来，我没有听任万物自然而然的变化，既然不听任万物自然而然的变化，又怎么能够去感化人呢？”老子回答说：“很好。你已经得到道了。”

刻意第十五

[原文]

刻意尚行，离世异俗，高论怨诽，为亢而已矣①。此山谷之士，非世之人，枯槁赴渊者之所好也②。

语仁义忠信，恭俭推让，为修而已矣。此平世之士，教诲之人，游居学者之所好也。

语大功，立大名，礼君臣，正上下，为治而已矣。此朝廷之士，尊主强国之人，致功并兼者之所好也。

就薮泽，处闲旷，钓鱼闲处，无为而已矣③。此江海之士，避世之人，闲暇者之所好也。

吹响呼吸，吐故纳新，熊经鸟申，为寿而已矣④。此道引之士，养形之人，彭祖寿考者之所好也。

若夫不刻意而高，无仁义而修，无功名而治，无江海而闲，不道引而寿，无不忘也，无不有也。澹然无极而众美从之。此天地之道，圣人之德也。

[注释]

① 刻：通“克”，克制。意：意念。尚：尊重；崇尚。高论：高谈阔论。怨：指埋怨自己不遇于时。诽：指讥评时弊。亢：高。　② 枯槁：形容被烧焦的状态。传说春秋时晋人介之推，随从公子重耳流亡中有功。后重耳返国为晋侯（即晋文公），赏赐从亡者，介之推不伐其功，没有得到赏赐，与母隐居绵山。后晋文公醒悟，打算赏赐介之推而介之推不出受赏，文公为了逼他出来，放火烧山。结果因介之推坚持不出山，被焚而死。赴渊：战国时人申徒狄，谏正国君不被采纳，遂负石投河而死。赴渊当指此事。　③ 薮（sǒu 叟）：湖泽的通称。薮泽：指草野。　④

吹呴(xū 虚):张口出气。吐故纳新,熊经鸟申:古代方士用以养生延寿的导引术。

[译文]

克制自己的欲望,提高自己的品行和修养,在世俗中卓尔不群,发表高论,埋怨自己怀才不遇,讥评社会黑暗,不过是自命清高罢了。这类人,是一些隐居在山谷之间,抨击时政的人。这些行为,是被烧成枯槁的介之推和投渊而死的申徒狄一类人所喜好的。

讲仁义、忠信、恭敬、俭约、辞让、谦虚,不过是进行自我修养罢了。这类人,是一些治理社会的人,对人进行教育的人。这些行为,是那些周游列国或安居讲学的学者们所喜好的。

宣传要建树伟大的功业,立下伟大的声名,制定君臣的礼仪,确定上下的关系,这不过是治理国家的事情罢了。这些事情,是那些朝廷上的官吏,和尊崇君主使国家强大的人,以及建立功业兼并敌国的人所喜好的。

住在草野之中,过着闲散的生活,以钓鱼为乐,闲居无事,不过是无所作为罢了,这是那些隐居在江湖之上的人,逃避社会的人,闲暇无事的人所喜好的。

张着口呼吸,吐出污浊的气体,吸进新鲜的空气,像熊那样攀着树枝挂在那里,像鸟那样在飞翔时伸着脚,不过是为了长寿罢了。这些事情,是那些从事导引之术的人,颐养形体的人,像彭祖那样长寿的人所喜好的。

不去克制自己的感情而品德修养能够自然而然地提高;没有仁义也能自修其身;没有功业和名望而能治理天下;没有江海也能过闲暇的生活;不采用导引的办法而能够长寿;什么东西都忘掉,什么东西却都具备;淡泊虚旷而没有止境,许多美好的东西都集中在他的身上,这才是天地的大道,圣人的品德啊。

［原文］

故曰：夫恬惔寂漠，虚无无为，此天地之平，而道德之质也。

故曰：圣人休休焉[①]，则平易矣，平易则恬惔矣。平易恬惔，则忧患不能入，邪气不能袭，故其德全而神不亏。

故曰：圣人之生也天行，其死也物化；静而与阴同德，动而与阳同波。不为福先，不为祸始，感而后应，迫而后动，不得已而后起。去知与故，循天之理[②]。故无天灾，无物累，无人非，无鬼责。其生若浮，其死若休。不思虑，不豫谋。光矣而不耀，信矣而不期。其寝不梦，其觉无忧，其神纯粹，其魂不罢[③]。虚无恬惔，乃合天德。

故曰：悲乐者德之邪，喜怒者道之过，好恶者德之失。故心不忧乐，德之至也。一而不变，静之至也。无所于忤，虚之至也。不与物交，惔之至也[④]。无所于逆，粹之至也。

故曰：形劳而不休则弊；精用而不已则劳[⑤]；劳则竭。水之性不杂则清，莫动则平。郁闭而不流，亦不能清，天德之象也。

故曰：纯粹而不杂，静一而不变，惔而无为，动而以天行，此养神之道也。

［注释］

① 休休焉：俞樾说："此本作：'故曰圣人休焉，休则平易矣。'休焉二字传写误倒。《天道篇》：'故帝王圣人休焉，休则虚。'与此文法相似，可据以订正。"俞说甚是，当从。惔：通"淡"。　② 去知与故：故，事。《国语·周语下》："敢问天道乎，抑人故也。"韦昭注："故，事也。"　③ 罢：通"疲"。音义同。　④ 惔（dàn 淡）：通"淡"，淡泊。　⑤

劳：使用过度。

［译文］

所以说：清静无为，空廓寂静，虚无而无所作为，这是天地得以平衡的根由，也是道德的本质。

所以说：圣人把心思放在清静无为空廓寂静的地方，这样就平易了；能够平易，也就能够清静无为了。平易而清静无为，忧患就不能进入胸中，邪气就不能侵袭，所以他的自然的本性就能够得以保全，而精神也就不致亏损了。

所以说：圣人生时是合着自然规律而运行的，圣人死去是物质的变化。宁静的时候和“阴”一样，行动的时候和“阳”一样，不为求福而走在前面，也不因有所作为而招来祸患。受到外物的感染，才有响应；受到外物的逼迫，才有行动。在迫不得已的时候，才起而有所作为，忘掉了智慧和事务，遵循着自然的妙理。因此，没有天灾，没有外物的系累，人不去非难，鬼不去责备。他活着像泛起的水泡，他死了像疲劳之后的休息。心里什么都不考虑，不预先作出什么打算。光辉照耀着大地，不是为了炫耀。非常守信用，然而却不是事先约定。他睡觉的时候不做梦，醒来的时候，也没有忧虑。他的精神十分纯粹，他的灵魂不疲劳，虚无而清静，这样就和自然的本质相吻合了。

所以说：悲哀和快乐是和德相违背的邪妄，喜悦和愤怒是违背道的过错，爱好和厌恶是违背德的过失。所以，心里没有忧愁和快乐是德的最高境界，专一而没有变化是静的最高境界，跟什么东西都不发生矛盾是虚的最高境界，不和外物交往是清静虚无的最高境界，什么东西都不违背是纯粹的最高境界。

所以说：形体劳碌而不休息就会疲惫不堪，不停地运用精神就会劳顿；使用过分，精力就要枯竭。水的本性是不去污染它，它就清；不去扰动它，它就平。但是，如果闭塞而不流动也不能清，这是天道的本质的表现。

所以说：纯粹而一尘不染，清静专一而不变化，淡泊而无所作为，按照自然的规律行事，这是颐养精神的正道。

［原文］

夫有干越之剑者，柙而藏之，不敢用也，宝之至也[①]。精神四达并流，无所不极，上际于天，下蟠于地，化育万物，不可为象，其名为同帝[②]。纯素之道，惟神是守；守而勿失，与神为一；一之精通，合于天伦[③]。野语有之曰："众人重利，廉士重名，贤人尚志，圣人贵精。"故素也者，谓其无所与杂也；纯也者，谓其不亏其神也。能体纯素，谓之真人。

［注释］

① 干越：即吴越。吴有溪名干溪，因称吴为干。吴越在春秋战国时以铸剑闻名。柙（xiá 匣）：装匣。 ② 蟠：遍及。象：迹象。同帝：意指和天帝一样无为。 ③ 纯、素：均指纯粹而毫无杂质。天伦：天理，自然之理。

［译文］

吴越所造宝剑的拥有者，都把剑放在匣子内藏着，不敢使用它，因为这是宝剑中最好的宝剑。精神向四处流动，无处不到，上与天相接，下遍及于大地，化育着万物，却无法寻找它的迹象，它的名字叫做"同帝"。纯粹的道，就在于只是守住神，守住神而不丢失，和神融合为一体；能够和这种一体息息相通，就合乎自然之理了。俗话说："普通人重视利，廉洁的人重视名誉，贤人重视高尚的志向，圣人重视精气。"因此，所谓"素"，是指没有什么别的东西跟它掺杂，所谓"纯"，是说不去损害它的精神，能够体现纯和素的人，就叫做真人。

缮性第十六

[原文]

缮性于俗，俗学以求复其初；滑欲于俗思以求致其明；谓之蔽蒙之民①。

古之治道者，以恬养知；知生而无以知为也，谓之以知养恬②。知与恬交相养，而和理出其性。夫德，和也；道，理也。德无不容，仁也；道无不理，义也；义明而物亲，忠也；中纯实而反乎情，乐也；信行容体而顺乎文，礼也③。礼乐徧行，则天下乱矣。彼正而蒙己德，德则不冒，冒则物必失其性也④。

[注释]

① 缮（shàn 善）：修补；整理。“俗学”之“俗”当是衍文，《庄子阙误》引张君房本作□。宣颖本删一“俗”字。苏舆也说：“当衍一俗字。”滑（gǔ 古）：通“汩”，汩乱。 ② 恬（tián 甜）：安静。生：通“性”。 ③ 反：通“返”。文：礼乐制度，指顺乎自然而产生的礼乐制度。 ④ 徧：宣颖本作“偏”。郭象注：“以一体之所履，一去之所乐，行之天下，则一方得而万方失也。”俞樾以为据郭注“徧”当作“偏”。《经典释文》作“徧”而音“遍”遂误作“徧”，可见此字唐时已误。冒：成玄英疏：“乱也。”郭嵩焘说：“德足以正物矣，而抑听物之自然而蒙吾德焉，未尝以德强天下而冒之也。强天下而冒之，则正者我也，非物之自正也，而物之失其性多矣。”物：指人。

[译文]

按照世俗的方法来培养自己的性情，用世俗的学问来追求回复他的本性，思想已为世俗所扰乱，还想以此来求得明澈，可以称之为受了蒙蔽的人。

古时研讨道术的人，用恬静的方法来培养自己真实的知识。了解性情不必用知识去培养，这就是用智慧来培养恬静。

智慧和恬静互相培养，那中和之理，就自然会从性情中产生出来。德，就是和谐；道，就是道理。德，无所不包容，符合于仁的原则；道，无处不包含道理，符合于义的原则。义理显明，物与物之间就自然会亲附，这就叫做忠；心胸纯洁朴实，虽然和外界接触而仍然能够回到真实的性情中来，这就叫做乐。诚实表现在行动上而又能顺乎自然的节制，这就叫做礼。片面地推行礼乐，天下就要乱了。对方端正了，不期然而然地蒙受着我的德泽，这样的德化就不是强迫的；强迫了，人就一定会失去自己的本性。

［原文］

古之人，在混芒之中，与一世而得澹漠焉。当是时也，阴阳和静，鬼神不扰，四时得节，万物不伤，群生不夭，人虽有知，无所用之，此之谓至一①。当是时也，莫之为而常自然。

逮德下衰，及燧人伏牺始为天下，是故顺而不一。德又下衰，及神农黄帝始为天下，是故安而不顺，德又下衰，及唐虞始为天下，兴治化之流，澡淳散朴，离道以善，险德以行，然后去性而从于心②。心与心识知而不足以定天下，然后附之以文，益之以博。文灭质，博溺心，然后民始惑乱，无以反其性情而复其初。

由是观之，世丧道矣，道丧世矣。世与道交相丧也，道之人何由兴乎世，世亦何由兴乎道哉！道无以兴乎世，世无以兴乎道，虽圣人不在山林之中，其德隐矣。

［注释］

① 混芒：指原始的蒙昧状态。澹漠：恬淡无为。四时得节：得，《阙误》引张君房本作应。节，时节。群生不夭：夭，夭亡。至一：物我混而

为一。 ② 逮：及。燧人、伏羲：都是传说中的原始部落首领。相传燧人氏钻木取火，才开始将食物变生为熟。伏羲氏服牛乘马发明烹饪，画八卦并制作文字，仿效蜘蛛制造网罟。澆（jiāo 浇）：本一作浇，浇薄。善：巧；工巧。《淮南子·说林》："虽善者弗能为工。"高诱注："善，或作巧。"

［译文］

古时候的人，生活在浑浑噩噩之中，和浑浑噩噩的社会成为一体，所有的人都能得到澹寂无为的大道。在这个时候，阴与阳和谐而平静地结合在一起，鬼神也不来扰乱，四时也都按照一定的规律出现，万物不遭伤害，许多有生命的东西也不致夭亡，人们虽然有知识，却没有地方使用它，这就叫做最和谐的统一。在这个时候，什么事情都不去做而经常保持着自然。

到了后来，自然之德就衰微了，等到燧人氏、伏牺氏统治天下，虽然能够顺从人民的心愿，但却不能够和自然混而为一了。自然之德又进一步衰微；等到神农氏、黄帝治理天下的时候，虽然力图使天下安定，却不能完全顺从人民的心愿了。自然之德又进一步衰微；等到唐尧、虞舜治理天下的时候，兴起了以教化来治理国家的风尚，浑噩淳朴的习俗遭到破坏，违背自然之道而追求善名，在危难中来表现行为的高尚，然后抛弃了自然的本性而顺从人心。这样，人们的心胸中都存有知识，天下便不能安定了。从此以后，人们的心里便附着许多浮华文饰的东西，增加了广博的知识。浮华文饰代替了质朴，广博的知识使人心沉溺。从此以后，人民便开始迷惑作乱了，没有办法使他们返回到自然的原始的性情中去了。

从这里观察，社会已经丧失自然之道，自然也已离弃社会了。社会和自然之道互相抛弃，保持着自然之道的人怎么能够在社会上站得住脚呢？在社会之上又怎么能够兴起自然之道呢？既然自然之道不再流行于社会，社会上不再流行自然之道,即使圣人不在山林之中,他的德行也必然会隐没不彰。

［原文］

隐,故不自隐①。古之所谓隐士者,非伏其身而弗见也,非闭其言而不出也,非藏其知而不发也,时命大谬也。当时命而大行乎天下,则反一无迹;不当时命而大穷乎天下,则深根宁极而待;此存身之道也②。

古之行身者,不以辩饰知,不以知穷天下,不以知穷德,危然处其所而反其性已,又何为哉!道固不小行,德固不小识。小识伤德,小行伤道。故曰,正已而已矣。乐全之谓得志③。

古之所谓得志者,非轩冕之谓也,谓其无以益其乐而已矣。今之所谓得志者,轩冕之谓也。轩冕在身,非性命也,物之傥来,寄者也。寄之,其来不可圉,其去不可止④。故不为轩冕肆志,不为穷约趋俗,其乐彼与此同,故无忧而已矣。今寄去则不乐,由是观之,虽乐未尝不荒也⑤。故曰,丧已于物,失性于俗者,谓之倒置之民。

［注释］

① 隐:指大道隐没之时。不自隐,宣颖说:“不必自隐而已隐也。”句中省略较多。　② 反一无迹:反,通“返”。一:指自然的本性。穷:困窘。　③ 危然:独立自持貌。得志:得以实现志向。　④ 轩冕:古代卿大夫所坐的车子称轩,所戴的帽子称冕;轩冕,借指官爵禄位或显贵的人。傥(tǎng 倘)来:偶然而来,不意而得。圉(yǔ 语):阻挡。　⑤ 荒:迷乱。

［译文］

在道德隐没的社会里,用不着自行隐蔽而已经隐蔽了。古代的所谓隐士,并不是把身体隐伏下来不让人看见,不是把嘴巴闭起来不说话，也不是把智慧藏起来不发挥，是所处的时代黑暗和命运乖谬使然。当时代光明命运亨通而大行于天下的时候，就应当回到自然的本性上来而不露痕迹。假如遇不上光明的时代和亨通的命运而受到穷困的时候，那就深深地扎下根来，保持着高度的宁静而等待着，这就是保存自身的方法。

古代善于保存自身的人，不用巧辩来标榜自己有智慧，既不用自己的智慧使天下人民受到困累，也不因追求无涯的知识使自己受到困累。独立不移地生活在自己所处的环境中而回到自然的本性中去，又何必去有所作为呢！大道本来就不是小有成就的人所能够遵行的，大德本来就不是小有知识的人所能够认识的。褊狭的知识要伤害德，小的成就会伤害道，所以说，端正自己就可以了，乐于保全其自然本性就叫做得志。

古代所谓得志的人，不是指荣华高位，而是无可复加的自得之乐罢了。现在所谓得志的人，只是以为荣华高位。荣华高位在身，虽然你享用它，但它却不是你本身所应有的东西，是偶然得来寄存在己处的东西。这些东西既然已经寄存在你这里了，你当然不可以抛弃它，假如这些东西要离开你这里，你也无法阻止。所以，不要为拥有荣华高位而恣意竞争，也不要因为穷困潦倒而流于庸俗，其实享受荣华高位和穷困潦倒没有什么不同。所以，只求得没有忧愁就可以了。现在，寄存的东西失去了，你就不快乐。从这个角度看，虽然快乐未尝不是迷乱啊。所以，追逐外物而丧身，习于流俗而失去自然的本性，这就是本末倒置的人。

秋水第十七

［原文］

秋水时至，百川灌河；泾流之大，两涘渚崖之间，不辩牛马[①]。于是焉，河伯欣然自喜，以天下之美为尽在己；顺流而东行，至于北海；东面而视，不见水端。于是焉，河伯始旋其面目，望洋向若而叹曰[②]："野语有之曰，'闻道百，以为莫己若'者[③]，我之谓也。且夫我尝闻少仲尼之闻而轻伯夷之义者，始吾弗信，今我睹子之难穷也，吾非至于子之门，则殆矣——吾长见笑于大方之家[④]。"

北海若曰："井蛙不可以语于海者，拘于虚也；夏虫不可以语于冰者，笃于时也[⑤]；曲士不可以语于道者，束于教也。今尔出于崖涘，观于大海，乃知尔丑，尔将可与语大理矣[⑥]。天下之水，莫大于海，万川归之，不知何时止而不盈；尾闾泄之，不知何时已而不虚；春秋不变，水旱不知[⑦]。此其过江河之流，不可为量数。而吾未尝以此自多者，自以比形于天地而受气于阴阳，吾在于天地之间，犹小石小木之在大山也。方存乎见少，又奚以自多？计四海之在天地之间也，不似礨空之在大泽乎？计中国之在海内，不似稊米之在大仓乎[⑧]？号物之数谓之万，人处一焉；人卒九州，谷食之所生，舟车之所通，人处一焉；此其比万物也，不似豪末之在于马体乎[⑨]？五帝之所连，三王之所争，仁人之所忧，任士之所劳，尽此矣[10]！伯夷辞之以为名，仲尼语之以为博；此其自多也[11]。不似尔向之自多于水乎？”

河伯曰：“然则吾大天地而小毫末，可乎？”

北海若曰：“否。夫物，量无穷，时无止，分无常，终始无故[12]。是故大知观于远近，故小而不寡，大而不多，知量无穷；证曏今故，故遥而不闷，掇而不跂，知时无止[13]；察乎盈虚，故得而不喜，失而不忧，知分之无常也；明乎坦涂，故生而不说，死而不祸，知终始之不可故也[14]。计人之所知，不若其所不知；其生之时，不若未生之时；以其至小，求穷其至大之域，是故迷乱而不能自得也！由此观之，又何以知毫末之足以定至细之倪[15]？又何以知天地之足以穷至大之域？”

河伯曰：“世之议者皆曰：‘至精无形，至大不可围。’是信情乎[16]？”

北海若曰：“夫自细视大者不尽，自大视细者不明。夫精，小之微也；垺，大之殷也；故异便[17]。此势之有也。夫精粗者，期于有形者也；无形者，数之所不能分也；不可围者，数之所不能穷也[18]。可以言论者，物之粗也；可以意致者，物之精也。言之所不能论，意之所不能察致者，不期精粗焉[19]。是故大人之行，不出乎害人，不多仁恩；动不为利，不贱门隶[20]；货财弗争，不多辞让；事焉不借人，不多食乎力，不贱贪污[21]；行殊乎俗，不多辟异；为在从众，不贱佞谄[22]；世之爵禄不足以为劝，戮耻不足以为辱；知是非之不可为分；细大之不可为倪[23]。闻曰，道人不闻，至德不得，大人无己——约分之至也[24]。”

河伯曰：“若物之外，若物之内，恶至而倪贵贱[25]？恶至而倪小大？”

北海若曰：“以道观之，物无贵贱。以物观之，自贵而相贱。以俗观之，贵贱不在己[26]。以差观之，因其所大而大之，则万物莫不大；因其所小而小之，则万物莫不小；知天地之为稊米也，知毫末之为丘山也，则差数睹矣[27]。以功观之，因其所有而有之，则万物莫不有；因其所无而无之，则万物莫不无；知东西之相反而不可以相无，则功分定矣[28]。以趣观之，因其所然而然之，则万物莫不然；因其所非而非之，则万物莫不非；知尧、桀之自然而相非，则趣操睹矣[29]。昔者尧、舜让而帝，之、哙让而绝，汤、武争而王，白公争而灭[30]。由此观之，争让之礼，尧、桀之行，贵贱有时，未可以为常也[31]。梁丽可以冲城，而不可以窒穴，言殊器也[32]。骐骥、骅骝一日而驰千里，捕鼠不如狸狌，言殊技也[33]。鸱鸺夜撮蚤，察豪末，昼出瞋目而不见丘山，言殊性也[34]。故曰：盖师是而无非，师治而无乱乎？是未明天地之理，万物之情者也[35]。是犹师天而无地，师阴而无阳，其不可行明矣。然且语而不舍，非愚则诬也！帝王殊禅，三代殊继[36]。差其时，逆其俗者，谓之篡夫；当其时，顺其俗者，谓之义之徒。默默乎河伯！女恶知贵贱之门，小大之家[37]！”

河伯曰：“然则我何为乎？何不为乎？吾辞受

趣舍,吾终奈何[38]?”

北海若曰:“以道观之,何贵何贱,是谓反衍;无拘而志,与道大蹇[39]。何少何多,是谓谢施;无一而行,与道参差[40]。严乎若国之有君,其无私德;繇繇乎若祭之有社,其无私福;泛泛乎其若四方之无穷,其无所畛域[41];兼怀万物,其孰承翼?是谓无方[42]。万物一齐,孰短孰长?道无终始,物有死生,不恃其成[43]。一虚一满,不位乎其形[44]。年不可举,时不可止;消息盈虚,终则有始[45]。是所以语大义之方,论万物之理也。物之生也,若骤若驰,无动而不变,无时而不移[46]。何为乎?何不为乎?夫固将自化[47]!”

河伯曰:“然则何贵于道邪?”

北海若曰:“知道者必达于理,达于理者必明于权,明于权者不以物害己[48]。至德者火弗能热,水弗能溺,寒暑弗能害,禽兽弗能贼[49];非谓其薄之也,言察乎安危,宁于祸福,谨于去就,莫之能害也[50]。故曰:天在内,人在外,德在乎天;知天人之行,本乎天,位乎得,蹢躅而屈伸,反要而语极[51]。”

曰:“何谓天?何谓人?”

北海若曰:“牛马四足,是谓天;落马首,穿牛鼻,是谓人[52]。故曰:无以人灭天,无以故灭命,无以得殉名,谨守而勿失,是谓反其真[53]。”

[注释]

① 泾流:犹言水流。涘(sì 四):岸。渚(zhǔ 煮):水中小陆地。辩:通“辨”,辨别。 ② 河伯:传说中的黄河之神,名叫冯夷,是华阴人,死后成为河神。这里泛指一切水神。旋:一般解作掉转,此解于义未安。《学术研究》1980 年第五期雷庆翼《河伯不用“掉转头来”》一文认为“旋”应解作改变。“面目”应解作态度。其说甚辩,可从。望洋:仰视。

若：海神名。 ③ 野语：俗话。百：言其多。莫己若：不如自己。 ④ 殆：危险。大方之家：懂得大道之人。大方，大道。 ⑤ 虚：同墟。指所居之地。夏虫：指只生存于夏天的昆虫。笃：固，拘限。 ⑥ 曲士：孤陋寡闻之人。大理：大道理。 ⑦ 尾闾：古人想象中海水排泄之处。 ⑧ 量数：计量。比形：寄形。比，假借作"庇"，庇，寄托。受气于阴阳：禀受阴阳之气而产生。言大海也是气的产物。与《知北游》"通天下一气耳"的思想是一致的。自多：自夸。礨空：石间小孔。一说石上小孔。稊（tí 题）米：颗粒很小的米。大仓：大仓库。 ⑨ 号：名称；称号。人卒：人众。 ⑩ 五帝、三王：中国传说中的上古帝王。通常"五帝"指少昊、颛顼、高辛、唐尧、虞舜。"三王"指伏羲、神农、黄帝。任士：以天下为己任的贤人。 ⑪ 辞：辞让。语：谈论。 ⑫ 穷：尽。止：止境。常：常规；定规。故：原因；缘故。一说谓固定。 ⑬ 证曏（xiǎng 响）今故：证明今古。曏，明。故，古。遥：远。闷：郁闷。掇（duō 多）：拾取。跂：通"企"。企求。 ⑭ 知终始之不可故也：故，通"固"，固定。 ⑮ 倪：界限；区限。 ⑯ 信：实。 ⑰ 垺（fóu 浮）盛大。殷：大。异便：犹分别。异，《说文》："分也。"便，当借为辨（采高亨先生说）。 ⑱ 期于有形者也：期，限。穷：尽；完结。 ⑲ 意致：意会可以达到的地方。 ⑳ 大人：至人，得道之人。多：赞扬。门隶：家奴；奴仆。 ㉑ 不贱贪污：与下文"不贱佞谄"，均是"为在从众"之意。郭庆藩解释说："大人之行凡五事：本不害人，非为仁也；无贵贱货利之在其心，何有辞让也；不导人以为利，何有贪污也；行自殊俗，非为异也；顺从乎众，非为谄也。事焉不借人，如许行之云并耕而治，饔飧而食；不多食乎力，如老子之云我无事而民自富，我无为而民自朴；彼贪污者自止，而无事乎贱之矣。"此说甚允，可供参考。 ㉒ 辟异：邪僻怪异。辟，通"僻"。 ㉓ 倪：区分。 ㉔ 约分：依守本分。 ㉕ 若：此。倪：区分。 ㉖ 道：指宇宙万物的本原。《知北游》："通天下一气耳。"在庄子看来宇宙间所有的"物"都是从气产生出来的。因此，从本原的角度看"物无贵贱"。 ㉗ 毫末：形容极小的事物。 ㉘ 功：功效；功用。 ㉙ 趣：趣向；取向。操：操守，指坚持的立场。 ㉚ 之、哙让而绝：战国时代，燕王哙仿效尧舜禅让，让位于其相子之，国人不服，大乱。齐趁机伐燕，哙及子之为齐人所杀。白公：名胜，楚平王之孙，太子建之子，起兵夺权，为叶公子高所败，自杀。 ㉛ 常：固定不变。 ㉜ 梁丽：栋梁。丽，同㰀，屋栋。殊：不同。 ㉝ 骐骥骅骝：骏马。狸狌：俗名黄鼠狼。 ㉞ 鸱（chī 吃）鸺（xiū 休）：即鸱鸮（xiāo 消）。猫头鹰一类的鸟。撮（cuō 搓）：以指爪取物。蚤（zǎo 早）：跳蚤。瞋（chēn 抻）目：睁大眼睛。 ㉟ 盖（hé 何）：通"盍"。何不。 ㊱ 帝王：马叙伦疑当作五帝。其说可从。 ㊲ 门：门第等次。贵贱之门，犹《达生》篇所言"高门县薄"，参见《达生》篇第五段注④。家：指由来。 ㊳ 辞：拒绝。受：接受。趣：取。舍：弃。 ㊴ 反衍：反复。言变化无常。蹇（jiǎn 减）：困顿不顺。 ㊵ 谢施（yì 易）：不断地更迭移易。谢，代谢。施，延续。参（cēn 岑阴平）差（cī 疵）：长短、高低不齐。 ㊶ 严：威严；庄重。繇繇（yóu 尤）：犹悠悠，自由自在的样子。社：土地神。泛泛：水涨溢的样子，引申谓广泛。畛（zhěn 诊）域：范围；界限。 ㊷ 怀：包容。承翼：接受保护。翼，庇护。无方：无所偏袒。 ㊸ 万物一齐：即《齐物论》所表达的齐物思想。在庄子看来万物都产生于气，所以从本原上看万物是齐一的。物既有生也有死，而物所产生的气或道则是没有生死的，下文"道无终始，物有死生"所表达的就是这个意思。 ㊹ 不位乎其形：不固定于一种形态。 ㊺ 举：当作攀，形近致误。《文选·魏文帝与吴质书》："年一过往，何可攀援。"李善注引作"攀"，可证。攀，留。消息：消减与增加。息，增长。这是一组对立而又统一的矛盾。在庄子看来这是自然界的永恒规律。 ㊻ 大义：大道。骤：急驰。移：变动。 ㊼ 自化：指自身形成的变化。谓变化的原因存在于自身。 ㊽ 权：变；变通。 ㊾ 溺：淹没；淹死。贼：伤残；伤害。 ㊿ 薄：迫近；侵犯。 (51) 德在乎天：德，指物的自然本性。天，自然。谓物的本性得之于自然。蹢（zhí 直）躅（zhú 逐）：徘徊不前的样子。反：通"返"。 (52) 落：通"络"，马笼头。 (53) 以故灭命：故，指有意造成的变故。得，谓贪得。

[译文] 秋天的雨季到了，上百条小河里的水都灌入黄河，滚滚向前的洪流形成宽阔的水面，两岸之间，隔水相望，分辨不出是

牛是马。于是乎河神自觉十分得意,认为天下的壮美都集中到自己身上了;水流顺势向东流去,到了北海,向东瞭望,看不到水的边际。于是乎河神才改变原来的态度,对着大海仰面向海神若叹息地说道:"俗话说'听了很多道理,便以为谁都赶不上自己',这句话说的就是我啊!而且我曾听说有人轻视孔子的见闻,看不起伯夷正义的行为,开始我不相信,今天我看到您如此浩瀚无垠,我如果没有来到您的面前,那就危险了——我将永远被那懂得大道之人所讥笑了。"

北海若说:"井中之蛙你无法跟它谈论大海,这是因为它受了住地环境的局限;夏天的昆虫你无法跟它谈论冬天的冰雪,这是因为它受了存活时间的局限;孤陋寡闻之人你无法跟他谈论大道,这是因为他所受教养的局限。现在你从有边有岸的地方走出来,看到了无边无际的大海,于是认识到自己的孤陋,你能够这样便可以和你谈论大道理了。天下的水域没有比海再大的了,上万条河流的水都流到这里,不知道什么时候会停止,然而大海却不会溢满;海水从尾部流泻出去,不知道什么时候会停止,然而大海却不会空虚;春天秋天不会产生变化,涝了旱了不会受到影响。它的水量超过大江大河,无法用量器来计算。然而我却不曾因此而自夸,我认为我是禀受阴阳之气而产生从而寄形于天地之间的,我在天地之间好像小石小木在大山上一样。我正感觉着自己渺小,怎么会因为超过江河而自满呢?计算起来四海在天地之间不就像礨石间的小孔在大泽中一样吗?计算起来中国在海内,不就像小米粒在大仓库中一样吗?物类的名称多到可以称作万,人不过是其中之一罢了;人们聚集在九州之内,以谷物作食品而生存,以舟车作交通工具而相互来往,每个人只是人类中的一分子罢了;这样,每个人和万物相比,不就像一根毫毛在马的身上吗?五帝对政权的连续禅让,三王对政权的相互争夺。仁人为天下忧虑，贤人为天下操劳，不过都像这样微不足道罢了！伯夷辞让王位而获得名声，孔子谈古论今人们认为他渊博，他们这样自我夸耀，不就像你原来因河水上涨而欣然自夸一样吗？”

河神说：“那么我以天地为大，以毫末为小，可以吗？”

北海若说：“不对。宇宙的物类，从数量上讲是无穷的，从时间上讲是没有尽头的，开始和结束不是固定不变的。因此大智之人能够洞察远近，所以，小的不以为少，大的不以为多，他了解物的量是无穷的；他能够证明古往今来，因而对于遥远的不感到郁闷，对于近在眼前唾手可得的也不去企求，他了解时间是没有止境的；他洞察那盈虚之间的变化，不因为得到而高兴，也不因为失去而感到忧愁，因为他了解名分不是固定不变的；他明白生和死是人们必经之路，所以活着不感到喜悦，死了也不以为是祸患，因为他了解开始和结束不是固定不变的。算起来人们已经知道的，远远不如他们所不知道的那样多；他们的生存时间，远远赶不上他们未生之前的时间那样长；以极其短促的生命去探索那无穷无尽的宇宙领域中的奥秘，因此陷于迷乱而不能有所收获！从这一点来看，你又怎么能把秋毫的末端确定为最小的极限？又怎么能把天地的形态定义为最大的领域呢？”

河神说：“世上的论者都说：‘最精微的东西没有形体，最大的东西没有范围。’这个说法是符合实际的吗？”

北海若说：“从细小处去观察大物，便不能看尽大物的全局，从大处去观察细物，便不能看清小物的精微。精微的东西，小之中还有更小的，大的东西，大之外还有更大的；因此，对于这些是应当加以区别的，这是自然的形势本身所具有的。精微和粗大，都可以在有限的形体中表现出来；至于无形的东西，便不能用数量去区分，没有范围的东西，便不能用数量去穷尽。可以用言语表达的是物的粗疏部分；可以用心神去体会的是物的精微部分，至于言语无法表达、心神也无法体会的，那就不是用精或粗可以衡量的了。因此，得道之人的作为，不会做出害人的事情，也不崇尚仁爱和恩惠，有所作为不是为了求利，不鄙视家奴或仆役；对于财物不去争夺，但也不去崇尚谦让；做事不求助于人，也不赞扬那自食其力之人，不鄙视贪婪和污浊；行为虽然和世俗不同，但也不崇尚邪僻和怪异；表现随从众人，但也不去鄙视逢迎谄媚之人；社会上的高官厚禄不能使他受到鼓舞，世间的刑戮之耻不足以使他感到羞辱；因为他知道世间的是是非非是不可以分清的；而大小的界限也是不能够辨别的。听说有这样一句话：得道之人不求闻达，至德之人没有得失之念，伟大的人没有自身——依守本分达到了极致。”

河神说：“那么，物的外部和内部，怎样去区别其间的贵贱？又怎样去区别其间的大小？”

北海若说：“从道的角度来看，物与物之间没有贵贱之分。从物的角度来看，则以自身为贵而以他物为贱。从世俗的角度来看，贵贱不在物的本身。从差别的角度去观察，依据它本身大的方面去考虑，那么，万物没有不是大的；依据它本身小的方面去考虑，那么，万物没有不是小的，懂得天地不过像米粒那样，而毫毛的末端却像丘山那样，那么，数量之间的差别就可以看清楚了。从功效的角度来看，就它本身所具有的便以为它有，那么，万物没有不具备功效的了；就它本身所不具备的，便以为它没有，那么，万物便都是没有功效的了；知道东和西的方向虽然相反，但却不能缺少双方中任何一方，那就可以了解万物的功效和本性，都是本身所具有的了。从取向的角度来看，依据它可以肯定的地方去肯定它，那么，万物就没有不可以肯定的了；依据它可以否定的地方去否定它，那么，万物就没有不可以否定的了，懂得尧和桀自以为正确的，而相互指责对方是错误的，那么，人们的取向和立场就可以看清楚了。过去尧舜禅让而成为帝王，之和哙禅让而导致自身毁灭，商汤、武王采取征伐手段而夺取王位，白公胜却因夺取王位招来杀身之祸。从这一点来看，争夺和禅让的礼制，唐尧和夏桀的行为，何者为贵何者为贱是因时代的不同而不同，不是固定不变的。栋梁可以用来冲开城门，却不可以用来堵塞小洞，骐骥、骅骝这样的骏马一天可以跑一千里路，但捕捉老鼠却赶不上黄鼠狼，这是说它们的技能有所不同。猫头鹰夜里可以抓住跳蚤，看到毫毛的末端，然而白天睁大眼睛却看不见丘山，这是说性能的不同。所以说：何不效法对的而完全消灭错的，效法治理得好的而完全消除乱的因素呢？这是不明白天地的规律和万物的实际情况啊。这就好像只取法天而不取法地，只取法阴而不取法阳，这样做行不通是十分明显的了。然而这类话却喋喋不休说起来没完没了，这不是愚蠢就是欺骗。帝王的权位，有的是禅让，有的是父子相继，各不相同，不合时宜，违背民情，就被称作篡位的坏人，合乎时宜，顺乎民情，就被称作正义的人。沉默吧，河神！你怎么能够了解贵贱的不同和大小的区别呢？”

河神说：“那么，我应该做什么？不应该做什么？我应该拒绝什么接受什么，我究竟应该怎么办呢？”

北海若说：“从道的角度来看，什么贵什么贱，它是反复流动变化无常的。不要拘束你的思想，以至于和大道相违背而陷于困顿。什么多什么少，它是不断变更相互移易的，你的行为不要偏执一端，以致和大道相矛盾。威严庄重像国家的君主那样，不因私心而施恩德；悠然自得像接受祭祀的社神那样，不因私心而降福泽；像涨溢的大水那样泛滥四方茫然无际，它没有范围没有界限，包容万物，有谁不接受它的庇护呢？

这就叫做无所偏袒。万物的本原都是一样的,哪个短,哪个长?道既没有开始也没有结束,而物却既有生便有死,它的形成是不足凭恃的,一会儿空虚了,一会儿盈满了,它的形态是不固定的。光阴是无法挽留的,时间是不会停止的,消减与增长,盈满和空虚,此一物的生命结束了,另一物的生命便开始了。懂得这个道理便可以跟他谈论大道探讨万物的规律了。物一旦产生了,就像马的奔驰那样,没有什么动作不产生变化,没有什么时刻不在发生移动。做什么呢?不做什么呢?万物本来都是自身在发生变化!”

河神说:“那么,为什么以道为贵呢?”

北海若说:“通晓道的人必定明达事理,明达事理的人,一定了解变通,了解变通的人就不会用外物来伤害自己。修养达到最高境界的人,火不能使他热,水不能把他淹死,严寒和酷暑不能加害于他,凶猛的禽兽不能伤害于他,不是说要去接近这些东西,而是说他能够明察什么是安危,而宁静地对待祸福,谨慎地处理进退去留,所以这些东西都不能伤害他。所以说:天然蕴藏于身内,人事表现在身外,自然的本性得之于天然,通晓天和人的运行规律,遵循自然,安于所得,或徘徊不前或前进或后退都能够回归于道的本质,便可以说是达到道的极致了。”

河神说:“什么叫做天?什么叫做人呢?”

北海若说:“牛马的四只脚,是天然生成的,这就叫做天;给马套上马笼头,给牛的鼻孔穿进缰绳,是人为的,这就叫做人。所以说:不要用人为毁灭天然,不要用人为的变故毁灭天命,不要为获取名声而牺牲,谨慎地守住天性而不使它丧失,这就叫做返本归真了。”

[原文]

夔怜蚿，蚿怜蛇，蛇怜风，风怜目，目怜心①。

夔谓蚿曰："吾以一足跉踔而行，予无如矣！今子之使万足，独奈何②？"

蚿曰："不然。子不见夫唾者乎？喷则大者如珠，小者如雾，杂而下者不可胜数也。今予动吾天机，而不知其所以然③。"

蚿谓蛇曰："吾以众足行而不及子之无足，何也？"

蛇曰："夫天机之所动，何可易邪？吾安用足哉④！"

蛇谓风曰："予动吾脊胁而行，则有似也；今子蓬蓬然起于北海，蓬蓬然入于南海，而似无有，何也⑤？"

风曰："然。予蓬蓬然起于北海而入于南海也。然而指我则胜我，鰌我亦胜我⑥；虽然，夫折大木，蜚大屋者，唯我能也，故以众小不胜为大胜也⑦。为大胜者，唯圣人能之。"

[注释]

① 夔（kuí 葵）：古代传说中一种异兽，貌似牛而无角，一足。见《山海经·大荒东经》。怜：爱慕。蚿（xián 闲）：百足虫。 ② 跉（chén 陈上声）踔（chuō 绰阴平）：跳着走。无如：不如；赶不上。 ③ 天机：天然形成的机能。 ④ 易：改变。安：怎么。 ⑤ 有似：当作"似有"（采王先谦、马叙伦说）。蓬蓬：风动的声音。 ⑥ 指我：以指挡风。鰌（qīu 秋）：一本作蹭。鰌、蹭音同。蹴踏。 ⑦ 蜚（fēi 飞）：同飞。

[译文]

独脚兽羡慕百足虫，百足虫羡慕蛇，蛇羡慕风，风羡慕眼睛，眼睛羡慕心。

独脚兽对百足虫说:“我用一只脚跳着走,我实在赶不上你啊!现在你用上万只脚行走,究竟怎么走法呢?”

百足虫说:“不是这样。你没有见过吐唾沫的人吗?喷吐出的唾沫,大的像珠玉,小的如同细雾,杂错地落下来数也数不清。现在我只是顺着天然的机能在行动,却并不了解为什么会这样。”

百足虫对蛇说:“我用这么多脚走路,却赶不上你没有脚走得快,这是什么原故呢?”

蛇说:“按照天然形成的机能在行动,怎么可以改变呢?我为什么要用脚啊!”

蛇对风说:“我运用我的脊背和两胁在行走,就好像有脚一样;现在,你呼呼地从北海刮到南海,好像没有形体一样,这是怎么回事呢?”

风说:“是这样。我呼呼地从北海刮到南海,如果用手指阻挡我,就能胜过我,用脚踢我也能胜过我;虽然如此,但是吹断大树,刮走大屋,只有我能够做到。所以,把众多小的力量聚集起来成为战胜一切的伟力,能够形成伟力的,只有圣人才可以。”

[原文]

孔子游于匡,宋人围之数帀,而弦歌不惙[①]。子路入见,曰:“何夫子之娱也?”孔子曰:“来,吾语汝!我讳穷久矣[②],而不免,命也;求通久矣,而不得,时也。当尧、舜而天下无穷人,非知得也;当桀、纣而天下无通人,非知失也。时势适然[③]。夫水行不避蛟龙者,渔父之勇也。陆行不避兕虎者[④],猎夫之勇也。白刃交于前,视死若生者,烈士之勇也。知穷之有命,知通之有时,临大难而不惧者,圣人之勇也。由，处矣！吾命有所制矣⑤！"

无几何，将甲者进，辞曰⑥："以为阳虎也⑦，故围之；今非也，请辞而退。"

［注释］ ① 匡：卫国地名，在今河南省长垣县西南。宋人：当作卫人。帀（zā 咂）：同"匝"。环绕一周。惙（chuò 辍）：通"辍"，停止。 ② 语（yù 玉）：告诉。讳：避忌。穷：陷于困境，不得志。 ③ 当：值；在。适然：当然；正该如此。 ④ 兕（sì 四）：古代犀牛一类的猛兽。 ⑤ 处：谓静处。成玄英疏："处，安息也。"制：制约。 ⑥ 将甲者：带兵的人。辞：辞谢；致歉。 ⑦ 阳虎：鲁人，状貌类孔子，曾施暴于匡人，孔子过匡时，匡人误以孔子为阳虎，故围之。

［译文］ 孔子游历时经过匡地，卫国人将他重重围住，孔子还是不停地弹琴唱歌。子路进来对孔子说："先生为什么这样高兴啊？"孔子说："你到前面来，我告诉你！我一直不愿说我的学说行不通，然而却不能避免，这是命运使然啊；希望我的学说能够畅行，然而却不能实现，这是时势使然啊。在尧舜时代，天下没有困顿不得志的人，并不是因为这些人有智慧；在桀纣时代，天下没有行事顺利的人，并不是因为这些人失去智慧。这些都是时势造成的啊。在水中行走而不躲避蛟龙，这是渔夫的勇敢，在陆地上行走而不躲避猛兽，这是猎人的勇敢。刀剑交叉在胸前，把死亡看成跟活着一样，这是烈士的勇敢。能够了解困顿是命运造成的，顺利是时势造成的，在大难面前而毫不畏惧的，这是圣人的勇敢。仲由，你泰然处之吧！我们的命运是由老天爷把握的呢！"

不多久，带兵的人进来致歉说："我们以为您是阳虎，因而把您包围起来，现在，您既然不是阳虎，请允许我们表示歉意退兵吧。"

[原文]

公孙龙问于魏牟曰[①]："龙少学先王之道，长而明仁义之行；合同异，离坚白；然不然，可不可；困百家之知，穷众口之辩；吾自以为至达已[②]。今吾闻庄子之言，汒焉异之；不知论之不及与？知之弗若与？今吾无所开吾喙。敢问其方[③]。"

公子牟隐机太息，仰天而笑曰："子独不闻夫埳井之蛙乎[④]？谓东海之鳖曰：'吾乐与！出跳梁乎井干之上，入休乎缺甃之崖；赴水则接腋持颐，蹶泥则没足灭跗；还虷、蟹与科斗，莫吾能若也[⑤]！且夫擅一壑之水，而跨跱埳井之乐，此亦至矣。夫子奚不时来入观乎[⑥]？'东海之鳖左足未入，而右膝已縶矣[⑦]。于是逡巡而却，告之海曰：'夫千里之远，不足以举其大；千仞之高，不足以极其深[⑧]。禹之时十年九潦，而水弗为加益；汤之时八年七旱，而崖不为加损[⑨]。夫不为顷久推移，不以多少进退者[⑩]，此亦东海之大乐也。'于是埳井之蛙闻之，适适然惊，规规然自失也[⑪]。且夫知不知是非之竟，而犹欲观于庄子之言，是犹使蚊负山，商蚷驰河也；必不胜任矣[⑫]！且夫知不知论极妙之言，而自适一时之利者，是非埳井之蛙与[⑬]？且彼方跐黄泉而登大皇，无南无北，奭然四解，沦于不测[⑭]；无东无西，始于玄冥，反于大通[⑮]；子乃规规然而求之以察，索之以辩，是直用管窥天，用锥指地也，不亦小乎[⑯]？子往矣！且子独不闻夫寿陵馀子之学行于邯郸与？未得国能，又失其故行矣，直匍匐而归耳[⑰]！今子不去，将忘子之故，失子之业。"

公孙龙口呿而不合，舌举而不下，乃逸而走⑱。

［注释］

① 公孙龙：战国时代著名哲学家，名家学派代表人物，姓公孙名龙。下文所言“合同异”、“离坚白”均公孙龙所提出的命题，详参本书《齐物论》、《天下篇》的有关论述及注释。 ② 困：使困窘。穷：穷尽。 ③ 汒焉：同茫然。喙（huì 会）：鸟的嘴，此处借指人的嘴。 ④ 隐（yìn 印）机：凭依几案。太息：叹息。埳（kǎn 坎）井：浅井。 ⑤ 跳梁：见《逍遥游》第三段注⑪。井干：水井周围的栏杆。甃（zhòu 咒）：井壁。崖：井边。腋：腋窝。颐（yí 夷）：下巴。蹶（jué 决）：踏。跗（fū 夫）：脚背。还（xuán 旋）虷（hán 寒）：孑孓，蚊子的幼虫，一说井中赤虫。科斗：即蝌蚪。 ⑥ 擅（shàn 善）：独揽。壑（hè 贺）：坑。跨跱（zhì 治）：叉开腿立着。 ⑦ 絷（zhí 执）：绊住。 ⑧ 逡（qūn 囷）巡：欲进不进，迟疑不决。却：退却。 ⑨ 潦（lào 涝）：雨水过多。潦同涝。 ⑩ 顷：时间短暂。推移：谓变化。 ⑪ 适适（tì 替）然：恐惧的样子。规规然：惊怖自失的样子。 ⑫ 知（zhì 智）不知：才智不足以了解。竟：同境，指领域，境域。商蚷（jù 巨，又读 qú 渠）：虫名，马蚿。 ⑬ 自适：自我满足。适，满足。 ⑭ 跐（cǐ 此）：踏；踩。大皇：太皇，天。奭（shì 是）然：消散；消释。成玄英疏：“四方八极，奭然无碍。” ⑮ 玄冥：深奥幽远。大通：犹“大道”。 ⑯ 规规然：浅陋拘泥的样子。用管窥天，用锥指地：比喻识见浅陋无法理解大道。 ⑰ 寿陵：燕国地名。馀子：少年。邯郸：赵国首都。学行：《太平御览》卷三九四人事部三十五引作“学步”。国能：指其国的技能。 ⑱ 呿（qū 区）：张口。逸（yì 易）：逃跑。

［译文］

公孙龙问魏牟说：“我年青时学习先王之道，年长后便明白仁义的行为，提出‘合同异’、‘离坚白’的说法，把别人认为是正确的说成是不正确的，别人要否定的则加以肯定。困住了百家的智慧，难倒了众人的论辩，我自以为最通达事理了。现在，我听到庄子的言论，感到茫然不解和惊异；不知道是我的论辩不如他呢？还是我的智慧不如他呢？现在，我简直无法开口说话了,请问这是什么道理呢?”

魏牟靠着几案发出长叹,接着仰天大笑说:“你难道没有听说过浅井中的青蛙吗?它对东海里的鳖说:‘我真是快乐啊!我跳跃在井边的栏杆之上,进入井内就休息在破砖的缝隙之中,游在水中,水浸到我的腋窝托起我的下巴,踏着泥脚背就会被泥浆淹没,孑孓、螃蟹和蝌蚪,都赶不上我!而且我独自占有一坑之水,叉开腿站在这浅井之中,这种快乐到了极点了。你为何不时常到我这里来看看呢?’东海之鳖左脚还没有伸进井中,右边的膝盖就已经被绊住了。于是迟疑不决地退了回去,告诉它大海的情形说:‘千里之远,不足以形容它的广大;八千尺的高度,不能量尽它的幽深。夏禹时十年九涝,海水并不因此而增加多少;商汤时八年七旱,而岸边的水并没有因此而减退多少。它不因时间的长短而有所变化,不因雨量的多少而有所增减,这就是东海的最大的快乐啊。’于是,浅井之蛙听到这些情况,惊惧地望着东海之鳖,茫然若有所失。况且你的才智尚不足以了解是非的界限,竟然要去了解庄子的言论,这就像要求蚊子背负大山,要求马蚿在河里奔跑一样,必然不能胜任了!再说,智慧还不足以了解极其精妙的言论,竟然自我满足于一时的胜利,这不就是浅井之蛙吗?况且,庄子的言论,就像下至黄泉上至九天那样,四通八达不分南北,无拘无束,深不可测,不分东西,开始于玄妙幽深的所在,又回到大道上来,而你浅陋拘泥竟然要去洞察他的思想的奥妙,想和他辩论是非曲直,这简直是用竹管去窥视天的高远,用锥子去测量地的深浅,这不是太渺小了吗?你走吧!你难道没有听说过寿陵的一位少年到邯郸学习走步的事情吗?没有学会赵国的本领,又忘记了原来的技能,只好爬着回去了!现在,你如果不赶快走开,那将要忘记你过去的本领,丢掉你本来的学业了。”

公孙龙惊骇得嘴巴张开后合不拢来,舌头翘起放不下来,便迅速地逃跑了。

[原文]

庄子钓于濮水,楚王使大夫二人往先焉[①],曰:“愿以境内累矣!”

庄子持竿不顾,曰:“吾闻楚有神龟,死已三千岁矣;王巾笥而藏之庙堂之上[②]。此龟者,宁其死为留骨而贵乎?宁其生而曳尾于涂中乎[③]?”

二大夫曰:“宁生而曳尾涂中。”

庄子曰:“往矣,吾将曳尾于涂中。”

[注释]

① 濮水:水名,在今山东与河南交界处的濮城。楚王:据《史记》庄子本传记载为威王,威王名熊商,楚怀王之父。公元前339年至329年在位。先:致意。 ② 巾笥(sì 四):巾,覆盖用的织物。笥,盛饭食或衣物的竹器。 ③ 宁其:宁肯。用于表示选择性的询问。曳(yè 夜)尾:拖着尾巴。涂:通“塗”,泥泞。

[译文]

庄子在濮水钓鱼。楚威王派遣两位大夫前往致意说:“希望将治理境内的责任委托给您!”

庄子手持钓竿,头也不回,说道:“我听说楚国有个神龟,死去三千年了;楚王用竹盒盛着,用巾布盖着,藏在庙堂之中。这只龟,宁愿死后留下尸骨让人珍藏以显示它的尊贵呢?还是宁愿拖着尾巴在泥水中爬行而活着呢?”

两位大夫说:“宁愿拖着尾巴在泥水里活着。”

庄子说:“请回去吧,我将拖着尾巴在泥水之中。”

[原文]

惠子相梁,庄子往见之[①]。或谓惠子曰:“庄子来,欲代子相。”

于是惠子恐，搜于国中，三日三夜。

庄子往见之曰："南方有鸟，其名为鹓雏[2]，子知之乎？夫鹓雏发于南海，而飞于北海；非梧桐不止，非练实不食，非醴泉不饮[3]。于是鸱得腐鼠，鹓雏过之，仰而视之曰：'吓！[4]今子欲以子之梁国而吓我邪？"

[注释]

① 惠子相梁：惠子，惠施。梁，即魏，魏都于大梁（今河南开封），因称魏为梁。惠子相梁当在魏惠王后元元年（公元前 334 年），后元十三年（公元前 322 年）惠子被逐而失去相位。 ② 鹓（yuān 渊）雏（chú 除）：传说中鸾凤一类的鸟。 ③ 止：指栖息。练实：竹实。醴（lǐ 礼）泉：甘美的泉水。醴，甜酒。 ④ 鸱（chī 吃）：猫头鹰。吓（hè 贺）：怒声。

[译文]

惠子在梁国任宰相，庄子前往看望他。有人对惠子说："庄子这次来，是想代替你做宰相。"于是惠子感到恐惧，要搜寻庄子，在国中搜了三天三夜。

庄子前往见他，说："南方有一种鸟，它的名字叫做鹓雏，您知道吗？鹓雏从南海飞起，飞到北海。不是梧桐树它不停在上面休息，不是竹食它不吃，不是甘美的泉水它不喝。在这时，一只猫头鹰寻得一只腐烂的田鼠，见到鹓雏从空中飞过，猫头鹰抬起头来望着鹓雏叫声'吓'！现在，您也想用您的梁国来吓我吗？"

[原文]

庄子与惠子游于濠梁之上[1]。庄子曰："鯈鱼出游从容，是鱼之乐也[2]。"惠子曰："子非鱼，安知鱼之乐？"庄子曰："子非我，安知我不知鱼之乐？"惠子曰："我非子，固不知子矣；子固非鱼也，子之不知鱼之乐,全矣③。”庄子曰:“请循其本。子曰,‘汝安知鱼乐’云者,既已知吾知之而问我,我知之濠上也④。”

[注释] ① 濠:水名,在今安徽省凤阳县北。成玄英疏:“在淮南钟离郡,今见有庄子之墓,亦有庄、惠遨游之所。”梁:桥。 ② 鯈(tiáo 条,又读 yóu 由):鱼名,白鲦。 ③ 固:诚然。 ④ 循其本:谓反其本真。

[译文] 庄子和惠子在濠水的桥上游玩。庄子说:“鯈鱼自由自在地游着,这是鱼的快乐啊。”惠子说:“您不是鱼,怎么知道鱼的快乐?”庄子说:“您不是我,怎么知道我不知道鱼的快乐?”惠子说:“我不是您,当然不知道您,您本来就不是鱼,您不知道鱼的快乐则是完全可以肯定的了。”庄子说:“请从原来的话题谈起。您说‘您怎么知道鱼的快乐’时,是知道我知道鱼的快乐之后问我的。我知道濠下鱼的快乐是因为我游濠上也快乐啊。”

至乐第十八

［原文］

天下有至乐无有哉[1]？有可以活身者无有哉？今奚为奚据？奚避奚处？奚就奚去？奚乐奚恶？

夫天下之所尊者，富贵寿善也[2]；所乐者，身安、厚味、美服、好色、音声也；所下者[3]，贫贱夭恶也；所苦者，身不得安逸，口不得厚味，形不得美服，目不得好色，耳不得音声；若不得者，则大忧以惧[4]。其为形也亦愚哉[5]！

夫富者，苦身疾作，多积财而不得尽用，其为形也亦外矣。夫贵者，夜以继日，思虑善否，其为形也亦疏矣。人之生也，与忧俱生，寿者惛惛[6]，久忧不死，何苦也！其为形也亦远矣。烈士为天下见善矣，未足以活身。吾未知善之诚善邪，诚不善邪？若以为善矣，不足活身；以为不善矣，足以活人。故曰："忠谏不听，蹲循勿争[7]。"故夫子胥争之以残其形[8]，不争，名亦不成。诚有善无有哉？

今俗之所为与其所乐，吾又未知乐之果乐邪，果不乐邪？吾观夫俗之所乐，举群趣者[9]，誙誙然如将不得已[10]，而皆曰乐者，吾未之乐也，亦未之不乐也。果有乐无有哉？吾以无为诚乐矣，又俗之所大苦也。故曰："至乐无乐，至誉无誉。"

天下是非果未可定也。虽然，无为可以定是非。至乐活身，唯无为几存。请尝试言之。天无为以之清，地无为以之宁，故两无为相合，万物皆化。芒乎芴乎[11]，而无从出乎！芴乎芒乎，而无有象乎！万物职职[12]，皆从无为殖[13]。故曰天地无为也而无不为也，人也孰能得无为哉！

［注释］ ①什么是至乐？这是本文所探讨的中心议题，通过探讨作者的回答是"至乐无乐"。这种苦乐观是以庄子的哲学思想为依据的。②善：指好的名声。③下：用作动词，意指以为卑下。④以：犹"而"。⑤形：形体，即指人的身体；为形，指对身体的残害。⑥惛惛（hūn 昏）：即昏昏，指精神懵懂。⑦蹲循：犹逡巡，退让。⑧子胥：伍子胥，名员，吴王夫差的功臣，因谏正吴王而为其所害。⑨趣：通"趋"，趋向。⑩誙誙（kēng 坑）：奔竞貌。⑪芒芴：通恍惚，渺茫暗昧的样子。⑫职职：繁多。⑬殖：繁殖，孳生。

［译文］

天下有最快乐的事情还是没有呢？有可以用来养活自身的东西还是没有呢？现在究竟要创造什么？依据什么？回避什么？安居在何处？接近什么？抛弃什么？喜欢什么？厌恶什么？

天下人最为看重的东西是富贵、长寿、好名声；所喜欢的是身体安适，嘴里吃着美味佳肴，身上穿着华丽的服装，眼睛看着光彩夺目的颜色，耳朵听着抑扬宛转的音乐。天下人最看不起的是贫贱、夭折、恶名声；天下人以为痛苦的是身体得不到舒适安逸，嘴里吃不到佳肴美味，身上穿不到漂亮的服装，眼睛看不到美好的颜色，耳朵听不到抑扬宛转的音乐；假如得不到这些，就十分忧虑和恐惧，这种伤害身体的做法，不也是很愚蠢的吗！

富贵的人，在劳苦中努力工作，积蓄了很多财物，用也用不完，这对于身体也太不爱惜了。地位高贵的人，夜以继日地思索什么是好的,什么是不好的,这对于身体也过于疏忽了。人在生下来的时候,忧愁也跟着一起产生,寿命长的人,思想糊糊涂涂,长久地生活在忧愁之中而不死去,这是何等痛苦啊! 这距离对于自己身体的爱护也太远了。壮烈牺牲的人在天下人面前表现出他的善行,但是却不能存活自身。我不知道这种善行实在是好呢? 还是不好呢? 如果认为是好的,却不能够存活自身;如果认为是不好的,却可以存活别人。所以说:"忠诚的谏正,不被听取采纳,那就退让而不要去力争。"所以,子胥因为力争君主采纳他的谏正,以致自身遭到残害;然而不去力争,子胥的大名也就不能成就。到底是有善呢还是没有善呢?

现在世俗的做法以及世俗所认为是快乐的,我也不知道把它当作快乐,果真是快乐呢? 还是不快乐呢? 我看那世俗以为快乐,人们所乐于趋赴的,乃是争着走向死亡的深渊而情不自禁! 大家都说这样做很快乐,我没有把它当成快乐,也没有认为是不快乐。果真是有快乐呢? 还是没有快乐呢? 我认为无为实在是乐,而世俗的人又把它当作最大的苦事。所以说:"最大的快乐是没有快乐,最大的名誉是没有名誉。"

天下的是非实在是无法确定的。虽然如此,无为可以用来确定是非。最大的快乐是存活自身,只有无为差不多可以存活自身,请试着谈一下这个问题。天由于无为而清明,地由于无为而安宁。所以,两个无为结合在一起,万物就变化生长起来了。恍恍忽忽,找不到它们是从什么地方生出来的,忽忽恍恍,在万物身上找不到人为的痕迹。世界上的万物是十分繁多的,繁多的万物都是从"无"产生出来的。所以说天和地无为而又无所不为,人哪里能够无为呢!

[原文]

庄子妻死，惠子吊之，庄子则方箕踞鼓盆而歌①。惠子曰："与人居，长子老身，死不哭亦足矣，又鼓盆而歌，不亦甚乎！"

庄子曰："不然。是其始死也，我独何能无概然②！察其始而本无生，非徒无生也而本无形③，非徒无形也而本无气。杂乎芒芴之间，变而有气，气变而有形，形变而有生，今又变而之死，是相与为春秋冬夏四时行也。人且偃然寝于巨室④，而我嗷嗷然随而哭之⑤，自以为不通乎命，故止也。"

[注释]

① 方：正在。箕踞：两脚伸直岔开，形状像簸箕。一说屈膝张足而坐。是一种轻慢的态度。鼓：敲击。　② 概：感慨。古时"概"、"慨"通用。　③ 徒：但，只。　④ 偃然：停息的样子。巨室，喻指天地。　⑤ 嗷嗷（áo 熬）然：哀鸣的声音。

[译文]

庄子的妻子死了，惠子到庄子家里吊唁，这时庄子正两脚伸直岔开坐着，一边敲着盆一边唱歌。惠子说："和老婆生活在一起，老婆为你生养子孙，直到衰老。老婆死了您不去哭也就够了，还在一边敲盆，一边唱歌，这样做不是太过分了吗！"

庄子说："不是这样，当她刚刚死去的时候，我怎么能不难过呢？观察她的最初，本来就不曾生，不只是没有生，而且本来就没有形体，不只是没有形体，而且本来就没有气，只是杂在恍恍忽忽之中，一变而有了气，气再变就有了形体，形体再一变化就有了生命。现在又变化而到了死，这就好像春夏秋冬四时互相交替运行一样。现在人家像休息一样睡在这天地之中，而我却嗷嗷地跟在旁边哭泣，我认为这种做法是不通天命的，所以不这样做。"

[原文]

支离叔与滑介叔观于冥伯之丘[①]，昆仑之虚[②]，黄帝之所休。俄而柳生其左肘[③]，其意蹶蹶然恶之。支离叔曰："子恶之乎？"滑介叔曰："亡，予何恶！生者，假借也[④]；假之而生生者，尘垢也[⑤]。死生为昼夜。且吾与子观化而化及我，我又何恶焉！"

[注释]

① 支离叔：寓言式的人物，支离，衰残瘦弱的样子。用以表明忘形。滑（gǔ 骨）介叔：也是寓言式的人物，借以表明忘智。通过两人的对话，来表达哲学思想。 ② 昆仑：山名，虚，通"墟"，丘墟。 ③ 柳：通"瘤"，即瘤子。 ④ 生：指生命；假借：意思是说生命是借肢体表现出来的。 ⑤ 意思是说肢体是由自然界的尘埃暂时聚集而成的。

[译文]

支离叔和滑介叔在冥伯的山丘上以及昆仑的丘墟上观赏，这是黄帝曾经休息的所在。忽然间滑介叔的左臂生了一个瘤子，他显得惊动不安，好像厌恶它的样子。支离叔说："您讨厌它吗？"滑介叔回答说："没有，我哪里会讨厌呢？我本身的生命也不过是假借着肢体罢了，凡是假借着别的东西生存的，不过是尘垢罢了，死和生就好像白天和黑夜的交替一样，况且我和你正在观看着变化，这变化来到我的身上，我又为什么讨厌呢！"

[原文]

庄子之楚，见空髑髅[①]，髐然有形[②]，撽以马捶[③]，因而问之，曰："夫子贪生失理而为此乎？将子有亡国之事，斧钺之诛，而为此乎？将子有不善之行，愧遗父母妻子之丑，而为此乎？将子有冻馁之患，而为此乎？将子之春秋故及此乎？"于是语卒，援髑髅[④]，枕而卧。

夜半，髑髅见梦曰[⑤]："子之谈者似辩士[⑥]。视子所言,皆生人之累也,死则无此矣。子欲闻死之说乎?”庄子曰:“然。”髑髅曰:“死,无君于上,无臣于下;亦无四时之事,从然以天地为春秋⑦,虽南面王乐,不能过也。”

庄子不信,曰:“吾使司命复生子形,为子骨肉肌肤,反子父母妻子闾里知识,子欲之乎?”髑髅深矉蹙頞曰⑧:“吾安能弃南面王乐而复为人间之劳乎!”

[注释]

① 髑(dú 独)髅(lóu 娄):即骷髅,死人的骨头。 ② 髐(xiāo 肖):枯骨暴露的样子。 ③ 撽(qiào 窍)敲击。捶(chuí 垂):通“棰”,鞭子。 ④ 援:引。 ⑤ 见(xiàn 现):通“现”,显现。 ⑥《庄子阙误》引张君房本,子字之上有向字。 ⑦ 从:通纵,安逸的意思。《庄子阙误》引张君房本作泛。 ⑧ 矉(pín 频):通“颦”,皱眉头。蹙(cù 促)頞(è 遏):頞,同“额”,形容愁苦的样子。

[译文]

庄子到楚国去,路上碰见一副死人的骷髅,这骷髅暴露在土地上,呈现出干枯的样子,庄子用马鞭敲击着这骷髅,发问道:“先生您是因为贪求生命,失去道理而成为这样的呢?还是因为您碰到了国家灭亡的祸事,在战争中被斧头砍死,成为这样的呢?还是因为您做了见不得人的坏事,害怕给父母妻子留下耻辱,惭愧而死,成为这样的呢?还是因为您遭到了受冻挨饿的饥荒而死,成为这样的呢?还是您享尽天年而死,成为这样的呢?”说完了这些话之后,把骷髅拉过来,头枕在上面,躺下睡着了。

到了半夜,骷髅在庄子梦中对他说:“听您说的这些话,您好像是一个善于辩论的人,您说的这些话,都说明人活着的累赘,死了就没有这些累赘了,您愿意听到死的道理吗?”庄子说:“好吧。”骷髅说:“人死了,便没有君主在上面,没有臣仆在下面，也没有春夏秋冬四时的劳碌，安逸地和天地那样长寿，即使是南面为王的快乐，也不能超过啊。”

庄子不相信这些话，说：“我使管理性命的鬼神，让您的形体重新复生，再为您恢复原来的骨肉和皮肤，返回到您父母妻子所居住的村落并恢复您的知识，您愿意这样吗？”骷髅忧愁地皱着眉头说：“我哪里能够抛弃南面王的快乐，而又一次去经受那人间的劳苦呢！”

［原文］

颜渊东之齐，孔子有忧色。子贡下席而问曰①：“小子敢问，回东之齐，夫子有忧色，何邪？”

孔子曰：“善哉汝问！昔者管子有言，丘甚善之，曰：‘褚小者不可以怀大②，绠短者不可以汲深③。’夫若是者，以为命有所成而形有所适也④，夫不可损益。吾恐回与齐侯言尧舜黄帝之道，而重以燧人神农之言。彼将内求于己而不得⑤，不得则惑，人惑则死。

“且女独不闻邪？昔者海鸟止于鲁郊⑥，鲁侯御而觞之于庙⑦，奏九韶以为乐⑧，具太牢以为膳⑨。鸟乃眩视忧悲⑩，不敢食一脔，不敢饮一杯，三日而死。此以己养养鸟也，非以鸟养养鸟也。夫以鸟养养鸟者，宜栖之深林，游之坛陆，浮之江湖，食之鳟鲦⑪，随行列而止，委蛇而处⑫。彼唯人言之恶闻，奚以夫譊譊为乎⑬！咸池九韶之乐，张之洞庭之野，鸟闻之而飞，兽闻之而走，鱼闻之而下入，人卒闻之，相与还而观之。鱼处水而生，人处水而死，彼必相与异，其好恶故异也。故先圣不一其能，不同其事。名止于实，义设于适，是之谓条达而福持。”

[注释] ① 子贡:子贡和颜回一样,也是孔子著名的弟子。 ② 褚(zhǔ 主):囊,袋子。 ③ 绠(gěng 梗):汲水用的绳索,俗称井绳。汲,汲水。 ④ 命:在庄子的理解中是指那种不假人为自然形成的格局。 ⑤ 内求于己:指经过自己的思考。 ⑥ 海鸟:指"爰鸟"。《国语·鲁语上》:"海鸟曰爰居,止于鲁东门外三日,臧文仲使国人祭之。"按"爰居",海中的大鸟名,《尔雅·释鸟》:"爰居,杂具。"邢昺疏:"爰居,海鸟也,大如马驹,一名杂具。" ⑦ 御:迎。 ⑧ 九韶:音乐名。据说是舜时的音乐。 ⑨ 太牢:古代帝王、诸侯祭祀的时候,备有牛、羊、豕三牲的称为"太牢",也有专指牛牲,《大戴礼记·曾子天圆》:"诸侯之祭,牛曰太牢。"这是一种十分隆重的祭礼。膳:膳食。 ⑩ 眩(xuàn 绚):眼花。 ⑪ 鳛(qiū 秋):同"鳅",鱼名。常见的有泥鳅、花鳅、薄鳅。鲦(tiáo 条,又读 yōu 攸):白鱼子。 ⑫ 委蛇(yí 宜):从容自得的样子。 ⑬ 譊(náo 挠)譊:争辩的声音,引申指喧闹嘈杂。

[译文] 颜渊往东到齐国,孔子面色忧愁。子贡离开坐席问道:"学生有一个问题——颜回东往齐国,先生表现出忧愁的样子,这是什么原故呢?"

孔子说:"你这个问题提得好啊!过去管仲曾经说过一些话,我对管仲这些话非常赞成,他说:'容量小的袋子装不进大的东西,短的井绳无法用它在深井中打水。'像这种情况,是自然形成的而各有它适合的用场,一旦形成之后就不能减少也不能增加。我恐怕颜回和齐侯谈论起尧舜和黄帝治理国家的道理,又加上燧人氏和神农氏的言论,齐侯听到这些言论一定要运用脑力去思考,然而却不能理解,不能理解就要产生疑惑,产生疑惑就会把颜回杀死。

"况且,你难道没有听说过吗?过去,一只海鸟停在鲁国的郊野,鲁侯隆重地把这只鸟接到庙里并且给它酒喝,还演奏起《九韶》的音乐使它高兴,用备有牛、羊、猪的席宴作鸟的饭食。而这只鸟却头晕眼花忧愁悲苦，一块肉也不敢吃，一杯酒也不敢喝，三天就死了。这是用自己的生活方式来养鸟，而不是用鸟的生活方式来养鸟。用鸟的生活方式来养鸟，就应该把鸟放在深林之中，让它跳跃在高坛和陆地之上，让它翱翔在大江大湖的水面上啄食小鱼，随着鸟的行列或行或止，让鸟逍遥自在地生活着。它们唯恐听到人说话的声音，你为啥还要把它放在吵吵嚷嚷的环境中呢！像《咸池》和《九韶》这类音乐，演奏在洞庭湖的旷野之中，鸟听到以后就要飞掉，兽听到以后就要跑掉，鱼听到以后就要潜入水中，人听到了就围在一起观看。鱼放在水里能活着，人放在水里就要被淹死，他们之间一定有不同之处，因而好恶也不相同。所以，从前的圣人不强迫他们具有同样的能力，让他们去做同样的事情，只求名义和实际相符，措施适合于各自自然的性情。这就叫做条理通达而保持着福德了。”

［原文］

列子行食于道从[①]，见百岁髑髅，攓蓬而指之曰[②]：“唯予与汝知而未尝死，未尝生也。若果养乎[③]？予果欢乎？”

种有几[④]，得水则为㡭[⑤]，得水土之际则为蛙蠙之衣[⑥]，生于陵屯则为陵舄[⑦]，陵舄得郁栖则为乌足[⑧]，乌足之根为蛴螬，其叶为胡蝶。胡蝶胥也化而为虫[⑨]，生于灶下，其状若脱[⑩]，其名为鸲掇[⑪]。鸲掇千日为鸟，其名为乾余骨[⑫]。乾余骨之沫为斯弥[⑬]，斯弥为食醯[⑭]。颐辂生乎食醯[⑮]，黄軦生乎九猷[⑯]，瞀芮生乎腐蠸[⑰]。羊奚比乎不箰[⑱]，久竹生青宁[⑲]；青宁生程[⑳]，程生马[㉑]，马生人，人又反入于机。万物皆出于机，皆入于机。

［注释］　① 道从：道旁。从，《太平御览》卷八八七引作“仄”。　② 攓（qiān 牵）；同“搴”，拔取。蓬：蓬草。　③ 养：俞樾认为读为恙，《尔雅·释诂》：“恙，忧。”　④ 种：物。《庄子·寓言》：“万物皆种也，以不同形相禅。”　⑤ 𢇍：《经典释文》：“𢇍，此古绝字，徐音绝，今读音继，司马本作继，本或作断，又作续断。”郭嵩焘说：“疑作续断者是也。即本草之续断也。”（郭庆藩《庄子集释》引）按续断，二年生或多年生草本，产于我国华北、华东各省，另有川续断，其根可入药。高亨先生以为续断为当时水舄之别名，庄子以为水舄为水蛭所化，所以说：得水则为𢇍（详见《诸子新笺》）。水蛭，与蚂蟥相类，单细胞动物。　⑥ 蛙蠙：青苔，在水中状如张开的丝绵，俗称虾蟆衣。　⑦ 陵舄：车前子，即《诗经》所说的芣苢。　⑧ 郁：粪土；郁栖，栖于粪土。乌足，草名，疑为乌头，乌头有剧毒，加工炮制后可以入药。　⑨ 胥：少，指时间少，意谓迅速。　⑩ 脱：通“蜕”。　⑪ 鸲（qú 渠）掇：鸲，《列子·天瑞篇》作鸲，高亨先生以为当作驹，音同通用，或形近致误，马叙伦先生疑为灶马，高亨先生以为马叙伦说近是。　⑫ 乾（gàn 干）余骨：鸟名，未详何鸟。　⑬ 斯弥：高亨先生以为是米的蠹虫（详见《诸子新笺》）。

⑭ 食醯（xī 希）：醯鸡，小虫名，即蠛蠓，古人误以为酒醋上的白霉变成，因名醯鸡。　⑮ 颐辂：即蜉游。朝生暮死。　⑯ 黄軦：軦，字书无此字，东晋张湛《列子·天瑞篇》注，音呪。按呪即咒的异体字。黄軦，高亨先生疑为黄蛢，黄蛢即蟥蛢，甲虫，大如虎豆，绿色，江东称黄蛢（音瓶）。九猷：蚕类昆虫。　⑰ 瞀（mào 貌）芮（ruì 锐）：俗称蠓虫，昆虫类。腐蠸（quán 权）：一种小甲虫。《列子·天瑞篇》张湛注，以为瓜中黄甲虫。成玄英以为是萤火虫。似以成注为允，译文姑从成注。

⑱ 羊奚：草名。《经典释文》引司马云：“羊奚，草名，根似芜菁，与久竹比合而为物，皆生于非类也。”箰：笋。　⑲ 久竹：老竹。青宁，青熊（采高亨先生说）。　⑳ 程：豹子，《尸子》：“程，中国谓之豹，越人谓之貘。”（《列子·天瑞》殷敬顺释文引）　㉑ 马：高亨先生疑为“为”，形近致误，《说文》：“为，母猴也。”说甚允，当从。

［译文］　列子在道旁吃饭，看见一具暴露了百把年的人骨头，于是

拔掉周围的蓬草，指着这具人骨说："只有我和你了解，你不曾死，也不曾生。你真的忧愁吗？我真的欢乐吗？"

物的数目究竟有多少？得到水的滋养就生出水䲷，处在有水有土的地方就生出虾蟆衣，生在山陵的上面便成为车前子，车前子放在粪土中就生出乌足草，乌足草的根部又生出土蚕，叶子变成蝴蝶。蝴蝶很快地变成虫子，生活在灶下，它的形状像是蜕变出来一样，名字叫鸲掇，鸲掇千日以后又长成一种鸟，它的名字叫做乾余骨。乾余骨的唾液又变成了米的蠹虫。蛴螬从米醋中生长出来，甲虫从蛴螬变来，树蚕从甲虫中变来，萤火虫从树蚕变来，羊奚草从萤火虫变来。羊奚草和竹笋结合在一起，竹子老了又生出青熊，青熊生出豹子，豹子生出猴子，猴子生出人，人又反转过来变成原始微生物。万物都是由原始微生物生来的，又回到原始状态。

达生第十九

［原文］

达生之情者，不务生之所无以为；达命之情者，不务知之所无奈何①。养形必先之以物，物有余而形不养者有之矣；有生必先无离形，形不离而生亡者有之矣。生之来不能却，其去不能止。悲夫！世之人以为养形足以存生；而养形果不足以存生，则世奚足为哉！虽不足为而不可不为者，其为不免矣。

夫欲免为形者，莫如弃世。弃世则无累，无累则正平，正本则与彼更生，更生则几矣②。事奚足弃而生奚足遗？弃事则形不劳，遗生则精不亏。夫形全精复，与天为一。天地者，万物之父母也，合则成体，散则成始。形精不亏，是谓能移；精而又精，反以相天③。

［注释］

① 达：通，通达，了解。情：实。命：命运。务：努力从事。知：《弘明集·正诬论》引作命，当从。 ② 正平：形容道路直而平坦。彼：那，指造化。更生：指随同造化而循环推移。 ③ 相：助。

［译文］

了解生命的实际的，不去追求那些与生命无所补益的事情；了解命运的实际的，不去追求那些本分以外的事情。必须用物资来养活自己的身体，物资丰足有余而形体得不到养活，这种情况是有的；要保持生命，就必须先使生命不离开形体，形体虽然没有离开人世，而生命早已死亡了，这种情况也是有的。生命的到来不能拒绝，生命的消失不能阻止，可悲啊！世俗的人以为保养身体就足以保存生命；然而如果保养身体实在不能够保存生命，那么，世俗的人又何必去做这种事情呢！虽然不值得做这种事情，而又不可不去做它，那么人们做这些事情就是不可避免的了。

如果要避免为形体操劳，不如抛弃社会。抛弃了社会就没有累赘，没有累赘就走上了坦途，走上了坦途便和那个造化循环推移，能够和造化循环推移就算是接近于大道了。事务为什么要丢掉？生涯为什么要抛弃？丢掉了事务，身体就不会操劳，抛弃了生涯，精神就不会亏损，保持着形体与精神的完好无缺和自然融合为一。天和地，是生育万物的父母，结合起来就成为形体，分散开来，便又成为另一种东西的开始。形体和精神不亏损，这就叫做能够和造化推移，精神里面又有精神，这种精神反过来和自然相辅相成。

［原文］

子列子问关尹曰："至人潜行不窒，蹈火不热，行乎万物之上而不栗[①]。请问何以至于此？"

关尹曰："是纯气之守也，非知巧果敢之列。居，予语女！凡有貌象声色者，皆物也，物与物何以相远[②]？夫奚足以至乎先？是色而已。则物之造乎不形而止乎无所化，夫得是而穷之者，物焉得而止焉[③]？彼将处乎不淫之度，而藏乎无端之纪，游乎万物之所终始，一其性，养其气，合其德，以通乎物之所造[④]。夫若是者，其天守全，其神无郤，物奚自入焉[⑤]！

"夫醉者之坠车，虽疾不死。骨节与人同而犯害与人异，其神全也，乘亦不知也，坠亦不知也，死生惊惧不入乎其胸中，是故遻物而不慴[⑥]。彼得全于酒而犹若是，而况得全于天乎？圣人藏于天，故莫之能伤也。复仇者不折莫干，虽有忮心者不怨飘瓦，是以天下平均。故无攻战之乱，无杀戮之刑者，由此道也。

“不开人之天，而开天之天，开天者德生，开人者贼生。不厌其天，不忽于人，民几乎以其真！”

[注释]

① 子列子：对列子敬重的称谓。子，古人尊称老师曰子。关尹：人名。姓尹名喜，字公度，做过函谷关令，故称关尹。先秦道家学派的著名人物。潜行：指潜行于世。窒：阻塞，不通。 ② 纯气：纯和之气。远：指距离言，犹言区分。在庄子看来凡是具有貌象声色的都是物，既然都是物，因此，从物的角度讲是没有区别的。 ③ 此句是说，有形有色之物不能产生物，物是从无形无色的东西中产生出来的。止：谓控制；制约。 ④ 淫：过度；过分。所造：郭象注：“万物皆造于自尔。”成玄英疏：“物之所造，自然也。既一性合德，与物相应，故能达至道之原，通自然之本。”此说甚得其旨，从之。 ⑤ 郤：同隙。物：指外物，谓世俗社会。 ⑥ 遻（è 饿）：相遇。慴（shè 社）：恐惧；害怕。

[译文]

列子问关尹说：“最有道德的人，潜行到水中不受阻碍，跳到火里不感到炎热，行走在万物之上不感到恐惧，请问是什么原因使他到了这步田地？”

关尹说：“是因为他守住了纯和之气的原故，这不是智巧果敢的人所能做到的。停下，我告诉你，凡是有容貌、形象、声音、颜色的，都是物，物与物相互之间哪里会有区别？谁有资格在前面？不过都是有形有色的东西而已。这就是说物是从没有形状的东西中产生出来的，而停留在无所变化之中，如果能够得到这个道理并且能够明白这个道理的究竟，那物又怎么会控制得住他呢？他一定会处在自己的本分之内，藏在没有端绪的变化里面，游处在万物的无始无终的运动之中，完全按照他的自然本性行事,培养他纯真的元气,牢牢地固守其自然本性,从而使自己和万物的自然境界相通。假如能够达到这样的境界,他的天性就会完好无缺,他的精神就没有漏洞,外物的干扰从哪里乘虚而入呢?

“喝醉酒的人,从车上掉下来,虽然摔伤了却不至于死掉。身上的骨节和别人相同,而受害的结果却和别人不一样,这就是因为他保持了精神的混沌状态的缘故。他对自己是否坐在车上不知道,从车上掉下来也不知道,死亡和生存,惊恐和害怕进不到他的胸中。因此,虽受外物的挫折而不畏惧。那些醉酒之后而得到保全的人还如此,何况是完全归于自然而得到保全的人呢?圣人把自己藏在自然之中,所以,没有什么东西能够伤害他。复仇的人虽为干将莫邪的利剑所伤害,但他在复仇时却不去折断它。即使胸怀狭窄常存忌恨之心的人也不去怨恨那伤害自己的飘瓦。由此而天下得以和平安宁。所以说,没有攻战的祸乱,没有杀戮的刑罚,都是由于实行这种无为之道的原故。

“不要开启人的智慧,而要开启人的自然本性。开启人的自然本性,人就能做到随遇而安从而获得生存;开启人的智慧,就会使人受到残害。不讨厌那自然的本性,也不轻视用自然本性的智慧理解事物,这样的人就差不多可以说达到纯真的境界了!”

[原文]

仲尼适楚,出于林中,见痀偻者承蜩[1],犹掇之也[2]。

仲尼曰:“子巧乎!有道邪?”曰:“我有道也。五六月累丸二而不坠,则失者锱铢[3];累三而不坠,则失者十一;累五而不坠,犹掇之也。吾处身也,若厥株拘[4]；吾执臂也，若槁木之枝；虽天地之大，万物之多，而唯蜩翼之知。吾不反不侧，不以万物易蜩之翼，何为而不得！”

孔子顾谓弟子曰：“用志不分，乃凝于神，其痀偻丈人之谓乎！”

［注释］ ① 痀（jū 拘，又读 gōu 勾）偻：老人曲腰之貌。承：通“拯”，取。 ② 掇（duō 多）：拾取。 ③ 锱（zī 资）铢（zhū 朱）：古时极小的重量单位，比喻极小的数量。 ④ 厥：赵谏议本作橛。株拘：断木。

［译文］ 孔子到楚国去，走出树林的时候，看见一位驼背老人用竿子捉蝉，好像在地上拾物那样容易。

孔子说：“先生您真是灵巧啊！这里面也有道理吗？”老人回答说：“有道理。技艺练了五六个月的时候，我手里拿着竹竿，竿头叠放着两个丸子，等到这两个丸子掉不下来，然后再去捉蝉，蝉跑掉的很少。后来在竿头叠放着三个丸子，等到这三个丸子掉不下来的时候，再去捉蝉，蝉跑掉的更少，不过十分之一罢了。后来在竿头叠放着五个丸子，等到这五个丸子仍然掉不下来，然后再去捉蝉，就好像在地上拾物一样容易了。我立定身子就好像竖起的木桩那样，我那伸出的手臂也一动不动，就像枯树的树枝一样。虽然天地那么大，万物那么多，而我却只注意蝉的翅膀，我不去左顾右盼，不因纷杂的万物而改变对蝉翼的注意，为什么捉不到呢？”

孔子回过头来对学生们说：“运用心智而不分散，就能够使精神集中了，这句话说的大概就是这位驼背老人吧！”

［原文］ 颜渊问仲尼曰：“吾尝济乎觞深之渊，津人操舟若神[1]。吾问焉，曰：‘操舟可学邪？’曰：‘可。善游

者数能。若乃夫没人，则未尝见舟而便操之也[2]。’吾问焉而不吾告，敢问何谓也？”

仲尼曰：“善游者数能，忘水也。若乃夫没人之未尝见舟而便操之也，彼视渊若陵，视舟之覆犹其车却也。覆却万方陈乎前而不得入其舍，恶往而不暇[3]！以瓦注者巧，以钩注者惮，以黄金注者殙[4]。其巧一也，而有所矜，则重外也[5]。凡外重者内拙。”

［注释］ ① 觞深：渊名，在宋国境内。津人：摆渡的船夫。若神：形容驾驶技术纯熟精巧。 ② 数能：谓经过多次学习而后能。数：多次。没人：掌握潜水技术的人。便：《列子・黄帝篇》作谡，张湛注：“起也。” ③《列子・黄帝篇》万下有物字。方：俞樾解作并，方的本义为两舟相并，故可解作并。舍：指内心，古人认为这里是精神的住所故称舍。暇：闲暇，指优游自得。 ④ 瓦：贱器。注：掷射。因为瓦是贱器，掷射时无所顾忌，所以往往能投中。钩：钩带，以银或铜做成，其物稍贵，戏赌掷射的人唯恐不中，故心存畏惧。金：黄金，极贵重之物，故心智昏乱而不中。殙（hūn 昏）：头脑混乱。 ⑤ 矜：顾惜，畏惧。

［译文］ 颜渊问孔子说：“我曾渡过名叫觞深的大渊，那里的船夫像神人那样驾驶着船只，我问他说：‘驾驶船的技术可以学到吗？’回答说：‘可以学到。善于游泳的人要经过多次学习才可以，假如是那个善于潜水的人，虽然未曾见过船只，但却可以驾驶它。’我问他是什么道理，而他却不告诉我。请问他说的这些话应当怎样理解呢？”

孔子回答说：“善于游泳的人，经过多次练习，便能够掌握住游泳的技术，是因为他虽在水中却忘掉了水，像那个船夫虽然没有见过船却可以驾驶它，那是因为他把深渊看成丘陵陆地，把翻船看得像车子从高坡退下一样的缘故。万物一起覆没的情形摆在面前，却反映不到他的脑海中去，这样的人无论到什么地方都是优闲自得的。用瓦来投掷往往可以巧中，用银钩来投掷，就心存畏惧，用黄金来投掷，就思想昏乱，投掷不中。同是一个人，却有巧中与不中两种结果，就是因为他看重外物而有所顾惜、有所畏惧的原故。凡是看重外物的，思想必然笨拙。”

［原文］

田开之见周威公①。威公曰：“吾闻祝肾学生，吾子与祝肾游，亦何闻焉？”田开之曰：“开之操拔篲以侍门庭②，亦何闻于夫子！”

威公曰：“田子无让，寡人愿闻之。”开之曰：“闻之夫子曰：‘善养生者，若牧羊然，视其后者而鞭之③。’”威公曰：“何谓也？”田开之曰：“鲁有单豹者，岩居而水饮，不与民共利，行年七十而犹有婴儿之色；不幸遇饿虎，饿虎杀而食之。有张毅者，高门悬薄④，无不走也，行年四十而有内热之病以死。豹养其内而虎食其外，毅养其外而病攻其内，此二子者，皆不鞭其后者也。”

仲尼曰：“无入而藏，无出而阳，柴立其中央⑤。三者若得，其名必极。夫畏塗者，十杀一人，则父子兄弟相戒也，必盛卒徒而后敢出焉，不亦知乎！人之所取畏者，衽席之上⑥，饮食之间，而不知为之戒者，过也。”

祝宗人元端以临牢筴⑦，说彘曰：“汝奚恶死？吾将三月犊汝，十日戒，三日齐，藉白茅，加汝肩尻乎雕俎之上，则汝为之乎⑧？”为彘谋，曰不如食以糠糟而错之牢筴之中，自为谋，则苟生有轩冕之尊，死得于腞楯之上、聚偻之中则为之⑨。为彘谋则去之，自为谋则取之，所异彘者何也？

[注释]

① 田开之：人名，姓田，名开之。威公：崔本作周威公灶。《史记·周本纪》考王封其弟于河南，是为桓公，桓公死后，其子威公代立，可能即本文所说周威公。 ② 祝肾：人名。姓祝，名肾。学生：学养生之道。操：拿着。拔篲（huì 会）：扫帚。 ③ 鞭之：诸说不同，一、崔本作趍，匿。视其羸瘦在后者，匿著牢中养之。二、郭象以为鞭其后者以去其不及。成玄英说："养生譬之牧羊，鞭其后者，令其折中。"三、郭嵩焘以为崔说、郭注、成疏均非，解作"鞭其后，则前者于于然行矣，注视其后而前者不劳也，谨持其终者也。"案当以郭注、成疏为允，庄子主张执中，鞭其后，与执中的思想是吻合的。 ④ 高门悬薄：高门，指富贵之家。悬薄，垂帘，也是指富贵之家。成玄英说："言张毅是流俗之人，追奔世利，高门甲第，朱户垂帘，莫不驰骤参谒，趋走庆吊，形劳神弱，困而不休，于是内热发背而死。"案关于张毅的事迹尚有以下几种记载：《文选·幽通赋》李注引此文："高门悬薄无不趣义也。"《吕氏春秋·必已篇》："张毅好恭，门闾帷薄聚居众无不趋。"《淮南子·人间篇》："张毅好恭，过宫室廊庙必趋，见门闾聚众必下，厮徒马圉，皆与伉礼，然不终其寿，内热而死。"成疏以张毅为反面人物，《文选》李注、《吕览》、《淮南子》以张毅为正面人物，这可能是传说不一所致。从本文来看，当以成玄英疏为允，追逐世利的人，必然是贪图享受，所以下文说"毅养其外"，外即指形体言。好恭好义与"养其外"不合。俞樾据《文选》注、《吕览》、《淮南子》解释这段文字，揆诸情理，于义未安。 ⑤ 无入而藏：指上文单豹言。无出而阳：指上文张毅言。柴：木。 ⑥ 衽席：卧席。指色欲言。⑦ 祝宗人：掌管宗室家庙祭祀之礼的人。元端：衣服和帽子。牢：指猪圈。筴：木栏。 ⑧ 犙：《庄子阙误》引张君房本作豢。斋、戒：古人在祭祀前或举行典礼前清心洁身表示对鬼神的虔诚。藉：衬垫。古代礼俗，祭祀时祭品以白茅作衬垫。尻（kāo 考阴平）：臀部。 ⑨ 错：置放。腞（zhuàn 篆）楯（shǔn 吮）：送棺车，即葬车。聚偻：棺椁。

[译文] 田开之拜见周威公。威公说:“我听说祝肾学习养生之道,您和祝肾有过交往,您可曾听到过祝肾的养生之道没有?”田开之说:“我拿着扫帚打扫门庭,何尝从先生那里听到过什么呢!”

威公说:“田先生不要谦让,我很希望听到养生之道。”开之说:“我听到先生说过:‘善于养生的人,就像牧羊一样,看那只羊走在后面,便用鞭子赶一赶它。’”

威公说:“这些话的意思是什么?”田开之说:“鲁国有一位名叫单豹的人,住在深山之中,喝的是山泉之水,不和人们在一起争逐名利,到了七十岁的时候,面色还和婴儿一样。不幸碰到了饿虎,饿虎把他吃掉了。有一个叫做张毅的人,凡是富贵人家,无不登门趋奉,在四十岁的时候,因内热之病而死掉了。单豹善于培养自己的精神,然而他的身体却被老虎吃掉,张毅善于调养他的身体,然而他的思想却被名利的狂热毁掉。这两个人都是不能鞭后的人。”

孔子说:“不要遁入偏僻的地方,并进而把自己匿藏起来,也不要出入仕途,并进而彰扬显露自己,像没有感情的槁木一样,站在两者之间。如果做到以上三点,他的名声必然最高。要是路有劫贼行人畏惧,十个人行走,其中就有一人被杀,这样,父子兄弟就会相互戒备,必定要多结伙伴才敢出入在这条道路上,这样做不是很聪明的吗?其实,人们最应当感到害怕的则是枕席上的色欲,以及饮食上的奢侈,然而有些人却不知道引以为戒,这实在是错误的。”

祝史穿着礼服走到猪圈的前面,对猪说:“你为什么要害怕死呢?我将要用三个月的时间来豢养你,用十天为你作戒,三天为你作斋,用白茅作衬垫,然后把你的身体放在雕刻精制的砧板上,你愿意这样做吗?”为猪打算,不如用糟糠去喂养它,而把它放在栏圈之中,为自己打算,就苟且偷生贪图尊贵的轩冕，死后放在雕刻的葬车之上和棺椁之中。为猪打算的时候，就抛弃白茅雕俎，为自己打算的时候，就贪取轩冕柩车，对待自己的态度和对待猪的态度有所不同，这是为什么呢？

［原文］

桓公田于泽，管仲御，见鬼焉。公抚管仲之手曰："仲父何见？"对曰："臣无所见。"公反，诶诒为病，数日不出①。

齐士有皇子告敖者曰："公则自伤，鬼恶能伤公！夫忿滀之气②，散而不反，则为不足；上而不下，则使人善怒；下而不上，则使人善忘；不上不下，中身当心，则为病。"

桓公曰："然则有鬼乎？"曰"有。沈有履，灶有髻③。户内之烦壤，雷霆处之；东北方之下者，倍阿鲑蠪跃之；西北方之下者，则泆阳处之④。水有罔象，丘有峷，山有夔，野有彷徨，泽有委蛇⑤。"

公曰："请问委蛇之状何如？"皇子曰："委蛇，其大如毂，其长如辕，紫衣而朱冠。其为物也，恶闻雷车之声，则捧其首而立。见之者殆乎霸。"

桓公辴然而笑曰⑥："此寡人之所见者也。"于是正衣冠与之坐，不终日而不知病之去也。

［注释］

① 田：通"畋（tián 田）"，打猎。诶（xī 希）诒（yí 夷）：疲惫懈怠的样子。 ② 皇子告敖：人名，复姓皇子，名告敖。滀（chù 处，又读 xù 旭）：水停聚，引申为蓄愤郁结。 ③ 沈：高亨先生以为当读为寝，寝即室。庄子这段文字是谈有鬼的处所，由沈而灶，而户内，而东北方、西北方、水、丘、山、野、泽。读沈为寝，于义甚合，此说可从。髻（jì 记）：传说中的灶神，穿着红色衣服，状如美女。 ④ 烦壤：粪壤。倍阿鲑（guī 规）蠪（lóng 龙）：神名，跳跃如小儿，长一尺四寸，穿黑色衣服，戴

红色头巾，带剑持戟。泆（yì 溢）阳：神名，豹头马尾。 ⑤ 罔象：水神名，司马本作无伤。状如小儿，赤黑色，赤爪，大耳，长臂。峷（shēn 申）：丘神。一说传说中的兽名，状如狗，有角，文身五彩。夔：状如鼓，一足。彷徨：又作方皇，状如蛇，两头，五彩文。委（wēi 威）蛇（yí 宜）：泽神名。 ⑥ 辴（chǎn 产）：笑貌。

［译文］

桓公在野泽中打猎，管仲驾着车子，忽然桓公看到了鬼。桓公拉着管仲的手，说："仲父，你看见了什么没有？"管仲回答说："我什么也没有看到。"桓公回来后疲惫不堪，生了一场病，好多天不出来。

齐国有一位叫做皇子告敖的人说："公是自己伤害自己，鬼怎么能够伤害公呢！那怒气郁结在胸中，精神魂魄便要离散而不再返回。这种情形则是道行不足造成的。邪气上来了下不去，就会使人发怒；邪气下来了不上去，就会使人健忘；邪气不上不下，正好在心中，就会生病。"

桓公说："那么，真的有鬼吗？"回答说："有鬼。水下污泥中的鬼叫做履，灶有鬼叫做髻。门户内的粪壤，名字叫做雷霆的鬼就住在这个地方；住宅东北墙的下面，有一个名叫倍阿鲑蠪的鬼在跳跃；住宅西北墙的下面，有一个名叫泆阳的鬼住在那里。水中的鬼叫罔象，丘陵中的鬼叫峷，山中的鬼叫夔，田野里的鬼叫彷徨，草泽中的鬼叫委蛇。"

桓公说："请问，委蛇的形状是怎样的？"皇子回答说："委蛇，它的大小像车毂，它的长短像车辕，穿着紫色的衣服戴着红色的帽子，这种东西讨厌雷车的声音，一听到雷车的声音就捧着头站在那里。能够看见它的人，差不多可以当霸主了。"

桓公笑着说道："这正是我所看到的鬼。"于是整理一下衣冠和皇子一起坐在那里谈话，不到一天，病不知不觉地好了。

[原文] 纪渻子为王养斗鸡[①]，十日而问："鸡已乎？"曰："未也，方虚憍而恃气。"十日又问，曰："未也，犹应向景[②]。"十日又问，曰："未也。犹疾视而盛气。"十日又问，曰："几矣。鸡虽有鸣者，已无变矣，望之似木鸡矣，其德全矣，异鸡无敢应者，反走矣[③]。"

孔子观于吕梁，县水三十仞，流沫四十里，鼋鼍鱼鳖之所不能游也[④]。见一丈夫游之，以为有苦而欲死也，使弟子并流而拯之，数百步而出，被发行歌而游于塘下[⑤]。孔子从而问焉，曰："吾以子为鬼，察子则人也。请问，蹈水有道乎？"曰："亡，吾无道。吾始乎故，长乎性，成乎命。与齐俱入，与汩偕出，从水之道而不为私焉[⑥]。此吾所以蹈之也。"孔子曰："何谓始乎故，长乎性，成乎命？"曰："吾生于陵而安于陵，故也；长于水而安于水，性也；不知吾所以然而然，命也。"

梓庆削木为鐻，鐻成，见者惊犹鬼神[⑦]。鲁侯见而问焉，曰："子何术以为焉？"对曰："臣工人，何术之有；虽然，有一焉。臣将为鐻，未尝敢以耗气也，必齐以静心。齐三日，而不敢怀庆赏爵禄；齐五日，不敢怀非誉巧拙；齐七日，辄然忘吾有四枝形体也[⑧]。当是时也，无公朝，其巧专而外骨消；然后入山林，观天性；形躯至矣，然后成见鐻，然后加手焉[⑨]；不然则已。则以天合天，器之所以疑神者，其是与！"

[注释] ① 纪渻（shěng 省）子：人名，姓纪，名渻子。渻一本作消。《列子·

黄帝篇》也有记载。王:《列子·黄帝篇》作周宣王。 ② 虚怀:虚浮骄傲。怀,通“骄”。向:一本作响,指声响。景:通“影”,影子。 ③ 反:通“返”。 ④ 吕梁:解说不一。《经典释文》引司马说:“河水有石绝处也,今西河离石西有此悬绝,世谓之黄梁。”案西河离石,即今山西省离石县,地处吕梁山区。一说蒲州二百里有龙门,河水所经,瀑布而下,亦名吕梁。案蒲州,州府名,北周置,治在蒲坂,因称蒲州,唐代辖境约当今山西永济、河津、临猗、闻喜、万荣及运城西南部分地区。蒲州龙门,即今山西河津县北面之龙门。一说宋国彭县城之吕梁。案宋国彭城即今江苏省徐州市。似以司马说为近是。 ⑤ 并流:顺着水流的方向。被:通“披”。游:行走。塘:堤岸。塘下即堤岸之下。 ⑥ 蹈水:指游泳。齐:指漩涡。王念孙以为齐通脐,脐居腹之中,喻指水的漩涡之中。汩(gǔ 古):涌出的泉水。 ⑦ 梓庆:人名。梓,官号;庆,其名。鲁国著名的巧匠。《左传·襄公四年》“匠庆谓季文子”杜预注:“匠庆,鲁大匠。”梓庆或即《左传》之匠庆。镳(jù 据):本作“虡”。古时悬挂钟鼓的架子。《经典释文》引司马云;“镳,乐器也,似夹钟。”非是。镳,本金属乐器非木制乐器。 ⑧ 辄然:不动的样子。 ⑨ 公朝:公,公室,指诸侯。朝,朝廷,指天子。骨:通“汩”,乱。消:消除,消失。见:通“现”。

［译文］ 纪渻子为国王培养斗鸡,十天之后,国王问纪渻子说:“鸡已经培养好了吗?”回答说:“现在这只鸡正表现得虚浮、骄傲、矜持、自恃,还没有培养好。”再过十天,国王又一次询问,纪渻子回答说:“现在这只鸡还是应响而鸣,顾影而行,还没有培养好。”再过十天,国王又一次询问,纪渻子回答说:“现在这只鸡看东西还是那样迅速,意气还是那样强盛,仍然没有培养好。”再过十天,国王又一次询问,纪渻子回答说:“差不多了,这只鸡虽然能发出鸣叫,但已经没有什么变化了。看去就好像木鸡一样,它的德性已经全备,别的鸡没有敢应战的,见到它便掉过头来跑掉了。”

孔子在吕梁观赏风光，瀑布从二百多尺的高山上流下，水沫飞溅四十里远，即使是鼋鼍鱼鳖在这里也无法游泳。然而他却看见一位男子在这里游泳，孔子以为这人大概有什么苦处想要投水自杀，便派弟子顺着流水把他救上来。但他却在数百步远的地方游出水面，披着头发，在岸边一面行走，一面唱歌。孔子跟在后面，问他说："起初我以为你是鬼，经过观察，才知道你是人，请问，在水中游泳也有道术吗？"回答说："没有，我没有道术。无非是始乎故，长乎性，成乎命而已。我和水的漩涡一起下去，又和水的波涛一起出来，顺从水的规律而不加抗拒，这就是我在水中游泳的道理啊。"孔子说："什么叫做'始乎故，长乎性，成乎命'呢？"回答说："我生在丘陵地带而安于丘陵地带的生活，这就叫做安于故常；我在水中长大而安于水中的生活，这就叫做习以成性；我不知道为什么这样做而竟然这样做了，这就叫做混同于自然和天命。"

梓庆把木头雕刻成鐻，鐻雕成之后，见到的人对鐻制作的精妙十分惊异，以为是鬼神做成的。鲁国的国君看到鐻之后，向梓庆询问说："你是用什么办法把鐻制作得如此精巧的？"回答说："我不过是一个工人，哪里有什么高明的办法！不过，我有一条：将要雕刻鐻的时候，我不敢耗损我的气力，一定要斋戒使心情宁静。斋戒三天之后，我不敢怀有获得祝贺、奖赏、爵位、俸禄的念头；斋戒了五天之后，我不敢怀有听到批评我的笨拙或称赞我的精巧的想法；斋戒七天之后，我的心思毫不为外物所动，忘记了我还有四肢形体。在这个时候，我忘掉了是为公家和朝廷制作，我把我的巧思集中到雕刻上，从而外界的纷扰涣然冰释。然后我又到高山和森林之中，观察树木的自然形态，选择那种最适合雕刻鐻的木质。这时鐻的形态宛然如在眼前，然后再动手雕刻，不是这样的木质就舍弃不用，使我的自然本性和木质的自然本性相吻合。器物制成之后，被惊异为鬼斧神工,道理大概就在这个地方吧!"

[原文]

东野稷以御见庄公,进退中绳,左右旋中规①。庄公以为文弗过也,使之钩百而反。

颜阖遇之,入见曰:"稷之马将败。"公密而不应②。少焉,果败而反。公曰:"子何以知之?"曰:"其马力竭矣,而犹求焉,故曰败。"

工倕旋而盖规矩,指与物化而不以心稽,故其灵台一而不桎③。忘足,屦之适也;忘要,带之适也;知忘是非,心之适也;不内变,不外从,事会之适也。始乎适而未尝不适者,忘适之适也。

[注释]

① 东野稷:人名,姓东野,名稷。古时善于驾车的人。庄公:鲁庄公。《荀子·哀公篇》也记载这件事,文中庄公作定公。 ② 颜阖:人名,详见《人间世》注。密:默然。 ③ 盖:压倒;胜过。稽:留。灵台:心,指思想。

[译文]

东野稷以善于驾车而进见鲁庄公,他驾起车来,无论前进还是后退都像绳子那样直,无论向左旋转还是向右旋转都像规那样圆。庄公以为即使是织绘锦绣花纹的技巧也不过如此,便让东野稷驾着车弯曲旋转起来,旋转一百圈然后返回。

这种情形被颜阖碰见了。颜阖入见庄公说:"稷的马将要跌倒。"庄公默然不应。一会儿,东野稷的马果然跌倒而回。庄公问颜阖说:"您为什么事先就知道东野稷的马将要跌倒呢?"回答说:"他的马力气已经用尽了,还要求它继续表演,所以说一定要跌倒。"

工倕技巧的娴熟超过了规矩,手指随着物在变化,按照物的不同情况来施展他的巧技,好像不曾留意一样,因而他的思想虽然专一，却没有拘束之苦。把脚忘掉了，什么样的鞋子都合适；把腰忘掉了，什么样的带子都合适；把是非忘掉了，无论什么时候，心里都感到快适。内心的志向不变，外物的影响不从，无论碰到什么事情都感到快适。开始感到快适而后无不快适的，是忘掉了快适的快适。

［原文］

有孙休者，踵门而诧子扁庆子曰①："休居乡不见谓不修，临难不见谓不勇；然而田原不遇岁，事君不遇世，宾于乡里，逐于州部，则胡罪乎天哉？休恶遇此命也②？"

扁子曰："子独不闻夫至人之自行邪？忘其肝胆，遗其耳目，芒然彷徨乎尘垢之外，逍遥乎无事之业，是谓为而不恃，长而不宰③。今汝饰知以惊愚，脩身以明污，昭昭乎若揭日月而行也④。汝得全而形躯，具而九窍，无中道夭于聋盲跛蹇而比于人数，亦幸矣，又何暇乎天之怨哉⑤！子往矣！"

孙子出，扁子入，坐有间⑥，仰天而叹。弟子问曰："先生何为叹乎？"扁子曰："向者休来，吾告之以至人之德，吾恐其惊而遂至于惑也。"弟子曰："不然，孙子之所言是邪？先生之所言非邪？非固不能惑是。孙子所言非邪？先生所言是邪？彼固惑而来矣，又奚罪焉！"

扁子曰："不然。昔者有鸟止于鲁郊，鲁君说之，为具太牢以飨之，奏九韶以乐之，鸟乃始忧悲眩视，不敢饮食⑦。此之谓以己养养鸟也。若夫以鸟养养鸟者，宜栖之深林，浮之江湖，食之以委蛇，则平陆而已矣⑧。今休，款启寡闻之民也⑨，吾告以至人之德，譬之若载鼷以车马，乐鴳以钟鼓也。彼又恶能无惊乎哉！”

[注释] ① 孙休：人名，姓孙，名休，鲁国人。踵门：亲至其门。诧：告，叹。子扁庆子：姓扁名庆子，鲁国人。 ② 不见：不被，见，被。谓：说。宾：通“摈”，抛弃。恶（wū 乌）：何，怎么。 ③ 芒然：无知无识的样子。 ④ 昭昭：光明；明亮。揭：担，也可解作举。 ⑤ 全而、具而的而，均通“尔”，你。具：完备。跛（bǒ 播）蹇（jiǎn 简）：瘸腿。比：列。 ⑥ 有间（jiàn 见）：犹有顷，一会儿。 ⑦ 说：通“悦”。太牢：古代帝王、诸侯祭祀社稷时，牛、羊、豕三牲全备称“太牢”。九韶：传说中虞舜的乐名，共分九章，因称九韶。 ⑧ 委蛇：《经典释文》引司马云：“委蛇，泥鳅。”俞樾以为此为臆说，未详何物。《至乐》篇也记载了这件事，其文为“食之鰌鲦”，可见解作泥鳅，并非全然无据。平陆：平常的道理。陆，道（采陈寿昌说，见《南华真经正义》）。 ⑨ 款启：款，空；启，开。形容所见之小。

[译文] 有一个名字叫孙休的人，亲自到子扁庆子的门上，边叹息边对他说：“我居住在乡里之中，不曾让人家说过我的操行不端正，碰到危难，也不曾让人家说过我不勇敢。然而我经营的田地却没有好收成，在朝廷之上也碰不到圣明的君主而不被重用，同时遭到乡里的排斥，又为地方长官所放逐，我有何罪于上天，为什么会碰到这样的命运呢？”

扁子说：“你没有听到过圣人的作为吗？他忘掉了自己的肝胆，抛弃了自己的耳目，好像无知无识的样子自由自在地生活在尘世之外，逍遥自得地生活在无所作为之中，这就叫做虽有本领而不恃才傲物；虽有建树而不居以邀功。现在你装着自己很有智慧而哗众取宠，提高自己的德行，以便显示别人的污秽和低下，将自己的才能明明白白地显示在外面，就好像担着太阳和月亮在行走一样。这样,你能够得以保全自己的身躯,你的九窍能够完备而无损害,没有在半道就夭折在耳聋眼瞎腿瘸上,能够和正常人一样,这已经是很幸运的了,还哪里有空闲去怨天尤人呢? 你可以走开了!”

孙休走了以后,扁子走了进来,坐下不大一会儿,抬起头望着天空叹息,弟子问道:“先生为什么叹息呢?”扁子说:“刚才孙休到这儿来,我告诉他圣人的品德,我恐怕他感到惊异,因而更加迷惑。”弟子说:“不是这样,如果孙先生所说的话是对的,而先生所说的话是不对的,那么错误的本来不能迷惑正确的。如果孙先生所说的话是不对的,而先生所说的话是对的,那么他本来就是因为有了疑问才来的,你又有什么过错呢?”

扁子说:“不是这样,过去有一只鸟停在鲁国国都的郊野,鲁国的国君非常高兴,为这只鸟准备了像太牢那样的盛宴来招待它,奏起九韶的音乐使它高兴。于是这只鸟便开始忧愁起来而头晕眼花,不敢吃也不敢喝。这就叫做用养自己的办法来养鸟。假如用养鸟的办法来养鸟,那就应该把它放在深深的树林之中和江湖之上,让它吃着泥鳅一类的小动物,这不过是平常的道理而已。现在,孙休是一个孤陋寡闻的人,我告诉他圣人的品德,打个比方说,这就好像用安车驷马载着小鼠,用钟鼓的乐声来使小鸟高兴一样。他怎么能够不感到惊异呢?”

山木第二十

［原文］

庄子行于山中，见大木枝叶盛茂，伐木者止其旁而不取也①。问其故，曰："无所可用。"庄子曰："此木以不材得终其天年②"。

夫子出于山，舍于故人之家。故人喜，命竖子杀雁而烹之③。竖子请曰："其一能鸣，其一不能鸣，请奚杀④？"主人曰："杀不能鸣者。"

明日，弟子问于庄子曰："昨日山中之木，以不材得终其天年，今主人之雁，以不材死；先生将何处？"

庄子笑曰："周将处乎材与不材之间。材与不材之间，似之而非也，故未免乎累。若夫乘道德而浮游则不然⑤。无誉无訾，一龙一蛇，与时俱化，而无肯专为；一上一下，以和为量，浮游乎万物之祖，物物而不物于物，则胡可得而累邪⑥？此神农黄帝之法则也。若夫万物之情，人伦之传⑦，则不然。合则离，成则毁；廉则挫⑧，尊则议，有为则亏，贤则谋，不肖则欺，胡可得而必乎哉！悲夫！弟子志之，其唯道德之乡乎！"

［注释］

① 大木：大树。《字林》："木，众树之总名。" ② 以：因。天年：指生物的自然寿命。 ③ 竖子：童仆。雁：鹅。烹：煮。王念孙以为古书享字作亨，烹字亦作亨。此处烹当作享，享与饗通。杀雁而亨之，谓杀雁以饗庄子。可备一说。 ④ 奚：何。 ⑤ 乘道德：谓顺乎自然。 ⑥ 誉：赞扬。訾（zǐ 紫）：诋斥。物物：以物为物，使物各顺其然

而发挥其各自的作用。可参照《在宥》："有大物者不可以物，物而不物，故能物物。"等语理解之。　⑦ 传：传继。　⑧ 毁：毁弃。廉：谓品行方正。

［译文］

庄子行走在山林之中，看见一棵大树，枝叶茂盛，伐木人停在一旁却不砍伐。问他什么原因，回答说："没有什么用处。"庄子说："这棵树因为不成材而享尽自然的寿命。"

庄子走出山林，住在老朋友的家里。老朋友很高兴，要童仆杀鹅招待庄子。童仆请示说："其中一只能叫，一只不能叫，请问杀哪一只？"主人回答说："杀那只不能叫的。"

第二天，弟子问庄子说："昨日山中的那棵大树因为不成材而得以享尽自然的寿命，现在主人的鹅，却因不成材而被杀死；先生将如何安排自己呢？"

庄子笑着说道："我将处在材和不材之间。材与不材之间，似乎是对的，其实是错的，因为它并没有免去人间的系累。假如能够顺乎自然去生活就不会这样了。没有赞誉，没有诋毁，一会儿是龙，一会儿是蛇，和时间一起变化，而不去专注于某一方面。或上或下，以中和为分寸，把意念放在万物的开始，把物当作物，使之顺其自然发挥其各自的作用，而不去主宰万物，这样怎么会产生系累呢？这就是神农和黄帝的法则。至于万物的实际，人类的传承，就不是这样。聚集起来了，接着就要分离，一旦形成了，接着就要毁坏；品行方正就要受到挫折，地位尊崇就会遭到非议，有所作为就会受到损伤，贤德之人就会遭人谋算，不贤之人就会受人欺侮，而所有这些情形，事先又怎么可以料定呢！可悲啊！弟子们记住，要免去系累，恐怕只有把自己放在顺应自然规律的境界之中了！"

［原文］

市南宜僚见鲁侯，鲁侯有忧色①。市南子曰：

"君有忧色,何也?"

鲁侯曰:"吾学先王之道,修先君之业;吾敬鬼尊贤,亲而行之,无须臾离居[2];然不免于患,吾是以忧。"

市南子曰:"君之除患之术浅矣!夫丰狐文豹,栖于山林,伏于岩穴,静也;夜行昼居,戒也;虽饥渴隐约,犹且胥疏于江湖之上而求食焉,定也;然且不免于罔罗机辟之患[3]。是何罪之有哉?其皮为之灾也。今鲁国独非君之皮邪?吾愿君刳形去皮,洒心去欲,而游于无人之野[4]。南越有邑焉,名为建德之国。其民愚而朴,少私而寡欲;知作而不知藏,与而不求其报;不知义之所适,不知礼之所将;猖狂妄行,乃蹈乎大方;其生可乐,其死可葬。吾愿君去国捐俗,与道相辅而行[5]。"

君曰:"彼其道远而险,又有江山,我无舟车,奈何?"

市南子曰:"君无形倨,无留居,以为君车[6]。"

君曰:"彼其道幽远而无人,吾谁与为邻?吾无粮,我无食,安得而至焉?"

市南子曰:"少君之费,寡君之欲,虽无粮而乃足。君其涉于江而浮于海,望之而不见其崖,愈往而不知其所穷。送君者皆自崖而反,君自此远矣!故有人者累,见有于人者忧。故尧非有人,非见有于人也。吾愿去君之累,除君之忧,而独与道游于大莫之国。方舟而济于河,有虚船来触舟,虽有惼心之人不怒[7];有一人在其上,则呼张歙之;一呼而不闻，再呼而不闻，于是三呼邪，则必以恶声随之⑧。向也不怒而今也怒，向也虚而今也实。人能虚己以游世，其孰能害之⑨！”

[注释]

① 市南宜僚：人名。姓熊名宜僚。春秋末年楚国的贤者及勇士。因居于市南，又称市南宜僚。 ② 须臾：片刻。 ③ 丰狐：同“封狐”，大狐。《广雅·释诂一》：“封，大也。”《楚辞·离骚》：“又好射夫封狐。”王逸注：“封狐，大狐也。”隐约：穷困。《左传·昭公二十五年》：“隐民多取食焉。”杜预注：“隐，约，穷困。”旦：应作且。世德堂本作且。当从。胥：皆。疏：疏远，指与人疏远。 ④ 刳（kū 枯）：剖开挖空。洒（xǐ 洗）：通“洗”。 ⑤ 将：行。捐：弃。 ⑥ 倨（jù 巨）：傲慢。 ⑦ 惼（biǎn 扁）心：心胸狭隘。 ⑧ 张：撑开。歙（xì 系）：吸进。 ⑨ 向：从前。孰：谁。

[译文]

市南宜僚去见鲁侯，鲁侯面带忧色，市南宜僚说：“您面带忧虑，什么原因呢？”

鲁侯回答说：“我学习先王的治国之道，治理先君的事业，我敬奉鬼神尊重贤者，身体力行，片刻不敢偏离，然而却不能免除祸患，我因此感到忧愁。”

市南宜僚说：“您消除祸患的办法太浅陋了！那大狐狸和满身斑纹的豹子，棲息在山林之中，隐伏在岩穴之间，是为了寻求僻静的住处，夜间才有所行动，白天则躲在住处，十分警惕。即便饥渴困窘，也还是跟人群疏远，在江湖之上寻找食物，是为了求得安定；然而还是不能避免网罗等捕兽机械的灾难，它们有什么罪过呢？是它们身上的毛皮招来的灾难啊。现在，鲁国难道不正是您的毛皮吗？我希望您剖开形体除去毛皮，清除心中的欲念，而优游在无人的旷野。南越有一个国家，名叫建德国。那里的百姓愚昧朴实，少有私心，少有欲望，只知道耕作而不知道收藏，只知道赠助，而不求回报，不知道怎样才能达到义，不知道怎样去实行礼，漫无目的随便行动，却能够按照大道行事；活着很快乐，死了就安葬。我希望您能够离开自己的国家，抛弃原来的习俗，以大道辅助您前进。”

鲁侯说：“那个国家道路遥远而艰险，又有大河与大山，我没有船和车，怎么办呢？”

市南宜僚说：“您不要倨傲，不要恋守权位，以此作为您的车子。”

鲁侯说：“那个国家道路幽僻遥远而且没有人烟。我和谁作邻居，我没有粮食，没有吃的东西，怎么能够到达那里呢？”

市南宜僚说：“减少您的费用，减少您的欲望，虽然没有粮食，也会满足。希望您渡过大江，浮游在海上，看看四周不见边际，越往前行越不知道它的尽头。送您的人，都从海岸返回，您从此以后就远离他们了！所以，拥有百姓的人就会受累，为别人所拥有就会感到忧愁。所以尧不去拥有百姓，也不为百姓所拥有。我希望除去您的累赘，除去您的忧愁，而只和大道优游于广大而虚无的所在。两只船并在一起过河，被一只空船撞上，即使心胸褊狭之人也不会发怒，假如船上有一个人，就会张口呼唤，喊一次没有听到，再喊一次还没有听到，于是呼喊第三次，就一定会随着发出恶声恶语了。刚才不发怒，而现在发怒，那是因为刚才以为船上没有人，而现在发现船上有人的原故。假如人能够像空虚的小船那样优游在人世，那么谁还能加害于他呢！”

[原文]

北宫奢为卫灵公赋敛以为钟，为坛乎郭门之外，三月而成上下之县[①]。

王子庆忌见而问焉，曰：“子何术之设[②]？”

奢曰：“一之间，无敢设也。奢闻之，‘既彫既琢，复归于朴。’侗乎其无识，傥乎其怠疑；萃乎芒乎，其送往而迎来；来者勿禁，往者勿止；从其强梁，随其曲傅，因其自穷，故朝夕赋敛而毫毛不挫，而况有大涂者乎③！”

[注释] ① 北宫奢：卫国大夫，因其住在北宫，故姓北宫，名奢。郭：外城。县：同悬。古时编钟分上下两层，因称“上下之悬”。 ② 术：方法；方术。 ③ 彫、琢：谓修饰。侗（tóng 同）：无知无识的样子。傥（tǎng 倘）：失意的样子。怠疑：痴呆的样子。萃：聚集。芒：同茫，言其广大。强梁：强悍不驯。曲傅：曲意附和。傅，通“附”。大涂：大道。

[译文] 北宫奢为卫灵公聚集财物铸造编钟，在城外建造祭坛，三个月便造成上下两层编钟的钟架。

王子庆忌看见后向他问道：“您用什么办法造得这样快呢？”

北宫奢回答说：“我始终如一地遵循自然，不敢另外采取什么办法。我听说：‘修饰再修饰，回到本性。’空虚得好像无知无识的样子，恍恍惚惚地好像白痴，人们前来捐财铸钟，聚集在广大的土地上，送往迎来；来的不禁止，走的不挽留，对强悍不驯的人顺从他，对曲意附和的人也听其自便，一切顺其自然，让百姓按照自己的意愿去尽力，因此，天天聚集财物，而百姓丝毫不受损害。我能如此，何况那掌握大道的人呢！”

[原文] 孔子围于陈蔡之间，七日不火食。大公任往吊之曰①：“子几死乎？”曰：“然。”“子恶死乎？”曰：“然。”

任曰：“予尝言不死之道。东海有鸟焉，其名曰意怠。其为鸟也，翂翂翐翐，而似无能；引援而飞，迫胁而栖；进不敢为前，退不敢为后；食不敢先尝，必取其绪[2]。是故其行列不斥，而外人卒不得害，是以免于患。直木先伐，甘井先竭。子其意者饰知以惊愚，修身以明汙，昭昭乎若揭日月而行，故不免也[3]。昔吾闻之大成之人曰：'自伐者无功，功成者堕，名成者亏[4]。'孰能去功与名而还与众人！道流而不明居，得行而不名处；纯纯常常，乃比于狂[5]；削迹捐势，不为功名，是故无责于人，人亦无责焉。至人不闻，子何喜哉？"

孔子曰："善哉！"辞其交游，去其弟子，逃于大泽；衣裘褐，食杼栗；入兽不乱群，入鸟不乱行[6]。鸟兽不恶，而况人乎！

孔子问子桑雽曰："吾再逐于鲁，伐树于宋，削迹于卫，穷于商周，围于陈蔡之间[7]。吾犯此数患，亲交益疏，徒友益散，何与？"

子桑雽曰："子独不闻假人之亡与？林回弃千金之璧，负赤子而趋[8]。或曰：'为其布与[9]？赤子之布寡矣；为其累与？赤子之累多矣；弃千金之璧，负赤子而趋，何也？'林回曰：'彼以利合，此以天属也[10]。'夫以利合者，迫穷祸患害相弃也；以天属者，迫穷祸患害相收也。夫相收之与相弃亦远矣。且君子之交淡若水，小人之交甘若醴[11]；君子淡以亲，小人甘以绝。彼无故以合者，则无故以离。"

孔子曰："敬闻命矣！"徐行翔佯而归，绝学捐书，弟子无挹于前，其爱益加进[12]。

异日，桑雽又曰："舜之将死，真泠禹曰：'汝戒之哉！形莫若缘，情莫若率[13]。缘则不离，率则不劳；不离不劳，则不求文以待形；不求文以待形，固不待物[14]。’”

［注释］

①围于陈蔡：见《天运》第四段注④。大（tài 太）公任：当是庄子虚构的人物。　②翂翂（fēn 分）翐翐（zhì 秩）：舒缓的样子。引援：引导；带领。绪：余，残余的，剩下的。　③昭昭乎若揭日月而行：见《达生》第九段注④。　④大成之人：指老子。自伐者无功：见《老子》第二十四章。伐，夸。功成者堕（huī 灰）：堕，毁。《老子》第二章作“功成而弗居”，第三十四章作“功成不名有”，第七十七章作“功成而不处”。名成者亏，不见于今本《老子》。　⑤纯纯：纯一。常常：平常。狂：无知的样子。　⑥衣（yì 异）：穿。裘：兽皮制成的衣服。褐：兽毛或粗麻布制成的短衣。杼（shù 树）栗：板栗。　⑦子桑雽：子，表示尊重。桑雽，虚构人物。“逐于鲁”等“数患”见《天运》第四段注④。　⑧假：国名。林回：人名，从上文看，应是假国逃民。赤子：婴儿。　⑨布：古代货币名称。此处指价值。　⑩天属（zhǔ 主）：天性相连。属，连。　⑪醴（lǐ 礼）：甜酒。　⑫翔佯：犹徜徉，徘徊的样子。挹，通“揖”，拱手行礼。　⑬真：当为迺（乃）字之误。泠（líng 零）：晓喻，或为“命”，又作“令”（采王引之说）。形：身体。缘：顺。　⑭率：遵循，顺服。谓任情而动。待物：依赖外物。

［译文］

孔子被围困在陈国和蔡国之间，七天没有生火做饭。太公任前往慰问孔子，说：“您几乎死掉吗？”孔子回答说：“是的。”“您害怕死亡吗？”回答说：“是的。”

太公任说：“我曾经谈论过不死之道。东海有一只鸟，它的名字叫做意怠。这种鸟，飞起来非常缓慢，好像没有什么能力，需要别的鸟带领才能飞行，要在众鸟的翅下才能棲息；前进时不敢飞在前面，后退时不敢飞在后面；吃东西的时候，不敢先吃，只是吃那剩下的。因此它飞行在中间不被排斥，外人始终不能加害，因而能够免除祸患。直挺的树木先被砍伐，甘甜的井水先被喝干。您大概是卖弄您的智慧，使愚蠢的人感到惊异；提高自身修养，使人更加显出污浊；光芒外露，像高举着太阳和月亮在行走，因此，您不能免除祸患。过去，我听老子说过：'自夸的人没有功劳，大功告成的人就要招致毁灭，成名的人就会遭受损害。'谁能够摒弃求取功名的心返回到平平常常的众人的行列！大道流行而不显耀自居，德行广被而不自求声名，心地纯一，行为平常，一副无知无识的样子。销毁自己的行迹，抛弃自己的地位，不去为功名利禄操劳，不去责求别人，别人也就不会责求自己了。修养达到最高境界是不求闻名于世，您为什么喜欢这些呢？"

孔子说："好啊！"于是辞别了朋友，离开了学生，逃到大泽之中，穿着兽皮制作的衣服，粗毛布织成的短衣，走到兽群中，兽群不乱，走进鸟群中，鸟不乱行。鸟和兽都不讨厌他，何况是人呢？

孔子向子桑雽请教说："我一再被鲁国放逐出境，在宋国坐过的大树被砍伐，在卫国走过的足迹被铲掉，在殷和东周的旧地遭到困厄，在陈国和蔡国之间遭到围攻。我遭受这许多祸患，亲戚故旧一天比一天疏远，学生和朋友也都天天散离，这是什么缘故呢？"

子桑雽说："您难道没有听说假国一位逃亡者的事吗？逃亡者林回抛弃价值千金的璧玉，背着婴儿逃跑。有人说：'大概是为了金钱吧？婴儿所值的金钱太少了；为了减轻负担吗？婴儿的负担比璧玉重多了；抛弃价值千金的璧玉，背着婴儿逃跑，这是为什么呢？'林回说：'他们的说法是和金钱相联系，而我的这种做法乃是天性使然。'和金钱之利相联系，一旦遇到艰难困苦或祸患时便相互离弃了；和天性相结合，遇到艰难困苦或祸患时就会相互接纳。相互离弃和相互接纳的差别太大了。况且君子之间的交情，淡泊如水，小人之间的交情，甘甜得像美酒；君子以淡泊而相亲，小人因甘甜而断绝。他们无缘无故地结合在一起，也会无缘无故地分开。”

孔子说：“我恭敬地接受教导！”慢慢地优游自得地回来了，停止学习，抛弃书籍，学生也不再在他的面前拱手作揖，然而他们之间的友爱却一天比一天加深了。

过了几天，子桑雽又说：“舜在将要死去的时候，教训禹说：‘你要警惕啊！在形体方面没有比因顺自然再好的了，在感情方面没有比天真率直再好的了，顺遂自然就不会背离本性，天真率直就不会劳累。不背本性，不受劳累，就不会要求去修饰自己的形体，不要求修饰自己的形体，也就用不着去依赖外物了。”

［原文］

庄子衣大布而补之，正緳系履而过魏王。魏王曰：“何先生之惫邪[1]？”

庄子曰：“贫也，非惫也。士有道德不能行，惫也；衣弊履穿，贫也，非惫也；此所谓非遭时也。王独不见夫腾猿乎？其得柟梓豫章也，揽蔓其枝而王长其间，虽羿、蓬蒙不能眄睨也[2]。及其得柘棘枳枸之间也，危行侧视，振动悼栗；此筋骨非有加急而不柔也，处势不便，未足以逞其能也。今处昏上乱相之间，而欲无惫，奚可得邪？此比干之见剖心徵也夫[3]！”

［注释］

① 大布：粗布。緳（xié 协）：麻束。魏王：《经典释文》引司马云：“惠王也。”惫（bèi 贝）：疲乏；困乏。　② 弊：同敝，破。履：鞋子。穿：透；破。柟：楠（nán 南），树名。梓（zǐ 子）：树名，又名楸。豫章：即樟树。以上均为端直的乔木。羿（yì 异）、蓬蒙：古代传说中善于射箭的人，蓬蒙传说为羿的弟子。眄（miǎn 免）睨（nì 匿）：斜

视。 ③ 柘(zhè 这):黄桑。棘(jí 吉):酸枣。枳(zhǐ 止):枸橘。枸(jǔ 举):带刺的小灌木。危行:小心行走。侧视:小心的样子。加急:紧张。徵:证明。

[译文] 庄子穿着打着补丁的粗布衣服,用麻带捆着穿破了的鞋子去访问魏王。魏王说:"先生为什么这样困顿呢?"庄子说:"是贫穷不是困顿。士人虽然具备道德却不能实行,这就叫困顿;衣服旧了鞋子破了,这是贫穷不是困顿;这就是人们常说的生不逢时。国王难道没有看见那腾跃的猿猴吗?当它们在楠、梓、豫章等树木中生活的时候,抓着树枝跳跃其中,好像是这块地盘上的君主,就是善于射箭的羿和逢蒙,也不能够小看它们。等到它们生活在柘、棘、枳、枸这些带刺的小灌木中时,就小心翼翼地斜视两边,东倒西歪战栗不已,这并不是因为过分紧张,筋骨僵硬而不柔软,而是所处的形势使它们感到不方便,以致无法施展它们的本领。现在,我处在君主昏庸、臣下作乱的社会中,要想不困顿,怎么可能呢?这比干剖心而死就是明证啊!"

[原文] 孔子穷于陈蔡之间,七日不火食,左据槁木,右击槁枝,而歌猋氏之风,有其具而无其数,有其声而无宫角,木声与人声,犁然有当于人之心①。

颜回端拱还目而窥之。仲尼恐其广己而造大也,爱己而造哀也②,曰:"回,无受天损易,无受人益难。无始而非卒也,人与天一也。夫今之歌者其谁乎?"

回曰:"敢问无受天损易。"仲尼曰:"饥渴寒暑,穷桎不行,天地之行也,运物之泄也,言与之偕逝之谓也[3]。为人臣者,不敢去之。执臣之道犹若是,而况乎所以待天乎!”

“何谓无受人益难?”仲尼曰:“始用四达,爵禄并至而不穷,物之所利,乃非己也,吾命其在外者也。君子不为盗,贤人不为窃。吾若取之,何哉!故曰,鸟莫知于鷾鸸,目之所不宜处,不给视,虽落其实,弃之而走。其畏人也,而袭诸人间,社稷存焉尔[4]。”

“何谓无始而非卒?”仲尼曰:“化其万物而不知其禅之者,焉知其所终?焉知其所始?正而待之而已耳[5]。”

“何谓人与天一邪?”仲尼曰:“有人,天也;有天,亦天也。人之不能有天,性也,圣人晏然体逝而终矣!”

[注释]

① 猋(biāo 标)氏:当作焱氏,焱即炎。猋、焱字形相近致误。马叙伦《庄子义证》:“涵本、世本作焱。”并引刘秀生曰:“成玄英疏曰:‘焱氏,神农也。’是成本猋作焱。”风:歌谣。具:指乐器,此处以枯木为乐器,下文“木声与人声”可证。数:指音乐节奏之数。宫角:指音律。犁然:释然,悠然自得的样子。 ② 端拱:端坐拱手。还目:回过头来看。广己:己,孔子自指,广己,谓颜回尊重孔子自己。造大:指孔子自身在颜回心中所形成的高大形象。 ③ 桎:桎梏,谓束缚。运物:物的运行。泄:流动。偕:俱。逝:往。 ④ 鷾(yì 义)鸸(ér 而):燕子。袭:入。 ⑤ 禅:禅让;替代。

[译文]

孔子被困在陈、蔡两国交界之处,七天没有生火做饭,他倚靠着左边枯槁的树干,拿着右边干枯的树枝在敲击,口中唱着神农氏的歌谣,虽有枯枝做乐器,却无法击出节奏,虽有歌声却不合音律，枯枝敲击的声音和人的歌声交织在一起，使人心中感到悠然自得。

颜回恭敬地站着，回过头来看着孔子。孔子恐怕颜回过于崇拜他，在心中把他看得过于高大，恐怕颜回过于敬爱他而给自己造成悲哀，便开导他说："回啊，不受自然的损害是容易的，不接受人间的利益就困难了。没有什么东西它的开始不是结束的，人和自然本来就是同一的，那么，今天的歌唱者究竟是谁呢？"

颜回说："什么叫做不受自然的损害是容易的呢。"孔子回答说："饥饿口渴严寒酷暑，穷困的束缚使人不能行动自如，这是天地的运行，万物的变化造成的，这就是说人们只能处在其中跟着一起运行。做国君的臣子，不敢背离国君，遵守臣子的规范尚且如此，何况是对待天道呢！""什么叫做不接受人间的利益是困难的呢。"孔子回答说："初次被任用就很顺利，爵位俸禄齐来而且源源不断，外物所给予你的利益，并不是你本身所应当有的，是你的命运和外物偶然相合罢了。君子不做盗贼，贤人不去偷窃，我如果把外物所给予的利益据为己有，那是为什么呢！因此说：鸟类中没有比燕子再聪明的了，看到有不适宜的地方，就不再看第二眼，虽然口中食物落在地上，也会舍弃它而赶快走开。它害怕人类，然而却又入人屋舍，只是寄居筑巢罢了。"

"什么叫做没有什么东西它的开始不是结束？"孔子回答说："万物在自然的变化中不知道谁代替谁，怎么知道它的结束？怎么知道它的开始？只有遵守正道，等待着自然的变化罢了。"

"什么叫做人和自然本来就是同一的？"孔子回答说："人的产生，在于自然；自然的产生，同样也在于自然。人之所以不能占有自然，这是由人的本性决定的，圣人安然地顺应自然变化走完自己的道路罢了!”

［原文］

庄周游于雕陵之樊，睹一异鹊自南方来者，翼广七尺，目大运寸，感周之颡而集于栗林[1]。庄周曰:“此何鸟哉，翼殷不逝，目大不睹?”蹇裳躩步，执弹而留之[2]。睹一蝉，方得美荫而忘其身，螳螂执翳而搏之，见得而忘其形;异鹊从而利之，见利而忘其真[3]。庄周怵然曰:“噫!物固相累，二类相召也!”捐弹而反走，虞人逐而谇之[4]。

庄周反入，三月不庭。蔺且从而问之:“夫子何为顷间甚不庭乎[5]?”

庄周曰:“吾守形而忘身，观于浊水而迷于清渊。且吾闻诸夫子曰:‘入其俗，从其俗。’今吾游于雕陵而忘吾身，异鹊感吾颡，游于栗林而忘真，栗林虞人以吾为戮，吾所以不庭也[6]。”

［注释］

①雕陵:栗园名，一说陵名。樊:篱笆。运寸:直径为一寸。王念孙说:“运寸与七尺相对为文，广为横则运为纵也。目大运寸，犹言大径寸也。”感:《经典释文》引李云:“感，触也。”颡(sǎng 嗓):额。集:栖。②殷:大。逝:往。蹇(qiān 牵):通“褰(qiān 牵)”，揭起。《阙误》引张君房本亦作“褰”。躩(jué 决):疾行。留(liù 六):等待。　③翳(yì 义):遮蔽。真:身。　④怵(chù 触)然:惊惧、警惕的样子。捐:抛弃。虞人:管理山林的人。谇(suì 岁):诘问。一说责让，批评，亦通。⑤不庭:不逞;不快。庭，当作逞。蔺且(jū 居):庄子弟子，姓蔺，名且。顷间:瞬间。　⑥游于栗林而忘真:真，身。戮:辱。

［译文］

庄子在雕陵的栗园中游玩，看见一只奇怪的喜鹊从南方飞来，翅膀有七尺宽，眼睛的直径有一寸长，触着庄子额头而后停留在栗园里面。庄子说："这是什么鸟啊，翅膀那么大却飞不远，眼睛那么大却看不见东西？"于是提起衣裳，快步前行，张开弹弓等待机会。这时，他看到一只蝉，正躲在浓密的树荫下面而忘记自身处于危险之中，一只螳螂借着树叶的遮蔽正准备捉蝉，它只专注着猎物而忘记自身也处于危险之中。这只奇怪的喜鹊见到有利可图也忘记自身处于危险之中。庄子看到这些惊惧地说："唉！原来物和物之间就是这样相互系累啊，物与物都是因为利益而相互招引的啊！"于是丢掉弹弓回身迅速走开，管理林园的人追赶庄子将他批评了一番。

庄子回到家中，接连三个月心情都很不愉快。蔺且因而问庄子说："先生，是什么原因使您在片刻之间变得这样不愉快呢？"

庄子回答说："我只看到了外物的形体，却忘了自身，我看到了浑浊的水，在清水潭边也感到迷惑了，况且，我听先生说过：'走到一个地方，就要随从那里的风俗'。现在，我在雕陵里面游玩，却忘掉了我自身，一只奇怪的喜鹊触着我的额头，我在栗园中游玩却因此而迷失了自己，结果遭到管理园林人的一番批评，我就是为此而感到不快啊。"

［原文］

阳子之宋，宿于逆旅。逆旅人有妾二人，其一人美，其一人恶，恶者贵而美者贱①。阳子问其故，逆旅小子对曰："其美者自美，吾不知其美也；其恶者自恶，吾不知其恶也。"

阳子曰："弟子记之！行贤而去自贤之行，安往而不爱哉②！"

［注释］

① 阳子：阳朱。《列子·黄帝篇》也记载了这则故事，而名字为杨

朱,可证此处阳子即杨朱。逆旅:旅店。逆旅人:《庄子阙误》引刘得一本作“逆旅之”。恶:指容貌丑陋。 ② 自贤:自以为贤。安:哪里。

[译文]

阳朱到了宋国,住在一家旅店里,店主有两个妾,其中一位容貌美丽,一位容貌丑陋,丑陋的受到重视,貌美的却受到轻视。阳朱打听其中原故,旅店年轻人回答说:“那个貌美的自以为美,我便不觉得她美,那貌丑的自以为丑,我便不觉得她丑。”

阳朱说:“弟子们记住,行为高尚,而不自以为高尚,到哪里不受尊重呢!”

田子方第二十一

［原文］

田子方侍坐于魏文侯，数称谿工。文侯曰："谿工，子之师邪？"子方曰："非也，无择之里人也；称道数当，故无择称之①。"

文侯曰："然则子无师邪？"子方曰："有。"曰："子之师谁邪？"子方曰："东郭顺子。"文侯曰："然则夫子何故未尝称之？"子方曰："其为人也真，人貌而天虚，缘而葆真，清而容物②。物无道，正容以悟之，使人之意也消。无择何足以称之？"

子方出，文侯傥然终日不言，召前立臣而语之曰："远矣，全德之君子，始吾以圣知之言仁义之行为至矣，吾闻子方之师，吾形解而不欲动，口钳而不欲言。吾所学者直土梗耳，夫魏真为我累耳③！"

［注释］

① 田子方：人名，姓田，名无择（yì 易），字子方。子夏的学生。文侯：魏国国君。称：称道。谿（xī 惜）工：人名。姓谿名工，魏国贤者。里：邻里。　② 人貌而天虚：郭象注以"人貌而天"四字为句，虚字属下读。俞樾以为这样断句是错误的，应以"人貌而天虚"五字为句。虚，孔窍，故可解作心。《淮南子·俶真篇》："虚室生白"注："虚，心也。"人貌而天虚，即人貌而天心，意谓其貌则人，其心则天。其说甚是，当从。缘：顺，指缘物。葆：一本作保。　③ 傥（tǎng 倘）然：自失的样子。形解：形体松懈，失魂落魄的样子。土梗：本意为泥塑偶像，此处比喻轻贱无用。真：一本作直。

［译文］

田子方陪坐在魏文侯的旁边，多次称道谿工。文侯说：

“谿工是您的老师吗?”子方回答说:“不是,他是我的同乡,他所讲的道理常常十分恰当,所以我经常称道他。”

文侯说:“那么您没有老师吗?”子方回答说:“有。”文侯说:“您的老师是谁?”子方回答说:“东郭顺子。”文侯说:“先生为什么不曾称道过他呢?”子方说:“东郭顺子为人十分真诚,虽然和平常的人相貌一样,然而他的心却和自然相吻合,顺应外物,保持着自己那天真的本性,清白无瑕而又能容纳外物。遇到外界不符合道理的事情,便以严肃的态度对待,使之省悟,使人的邪念自然消失,像这样的人我怎样去称道他呢!”

田子方出来以后,文侯怅然若失,整天不说话,便把站在面前侍卫的臣子叫到跟前对他说:“和德性完备的君子相比较,真是差得太远了!开始,我把圣人和有智慧的人的言论,以及符合仁义的行为当作最高的准则,现在我听到子方老师的言论,我的形体松懈仿佛失魂落魄的样子,一动也不想动。嘴好像被钳住一样,一句话也不想说,我所学的东西,简直都是一些轻贱无用的东西。这个魏国也简直成了我的包袱了。”

[原文] 温伯雪子适齐,舍于鲁。鲁人有请见之者,温伯雪子曰:“不可。吾闻中国之君子,明乎礼义而陋于知人心,吾不欲见也①。”

至于齐,反舍于鲁,是人也又请见。温伯雪子曰:“往也蕲见我,今也又蕲见我,是必有以振我也②。”出而见客,入而叹。明日见客,又入而叹。其仆曰:“每见之客也,必入而叹,何邪?”曰:“吾固告子矣:‘中国之民,明乎礼义而陋乎知人心。’昔之见我者,进退一成规,一成矩,从容一若龙,一若虎,其谏我也似子,其道我也似父,是以叹也③。”

仲尼见之而不言。子路曰："吾子欲见温伯雪子久矣，见之而不言，何邪？"仲尼曰："若夫人者，目击而道存矣，亦不可以容声矣④。"

[注释]

①温伯雪子：人名，姓温，名伯，字雪子，楚国人。适：往。舍：住宿。鲁人：当是孔子门人。中国：此处特指鲁国。 ②蕲（qí 其）：通"祈"，祈求。振：动，感动。 ③从容：举止行动。 ④目击：目睹，亲眼看到。容：通"庸"，用（采高亨先生说）。声：指语言。

[译文]

温伯雪子到齐国去，旅途中住在鲁国，鲁人请求会见温伯雪子，温伯雪子说："不可。我听说，中国的君子，虽然明了礼义，然而却拙于了解人的心理，我不想见到他。"

温伯雪子到了齐国，在返回的途中又住在鲁国，这个鲁人又一次请求会见温伯雪子，温伯雪子说："过去他求见我，现在又要求见我，这一定是要来感动我的。"于是出来会见客人，会见完毕之后，进来就叹息。第二天又会见客人，会见完毕之后，进来又叹息。他的仆人问他说："每一次会见客人，回来后一定要叹息，什么原故呢？"回答说："我本来就曾经告诉过你：'中国的人，虽然明了礼义，然而却拙于了解人的心理。'前两天那个来见我的人，前走或后退，都合乎规矩，行起礼来，从容不迫，又像龙，又像虎，他谏正我的时候，像儿子，他开导我的时候，像父亲，因为这样，我才叹息的。"

孔子见到温伯雪子一句话也不说。子路问道："先生您想见到温伯雪子，已经很长时间了，现在您见到他一句话也不说，什么原故呢？"孔子回答说："像这样的人，看到他一眼，就知他保存着道。既然这样，也就用不着再说话了。"

[原文]

颜渊问于仲尼曰："夫子步亦步，夫子趋亦趋，夫子驰亦驰，夫子奔逸绝尘，而回瞠若乎后矣①！”

夫子曰：“回，何谓邪？”曰：“夫子步，亦步也；夫子言，亦言也；夫子趋，亦趋也；夫子辩，亦辩也；夫子驰，亦驰也；夫子言道，回亦言道也；及奔逸绝尘而回瞠若乎后者，夫子不言而信，不比而周，无器而民滔乎前，而不知所以然而已矣②。”

仲尼曰：“恶！可不察与！夫哀莫大于心死，而人死亦次之。日出东方而入于西极，万物莫不比方③，有目有趾者，待是而后成功，是出则存，是入则亡。万物亦然，有待也而死，有待也而生。吾一受其成形，而不化以待尽，效物而动，日夜无隙，而不知其所终；薰然其成形④，知命不能规乎其前，丘以是日徂。吾终身与汝交一臂而失之，可不哀与！女殆著乎吾所以著也⑤。彼已尽矣，而女求之以为有，是求马于唐肆也。吾服女也甚忘，女服吾也亦甚忘。虽然，女奚患焉！虽忘乎故吾，吾有不忘者存⑥。”

［注释］

① 奔逸：也作奔轶，快跑。绝尘：脚不沾尘土，形容跑得极为迅速。瞠（chēng 称）：瞪着眼看。　② 比：亲近。周：周遍；普遍。器：指地位和权势。滔：涌聚。　③ 比方：宣颖说：“从日为方向。”　④ 薰然：形容和煦温暖的气体。　⑤ 徂（cú 粗阳平）：往，到。著：显著。

⑥ 唐肆：空虚的市集。唐，空虚。古代集市经营有一定时间，过了经营时间则集市空虚，唐肆指此。服：存念。

［译文］

颜渊问孔子：“先生您步行，我也步行，先生您快步前进，我也快步前进，先生您奔跑，我也跟着奔跑；先生奔跑得十分迅速，那我只好在后面干瞪眼了！”

孔子说："颜回啊，你的这些话是什么意思呢？"颜回说："先生您步行，我也跟着您步行，意思是说先生说什么，我也跟着说什么；先生您快步前进，我也跟着您快步前进，意思是说先生滔滔不绝地讲道理，我也跟着先生滔滔不绝地讲道理；先生您在奔跑，我也跟着您在奔跑，意思是说先生您在谈论道，我也跟着您在谈论道。等到先生跑得十分迅速而我只好在后面干瞪眼，这意思是说，先生虽然不说话却可以取信于人，虽然不对人表示亲热，而情意却自然周遍，虽然没有地位和权势，而老百姓却像滔滔的大水一样聚集在您的身边，还不知自己为什么要这样做。"

孔子说："唉！怎能不详察呢！悲哀最大的莫过于心如死灰，而生命的死亡还在其次。太阳从东方升起，而落在最西边，万物都顺着这个方向生长。有眼睛、有腿脚的都要等到太阳出来进行劳作，然后才能获得成功。太阳出来了，人们的活动就存在，太阳落山了，人们的活动就消失。万物也是这样，依赖着太阳的隐没而消失，依赖着阳光的显露而存在。我一旦接受了自然给予我的形体，便不再变化而等待着死亡，仿效外物而运动，白天晚上没有间歇，而不知道何时是自己的终结。在和气熏蒸之中不知不觉地禀受自然之气而成形体，即使是了解天命的人，也无法在事前作规划。我只觉得日子一天一天地逝去。我虽然一辈子跟你有交往，然而却像我们俩刚刚碰一下胳臂就分开一样，这不是很可悲的吗？你大概只是明显地看到了我那些显著的地方，其实，那些东西都已经成为过去了，而你却着意寻求把它当作存在，这就像在错过经营时间而空虚的集市上寻求马匹一样，我对你的存念很快就成为过去，你对我的存念也很快就成为过去。这样，你又何必忧虑呢？虽然忘掉了过去的我，但新的我又产生了，因而总还有那些不能忘掉的东西存在着。"

［原文］

孔子见老聃，老聃新沐，方将被发而干，慹然似非人[①]。孔子便而待之，少焉见，曰："丘也眩与？其信然与？向者先生形体掘若槁木，似遗物离人而立于独也[②]。"老聃曰："吾游心于物之初。"

孔子曰："何谓邪？"曰："心困焉而不能知，口辟焉而不能言，尝为汝议乎其将[③]。至阴肃肃，至阳赫赫；肃肃出乎天，赫赫发乎地；两者交通成和而物生焉，或为之纪而莫见其形[④]。消息满虚，一晦一明，日改月化，日有所为，而莫见其功。生有所乎萌，死有所乎归，始终相反乎无端而莫知乎其所穷。非是也，且孰为之宗[⑤]！"

孔子曰："请问游是。"老聃曰："夫得是，至美至乐也，得至美而游乎至乐，谓之至人[⑥]。"

孔子曰："愿闻其方。"曰："草食之兽不疾易薮，水生之虫不疾易水，行小变而不失其大常也，喜怒哀乐不入于胸次[⑦]。夫天下也者，万物之所一也。得其所一而同焉，则四支百体将为尘垢，而死生终始将为昼夜而莫之能滑，而况得丧祸福之所介乎！弃隶者若弃泥涂，知身贵于隶也，贵在于我而不失于变[⑧]。且万化而未始有极也，夫孰足以患心！已为道者解乎此。"

孔子曰："夫子德配天地，而犹假至言以修心，古之君子，孰能脱焉？"老聃曰："不然。夫水之于汋也，无为而才自然矣[⑨]。至人之于德也，不修而物不能离焉，若天之自高，地之自厚，日月之自明，夫何修焉！”

孔子出，以告颜回曰：“丘之于道也，其犹醯鸡与！微夫子之发吾覆也⑩，吾不知天地之大全也。”

［注释］ ① 沐：洗头。慹（zhé 哲）：不动的样子。 ② 便：成玄英疏：“孔子见之，不敢往触，遂便徙所，消息待之。”此解大误。章太炎以为便借为屏。《汉书·张敞传》：“（敞）使御吏驱，自便面拊马。”颜师古注：“便面，所以障面，盖扇之类也。不欲见人，以此自障面，则得其便，故曰便面，亦曰屏面。”《说文》：“屏，蔽也。”时老聃披发，于礼孔子不宜直入，所以蔽于门下稍待。掘若槁木：掘，通“柮”（duò 舵），木头。槁，枯死。 ③ 困：困惑。辟（pì 僻）：打开。将：大略。 ④ 阴：指阴气。肃肃：形容阴气的阴冷。阳：指阳气。赫赫：形容阳气的温热。肃肃出乎天，赫赫发乎地：高亨先生以为这两句，天地误倒。应作：“肃肃出乎地，赫赫发乎天。”本书《在宥》：“我为女遂于大明之上矣，至彼至阳之原也。为女入于窈冥之门矣，至彼至阴之原也。天地有官，阴阳有藏。”可资参证。两者：指阴气和阳气。纪：纲纪。 ⑤ 消息：见《秋水》第一段注㊺。生有所乎萌：成玄英疏：“萌于无物。”可从。死有所乎归：成玄英疏：“归于未生。”可从。宗：祖先，指宗本。 ⑥ 至美至乐也：郭象注：“至美无美，至乐无乐。”此解可从。 ⑦ 方：道理。疾：担忧。薮（sǒu 叟）：草泽的通称。 ⑧ 滑（gǔ 古）：乱。介：留存，搁置。隶：成玄英解作仆隶，大误。王先谦：“隶，属也，谓官属。”可从。 ⑨ 汋（yuè 月）：水涌出。 ⑩ 醯（xī 希）鸡：小虫名。即蠛蠓，古人误以为酒醋上的白霉变成。微：非，不是。覆：指蒙蔽。发覆，解除蒙蔽。

［译文］ 孔子拜见老聃，老聃刚刚洗完头发，正在披散着头发使之晾干，一动也不动简直不像个活人。孔子停在门下等待，过了一会儿，在和老聃见面时说：“是我头昏目眩看不清楚呢？我应当不应当相信我所看到的情形呢？刚才先生的形体，像根枯槁了的木桩一样直立在那儿，似乎抛弃了外物，离开了人间，独立于人世之外。”老聃说：“我把我的心放在宇宙的开

始。”

孔子说：“什么叫做把心放在宇宙的开始呢？”回答说：“心中困惑对外界不能有所知，嘴好像封闭了一样，什么话也说不出。我曾经对你谈论过它大致的情形，至阴的阴气十分寒冷，至阳的阳气十分温暖。阴气产生于天空，阳气产生于大地。阴气和阳气互相交通而形成和煦之气，万物便生长出来。是谁为万物的生长安排顺序？人们看不到它的行踪。生灭、盛衰、盈满、空虚，一方面是黑暗，一方面是光明。一天一天地在前进，一月一月地在变化，每天都有所为，然而却看不到这是谁的功劳。在那什么都没有的地方生长出来，而又好像没有生过似的那样死去。开始和终结相为循环而找不到端绪，谁也不了解它什么时候完结。假如不是这虚无缥缈的阴阳互相交通，那么谁是万物的宗本呢？”

孔子说：“请问您的心是怎样游处在这种地方的？”老聃说：“假如能够使心游处在这个地方，那就没有美也没有乐的了，能够在最没有美的地方游处而什么快乐也没有，这就叫做至人。”

孔子说：“我希望能够听到这种游处的方法。”老子说：“凡是吃草的兽类，不害怕变更草泽，凡是在水中生活的虫类，不害怕变换水流。这是因为小的变化不会使它们丧失基本环境，喜欢、愤怒、悲哀、快乐从不进入胸中。天下是万物共同拥有的，正因为万物都生长在天地之中，所以能够混同于天地。这就使得万物的形体都将要变为尘土，从而使死亡和生长、终结和开始，像白天和黑夜那样不停地有秩序地循环，谁也不能扰乱，何况是得失祸福呢？这些更不足以挂在心上了。舍弃那些因为我的地位而依附于我的人就像舍弃泥土一样，这是因为他了解自己的身躯比他们还高贵的缘故。在我的自身，不因为有所变化而丧失自身。况且千变万化，从来没有终结，这种千变万化怎么能够引起心中的忧患！只有那已经得道的人，才能够理解这一点。”

孔子说：“先生的道德可以和天地相比，而您还要借助那真理来修养自己的心志。那么，古时候的君子又怎么能够背离这种做法呢？”老聃说：“不是这样。水自然而然地流出，不借助于人为才是自然啊！至人对于道德，用不着培养，那道德也不会离开他，像天自然而然那样高，地自然而然那样厚，太阳和月亮自然而然那样明亮，哪里用得着培养呢？”

孔子从老聃那里出来，把这些话告诉颜回，并说：“我对于道的了解，真是太渺小了，不就像酒瓮之中那极小极小的飞虫一样吗！假如不是老聃先生为我解除蒙蔽，那我就不会了解天地间那些精妙的道理了。”

［原文］

庄子见鲁哀公。哀公曰：“鲁多儒士，少为先生方者。”庄子曰：“鲁少儒。”哀公曰：“举鲁国而儒服，何谓少乎[①]？”

庄子曰：“周闻之，儒者冠圜冠者，知天时；履句屦者，知地形；缓佩玦者，事至而断[②]。君子有其道者，未必为其服也；为其服者，未必知其道也。公固以为不然[③]，何不号于国中曰：‘无此道而为此服者，其罪死！’”

于是哀公号之五日，而鲁国无敢儒服者，独有一丈夫儒服而立乎公门。公即召而问以国事，千转万变而不穷。庄子曰：“以鲁国而儒者一人耳，可谓多乎？”

百里奚爵禄不入于心，故饭牛而牛肥，使秦穆公忘其贱，与之政也。有虞氏死生不入于心，故足以动人④。

宋元君将画图，众史皆至，受揖而立；舐笔和墨，在外者半。有一史后至者，儃儃然不趋，受揖不立，因之舍。公使人视之，则解衣般礴赢⑤。君曰："可矣，是真画者也。"

［注释］

① 儒士：信奉孔子学说的人。也泛指知识分子。方：道术，即指学说主张。举：全。　② 冠：帽子，前一冠字用作动词。句：方。句屦：方形鞋子。缓：五种颜色的绦绳，用以穿玉玦作饰佩。　③ 固：一定。　④ 百里奚：春秋时秦国大夫，又称五羖大夫。春秋时著名政治家，《左传》、《孟子》等书中均有记载。传说不一。据《孟子·万章上》记载，百里奚以五张羊皮的身价卖到秦国，替别人养牛。后为秦穆公发现，遂委以重任，助穆公为霸主。有虞氏：指舜，成玄英说："（舜）遭后母之难，频被踬顿，而不以死生经心，至孝有闻，感动天地，于是尧妻以二女，委以万乘，故足以动人也。"　⑤ 儃儃（tǎn 坦）；舒闲的样子。般：赵谏议本作槃。般礴：《经典释文》引司马云："谓箕坐也。"按箕坐，谓坐时两腿张开，其形如箕。赢：裸露。"解衣般礴赢"，形容动作随便，毫无惧怕之意。郭象解释说："内足者，神闲而意定。"

［译文］

庄子拜见鲁哀公，哀公说："鲁国有很多的儒士，但却很少有人信奉先生主张的。"庄子说："鲁国的儒士实在少得很。"哀公说："全部鲁国人都穿着儒者的服装，怎么说儒者很少呢？"

庄子说："我听说，儒者中戴着圆顶帽子的，懂得天时；穿着方形鞋子的，懂得地理；身上佩带用五色丝条穿着玉玦的，遇事果断。君子掌握了道的，不一定穿着儒者的服装，穿着儒者服装的，不一定掌握道。公假如以为不是这样，何不在国中号令说：'没有掌握着道而穿着儒者服装的，他的罪应处以死刑！'"

于是哀公下号令五天，鲁国就没有人再敢穿儒者的服装了。只有一个男子穿着儒者的服装，站在哀公的门前。哀公便把他招来，问他以国家大事，无论多么复杂的问题都难不倒他。庄子说："以鲁国之大，而真正的儒者，不过一人罢了，可以说是多吗？"

百里奚对于爵位和俸禄从不放在心上，所以喂牛，牛喂得很肥，因而使得秦穆公忘记了他的低下的地位，把政权交给他。有虞氏从来不把死生放在心上，所以，他的行为最能感动人。

宋元君将要绘制地图，许多史官都来了，接受宋元君的命令，行礼之后，站在那里，舐着笔，研着墨，站在门外的竟有一半人。有一位史官最后才到，从从容容一点也不急慌，接受命令之后也不站在那里，接着就回到旅馆去了。宋元君派人去看一看他，只见他已经解开衣服，叉开腿坐在那里。宋元君说："可以了，这个人才是真正的画师啊！"

[原文]

文王观于臧，见一丈夫钓，而其钓莫钓；非持其钓有钓者也，常钓也①。

文王欲举而授之政，而恐大臣父兄之弗安也；欲终而释之，而不忍百姓之无天也。于是旦而属之大夫曰："昔者寡人梦见良人，黑色而頾，乘驳马而偏朱蹄，号曰：'寓而政于臧丈人，庶几乎民有瘳乎②！'"

诸大夫蹴然曰③："先君王也。"文王曰："然则卜之。"诸大夫曰："先君之命，王其无它，又何卜焉！"

遂迎臧丈人而授之政。典法无更，偏令无出。三年，文王观于国，则列士坏植散群，长官者不成德，斔斛不敢入于四竟④。列士坏植散群，则尚同也;长官者不成德,则同务也;斔斛不敢入于四竟,则诸侯无二心也。

文王于是焉以为大师,北面而问曰:“政可以及天下乎?”臧丈人昧然而不应⑤,泛然而辞,朝令而夜遁,终身无闻。

颜渊问于仲尼曰:“文王其犹未邪?又何以梦为乎?”仲尼曰:“默,汝无言!夫文王尽之也,而又何论刺焉!彼直以循斯须也⑥。”

[注释]

① 臧:地名,在渭水之滨。莫钓:意谓不像是在钓鱼。有钓者:有,奚侗以为借作“为”,言非恃其钓为钓。常钓:常,奚侗以为借作“尚”,意谓钓之上者。此说可供参考。 ② 昔者:昔,夜。王念孙说:“古谓夜为昔。”颠,通“髯”,胡须。驳马:毛色不纯的马。驳,杂。寓:托付。而:通“尔”,你。庶几:差不多。瘳(chōu 抽):病愈,意谓解除痛苦。 ③ 蹴(cù 促):惊惧的样子。 ④ 偏令:偏私的命令。列士:地方上有名望的人。植:主。俞樾说:“司马两说,并未得植字之义。宣二年《左传》‘华元为植’,杜注曰:‘植,将主也。’列士必先有主而后得有徒众,故欲散其群,必先坏其植也。”译文据俞说意译。不成德:意谓不培植自己的威信。斔(yǔ 宇):即斞,量器名。斛(hú 胡):量器名。竟,通“境”。谓不同的量器不敢出现在境内。 ⑤ 昧:通“默”。昧然即默然,不说话的样子。 ⑥ 犹未:意谓尚未达到圣人之德。以梦为乎:意指以梦欺骗人。刺:批评,指责。斯须:犹须臾,一会儿。郭象注:“斯须者,百姓之情,当悟未悟之顷,故文王循而发之,以合其大情也。”

[译文]

文王在臧地观赏风光,看见一个男子在钓鱼,他垂钓的时候,心却不在钓鱼上面,他并不把钓鱼当成一回事,而是别有所求。这个人经常是这样在钓鱼。

文王想把他提拔起来,交给他国家大政,恐怕手下的大臣及族内的父兄不同意;想放弃他而不加任用,又恐怕百姓得不到天子的恩泽。于是在一个早晨，对他的大夫们说："昨天夜里我梦见一个好人，黑色的面孔，脸上长着许多胡须，骑着一匹杂色毛而四只红蹄子的马，大声呼叫道：'把你的政权托付给臧丈人，你的臣民就可以不受苦了！'"

大夫们惊惧地说道："这是先君季历啊！"文王说："那就让我们占卜一下吧。"大夫们说："既然是先君的命令，您又没有其他的疑问，又何必再占卜呢？"

于是，把臧丈人接了来，交给他国家大政，典章和法制一点都没有更改，也从不发出那偏私的命令。过了三年，文王考查全国，发现地方上的党派，全都自行消散，官吏们不再去树立自己的威望，不同的量器，不敢在国内应用。地方上的党派消散了，国家的政令得到尊奉；官吏们不再去自夸功德，政务得到统一。不同的量器不敢出现在国内，表明诸侯没有二心。

于是文王便把臧丈人当作大师，然后以臣下的身份向臧丈人请教说："这样的政治可以推行到天下吗？"臧丈人一句话也不回答，漫不经心地离去。早晨文王向他提出问题，晚上他就逃跑了，一辈子不把名声留在世上。

颜渊向孔子请教说："难道说文王还没有达到圣人的境界吗？他何必假借做梦去欺骗人呢？"孔子说："别作声，你不要说话。那文王已经完全达到了圣人的境界，你又何必去批评他呢？他只不过是循着人们暂时的迷惑而加以启发罢了。"

[原文]

列御寇为伯昏无人射，引之盈贯，措杯水其肘上，发之，适矢复沓，方矢复寓。当是时，犹象人也①。

伯昏无人曰："是射之射，非不射之射也。尝与汝登高山，履危石，临百仞之渊②，若能射乎？"

于是无人遂登高山，履危石，临百仞之渊。背逡巡，足二分垂在外，揖御寇而进之。御寇伏地，汗流至踵③。

伯昏无人曰："夫至人者，上窥青天，下潜黄泉，挥斥八极，神气不变。今汝怵然有恂目之志，尔于中也殆矣夫④！"

［注释］

① 引：开弓。盈贯：满矢，张满弓。措：置放。适：《列子·黄帝篇》作"镝（dí 敌）"，箭，与矢为同义词叠用。均用作动词，指箭向着靶运行。沓：合。指第一支箭射出之后，第二支箭随即取来放在发箭之处。方矢：指要发未发之箭。方矢复寓：谓将发未发之箭紧接在第一支箭发出之后，十分迅速地被放在弦上。寓，放置。象人：木偶或泥人。喻不动的样子。　② 危：高耸。百仞：仞，周制八尺为一仞，百仞，极言其深，非确数。　③ 逡（qūn 困）巡：迟疑不决，欲进不进的样子。踵：脚后跟。　④ 窥（kuī 亏）：与下句中的潜均可引申理解为测量。黄泉：指地之深处。挥斥：纵放。八极：八方，指整个宇宙。怵（chù 触）：恐惧，害怕。恂：恐惧。中（zhòng 众）：射中。殆：危险。

［译文］

列御寇在伯昏无人面前表演射箭。他把弓拉得满满的，然后拿一杯水放在臂肘上，第一支箭射出之后，箭还没有飞到箭靶子，第二支箭就射出去了，第二支箭刚射出，第三支箭又扣在弦上。这时候，他一动不动，简直像个木偶泥人一样。

伯昏无人说："这仍然是有心射箭的射法，而不是无心射箭的射法，假如我跟你一起登上高山，踏着那高耸的石头，身旁是万丈深渊，你还能射箭吗？"

于是，无人便登上高山，踏着高耸的石头到了万丈深渊跟前。他背着深渊小心地挪动着脚步，脚有二分悬在空中，然后向列御寇作了一个揖，请他上来射箭，御寇恐惧地伏在地上，汗水一直流到脚后跟。

伯昏无人说："那个至人，上能测量青天，下能测量黄泉，奔放的感情充塞着整个宇宙，无论在什么地方都能够神色不变。现在，你头晕目眩，心存恐惧的念头，您再想射中，不是危险了吗？"

［原文］

肩吾问于孙叔敖曰："子三为令尹而不荣华，三去之而无忧色。吾始也疑子，今视子之鼻间栩栩然，子之用心独奈何①？"

孙叔敖曰："吾何以过人哉！吾以其来不可却也，其去不可止也，吾以为得失之非我也，而无忧色而已矣。我何以过人哉！且不知其在彼乎，其在我乎？其在彼邪？亡乎我；在我邪？亡乎彼。方将踌躇，方将四顾，何暇至乎人贵人贱哉②！"

仲尼闻之曰："古之真人，知者不得说，美人不得滥，盗人不得劫，伏牺、黄帝不得友。死生亦大矣，而无变乎己，况爵禄乎！若然者，其神经乎大山而无介，入乎渊泉而不濡，处卑细而不惫，充满天地，既以与人，己愈有③。"

楚王与凡君坐，少焉，楚王左右曰凡亡者三④。凡君曰："凡之亡也，不足以丧吾存。夫'凡之亡不足以丧吾存'，则楚之存，不足以存存。由是观之，则凡未始亡而楚未始存也。"

［注释］

① 肩吾：人名。见《逍遥游》第二段注⑦。孙叔敖：人名。楚国著名政治家。令尹：楚国的官职名称，相当于宰相，是最高的行政长官。鼻间：指呼吸言。栩栩（xǔ 许）：欢畅的样子。 ② 踌躇：悠然自得的样子。四顾：踌躇满志的样子。与《养生主》"为之四顾"意思大体相同。

③ 美人不得滥：滥，觊觎，指非分的念头。《淮南子》"美者不得

滥”，高诱注：“滥，觎也。”无介：没有阻碍，介，阻碍。卑细：形容地位低下。惫（bèi 被）：疲乏，困顿。 ④ 凡君：凡国的国君。凡，国名。三：指三次（采马叙伦说），俞樾以为指三人，即楚王左右说凡国灭亡的有三人。亦通。郭象注：“言有三亡征也。”非是。

［译文］

肩吾向孙叔敖问道：“您三次当上了楚国的令尹，却一点也看不出富贵的样子；您三次遭到罢免，也一点看不出有忧愁的样子。开始我对您有些怀疑，现在我看到您呼吸那样舒畅，您的思想是怎样达到如此境界的呢？”

孙叔敖说：“我哪里有什么过人的地方呢！我认为爵禄的到来无法拒绝，离去也无法阻止。我认为无论是得还是失，都跟我无关，而我只是没有忧愁的表情罢了。我哪里有什么过人的地方呢？况且我也不知道这些事情将要落在您的身上呢？还是落在我的身上呢？如果在您的身上，那我就失去了这些东西；如果在我的身上，那您就失去了这些东西。我正在优游自得，环顾四方，我哪里有功夫去管人间的富贵和贫贱呢！”

孔子听到这件事情，说：“古时候的真人，有智慧的人难以说服他；美女也不敢对他存非分的妄想，盗贼也无法偷盗他的东西，伏牺、黄帝也无法跟他交朋友。死和生，这算是大事了吧，即便是这样的大事，也无法使他改变，何况是官位和俸禄呢！像这样的人，他的精神穿越大山而无阻碍，进入深渊也不被淹没，处在卑下的地位不感到困苦，神明充满于天地之间，完全用以成就别人，而自己也就更加富有。”

楚王和凡国的国君坐在一起，不一会儿，楚王左右的大臣说，凡国的灭亡有三次。凡君说：“凡国的灭亡，不足以丧失我的存在，既然凡国的灭亡不足以丧失我的存在，那么，楚国的存在，也不一定使你能够存在。从这一点来看，那就可以说，凡国不一定灭亡，而楚国不一定能够存在。”

知北游第二十二

［原文］

知北游于玄水之上，登隐弅之丘，而适遭无为谓焉[①]。知谓无为谓曰："予欲有问乎若：何思何虑则知道？何处何服则安道[②]？何从何道则得道？"三问而无为谓不答也，非不答，不知答也。

知不得问，反于白水之南，登狐阕之上，而睹狂屈焉[③]。知以之言也问乎狂屈。狂屈曰："唉！予知之，将语若，中欲言而忘其所欲言。"

知不得问，反于帝宫，见黄帝而问焉。黄帝曰："无思无虑始知道，无处无服始安道，无从无道始得道。"

知问黄帝曰："我与若知之，彼与彼不知也，其孰是邪[④]？"

黄帝曰："彼无为谓真是也，狂屈似之；我与汝终不近也。夫知者不言，言者不知，故圣人行不言之教。道不可致，德不可至。仁可为也，义可亏也，礼相伪也[⑤]。故曰，'失道而后德，失德而后仁，失仁而后义，失义而后礼。礼者，道之华而乱之首也[⑥]。'故曰，'为道者日损，损之又损之以至于无为，无为而无不为也。'今已为物也，欲复归根，不亦难乎！其易也，其唯大人乎[⑦]！

"生也死之徒，死也生之始，孰知其纪，人之生，气之聚也；聚则为生，散则为死。若死生为徒，吾又何患！故万物一也，是其所美者为神奇，其所恶者为臭腐；臭腐复化为神奇，神奇复化为臭腐。故曰：'通天下一气耳。'圣人故贵一⑧。"

知谓黄帝曰："吾问无为谓，无为谓不应我，非不我应，不知应我也。吾问狂屈，狂屈中欲告我而不我告，非不我告，中欲告而忘之也。今予问乎若，若知之，奚故不近？"

黄帝曰："彼其真是也，以其不知也；此其似之也，以其忘之也；予与若终不近也，以其知之也⑨。"

狂屈闻之，以黄帝为知言。

[注释] ① 知：庄子寓言中的人名。玄水：寓言中的河名。上：一本作北。隐：出。弅（fěn 粉）：高起的样子。适：恰好。遭：逢，遇。无为谓：寓言中的人名。 ② 服：事，指行事，做事。 ③ 反：通"返"。白水：寓言中的河名。狐阕：寓言中的山丘名。 ④ 彼与彼：指无为谓和狂屈。 ⑤ 致：得，获得。至：到，达到。仁可为也：意谓仁是出乎自然，并非产生于人为，所以可为。义可亏也：谓义包含着人为的因素，并非完全出之于自然，因而为义，则必有损于道。礼相伪也：礼完全是人为，可以用来互相欺骗，因而为礼，则必失道。 ⑥ 华：花，比喻伪饰。 ⑦ 根：指道。大人：指大圣人。 ⑧ 徒：指同类。纪：头绪。万物一也：一，指气，言万物归根到底都是气。恶（wù 务）：厌恶。通：通彻全体，犹言遍。圣人故贵一：一，指气。 ⑨ 彼：指无为谓。此：指狂屈。

[译文] 知游览在玄水的岸上，登上突出而高起的山丘，恰好碰到无为谓，知对无为谓说："我想向您请教以下问题：怎样思索怎样考虑才能了解道？住在何处，怎样行事，才能使思想符合于道？随从什么人，走什么路，才能够得道？"问了三次，无为谓

都不回答，不是不回答，而是不知道回答。

知从无为谓那里得不到回答，回过头来走到白水的南面，登上狐阕这座山丘的上面，看到狂屈。知便将这些问题又向狂屈请教，狂屈说："唉，我了解这些道理，我将要告诉你，可是当我想着告诉你的时候，而我却忘记了我要说的那些话。"

知从狂屈那里得不到回答，便返回黄帝的宫殿，拜见黄帝，向他提出这些问题。黄帝回答说："不要思索，不要考虑，才能够了解道，什么地方也不要去，什么事情也不要做，思想就能符合于道，什么人也不要跟随，什么路也不要走，就能够得到道。"

知向黄帝问道："我和你知道这些道理，无为谓和狂屈不知道这些道理，谁的做法对呢？"

黄帝说："那个无为谓才真是正确的，狂屈只是接近于正确，我和你则始终都没有接近道。了解道的人不把它说出来，说出来的人并不了解道，所以圣人推行不说话的教育。道不是靠言传可以得到的，德不是靠言传可以达到的。仁并非生于心而不能不为，所以是可为的。义是不符合于自然的，所以推行义，便有损于道了。礼一定要加上一些伪装而后实行，所以实行起来，便是互相欺骗了。所以说：'失去道而后得到德，失去德而后得到仁，失去仁而后得到义，失去义而后得到礼。礼这个东西，它是道的伪装，它是使社会产生动乱的祸根。'所以说：'从事道的人要天天清除那些伪装的东西，清除了再清除，以致到了无所作为；无所作为也就无所不为了。'现在，你已经有所作为于外物，再想返回到道上来，不是很困难的吗！如果能够改变的话，那差不多就是大圣人了。

"生是死的朋友，死是生的开始，谁能够了解它们的头绪？

人的生存，是气的聚集，气聚集在一起就生，气消散了就死。如果死和生是朋友，我又何必忧虑！所以万物归根结底是一样的。他们都把自己所认为是美好的东西当作神奇，他们又都把自己所认为是丑恶的东西当作臭腐；臭腐可以变化为神奇，神奇也可以变化成臭腐，所以说：‘整个天下不过是一种气罢了。’因而圣人最看重一。”

知对黄帝说：“我向无为谓请教，无为谓不答应我，不是不答应我，而是不知道答应我。我向狂屈请教，狂屈想着告诉我却没有告诉我，不是不告诉我，当他想告诉我的时候，却把要告诉我的话忘掉了。现在，我向您请教，您是了解道的，为什么您说您的话并不接近于道呢？”

黄帝回答说：“说无为谓真正掌握了道，是因为他什么也不知道，说狂屈近似于道，是因为他能够忘记自己所想说的话，我和你始终不接近道，就是因为我和你好像什么都知道。”

狂屈听到了黄帝这一番话，以为黄帝的这番议论，是真正了解道的议论。

［原文］

天地有大美而不言，四时有明法而不议，万物有成理而不说。圣人者，原天地之美而达万物之理，是故至人无为，大圣不作，观于天地之谓也①。

今彼神明至精，与彼百化，物已死生方圆，莫知其根也，扁然而万物自古以固存②。六合为巨，未离其内；秋毫为小，待之成体③。天下莫不沈浮，终身不故，阴阳四时运行，各得其序。惛然若亡而存，油然不形而神，万物畜而不知④。此之谓本根，可以观于天矣。

啮缺问道乎被衣，被衣曰："若正汝形，一汝视，天和将至，摄汝知，一汝度，神将来舍。德将为汝美，道将为汝居，汝瞳焉如新生之犊而无求其故⑤！"

言未卒，啮缺睡寐。被衣大说，行歌而去之，曰："形若槁骸，心若死灰，真其实知，不以故自持，媒媒晦晦，无心而不可与谋⑥。彼何人哉！"

[注释]

① 明法：指四时季节的变化运转，明白无误，有一定的规律。成理：指一定的规律。原，推究。达：了解。 ② 今彼：彼，指天地。与彼，彼，指万物。方圆：形容变化的情状。根：根绪，来历。扁然：犹翩然，自然而然。 ③ 其内：道之内，其，指道。待之：之，指道，亦指气。 ④ 惛（hūn 昏）然：浑浑噩噩，糊糊涂涂的样子。油然：自然而然的样子。畜：养育。万物畜，谓万物被畜。不知：不自知。 ⑤ 摄：收敛。一汝度，俞樾以为当作正汝度。《淮南子·道应训》、《文子·道原篇》并作正汝度。度：形态。一汝度，和上文正汝形，意思相同。舍：作动词用，谓停留在这里。瞳（tóng 童）：懵懵懂懂，瞪着眼睛看的样子。 ⑥ 说：通"悦"，高兴。真：奚侗说：直借作寘（tián 填）。《说文》："寘，塞也。"此句与上文"摄汝知"意同。故：原由，指有真知的原由。持：矜持。媒媒，昏昧不明的样子。晦晦：昏暗。

[译文]

天地含有伟大的美而不言语，四时的交替有着明确的法纪而不议论，万物的生长都有一定的道理而不言说。所谓圣人，就是推究天地所含有的伟大的美，而通达万物生长的道理的人。因此，至人无所作为，大圣人什么也不做，这就叫做观察了天地并以之为法的人。

现在那天地的神明是极其精致的，它和万物有无数的变化，万物有的死了，有的生了，忽而是方的，忽而是圆的，谁也不知道它的根绪，万物自然而然地生长出来了，其实都是古时本来就存在的。上下四方是最大的了，而它仍然在道之中而不会脱离道；秋毫是最小的了，也要依赖道而后才能成就它的形体。天下的万物无不在运动之中，因而它的身体始终是新的。阴阳和春夏秋冬四时的运行，都有各自的规律，这种规律，呈现着暗昧的样子，好像是无，而其实是存在着。万物自然而然地生长出来了，然而它的变化却像神一样，看不到它的形迹。万物都被畜养着，然而却不自知，这就叫做根本。要了解这一点，仔细地观察自然就可以了。

啮缺向被衣问道，被衣说："你端正你的形体，集中你的视线，这样，自然的和气就自然而然地到了。收敛你的思想，端正你的体态，神明自然就会停留在你这里。德将会成为你的美，道也将会成为你的安居之所。你那无知无识的样子就好像刚刚生下的牛犊而不要去研求事理。"

被衣的话还没有说完，啮缺便已经睡着了。被衣非常高兴，一面行走，一面唱歌离开了啮缺，说："形体像那枯槁了的骸骨，心神像那熄灭了的灰烬，他有着纯朴的真知，却不以有这种真知而矜持，浑浑噩噩，糊里糊涂，他没有思想，因而无法和他商量，他是什么人呢？"

［原文］

舜问乎丞曰："道可得而有乎？"曰："汝身非汝有也，汝何得有夫道[①]？"

舜曰："吾身非吾有也，孰有之哉？"曰："是天地之委形也；生非汝有，是天地之委和也；性命非汝有，是天地之委顺也；孙子非汝有，是天地之委蜕也。故行不知所往，处不知所持，食不知所味[②]。天地之强阳气也，又胡可得而有邪！"

孔子问于老聃曰："今日晏闲，敢问至道[③]。"

老聃曰："汝斋戒，疏瀹而心，澡雪而精神，掊击而知！夫道，窅然难言哉！将为汝言其崖略④。

"夫昭昭生于冥冥，有伦生于无形，精神生于道，形本生于精，而万物以形相生，故九窍者胎生，八窍者卵生⑤。其来无迹，其往无崖，无门无房，四达之皇皇也⑥。邀于此者，四肢强，思虑恂达，耳目聪明，其用心不劳，其应物无方⑦。天不得不高，地不得不广。日月不得不行，万物不得不昌，此其道与！

"且夫博之不必知，辩之不必慧，圣人以断之矣。若夫益之而不加益，损之而不加损者，圣人之所保也⑧。渊渊乎其若海，巍巍乎其终则复始也，运量万物而不匮。则君子之道，彼其外与！万物皆往资焉而不匮⑨，此其道与！

"中国有人焉，非阴非阳，处于天地之间，直且为人，将反于宗。自本观之，生者，喑醷物也⑩。虽有寿夭，相去几何？须臾之说也。奚足以为尧桀之是非！果蓏有理，人伦虽难，所以相齿⑪。圣人遭之而不违，过之而不守。调而应之，德也；偶而应之，道也；帝之所兴，王之所起也。

"人生天地之间，若白驹之过郤，忽然而已。注然勃然，莫不出焉；油然漻然，莫不入焉⑫。已化而生，又化而死，生物哀之，人类悲之。解其天韬，堕其天袠⑬，纷乎宛乎，魂魄将往，乃身从之，乃大归乎！不形之形，形之不形，是人之所同知也，非将至之所务也，此众人之所同论也。彼至则不论，论则不至。明见无值，辩不若默[14]。道不可闻，闻不若塞，此之谓大得。”

[注释]

①丞：人名，舜的老师。一说官名，古时有所谓四辅，即左辅右弼前疑后丞。丞即四辅之一。　②委：付。和：指自然的和气，意谓生命是这种自然的和气造成的。顺：也指自然的和气，意思是说性命也是这种自然的和气造成的。蜕：蜕变。宣颖说：“形形相禅，故曰蜕。”行、处、食：言此三者都是由天地之气结聚而成的人体的行动，因而行、处、食都属于自然之气，并非属于人所本有。　③晏闲：闲暇无事。　④疏瀹（yuè 月）：洗涤。澡雪：洗涤使之清洁。掊（pǒu 剖上声）击：击破。掊，破。窅（yǎo 咬）：深远的样子。崖略：边际，犹言大概。　⑤昭昭：光明；明亮。冥冥：昏暗。有伦：当指社会的秩序及伦常。精：范耕研《庄子诂义》引陆西星说：“精神之精，即道家所谓先天之精，清通而无象者也。形本之精，即《易·系》所谓男女构精之精，有气有质者也。”此说可供参考。九窍者：指人、兽。八窍者：指禽、鱼。　⑥崖：边。皇皇：广大貌。　⑦邀：遇。恂达：通达。恂，通。　⑧圣人以断之矣：以，通“已”，已经。圣人之所保也：保，保护，爱护。　⑨终则复始：形容其高大。运量：指听任万物自行运动，使万物自足其量，极言道的博大和丰赡。资：用作动词，指取资。　⑩直且：犹言姑且。宗：宗本，根本。言人生于阴阳之气，死了之后又回到阴阳之气。本：与宗同义，指气而言。喑（yīn 阴）醷（yì 亿）：气聚合的样子。庄子认为人本是气聚合的产物。这是一种朴素的唯物主义思想。　⑪须臾：片刻，一会儿。果蓏（luǒ 裸）：蓏，瓜类植物的果实。树上结的称果，地上结的称蓏。齿：指年龄，相齿，指按年龄大小为序。　⑫白驹：骏马，一说指日，郤：通“隙”，孔。注然、勃然：都是形容自然而然兴起的样子。油、漻（liáo 燎）：形容自然而然死去的样子。　⑬韬（tāo 滔）：弓袋。袠（zhì 至）：即帙的异体字，束囊或包书的套子。　⑭值：会遇。言于明处求之则无从遇道。

[译文]

舜向丞请教说：“道可以获得、占有吗？”丞回答说：“你的身体还不属于你所有,你怎么能够获得道?”

舜说:“我的身体不属于我所有,属谁所有呢?”丞回答说:“是天地给你以形体;生命也并非属你所有,是天地给了你和谐之气才使你有了生命;性命也非属你所有,是天地给你顺畅之气才产生的;子孙并不属于你的,是天地为你蜕变出来的。所以,一生中你天天在行走,却不知究竟要到哪里去,虽有居处,却不知道保持,天天在吃饭,却不知道滋味。行走、居处、滋味,都是那天地的刚健的阳气使然,你哪里能够得到呢?”

孔子对老聃说:“今天是一个安闲的日子,我想向您请教至道。”

老聃说:“你先做一番斋戒,打扫一下你的心灵,洗涤一下你的精神,打破你的智慧!道,深奥而难以言述啊!我将向你谈一谈道的大概。

“光明生于幽暗,社会的秩序和伦常是从无形中产生出来的。精神产生于道,形体产生于精微之气,而万物都是以形体相互产生的。所以,凡是具备九窍的都是胎生。凡是具备八窍的都是卵生。它来的时候没有踪迹,它走了也没有边际,不知道它从哪一门中出来,也不知它要到哪一个房间里居住,广泛地通向四方。遇到道的,四肢强健,思想通达,耳聪目明,他的心不会疲劳,他适应于外物没有一定的章程。天得不到它便不会高,地得不到它便不会广,日月得不到它便不会运行,万物得不到它便不会茂盛地生长,这不就是道吗!

“况且,博读经典的人,不一定了解真理,能言善辩的人,不一定有智慧,圣人对于这些人是断然抛弃的。像这种增加了也看不出增加,减少了也看不出减少的人,圣人对于他则是保护的。它的广博像海洋那样,它的高大无终无始,能使万物各自运动,并使万物各自满足自己的需要而不匮乏。那么,君子对于所要掌握的道,还要到外部去索求吗！万物都要到它那里去寻取资用,而不能使它匮乏,这不就是道吗！

“中国生活着一些人,处在阴阳浑合之中和天地之间,只不过姑且是人罢了,将来还要回到老家去。从根本上来观察,人的生,不过是气的凝聚而已。虽然有长寿的,有短命的,然而长寿和短命之间,差别又能够有多大呢？不过是片刻罢了。哪里有什么必要去区分尧和桀的是非！水果和瓜类,都有自己的生长规律,人的老少难于齐一,所以要按照年龄的大小区分等次。圣人碰到这种情况,顺应它而不违背,走到他们中间而并不留在他们那里。人们之中有什么行动,便采用调和的方法去适应,这就是德;偶然无心地去适应它,便是契合于圣道了。这就是帝和王兴起而产生的原因。

“人生在天地之间,好像那骏马从缝隙中驰过一样,不过片刻的功夫罢了。忽然,自然而然地出来了;忽然,又自然而然地归于空虚了。忽而变化为生,忽而变化为死,活着的东西在哀悼它,人类在哀悼他。其实,死去不过是解除了自然的弓衣,毁弃了自然的束囊罢了。杂乱地,宛转地,魂魄将要走掉,你的身体也随着魂魄的消失而归于消失,这就是彻底地回到老家了！可见那看不见的形体,是产生那可以看见的形体的根源,可以看见的形体,是从那看不见的形体中产生出来的。这个道理是人们所应当共同了解的,却不是那将要达到大道的人所要追求的,这是人们共同的议论。你如果达到道,你就不会再议论了,凡是发表议论的,那就证明他还没有达到道。在明明白白的地方去探求道就不会得到道。因而辩论不如沉默。道是无法听到的,所以听到有人在宣扬道,就不如把耳朵塞起来。这就是深得大道理的人了。”

［原文］

东郭子问于庄子曰："所谓道，恶乎在？"庄子曰："无所不在。"东郭子曰："期而后可[①]。"庄子曰："在蝼蚁。"曰："何其下邪？"曰："在稊稗。"曰："何其愈下邪？"曰："在瓦甓。"曰："何其愈甚邪？"曰："在屎溺[②]。"东郭子不应。

庄子曰："夫子之问也，固不及质。正获之问于监市履狶也，每下愈况[③]。汝唯莫必，无乎逃物。至道若是，大言亦然。周徧咸三者，异名同实，其指一也。

"尝相与游乎无何有之宫，同合而论，无所终穷乎！尝相与无为乎！澹而静乎！漠而清乎！调而闲乎！寥已吾志，无往焉而不知其所至，去而来而不知其所止，吾已往来焉而不知其所终；彷徨乎冯闳，大知入焉而不知其所穷[④]。物物者与物无际，而物有际者，所谓物际者也；不际之际，际之不际者也。谓盈虚衰杀，彼为盈虚非盈虚，彼为衰杀非衰杀，彼为本末非本末，彼为积散非积散也[⑤]。"

［注释］

① 东郭子：人名，住东郭，因称东郭子。期：必定。 ② 蝼蚁：蝼蛄和蚂蚁，昆虫类。稊（tí 题）稗（bài 败）：稊：一种形似稗的草。稗，稻田中的杂草。稊稗均属杂草。甓（pì 屁）：砖。屎：粪。溺：小便。以上所举的例子说明道无所不在。 ③ 质正：官名，负责平定市场物价的官。获：女奴，质正的女奴。监市：负责管理市场行政的官。履：鞋子，这里指鞋价。狶（xī 希）：猪，指猪价。况：甚。 ④ 澹：淡的异体字，安静的样子。漠、清：均指清静而言，二字叠用意在强调清静。调：协调。闲：安闲。寥：虚寂的状态。冯（píng 瓶）闳（hóng 宏）：空虚广大的样子。 ⑤ 物物者：指创造物的实际上是物本身。际：分际、区别。衰：

胡远浚认为,衰疑为裒之讹,裒杀犹言益损。(见范耕研《庄子诂义》引)此说可从。裒(póu 抔),聚集。这里可引申为增益。彼:王先谦说:“道也。”非是。当指众人而言。

[译文]

东郭子问庄子说:“所谓道,究竟在什么地方?”庄子回答说:“道无处不在。”东郭子说:“您一定要把道所在的具体地方谈清楚才可以。”庄子说:“在蝼蛄和蚂蚁之中。”东郭子说:“道为什么会处在这样低下的所在?”庄子说:“在杂草丛生的地方。”东郭子说:“为什么更加低下了?”庄子说:“在瓦和砖之中。”东郭子说:“为什么越来越低下了。”庄子说:“在粪便之中。”东郭子不再发问了。

庄子说:“先生所提出的问题,漫无边际。女奴问监市官商品的市场价格,也必须首先指明是鞋子还是猪。你的提问连女奴的提问也赶不上呵!真是越来越不如了。你不要只是在一种事物中寻找道,世上所有的东西都逃脱不了道。至道是这样,伟大的言论也是这样。遍及整个宇宙不外是这三者:道、物、言。这三者虽然名称不同,其实所指的内容是一个。

“我和你何不一起游处在什么都没有的地方,把宇宙当成一个整体来论说?这样就不会有所穷尽了。我和你在一起何不奉行无为呢?这样不就恬淡而清静了吗?不就清静而又清静了吗?不就协调而安逸了吗?寥然虚寂就是我的志向,什么地方都不曾去过,即使去了也不知道究竟是到了何处,去了接着就回来,也不知道他停留在哪里。我虽然在世上往来,然而我却不知道哪里是归宿,放任在辽阔的空间,那伟大的圣知之人是能体会这个真理的,因而他不去了解这广大空间的穷尽之处,明白万物并无主宰,因而万物都是自己创造自己的,就能和万物冥合为一而没有分别。而物是有差别的,这就是人们所常说的具体事物之间的差别。其实这是没有差别的差别，从表面上看是有差别的，而其实是没有差别的。人们所常说的盈满、虚无、增益、减损，其实他们所认为的盈满和虚无，并不是真正的盈满和虚无。他们所认为的增益和减损，并不是真正的增益和减损，他们所认为的根本和末节，并不是真正的根本和末节，他们所认为的积聚和分散，并不是真正的积聚和分散。”

［原文］

妸荷甘与神农同学于老龙吉。神农隐几阖户昼瞑，妸荷甘日中奓户而入曰①："老龙死矣！”神农隐几拥杖而起，曝然放杖而笑②，曰："天知予僻陋慢訑，故弃予而死。已矣夫子！无所发予之狂言而死矣夫③！”

弇堈吊闻之，曰："夫体道者，天下之君子所系焉④。今于道，秋毫之端万分未得处一焉，而犹知藏其狂言而死，又况夫体道者乎！视之无形，听之无声，于人之论者，谓之冥，冥所以论道，而非道也⑤。”

于是泰清问乎无穷曰："子知道乎？”无穷曰："吾不知。”又问乎无为。无为曰："吾知道。”曰："子之知道，亦有数乎⑥？”曰："有。”曰："其数若何？”无为曰："吾知道之可以贵，可以贱，可以约，可以散，此吾所以知道之数也。”

泰清以之言也问乎无始曰："若是，则无穷之弗知与无为之知，孰是而孰非乎？”无始曰："不知深矣，知之浅矣；弗知内矣，知之外矣。”于是泰清中而叹曰："弗知乃知乎！知乃不知乎！孰知不知之知?"

无始曰:"道不可闻,闻而非也;道不可见,见而非也;道不可言,言而非也。知形形之不形乎[7]!道不当名。"

无始曰:"有问道而应之者,不知道也。虽问道者,亦未闻道。道无问,问无应。无问问之,是问穷也[8];无应应之,是无内也。以无内待问穷,若是者,外不观乎宇宙,内不知乎大初[9],是以不过乎昆仑,不游乎太虚。"

[注释]

①婀(ē 阿)荷甘:人名,与神农、老龙吉同属庄子寓言中人物。姓婀,字荷甘。婀,婀的异体字。老龙吉:婀荷甘的老师。在这则寓言中,他被描写成怀道之人。阖户:关上门。隐:依,凭。几:几案。瞑:通"眠",小睡;假寐。日中:中午。奓(zhà 乍):开。　②拥:抱。此句形容神农听到老龙吉死讯时的震惊状态。曝(bó 博):象声词,形容放下手杖的声音。　③天:指其师老龙吉,神农以其师有自然之德,故呼之为天。僻陋:孤陋寡闻。慢訑(tuō 拖或 dàn 但):成玄英疏:"慢訑不专。"发:启发。　④弇(yǎn 眼)堈(gāng 刚)吊:人名。姓弇堈,名吊,也是寓言中人物。体道者:掌握了道的人。系:依附。　⑤郭象以冥冥为连文,断句为"谓之冥冥"。陶鸿庆以为此当以"谓之冥"绝句,下冥字属下为句。此说甚是,当从。　⑥数:理,道理。　⑦形形:前一形字,用作动词。形形,意言产生或创造形体。　⑧穷:空。　⑨大初:太初,始初,指宇宙的开始。大通"太"。

[译文]

婀荷甘和神农一同在老龙吉那里学习。神农关着门,凭依着几案,大白天在睡觉,中午的时候,婀荷甘推开门进来说道:"老龙吉死了!"神农凭依着几案,抱着手杖站了起来,"嘭"的一声,将手杖丢在地下,笑着说道:"先生知道我孤陋寡闻又不专心致志,因而丢下我死掉了。完了!先生!没有人再用狂言来启发我了,你死了啊!"

弇堈埛吊听到这件事,说:"得道的人,天下的君子都来归顺他。现在,对于道,连秋毫末尾的万分之一都没有得到,还知道收藏起他的狂言而死去,何况是得道的人呢?道,看起来没有形状,听起来没有声音,在人们面前论述道的,可以称他为暗昧,暗昧的人所论述的道,其实并不是道。"

于是,泰清向无穷请教说:"您了解道吗?"无穷回答说:"我不了解道。"又向无为请教,无为说:"我了解道。"泰清说:"您所了解的道也有数吗?"回答说:"有。"泰清问道:"这种数是什么呢?"无为说:"我了解道可以处在尊贵的地位,也可以处在卑贱的地位,可以集中,也可以分散,这就是我所了解的道的数。"

泰清把这些话拿来向无始请教说:"像这样,那么无穷的不知和无为的知,哪一个对呢,哪一个不对呢?"无始说:"哪个说自己不知的人是深刻的,说自己知的人则是浅薄的;哪个说自己不知的人,实际上处在道之内,哪个说自己知的人,实际上处在道之外。"于是,泰清叹息着说:"哪个说不知的才是了解道的吗?哪个说自己知的,竟是不了解道的吗?那么,哪一个能够了解不知的智慧呢?"

无始说:"道是不能被听到的,听到的并不是道;道是不能被见到的,见到的并不是道;道是不能被言传的,言传的并不是道,要了解有形的形体是由无形的形体中产生出来的。所以,道不能被形容!"

无始说:"有人向他请教道而他随口答应的,其实并不了解道。就是那问道的人,也是不了解道。道是无法询问的,对于问道的人,应该不必答应他。对于无法询问的东西,一定要去询问它,那就是询问空洞无物的东西。不应回答而回答他,这说明他的心中并没有道。心中并没有道,而去回答那询问空洞无物的人，像这样的人，向外，他没有看到宇宙的广大，向内，也不了解太初的深远。因此，他不曾到过昆仑，也不曾游过太虚。”

［原文］

光曜问乎无有曰[1]：“夫子有乎？其无有乎？”

光曜不得问，而孰视其状貌，窅然空然，终日视之而不见，听之而不闻，搏之而不得也[2]。

光曜曰：“至矣，其孰能至此乎！予能有无矣，而未能无无也；及为无有矣，何从至此哉！”

大马之捶钩者，年八十矣，而不失豪芒。大马曰：“子巧与！有道与？”曰：“臣有守也。臣之年二十而好捶钩，于物无视也，非钩无察也。是用之者，假不用者也以长得其用，而况乎无不用者乎！物孰不资焉[3]！”

［注释］

① 光曜、无有：均为拟人写法，并非实有其人。 ② 孰：通“熟”。孰视，仔细观察。窅（yǎo 咬）：深远的样子。搏：捕捉。 ③ 大马：大司马，古代官名。捶：锻打。钩：腰带钩。一说指兵器。有守：即有道，王念孙以为守即道。本书《达生篇》：“‘子巧乎！有道邪？’曰：‘我有道也。’”是其证。资：供给，这里可引申为取用。

［译文］

光曜问无有说：“先生您是存在呢？还是不存在呢？”

光曜得不到回答，便仔细观察无有的形状和面貌：深远的样子，空空的样子。整天在观察，怎么也看不到；整天在听，怎么也听不到；整天在捕捉，怎么也捕捉不到。

光曜说：“真是最高的境界了，谁还能达到这样高的境界呢？我可以达到有无的境界，然而却不能达到无无的境界，既然到了‘无’的境界，而仍然不免于‘有’，那怎么能够达到这样的境界呢?”

为大司马锻打腰带钩的人,年纪已经八十岁了,掂量腰带的轻重,竟然不差毫厘。大司马说:“你的本领实在高啊!这其间也有道理吗?”回答说:“我有道理,我在二十岁的时候,就爱好锻打腰带钩,对于别的东西,我什么都看不到。不是腰带钩,我就不去看它。这就是说,有所用的时候,一定要有所不用。这样,你才能得以长久地掌握住你所要掌握的东西。何况是什么也不用呢?达到这种境界,万物都会为他所取用了!”

[原文]

冉求问于仲尼曰:“未有天地可知邪?”仲尼曰:“可,古犹今也。”

冉求失问而退,明日复见,曰:“昔者吾问‘未有天地可知乎?’夫子曰:‘可,古犹今也。’昔日吾昭然,今日吾昧然,敢问何谓也①?”仲尼曰:‘昔之昭然也,神者先受之;今之昧然也,且又为不神者求邪?无古无今,无始无终。未有子孙而有子孙,可乎?”

冉求未对。仲尼曰:“已矣,未应矣!不以生生死,不以死死生。死生有待邪②?皆有所一体,有先天地生者物邪?物物者非物。物出不得先物也,犹其有物也。犹其有物也,无已。圣人之爱人也终无已者,亦乃取于是者也。”

[注释]

① 昔:昨天。昭然:光明的样子,此处引申谓明白。昧然:昏暗的样子,此处引申理解为糊涂。 ② 待:对待,对偶。指相辅相成的对立面。

[译文] 冉求向孔子请教说:“天地没有产生以前可以了解吗?”孔子回答说:“可以了解,古时候,就像今天一样。”

冉求没有得到应有的回答,便回来了,第二天又拜见孔子,说:“昨天我问:‘天地没有产生之前,可以了解吗?’先生回答说:‘可以了解,古时候就像今天一样。’昨天我还明白,今天我就糊涂了,请问这是什么道理呢?”孔子回答说:“昨天你明白,是因为你的精神首先领略了的缘故;今天你糊涂,是因为你无所请求,不运用精神的缘故。没有古代,也就没有今天,没有开始,也就没有终结,子孙没有生出之前,便要求要了解子孙,这可以吗?”

冉求没有回答,孔子说:“算了,你不必回答了!生的自然而然地生出来了,它的生不是为了死;死的自然而然地死去了,它的死不是为了生。死和生是相辅相成的吗?生和死实际上都存在于同一体中。有先于天地而生的东西吗?如果说产生物的并不是物,那么物的出现,就不得先于物而出现了,自然而然地就有了物,难道是因为有产物的东西存在吗,正是因为有了万物,才生生不已。圣人对于人的爱护没有止境。也是取法于这一点的。”

[原文] 颜渊问乎仲尼曰:“回尝闻诸夫子曰:‘无有所将,无有所迎①。’回敢问其游。”

仲尼曰:“古之人,外化而内不化;今之人,内化而外不化。与物化者,一不化者也②。安化安不化,安与之相靡,必与之莫多③。狶韦氏之囿④,黄帝之圃,有虞氏之宫,汤武之室。君子之人,若儒墨者师,故以是非相䪢也⑤,而况今之人乎!圣人处物不伤物。不伤物者,物亦不能伤也。唯无所伤者,为能与人相将迎。山林与!皋壤与!使我欣欣然而乐与!乐未毕也,哀又继之。哀乐之来,吾不能御,其去弗能止。悲夫,世人直为物逆旅耳⑥!夫知遇而不知所不遇,知能能而不能所不能。无知无能者,固人之所不免也。夫务免乎人之所不免者,岂不亦悲哉!至言去言,至为去为。齐知之所知,则浅矣。"

[注释] ① 将:送。 ② 内:指思想。一不化:谓一任外物的变化。 ③ 靡:顺。多:马叙伦认为应借为迻。可从。迻(yí 移),移的异体字。 ④ 狶(xī 希)韦氏:传说中原始社会的部族首领。囿(yòu 又):古代帝王养禽兽的园林。马叙伦认为"狶韦氏之囿,黄帝之圃,有虞氏之宫,汤武之室"四句,于上下文不相属。此说可供参考。 ⑤ 鳖(jī 基):和,响应。 ⑥ 逆旅:客舍,旅馆。

[译文] 颜渊向孔子请教说:"我曾听先生说过:'不要有所送,也不要有所迎。'请问这样做,将如何处世。"

孔子回答说:"古时候的人,顺应外物的变化而变化,然而内心却不变化。现在的人,内心在经常变化,却不能顺应外物的变化而变化。能够顺应外物变化的,就是因为他的内心虚无而一任外物变化的缘故。既然安于变化,也能安于不变,能够安于变和不变就能够完全顺应外物了,一定要顺应它而不能移易。狶韦氏有广大的牧场,黄帝有园林,有虞氏有宫殿,商汤和周武王则有住室。君子行列中的人,像儒家和墨家的老师,各以其是而指责对方为非,各自提倡一种学说,而希望人们响应。何况是现在的人呢?圣人处在外物之中而不伤害外物,正因为不伤害外物,所以,外物也不能伤害他。正因为外物不能伤害他,所以能够和人们一起不迎而迎,不送而送。无论是大的树林也好,无论是高岗和平原也好,不是都可以使我欢乐吗？欢乐还没有结束，悲哀便接着又来了。悲哀和欢乐的到来，我都无法拒绝，悲哀和欢乐的消失，我也无法阻止。悲哀啊！社会上的人不过是把这个世界当作旅馆罢了，他们只能了解他们所碰到的事物，不能了解他们所没有碰到的事物，他们只能运用自己所已经掌握了的本领，却不能运用他们所未曾掌握了的本领。可见不了解的知识，没有掌握的本领，这是人们本来就无法避免的。一定要避免人们所无法避免的事情，这不是很悲哀的吗？最好的言论，是将言论舍弃，最好的做法，是什么也不做。一定要了解知识，并且也使不了解知识的人，也一样了解知识，这就浅陋了。”

杂篇

庚桑楚第二十三

[原文]

老聃之役有庚桑楚者，偏得老聃之道，以北居畏垒之山，其臣之画然知者去之，其妾之挈然仁者远之；拥肿之与居，鞅掌之为使[①]。居三年，畏垒大壤。畏垒之民相与言曰："庚桑子之始来，吾洒然异之。今吾日计之而不足，岁计之而有余。庶几其圣人乎！子胡不相与尸而祝之，社而稷之乎[②]？"

庚桑子闻之，南面而不释然。弟子异之。庚桑子曰："弟子何异于予？夫春气发而百草生，正得秋而万宝成[③]。夫春与秋，岂无得而然哉？天道已行矣。吾闻至人，尸居环堵之室，而百姓猖狂不知所如往。今以畏垒之细民而窃窃焉欲俎豆予于贤人之间，我其杓之人邪[④]！吾是以不释于老聃之言。"

弟子曰："不然。夫寻常之沟，巨鱼无所还其体，而鲵鳝为之制；步仞之丘陵，巨兽无所隐其躯，而孽狐为之祥[⑤]。且夫尊贤授能，先善与利[⑥]，自古尧舜以然，而况畏垒之民乎！夫子亦听矣！"庚桑子曰："小子来！夫函车之兽，介而离山，则不免于网罟之患；吞舟之鱼，砀而失水[⑦]。则蚁能苦之。故鸟兽不厌高，鱼鳖不厌深。夫全其形生之人，藏其身也，不厌深眇而已矣[⑧]。且夫二子者，又何足以称扬哉！是其于辩也，将妄凿垣墙而殖蓬蒿也[9]。简发而栉，数米而炊，窃窃乎又何足以济世哉！举贤则民相轧，任知则民相盗[10]。之数物者，不足以厚民。民之于利甚勤，子有杀父，臣有杀君，正昼为盗，日中穴阫[11]。吾语女，大乱之本，必生于尧舜之间，其末存乎千世之后。千世之后，其必有人与人相食者也[12]！”

南荣趎蹴然正坐曰：“若趎之年者已长矣，将恶乎托业以及此言邪[13]？”

庚桑子曰：“全汝形，抱汝生，无使汝思虑营营[14]。若此三年，则可以及此言矣。”

南荣趎曰：“目之与形，吾不知其异也，而盲者不能自见；耳之与形，吾不知其异也，而聋者不能自闻；心之与形，吾不知其异也，而狂者不能自得。形之与形亦辟矣，而物或间之邪，欲相求而不能相得。今谓趎曰：‘全汝形，抱汝生，勿使汝思虑营营。’趎勉闻道达耳矣[15]！”

庚桑子曰：“辞尽矣。曰奔蜂不能化藿蠋，越鸡不能伏鹄卵，鲁鸡固能矣[16]。鸡之与鸡，其德非不同也，有能与不能者，其才固有巨小也。今吾才小，不足以化子。子胡不南见老子[17]！”

南荣趎赢粮，七日七夜至老子之所[18]。

老子曰：“子自楚之所来乎[19]？”南荣趎曰：“唯。”

老子曰：“子何与人偕来之众也？”南荣趎惧然顾其后。

老子曰："子不知吾所谓乎？"

南荣趎俯而惭，仰而叹曰："今者吾忘吾答，因失吾问。"

老子曰："何谓也？"

南荣趎曰："不知乎？人谓我朱愚[20]。知乎？反愁我躯。不仁则害人，仁则反愁我身；不义则伤彼，义则反愁我己。我安逃此而可？此三言者，趎之所患也，愿因楚而问之。"

老子曰："向吾见若眉睫之间，吾因以得汝矣，今汝又言而信之。若规规然若丧父母，揭竿而求诸海也。女亡人哉，惘惘乎[21]！汝欲反汝情性而无由入，可怜哉！"

南荣趎请入就舍，召其所好，去其所恶，十日自愁，复见老子。

老子曰："汝自洒濯，熟哉？郁郁乎然而其中津津乎犹有恶也。夫外韄者不可繁而捉，将内揵；内韄者不可缪而捉，将外揵[22]。外内韄者，道德不能持，而况放道而行者乎！"

南荣趎曰："里人有病，里人问之，病者能言其病，然其病，病者犹未病也。若趎之闻大道，譬犹饮药以加病也，趎愿闻卫生之经而已矣。"

老子曰："卫生之经，能抱一乎？能勿失乎？能无卜筮而知吉凶乎？能止乎？能已乎？能舍诸人而求诸己乎？能翛然乎？能侗然乎[23]？能儿子乎？儿子终日嗥而嗌不嗄，和之至也；终日握而手不掜，共其德也；终日视而目不瞚，偏不在外也。行不知所之，居不知所为，与物委蛇，而同其波。是卫生之经已㉔。”

南荣趎曰：“然则是至人之德已乎？”

曰：“非也。是乃所谓冰解冻释者能乎？夫至人者，相与交食乎地，而交乐乎天，不以人物利害相撄，不相与为怪，不相与为谋，不相与为事，翛然而往，侗然而来㉕。是谓卫生之经已。”

曰：“然则是至乎？”

曰：“未也。吾固告汝曰：‘能儿子乎？’”儿子动不知所为，行不知所之，身若槁木之枝而心若死灰。若是者，祸亦不至，福亦不来。祸福无有，恶有人灾也！”

［注释］

① 老聃：见《养生主》第四段注①。役：弟子；学生。成玄英疏：“古人事师，供其驱使，不惮艰危，故称役也。”庚桑楚：人名。姓庚桑，名楚。偏得：独得。一说尚未全得。畏垒：山名。《经典释文》引李云：“或云在鲁，或云梁州。”此是寓言，地名、人名均难深考。臣：仆隶。画然：饰智炫耀的样子。挈然：显示的样子。拥肿：淳朴的样子。鞅掌：事多不暇整理仪容。　② 大壤：丰收。壤通“穰”。洒（xiǎn 险）然：惊异的样子。庶几：差不多。尸而祝之：立一尸而祝祭之。尸：主持；执掌。社而稷之：为其建立宗庙，依礼祝祭。　③ 释（yì 义）然：喜悦。释：通“怿”。正得秋而万宝成：俞樾以为句中“得”字为衍文，当作“正秋而万宝成”。

④ 尸居：安居无为的样子。环堵：四面围着土墙，极言居室简陋。猖狂：恣意地；漫无目的地。细民：小民。窃窃：私语貌。俎豆：祭祀时所使用的器皿，引申谓尊崇。杓（dí 敌），标准。　⑤ 寻常：谓距离短。古制八尺为寻，倍寻为常。还（xuán 旋）：通“旋”，旋转。鲵（ní 尼）鳅（qiū 秋）：小鱼。制：擅；独揽。一说通“折”，谓小鱼得以曲折其中，亦通。步仞：形容小。周制六尺为步。仞，亦为长度单位，周制八尺为仞。孽（niè 孽）狐：妖孽之狐。祥：善；好。　⑥ 先善与利：王先谦说：“利禄先与

善人。”与：给予。 ⑦ 函：通“含”，含；吞。介：独，独自。砀（dàng 荡）：被冲荡而出。 ⑧ 眇（miǎo 秒）：通“渺”。高远。 ⑨ 二子：指尧和舜。辩：通“辨”，区分，区别。妄凿垣墙而殖蓬蒿：垣墙，比喻坚固的屏障。蓬蒿，比喻粗糙的屏障。 ⑩ 简发而栉（zhì 治），数米而炊：比喻繁琐。简：通“柬”。选择。栉：梳头发。轧：争。任知：任用智者。盗：欺诈。窃窃：明察。 ⑪ 阫（pēi 胚，又读 péi 陪）：墙。正昼为盗，日中穴阫：形容盗贼猖獗肆无忌惮。 ⑫ 其必有人与人相食者也：其，将。 ⑬ 南荣趎（chú 除）：姓南荣名趎，庚桑楚的学生。蹴（cù 猝）：崇敬的样子。托业：谓受学。 ⑭ 抱：保。生：同“性”，指本性。抱汝生，谓不失其本性。营营：到处奔忙，谋求私利。 ⑮ 自得：自觉得意、快意。辟：开。一说类。《论语・雍也》：“能近取譬”，辟、譬同。《孔丛子・答问》：“譬类诚佳，然实不同。”譬类连用，可证譬有类义。间：间隔。 ⑯ 奔蜂：细腰土蜂。藿（huò 或）蠋（zhú 竹）：豆虫。越鸡：也称荆鸡，形体较小。鹄（hú 胡）：即天鹅，此鸟形体较大。鲁鸡：《经典释文》引向云：“大鸡也。” ⑰ 胡不：何不。 ⑱ 赢（yíng 迎）：装足。 ⑲ 楚：指庚桑楚。 ⑳ 知：通“智”。聪明。朱愚：一作诛愚，谓智术短浅愚昧无知。 ㉑ 规规然：惊怖自失的样子。女：通“汝”，你。亡人：丧失性情之人。 ㉒ 请入就舍：谓请求借住老子的馆舍以完成学业。（采林云铭说）《礼记・曲礼上》：“将适舍”，孔颖达疏：“舍，主人家也。”洒（xǐ 洗）濯（zhuò 浊）：洗涤。熟：成熟。郁郁：沉闷的样子。津津：满溢的样子。韄（hù 户）：以皮革束物。外韄，指为外界物欲所束缚。繁：纷繁。捉：持；把握。揵（jiàn 建）：闭塞；堵塞。

㉓ 能抱一乎：一，指道。翛（xiāo 消）然：无拘无束，自由自在的样子。侗（dòng 洞）然：心无挂碍的样子。 ㉔ 嗥（háo 豪）：嚎哭。《经典释文》：“本又作号，音同。”嗌（ài 爱）：咽喉阻塞。嗄（shà 霎）：嘶哑。掜（yì 异）：提；拳曲。共：同；合。德：指自然的本性。瞚（shùn 舜）：眨眼。委蛇（yí 宜）：随顺应付。 ㉕ 冰解冻释者能乎：者，犹“之”。撄（yīng 英）：扰乱。

［译文］ 老聃的学生中有一个叫做庚桑楚的，独自得到老聃学说

的精要。因而居住在北面的畏垒山，他的臣仆中有的把自己打扮成智者而自我炫耀的，就让他离开这里；他的侍妾中有的显示出仁者的样子，就疏远他；天性淳朴的，便和他们生活在一起，忙于事务而不暇整理仪容的，便加以任用。这样，居住了三年，畏垒这片土地获得大丰收。畏垒的百姓们相互议论说："庚桑先生开始来的时候，我们都很惊异，对他的行为感到奇怪。现在，我们从旦夕的近利计算感到不足，从一年的远利计算就有赢余。他差不多算是圣人了，我们为什么不一齐拥戴他做君主，并建立宗庙敬奉他呢？"

庚桑楚听到这件事，面南而坐，心中很不愉快，学生们感到奇怪。庚桑楚说："学生们你们为什么对我的表现感到奇怪？春气发动所有的草木就生长起来，秋天到了庄稼以及草木的果实就成熟起来，春天和秋天的这种情形难道不正是自然的功用造成的吗？是天道运行的结果啊。我听说至人，无欲无识像死人一样居住在简陋的斗室之中，而百姓们漫无目的地不知要到什么地方去。现在，畏垒的小民们，私下商量着要尊崇我把我放在贤人之间，我难道是标准的人吗？我感到我的作为不符合老聃的教导所以不高兴啊。"

学生说："不是这样，在一般的小水沟中，大鱼就无法回旋它的身躯，而小鱼在其中却能够独揽风光。几尺高的小山丘，大的野兽无法隐藏它的身躯，而狐狸却把它当作好地方。况且，尊敬有德的贤人，把权位授给有能力的人，从古代尧舜以来就是这样，何况是畏垒的百姓呢？先生就听任他们吧！"庚桑楚说："小子们，过来！那口能吞车的巨兽，独自离开山林，就免不了被捕捉的危害，口能吞掉船只的大鱼，被冲到陆地上而离开水域，蚂蚁便能够侵害它，所以，鸟兽不讨厌山高，鱼鳖不讨厌水深。那些能够保全形体和生命的人，隐藏其身体，也同样是不讨厌高远罢了。况且，尧和舜又有什么值得称赞的呢？他们区分是非善恶，就好比要凿毁垣墙种上蓬蒿用作屏障那样荒唐。择选头发再梳理，数着米粒去做饭，像这样苛细的明察又怎么能够拯救社会呢？举用贤人就会引起百姓们相互倾轧，任用智者同样会引起百姓们互相欺诈，这些做法都不能使百姓淳厚。百姓们为谋求私利而用心，弄得儿子有的杀掉父亲，臣民有的杀掉君主，白天抢劫，正午穿墙。我告诉你们，大乱的根源，一定会产生在尧舜之中，其影响将波及于千世之后，千世之后，将一定会出现人吃人的现象！”

南荣趎恭敬地端坐着，说：“像我这样的年纪，已经算是年长了，将要如何学习才能达到您所说的境界呢？”

庚桑楚说：“保全你的形体，保持你的本性，不要到处奔走钻营使你耗费心思。像这样三年，就可以达到这里所说的境界了。”

南荣趎说：“人们的眼睛，在外形上，我不知道有什么不同，然而盲人却不能使自己看到东西；人们的耳朵，在外形上，我不知道有什么不同，然而聋子却不能使自己听到声音；人们的心，在外形上，我不知道有什么不同，然而疯子却不能自己有所体会而感到快意。人的形体，也是大体上相类的，然而人们之间却因为存在着间隔而有所不同，虽然想着求得一致，然而终于不能实现。现在，您对我说：‘保全你的形体，保持你的本性，不要到处奔走钻营使你耗费心思。’我努力地将这番大道理听在耳中了！”

庚桑楚说：“我的话已经说尽了。人们常说细腰蜂不能把豆虫变成自己的儿子，形体小的越鸡不能孵化天鹅蛋，而形体大的鲁鸡却能够做到。鸡和鸡，它们的本性没有什么不同，有的能够做到，有的不能做到，这是因为它们的才能本来就有大、小不同。现在，我的才能小，不足以教化你。你为什么不向南去拜见老子呢？”

南荣趎带足口粮,经过七天七夜到达老子的住所。

老子说:“你是从庚桑楚那里来的吗?”南荣趎说:“是的。”

老子说:“为什么跟你一起来的人这样多呢?”南荣趎惊惧地回过头来看看身后。

老子说:“你不懂得我所说的意思吗?”

南荣趎惭愧地低下头来,然后又仰面叹息着说:“现在我忘记了我的回答,因而也忘记了怎样向你请教。”

老子说:“你说的是什么意思呢?”

南荣趎说:“不去运用智慧,人家就说我是愚笨的人。运用智慧,就会使我感到愁苦。不按仁的准则行事就会危害别人,按照仁的准则行事,就会使我自身感到忧愁;不按照义的准则行事,就会伤害别人,按照义的准则行事,就会使我自身感到忧愁。我怎样做才可以逃脱这种困境呢?这里所说三个方面,正是我所忧虑的,希望凭借庚桑楚的介绍来向您请教。”

老子说:“刚才我观察你的眉眼之间,因此对你有所了解了,现在,我又听到你的讲述,因而更加相信我对你的了解。你惊惧的样子,好像失去父母,举起竹竿希望用以测量那大海的深浅。你是一个丧失本性的人啊,那样的怅惘!你打算返回你的本性却找不到返入的门径,实在可怜啊!”

南荣趎请求借住于老子之馆舍以完成学业,而退入馆舍。求得自己所喜好的,排除自己所不喜好的。十天之后,仍然自感忧愁,便再次进见老子。

老子说:“你自行清除杂念,达到成熟的程度了吗?你还是那样沉闷忧伤,而你心中的污秽仍然溢露出来,为外界的物欲所束缚,不能在纷繁杂乱之中把握住自己,这样,你的心中就会被堵塞了;内心被束缚得无法自持,这样,你外部的耳目也就会被堵塞了。内心以及外部的耳目都为外界的物欲所束缚,道德就不能保持,何况是放弃道德行事呢!"

南荣趎说:"邻里中有位病人,邻人问他,病人能够将病情讲清楚,把他的病当作病来看待,这说明病人的头脑还没有毛病。像我听你所讲述的大道,就好像吃了药之后病情反而加重了,我只想听一听保护生命的常道罢了。"

老子说:"保护生命的常道,能够保持住道吗?能够不丧失本性吗?能够不用卜筮而了解吉凶吗?能够安于本分吗?能够不再追求已经逝去的东西吗?能够不去仿效别人而追求恢复自己的本性吗?能够无拘无束自由自在吗?能够心无挂碍吗?能够成为纯真的孩童吗?孩童终日嚎哭而咽喉却不嘶哑。这是和谐的极致。孩童终日握着手而不是要拿什么东西,这与孩童的自然本性是相合的。孩童终日睁着眼睛而不眨眼,不把目光停留在某一件事物上。走起来不知要到什么地方,停下来不知道要做些什么,随便地应付外物,随波逐流。这就是保持生命的常道吧。"

南荣趎说:"那么,这就是至人的品德吗?"

老子说:"不是的。这是所谓消除融解胸中凝滞的人所能够做到的。那至人的境界,和万物一起求食于大地,也和万物一起求乐于上天,不因为人们之间的利害冲突而相互扰乱,不相互立异,不相互图谋,不相互多事,无拘无束地走了,无挂无碍地来了。这就是所说的保护生命的常道吧。"

南荣趎说:"那么这就是最高的境界了吗?"

老子说:"没有达到最高的境界。我本来告诉过你说:'能够成为纯真的孩童吗?'孩童行动起来不知道要做些什么,行走起来不知要到什么地方去,身体像枯树的树枝,而心像死灰一样。像这样,祸不会到来,福也不会到来,祸和福都不曾产生,怎么还会有人为的灾害呢?"

[原文]

宇泰定者,发乎天光[①]。发乎天光者,人见其人,物见其物。人有修者,乃今有恒;有恒者,人舍之,天助之[②]。人之所舍,谓之天民;天之所助,谓之天子。

学者,学其所不能学也;行者,行其所不能行也;辩者,辩其所不能辩也。知止乎其所不能知,至矣;若有不即是者,天钧败之[③]。

备物以将形,藏不虞以生心,敬中以达彼,若是而万恶至者,皆天也,而非人也,不足以滑成,不可内于灵台[④]。灵台者,有持而不知其所持,而不可持者也。

不见其诚己而发,每发而不当,业入而不舍,每更为失[⑤]。为不善乎显明之中者,人得而诛之;为不善乎幽闲之中者,鬼得而诛之。明乎人,明乎鬼者,然后能独行。

券内者,行乎无名;券外者,志乎期费[⑥]。行乎无名者,唯庸有光;志乎期费者,唯贾人也,人见其跂,犹之魁然[⑦]。与物穷者,物入焉;与物且者,其身之不能容,焉能容人!不能容人者无亲,无亲者尽人。兵莫憯于志,镆铘为下[⑧];寇莫大于阴阳,无所逃于天地之间。非阴阳贼之,心则使之也。

[注释]

① 宇:器宇,着重指思想修养的外部表现。泰:安然。天光:自然流露的光辉。 ② 物见其物:此句依《庄子阙误》引张君房本及注文补。与“人见其人”意思大体相同,谓物也能够利用天光而省察自身的实际。舍:住宿。引申谓依附,依归。 ③ 辩:通“辨”,辨别。天钧:喻指自然。 ④ 备物:犹言造物。将:顺。虞:料想。滑(gǔ 古):通“汩”,汩乱。内:通“纳”。灵台:指心。 ⑤ 业:事。舍:舍弃。更:改动,变

动。 ⑥ 券:契,合乎。期:卒。费:财用。 ⑦ 唯:通“虽”,虽然。期:卒。费:财用。唯;只。贾(gǔ 古)人:商人。跂:指企求,企望。魁:小丘,喻安稳。 ⑧ 且(zǔ 阻):通“阻”。格格不入。憯(cǎn 惨):通“惨”。

[译文]

器宇安然宁静的,就会发出自然的光辉。能够发出自然的光辉,人就会表现出人的自然本性,物也就会表现出物的自然本性。人能够保持住这种修养,才算是有恒;有恒心的人,人们就依归他,自然就会帮助他。像这样为人们所依归的人,可以称之为天民,为自然所帮助的人,可以称之为天子。

学习的人,学习他所不能学习的;实践的人,实践他所不能实践的;辩论的人,辩论他所不能辩论的。知识的探求停止在他所不能探求的知识面前,这是最高的境界了,假如有人不去这样做,大自然一定会使他失败。

天地在创造万物时顺其自然而成形体,将思虑隐藏起来,以此培养心神,以恭敬的内心和那些外物相通。这样做,众多灾难仍然降临到自己头上,这是自然形成的,而不是自己的作为造成的。这些灾难也就不足以扰乱我的内心,不可以将这些灾难放在心上。在心灵之中,应当有所操持,而这种操持是在不知不觉中顺随自然的本性形成的,而不可故意地去造就这种操持。

内心的真诚还没有形成就表现出来,这种表现每次都不会恰当,事情的影响进入内心而不能舍弃,这样每次变动就会造成过失。在光天化日之下做坏事的,每个人都可以惩罚他,在暗中做坏事的,鬼可以惩罚他。明了人的惩罚,也明了鬼的惩罚,然后才能在无人监督的情况下独自行事。

合乎自然本性的,虽然做事也不求显露名声;合乎外欲的,志在竭力获取财用。行为合乎自然的本性,虽然平平常常不显露却有其光辉。志在竭力获取财用的，只有商人才是这样。人们已经看出他的非分企求，而他自己却处之泰然。凡是能够和外物相始终的，那么外物也自然来归依；凡是和外物格格不入的，自身尚且不能容纳，怎么能够容纳别人呢？不能容人的人就不会有人亲近他，没有人亲近的人周围尽是他人。武器对人的伤害赶不上思想对人的伤害，这种伤害，像莫邪那样的利剑也在它之下；没有比阴阳之变对人的伤害更大的了，人们是无法逃脱于天地之间的，不是阴阳伤害人，而是人的思想使自己伤害自己。

［原文］

道通，其分也，其成也毁也①。所恶乎分者，其分也以备；所以恶乎备者，其有以备。故出而不反，见其鬼；出而得，是谓得死。灭而有实，鬼之一也。以有形者象无形者而定矣。

出无本，入无窍。有实而无乎处，有长而无乎本剽，有所出而无窍者有实②。有实而无乎处者，宇也。有长而无本剽者，宙也。有乎生，有乎死，有乎出，有乎入，入出而无见其形，是谓天门。天门者，无有也，万物出乎无有，有不能以有为有，必出乎无有，而无有一无有，圣人藏乎是。

古之人，其知有所至矣。恶乎至？有以为未始有物者，至矣，尽矣，弗可以加矣。其次以为有物矣，将以生为丧也，以死为反也，是以分已。其次曰始无有，既而有生，生俄而死；以无有为首，以生为体，以死为尻；孰知有无死生之一守者，吾与之为友③。是三者虽异，公族也，昭景也，著戴也，甲氏也，著封也，非一也④。

有生，黬也，披然曰移是[5]。尝言移是，非所言也。虽然，不可知者也。腊者之有膍胲，可散而不可散也；观室者周于寝庙，又适其偃焉，为是举移是[6]。

请常言移是。是以生为本，以知为师，因以乘是非；果有名实，因以己为质；使人以为己节，因以死偿节。若然者，以用为知，以不用为愚，以彻为名，以穷为辱。移是，今之人也，是蜩与学鸠同于同也[7]。

［注释］ ① 道通：通，通"同"。共同。道通，言道是一个统一体。《齐物论》："道通为一。"可证。这里的道是指万物的本体本原，与庄子所说的气相通。《庄子集释》校引高山寺本"其分也"下，有"成也"二字。当从。 ② 本剽（biǎo 表）：本末。剽，末梢。 ③ 这一段话与《齐物论》、《大宗师》议论相同或相近，可以参看。尻（kāo 考阴平）：臀部。俗称屁股。 ④ 昭、景：楚国公族，与楚王同宗，亦称王族。据汉・王逸《楚辞章句》叙，三闾之职，掌王族之姓，曰昭、屈、景。原文疑于昭、景之间脱一"屈"字。著戴：著，谓声势显赫。戴：仰戴、畏服。甲氏：甲等氏族。著封：显封。昭、屈、景均以所封之地为姓。 ⑤ 黬（àn 暗）：釜底黑，形容幽暗，是对气的原始状态的形容。庄子认为宇宙万物均从气产生出来，故云："有生，黬也。"披然：剖露；暴露。移是：谓是非转化。 ⑥ 腊（là 辣）：古代阴历十二月祭名，始于周代。膍（pí 皮）：牛羊等的胃。通称百叶。胲（gāi 该）：牛蹄。偃：厕所。《庄子阙误》引江南古藏本及李、张二本，偃下有溲字。 ⑦ 见《逍遥游》第一段注⑫。

［译文］ 道把所有的差别都统一了，一些事物成功了，另一些事物就毁掉了。因此，不必加以区分的道理，就在于那些被区别的东西都要求完备。所以不必使之完备的道理，就在于已经完备的东西，仍然在追求更大的完备。精神离开躯体而不回来，

人们便见他成了鬼。精神离开躯体而自以为有所得，这种得就叫做得到了死。精神已经熄灭了，虽然还有形骸的实体，其实和鬼是一样的。把有形的形骸当作无形之物看待，那人的思想也就自然而然地安定了。

道产生了，却找不到它所产生的本根，道敛藏了，却找不到它所敛藏的窍隙。道虽然实际上存在着，却找不到它的处所；道的源流很长，却看不到它的本末；道有它产生的地方，虽然找不到它所产生的渠道，但它实际上却存在着，实际上存在而又找不到它的处所，这就说明它处在四方上下无边无际的空间之中。源流很长而不见本末，这就说明它处在古往今来无始无终的时间之中。人类和万物有生有死，阴阳的变化有出有入。生和死，出和入，虽然确实存在，但却看不见它的形体。万物出生的处所就是天门。所谓天门，就是“无有”，万物都从“无有”中产生出来。有不能从有中产生出来，一定要从“无有”中产生出来，而“无有”本来也是没有。圣人就藏在这个地方。

古时候的人，他的知识达到了最高的境地，什么是最高的境地？他以为在宇宙开始的时候什么都没有，这是最高的、最完美无缺的认识了，不可能再增加什么。其次，则认为在宇宙开始的时候就有了万物，把一种东西的产生看成是另一种东西的死亡，把死看成是返回到空寂无有之乡。这种认识，虽然把生和死看成是同等的，齐一的，但已经分出生和死的不同了。再次，认为世上最初没有外物，后来有了外物产生，俄顷之间，又复归于死灭。把无有当作头，把生当作躯体，把死当作尾巴。谁能知道有、无、死、生存于一体的，我就和他交朋友。以上三种看法虽然不同，但却属于同一范畴。这就好像屈、昭、景三姓都是楚国声势显赫的家族，上等的姓氏，都有优等的封邑一样，虽然同属于楚国王族，但已经不相同了。

生物都是从黑暗中出生，原是像釜底一般，漆黑一团，待到出生之后，披晓于世间，就以自己为标准，主张此是而彼非。但是是非并不是永远不变的，而是互相转化的。我试着谈谈是非转化的问题。这本不值得一谈，虽然如此，但是人并不知道这一点。每逢年终大祭的时候，牛、羊、猪三牲齐备，至于牛百叶、牛蹄等四肢五脏并皆陈设起来，祭祀结束了，祭物便要丢掉，假如祭祀还没有结束，便不能丢掉。可见，祭物丢掉还是不丢掉，和是与非一样是变化的；又例如，祭事完毕之后，人们进行饮宴，观看、周旋在寝庙之内；但饮食久了，又要到厕所去大、小便。可见，饮食的时候以寝庙为是，便尿的时候则以厕所为是了，这就是是非常移的道理。

请让我谈谈是非的转移。是以生存为根本，以自己所知道的为老师。因此，随之而来的，就有了自己所认为的是与非；凡物确有名与实之分，但都以自身为主，来定是非争名实；人都以自己为是，所以就使无知之人坚执虚名，以为节操，以至于用死来偿节，所谓杀身成名就是如此。像这样的，认为凡是举用的就是贤智，不被举用的就是愚蠢，能够通达向上就是荣耀，就有名声，穷塞在下就是耻辱。是非的转移，是现代人的问题，古代人无是无非，也就无所谓转移是非，现代人这种以己为是，以人为非的看法，正如蜩与学鸠两种鸟都讥笑大鹏高飞，而以蓬蒿为是，是同样的无知。

[原文]

蹍市人之足，则辞以放骜，兄则以妪，大亲则已矣[①]。故曰，至礼有不人，至义不物，至知不谋，至仁无亲，至信辟金。[②]

彻志之勃，解心之谬，去德之累，达道之塞[③]。贵富显严名利六者，勃志也。容动色理气意六者，缪心也。恶欲喜怒哀乐六者，累德也。去就取与知能六者，塞道也。此四六者，不荡胸中则正，正则静，静则明，明则虚，虚则无为而无不为也。道者，德之钦也；生者，德之光也；性者，生之质也。性之动，谓之为；为之伪，谓之失。知者，接也；知者，谟也；知者之所不知，犹睨也④。动以不得已之谓德，动无非我之谓治，名相反而实相顺也。

羿工乎中微而拙乎使人无已誉。圣人工乎天而拙乎人。夫工乎天而俍乎人者，唯全人能之⑤。唯虫能虫，唯虫能天。全人恶天，恶人之天，而况吾天乎人乎！

一雀适羿，羿必得之，威也；以天下为之笼，则雀无所逃。是故汤以胞人笼伊尹，秦穆公以五羊之皮笼百里奚⑥。是故非以其所好笼之而可得者，无有也。

介者拸画，外非誉也；胥靡登高而不惧，遗死生也⑦。夫复謵不馈而忘人；忘人，因以为天人矣⑧。故敬之而不喜，侮之而不怒者，唯同乎天和者为然。出怒不怒，则怒出于不怒矣；出为无为，则为出于无为矣。欲静则平气，欲神则顺心。有为也欲当，则缘于不得已，不得已之类，圣人之道。

［注释］　① 蹍（niǎn 拈，今读 zhǎn 展）：踩；踹。辞：责备。放：放肆。骜（ào 傲）：通“傲”。狂傲。妪（yǔ 雨）：爱抚。大亲：指父亲。　② 辟：屏除。　③ 彻：毁。勃：乱。《经典释文》：“本又作悖。”谬：《经典释文》：“一本作缪。”束缚。　④ 睨（nì 腻）：斜视。　⑤ 工：善于。俍（liáng 良）：善。　⑥ 汤：商汤，商代开国君主。胞人：厨师。胞，《经典释文》：“本又作庖。”伊尹：商汤时的名相，原为有莘氏之媵臣，善于烹

调,汤知其贤,举以为相。秦穆公:春秋时五霸之一。公元前659年至公元前621年在位。百里奚:据《史记·秦本纪》记载,百里奚从秦国逃到宛,为楚人拘留,秦穆公闻其贤,用五张羊皮将他赎回,授以国政,因称五羖大夫。 ⑦ 介者:断足之人。拸(chí 池):离弃。画:指文饰。胥靡(mí 迷):囚徒。 ⑧ 謵(xí 席):说话谦卑。

[译文] 在街市上不慎踩了人的脚,就要向人道歉,承认是放纵;踩着兄弟的脚,就不必道歉、引罪,只是抚慰一下罢了;若是父亲踩了儿子的脚,就只是默然不语而已。所以说:最高的礼节就是不把人当做外人,最高的义就是不把物当做外物,物我两忘,最高的智慧就是彼此坦率真诚不用计谋,最高的仁爱就是不用互相亲近,最高的诚信,不须用金钱作为信物。

毁坏悖乱的心志,解除心灵的束缚,抛弃道德的牵累,打通通向大道的障碍。尊贵、富有、高显、尊严、名、利,这六者都是扰乱心志的。容貌、变动、颜色、辞理、气调、情意,这六者都是束缚心灵的。憎恶、欲望、欢喜、愤怒、悲哀、快乐,这六者都是道德的累赘。离开、接近、贪取、施与、智慧、技能,这六者都是道的障碍。以上这四个方面,每一方面的六点不在胸中激荡,则心神平正,心神平正就安静,安静就明达,明达就虚通,万物皆无,万事皆通,虚通就恬淡无为而无所不为。大道是众人所钦敬的;生化万物表现了天地至德的光辉;自然的天性是生命的根本。凭天性而动,做合乎本分的事,这是真为;由外物和欲望驱使而动,做分外的事,这就丧失了道。知识是从和外物接触中得来的,智慧是从筹划事务中显示出来的,有智慧的人也有他所不了解的东西,好像用眼睛斜视,不能看到事物的整体一样。行动出于不得已,就叫做德;行动并非为了自身,就叫做治;一味追求名誉就会走向反面,讲求实际就会诸事顺利。

羿善于射中极微小的目标，却拙于使人不称赞自己。圣人善于顺乎天然而拙于人为。既善于顺乎天然又善于顺乎人为的，只有全人才能够做到这一点。只有虫能够像虫那样，只有虫能够顺乎自然。全人讨厌自然是讨厌人为的自然，更何况那种完全顺从自己的自然和人为呢?

只有一只鸟雀碰到羿，羿一定能够捕获它，羿的威力把更多的鸟雀吓跑了；假如把整个天下当作笼子，那么所有的鸟雀就无处逃避了。因此，汤以庖厨来笼络伊尹，秦穆公以五张羊皮来笼络百里奚，这都是顺其本性，投其所好。因此，不是以其所好来笼络安抚人而得人心的，从来没有过。

断足的人舍弃修饰，把毁誉置之度外；囚徒登到高处也不害怕，把生死置之度外。人家以谦恭的态度来对待自己而不报谢，是把人家忘掉了；能够忘掉别人，便可以因此而成为接近自然的“天人”了。所以，尊敬他，他也不因此而高兴。侮辱他，他也不因此而愤怒。只有顺从天然的人才可以做到这一步。出于不得已而愤怒，虽然愤怒也不算是愤怒，可见愤怒是由不愤怒产生的；出于不得已而有所作为，虽然有所作为也不算是有所作为，可见有所作为是由无所作为产生的。要想安静，就必须心平气和，要想精神舒畅就要顺随心意，有所作为而要得当，这种作为必须由于不得已。一切都出于自然的不得已之类，便是圣人之道。

徐无鬼第二十四

[原文]

徐无鬼因女商见魏武侯,武侯劳之曰:"先生病矣[①]! 苦于山林之劳,故乃肯见于寡人。"

徐无鬼曰:"我则劳于君,君有何劳于我! 君将盈耆欲,长好恶,则性命之情病矣;君将黜耆欲,掔好恶,则耳目病矣。我将劳君,君有何劳于我!"武侯超然不对[②]。

少焉,徐无鬼曰:"尝语君,吾相狗也。下之质执饱而止,是狸德也;中之质若视日,上之质若亡其一[③]。吾相狗,又不若吾相马也。吾相马,直者中绳,曲者中钩,方者中矩,圆者中规,是国马也,而未若天下马也[④]。天下马有成材,若恤若失,若丧其一,若是者,超轶绝尘,不知其所[⑤]。"武侯大悦而笑。

徐无鬼出,女商曰:"先生独何以说吾君乎? 吾所以说吾君者,横说之则以《诗》《书》《礼》《乐》,从说之则以《金板》、《六韬》,奉事而大有功者不可为数,而吾君未尝启齿。今先生何以说吾君,使吾君说若此乎[⑥]?"

徐无鬼曰:"吾直告之吾相狗马耳。"女商曰:"若是乎?"曰:"子不闻夫越之流人乎? 去国数日,见其所知而喜;去国旬月,见所尝见于国中者喜;及期年也,见似人者而喜矣;不亦去人滋久,思人滋深乎? 夫逃虚空者,藜藋柱乎鼪鼬之迳,踉位其空，闻人足音跫然而喜矣，又况乎昆弟亲戚之謦欬其侧者乎⑦！久矣夫莫以真人之言謦欬吾君之侧乎！”

徐无鬼见武侯，武侯曰：“先生居山林，食芧栗，厌葱韭，以宾寡人，久矣夫！今老邪？其欲干酒肉之味邪⑧？其寡人亦有社稷之福邪？”

徐无鬼曰：“无鬼生于贫贱，未尝敢饮食君之酒肉，将来劳君也。”君曰：“何哉，奚劳寡人？”曰：“劳君之神与形。”武侯曰：“何谓邪？”徐无鬼曰：“天地之养也一，登高不可以为长，居下不可以为短⑨。君独为万乘之主，以苦一国之民，以养耳目鼻口，夫神者不自许也。夫神者，好和而恶奸；夫奸，病也，故劳之⑩。唯君所病之，何也？”

武侯曰：“欲见先生久矣。吾欲爱民而为义偃兵，其可乎？”徐无鬼曰：“不可。爱民，害民之始也；为义偃兵，造兵之本也；君自此为之，则殆不成，凡成美，恶器也；君虽为仁义，几且伪哉⑪！形固造形，成固有伐，变固外战。君亦必无盛鹤列于丽谯之间，无徒骥于锱坛之宫，无藏逆于得，无以巧胜人，无以谋胜人，无以战胜人⑫。夫杀人之士民，兼人之土地，以养吾私与吾神者，其战不知孰善？胜之恶乎在？君若勿已矣，修胸中之诚，以应天地之情而勿撄⑬。夫民死已脱矣，君将恶乎用夫偃兵哉！”

［注释］

① 徐无鬼：人名，姓徐，名无鬼。当时魏国隐士，司马彪《庄子注》以为是缗山人。女商：人名，姓女，名商，魏国官员。魏武侯：魏国国君，魏国始祖毕万的十世孙，魏文侯的儿子，名击。因：借。劳（láo 旧读 lào

涝):慰劳。病:困乏。 ② 盈:满,满足。耆(shì 试):通"嗜",爱好。黜(chù 处):减损,抛弃。掔(qiān 牵):除去。超然:怅惘,若有所失的样子。 ③ 尝:试。质:质地;材质。据《经典释文》,"下之质"一本无质字。俞樾说:"《广雅·释兽》:'狸,猫也。'猫之捕鼠,饱而止矣,故曰是狸德也。《秋水篇》曰:'骐骥骅骝,一日而驰千里,捕鼠不如狸狌。'此本书以狸为猫之证。《御览》引《尸子》曰:'使牛捕鼠,不如猫狌之捷。'《庄子》言狸狌,《尸子》言猫狌,一也。《释文》曰,狸德'谓贪如狐狸也',未得其义。"俞说甚允,当从。视日:宣颖说:"凝然上视。"形容视线集中。亡:丧失。一:指身体。意谓精神不动,好像丧失其自身。④ 直者:指马的前齿。曲者:指马的颈项。方者:指马头。圆者:指马的眼睛。国马:上等马。天下马:比国马更高贵,为天子所驾驭的骏马。

⑤ 成材:天赋的材质。恤:忧。失(yí 逸):通"佚"。司马本作佚。佚,通"逸",奔跑。一,指身体。轶:超越。绝:隔断,超轶绝尘,形容马奔驰迅疾。所:指所由,不知其所,不知这种本领由何产生,意谓这种本领不是从教习中得来,而是天赋。 ⑥ 说吾君:说,通"悦"。下句"说吾君"中"说"字同此。横:与下句中"从"相对为文,指远处。从:与上句中"横"相对为文,指近处。金板、六韬:司马彪以为,皆《周书》篇名,一说兵书,指太公兵法。武侯好用兵,故以兵法为从,六经为横。说吾君:说(shuì 税),游说。说若此:说(yuè 月),通"悦",高兴。 ⑦ 直告之:直,但,特。越之流人:越,越国。流人,被流放的人。去人滋久:滋,加多,增加。逃空虚:逃于空虚。句中介词省略。虚,通"墟",废墟。空,指空地。藜藋:泛指野草。柱:用作动词,形容野草像柱子一样森立遍地,极言其地荒芜污秽。鼪(shēng 生)鼬(yòu 又):即黄鼬,俗称黄鼠狼。踉(liàng 亮):踉跄,走路不稳,跌跌撞撞。位:用作动词,意谓处在。其:指上文所说的废墟。空:空隙,指空隙之处。跫(qióng 穷):脚步声。謦(qǐng 请)欬(kài 开去声):咳嗽声。引申为言笑。 ⑧ 芧(xù 序)栗:橡子。宾:通"摈",弃绝。干:求。 ⑨ 一:一样,相同。宣颖说:"天地之生人皆同。"高:指位置,谓居于高位。短:与高相对文,指居于下位。 ⑩ 万乘:乘,一车四马的战车。万乘,指拥有一万辆战车的国家,这在战国时是大国,故万乘在战国时可作大国的代称。不

自许:许,与,意谓神人物我平等,一定不会贪图滋味而多给自己一些东西。一说自许为自得,不自许指心神也有不自得之处。译文取前一说。和:与物共有。奸与和相对为文,指偏私。 ⑪ 偃兵:停息战争。殆:危险。几:近。 ⑫ 形固造形:两形字并指仁义之形,前一形字,指仁义的形成,后一形字指后来仿效者的做作。丽谯:高楼的名字。徒骥:指行兵。锱坛:宫名,一说军垒。逆于得:不合乎道理的贪求。指下文所说以巧胜人,以谋胜人,杀人之士民,兼人之土地等等。 ⑬ 撄(yíng英):扰乱。

[译文] 徐无鬼通过女商的介绍,拜见魏武侯,魏武侯慰劳他说:"先生太困乏了,苦于山林中的繁重劳动,所以才肯于前来会见我。"

徐无鬼说:"我要对您表示慰劳,您对我有什么理由表示慰劳呢?您要满足您的嗜好和欲望,增长您的好恶,您的性命就一定要困乏了;您假如去掉嗜好和欲望,抛弃好恶,您的耳目就一定要困乏了。我要慰劳您,您对我有什么理由慰劳呢?"武侯听了感到怅惘,不作回答。

稍停一会儿,徐无鬼说:"我曾告诉过您,我观察过狗的体态容貌。下等狗对于食物的要求,吃饱后就停止了,这是猫的品性;中等狗,眼睛只是向上看,好像在看太阳;上等狗好像忘掉自己的身体。我观察狗,又赶不上我观察马。我观察马,直的地方和绳墨相符,弯曲的地方和钩相符,方的地方和矩相符,圆的地方和规相符,这就是国马,然而还赶不上天下马。天下马具备天生的才能,举步舒缓,好像有什么忧虑;飞快地奔驰,好像是忘掉了自己,越过群马,把尘埃远远地抛在后面,而不知道这些本领是怎样来的。"武侯听了,非常高兴地笑起来。

徐无鬼出来之后,女商说:"先生您用什么办法使我们的国君高兴的呢?我所以取悦我国君的,从远的角度,我向他陈述《诗》、《书》、《礼》、《乐》；从近的角度我向他陈述《金板》、《六韬》。奉事国君而建立了大功的，数也数不清，而我们的国君未曾笑过。现在，先生您怎样游说我们的国君，使我们的国君高兴到这般地步的呢？”

徐无鬼说：“我只是告诉他我善于观察狗和马罢了。”女商说：“是这样吗？”徐无鬼说：“您没有听说过越国那些被流放的人吗？这些人离开祖国，几天之后，看到他所了解的国中的人就高兴；离开祖国十天或一个月，看到他曾经在国中看过的人就高兴；等到一整年的时候，看见和国中相像的人就高兴了；这不是离开人群越久，对于人的思念也越来越加深吗？那个逃避社会，住在废墟旁边空处的人，野草像柱子一样站立在黄鼠狼走过的路途上，他跌跌撞撞地呆在这块空地上，听到人的脚步声就高兴起来，何况是听到兄弟亲戚在他的身旁说说笑笑呢？时间太久了，没有人以真人的言论在我们国君的身旁说说笑笑了。”

徐无鬼拜见武侯，武侯说：“先生居住在山林之中，吃的是橡子，只有葱韭一类蔬菜可以满足您。您抛弃了我，已经有很长时间了。现在，您到我这里来，是因为老了呢？还是想着享用酒肉一类的美味呢？或是为我出谋划策造福于我们的国家呢？”

徐无鬼说：“无鬼生在贫贱的家庭中，从来不敢希望享用您的酒肉。我是来慰劳您的。”武侯说：“什么？您慰劳我什么呢？”徐无鬼说：“慰劳您的精神和形体。”武侯说：“这是什么意思？”徐无鬼说：“天地对人的养育是一样的，居于高位的，不比别人高；居于下位的，不比别人矮。您现在是一个大国的国君，却使一国的老百姓辛苦劳碌，用老百姓辛苦劳碌创造的财富来颐养您的耳目鼻口。圣明的人不多给自己什么东西，圣明的人，喜欢和一般人一样，而讨厌自私自利；自私自利是一种毛病,所以我前来慰劳您;只有您有这种毛病,这是什么原故呢?”

武侯说:“我很久就想看到先生了,我想从爱护人民出发打算为了义而停止用兵,这样做可以吗?”徐无鬼说:“不可以。爱民是害民的开始;为了义而停止用兵,这是制造战争的祸根;您从这里开始做,就很危险而不会成功了。凡是成就美的东西,也都是成就恶的东西,您虽然要推行仁义,但那差不多是接近虚伪罢了!仁义已经形成,后来的效仿者就迹近于做作;已经成功了,就免不了要自夸,已经变化而失去了常态,就一定会引起争夺。您一定不要把军队像鹤群一样排列在丽谯楼的下边,不要把战马排在锱坛宫的前面。不要非理妄取,不要以巧胜人,不要以阴谋诡计胜人,不要以战争胜人。那种杀害别人的战士民众,兼并别国的土地,以颐养自己身体和精神的战争,不知它好在什么地方?不知它胜利在什么地方?假如您那种非理妄取的心思停止不下来,那您就应当培养胸中的诚心,以求和自然的规律相应而不要去搅扰它。这样老百姓就可以脱离死亡的危险,您哪里还用得着去停止战争呢?”

[原文]

黄帝将见大隗乎具茨之山,方明为御,昌寓骖乘,张若謵朋前马,昆阍滑稽后车;至于襄城之野,七圣皆迷,无所问途[①]。

适遇牧马童子,问途焉,曰:“若知具茨之山乎[②]?”曰:“然。”“若知大隗之所存乎?”曰:“然。”

黄帝曰:“异哉小童!非徒知具茨之山,又知大隗之所存。请问为天下。”小童曰:“夫为天下者,亦若此而已矣,又奚事焉!予少而自游于六合之内，予适有瞀病，有长者教予曰：'若乘日之车而游于襄城之野③。'今予病少痊，予又且复游于六合之外。夫为天下亦若此而已。予又奚事焉！"

黄帝曰："夫为天下者，则诚非吾子之事。虽然，请问为天下。"小童辞④。

黄帝又问。小童曰："夫为天下者，亦奚以异乎牧马者哉！亦去其害马者而已矣！"

黄帝再拜稽首，称天师而退⑤。

[注释]

① 大隗（wěi 委，又读 kuí 葵、guī 归）：神名，一说人名。具茨：山名，在今河南密县东，又名大隗山。《水经注》也有黄帝登具茨之山的记载。方明：人名。御：驾车。昌寓（yǔ 宇）：人名。骖乘：古制车左为御，车右为骖乘。张若、謵（chè 彻）朋：均人名。昆阍（hūn 昏）、滑（gǔ 古）稽：均人名。襄城：今河南襄城县。 ② 适：恰巧。若：你。 ③ 非徒：非但。徒，只。六合：天地四方总称六合。六合之内，指尘世之内。瞀（mào 冒）：头目晕眩的病症。 ④ 诚：实在。辞：拒绝。 ⑤ 稽（qǐ 起）首：古时一种跪拜礼，叩头至地。是最恭敬的一种礼节。天师：合乎自然之道的老师。

[译文]

黄帝将要到具茨山拜见大隗，方明为黄帝驾车，昌寓坐在车子的右边，张若和謵朋在马的前面作向导，昆阍和滑稽在车子后面作随从，到了襄城的原野，七人都迷失方向，没有地方去问路。

恰巧，碰上一个放马的少年，便向这位少年问路，说："您知道具茨山吗？"少年回答说："知道。"又问："你知道大隗住在什么地方吗？"少年回答说："知道。"

黄帝说："奇怪啊这位少年！不但知道具茨山，还知道大隗住在什么地方，请问怎样治理天下。"少年回答说："治理天下，也就像这样罢了，又何必去多事呢？我小的时候，自己在尘世之内游玩，恰好我生了头目晕眩的病症，有一位长者教导我说：‘您坐上太阳的车子到襄城的原野去游玩。’现在，我的病好一些了，我又到尘世之外去游玩，治理天下也就像这样罢了，我又何必去多事呢？”

黄帝说：“治理天下，实在不是你的事情，虽然这样，我还是要向你请教如何治理天下。”少年拒绝回答。

黄帝再一次向少年请教。少年回答说：“治理天下这件事，和放牧马群又有什么不同呢！也不过是除去那些害马的人罢了！”

黄帝一再施礼并跪下叩头，称赞少年是最好的老师，然后退下。

［原文］

知士无思虑之变则不乐，辩士无谈说之序则不乐，察士无凌谇之事则不乐，皆囿于物者也[①]。

招世之士兴朝，中民之士荣官，筋力之士矜难，勇敢之士奋患，兵革之士乐战，枯槁之士宿名，法律之士广治，礼教之士敬容，仁义之士贵际[②]。农夫无草莱之事则不比，商贾无市井之事则不比。庶人有旦暮之业则劝，百工有器械之巧则壮[③]。钱财不积则贪者忧，权势不尤则夸者悲。势物之徒乐变，遭时有所用，不能无为也。此皆顺比于岁，不物于易者也，驰其形性，潜之万物，终身不反，悲夫[④]！

［注释］

① 察士：遇事苛求的人。《老子·二〇》：“俗人察察。”河上公注：“察察，急且疾也。”陈鼓应：“察察，严苛的样子。”（《老子注释及评介》144 页，中华书局 1984 年版）囿：局限。　② 招：指举荐延揽人才。中民：《经典释文》引李注：“善治民也。”成玄英疏：“治理四民，甚能折中，其人精干局分，可以荣官。”说甚允，当从。矜难：指在危难中坚强不

屈。矜,坚强。枯槁之士:指隐士。宿:俞樾说:“宿读为缩。《国语·楚语》:‘缩于财用则匮。’《战国策·秦策》:‘缩剑将自诛’,韦昭、高诱并曰:‘缩,取也。’枯槁之士缩名,犹言取名也。”王先谦解作留恋,也可备一说。 ③ 比:和乐,谓安居乐业。市井:古代做买卖的地方。壮:盛。 ④ 权势不尤:尤,突出。顺比于岁:比,次第。

[译文]

聪明而有知识的人,如果不在艰难时事之中思索和考虑问题就不高兴。善于辩论的人如果没有谈论的机会就不高兴。遇事苛求的人如果没有压制批评别人的事情就不高兴。这些人都是为外物所局限的人啊!

举荐忠良延揽人才的人希望在朝廷之上建立功业,善于治理百姓的人则以做官为荣耀,身强力壮的人遇到危难一定会坚强不屈,勇敢的人在患难中一定会奋起斗争,久经沙场的战士乐于征战,形容枯槁的隐士喜好钓名沽誉,讲求法律的人希望广泛地推行法治。讲求礼教的人容貌一定要端肃庄重,施用仁义的人注重交际。农夫假如没有耕种土地除去杂草的农事就不能安居乐业;商贾假如不能在集市上做买卖就不能安居乐业。老百姓哪怕只有一个早晨或一个晚上的事情可做,也会很勤奋;百工只要有操作机械施展技巧的机会就会表现出旺盛的精力。金钱财物积聚得不多,贪婪的人就感到忧愁。权位不高势力不大,贪图虚名的人就会感到悲哀。恃势生事的人喜欢使人遭逢祸害而有所变化。这些人无论碰到什么时机,都要施展他们的本领,他们是不能够无为的。这些人跟随年岁的推移,为一种事物所束缚而不能互相变易。无限制地使用他的体力和智力,沉没在万物之中,一辈子不知回头,真是可悲啊!

[原文]

庄子曰:“射者非前期而中,谓之善射,天下皆羿也，可乎？[1]”惠子曰：“可。”庄子曰：“天下非有公是也，而各是其所是，天下皆尧也，可乎？”惠子曰：“可。”

庄子曰：“然则儒、墨、杨、秉四，与夫子为五，果孰是邪？或者若鲁遽者邪[2]？其弟子曰：‘我得夫子之道矣，吾能冬爨鼎而夏造冰矣[3]。’鲁遽曰：‘是直以阳召阳，以阴召阴，非吾所谓道也[4]，吾示子乎吾道。’于是为之调瑟，废一于堂，废一于室[5]，鼓宫宫动，鼓角角动，音律同矣。夫或改调一弦，于五音无当也，鼓之，二十五弦皆动，未始异于声，而音之君已[6]。且若是者邪？”

惠子曰：“今夫儒、墨、杨、秉，且方与我以辩，相拂以辞，相镇以声[7]，而未始吾非也，则奚若矣？”

庄子曰：“齐人蹢子于宋者，其命阍也不以完，其求钘钟也以束缚，其求唐子也而未始出域，有遗类矣[8]！夫楚人寄而蹢阍者，夜半于无人之时而与舟人斗，未始离于岑而足以造于怨也[9]。”

［注释］

① 期：指准的，目标。羿：人名。古代传说中的著名射手。 ② 儒：指儒家郑缓。墨：指墨翟。杨：杨朱。秉：公孙龙，其字秉。鲁遽：人名，周初人。 ③ 冬爨鼎而夏造冰：成玄英疏：“冬取千年燥灰以拥火，须臾出火，可以爨鼎；盛夏以瓦瓶盛水，汤中煮之，悬瓶井中，须臾成冰也。” ④ 千年灰为阳，火，又属阳，火从千年灰中取出，所以说以阳召阳。井中属阴，水也属阴，所以说以阴召阴。 ⑤ 句中两废字，均作放置讲。 ⑥ 这一段话很费解，宣颖解释说：“庄子驳鲁遽之道，未足为异也。言无论二瑟五音相应，姑就一瑟言之，当其本调既成，五音各有定弦，今或改调一弦，而为变调，则于本调之五音，移动而无当也，宜不

相应矣。乃鼓之，而二十五弦亦随之而变，无不相应，此岂于五音之外，有异声哉？盖五音可旋相为宫，今所改一弦，便是变调之宫，如君主然，则余弦自随之而动也。夫一瑟之间，又是变调，无不相应如此，则二瑟五音之上，其相应尤理之常然，何足异乎？今遽以此夸其弟子，自谓积微，不知五音之相动，与二气之相召，有以异乎？可见在人则见以为非，在己则见以为是，究之相等耳。" ⑦ 拂：拂拭，引申为排斥指责。镇：压。声：声誉。 ⑧ 蹢（zhí 直）：投，弃。《经典释文》引司马彪说："齐人憎其子，蹢之于宋。"阍（hūn 昏）：守门人。完：完全，指治好残疾恢复健康。唐：失。唐子，丢失的儿子。 ⑨ 离：通"丽"。岑：岸。离于岑，指靠岸。这段话也很费解，清人陈寿昌解释说："言楚有病足为阍之人，附寄于舟以求归者，忘舟人载之之德，乃敢于无人时与之斗，殊不知此时尚未曾着岸，正少舟人不得，而乃与之斗则徒足造怨而已。究何益乎？"又说："此喻惠子学不足以自济，正属印须我友之时，乃彼岸未登，争端已起，不以为恩，适造于怨，情何癫也。盖漆园每欲引惠子于大道，奈其坚白自鸣，迷而不返，故特设斯喻，冀以生其悟也。"此解颇得其旨，从之。

[译文] 庄子说："射箭的人，在射箭之前并没有瞄准目标却射中了，如果把他称为善射的人，那么天下的人都可以看作像羿那样的射手，可以吗？"惠子回答说："可以。"庄子说："天下并没有共同认可的是非标准，而各人都肯定自己的看法是正确的，把天下的人都看作像尧那样圣明，可以吗？"惠子回答说："可以。"

庄子说："儒家的郑缓，墨家的墨翟，以及杨朱和公孙龙一共四家，加上先生您，一共是五家，谁真正正确呢？或者像鲁遽吗？鲁遽的弟子说：'我学得先生的道术了，我能够在冬天把千年燥灰燃烧起来，用以烧锅做饭；还能够在夏天造出冰块。'鲁遽说：'这是以阳招来阳，以阴招来阴，并不是我所说的道，我把我的道表现出来让你们看看。'于是为学生弹奏起瑟来，把一只瑟放在堂上，把另一只瑟放在室内，拨动堂上瑟的宫声，室内瑟也应之以宫声，拨动堂上瑟的角声，室内瑟也应之以角声,音律就完全相同了。假如将堂上的瑟改动一弦,那么室内的瑟就不再应和了,这是因为改动一弦,对于本调的五音便不再对应了。再来拨动瑟,二十五弦都跟着相应,发出的声音就没有不同。这改动的一弦,就像是音的君主呵!你们是不是也像鲁遽这样呢?”

惠子说:“现在,儒家的郑缓,墨家的墨翟,以及杨朱和公孙龙,正在和我辩论,各家用言辞来互相指责,用赢得的声誉来压倒对方,从来都不认为自己是不正确的,又有什么办法呢?”

庄子说:“齐人把残废儿子丢给宋国,让他去做宋国的守门人而不再希望儿子恢复健康,但得到一个长颈小钟,却用绳子捆了又捆,惟恐小钟受到损害。儿子跑掉了,寻找的时候,连城市的四郊都不出。这就是把自己的同类丢掉了。楚国有一个病足的守门人,寄居船上,在半夜无人的时候和船主打了起来,忘掉船还没有靠岸,所以争斗适足构怨于船主。”

[原文]

庄子送葬,过惠子之墓,顾谓从者曰:“郢人垩慢其鼻端若蝇翼,使匠石斫之①。匠石运斤成风,听而斫之,尽垩而鼻不伤,郢人立不失容。宋元君闻之,召匠石曰:‘尝试为寡人为之②。’匠石曰:‘臣则尝能斫之。虽然,臣之质死久矣③。’自夫子之死也,吾无以为质矣!吾无与言之矣!”

[注释]

① 郢人:郢,楚国首都。扬雄《解嘲》:“獿(náo 挠,用泥土涂墙壁)人亡则匠石辍斤。”服虔注:“獿人,古之善涂塈者,施广领大袖以仰涂而领袖不污,有小飞泥误著其鼻,因令匠石挥斤而斫之。”郢人即獿人,亦即泥水工匠。垩(è 俄):白色土。慢:通“墁”(màn 慢),涂墙的工具。此处作动词用,犹言“抹”。匠石:人名。从事木作的工人。斫(zhuò 酌):砍。 ② 失容:犹失色。因惊恐而改变了面色。宋元君:宋国国

君。 ③ 质:对。犹今语对象,指施技之人。

[译文] 庄子为亲朋送葬,经过惠子的墓旁。回过头来对随从的人说:"郢人的鼻尖落上了一点白粉,像蝇子的翅膀那样大小,让匠石用斧头把鼻尖的白粉砍掉,匠石挥动斧头,漫不经心地砍掉了它,白粉完全砍去而鼻子却不受伤害。郢人站在那里一点也没有失去常态。宋元君听说这件事情,把匠石找来对他说:'请你试着为我表演一次。'匠人说:'我曾经能够砍掉鼻端白粉,虽然如此,但我的施技之人已经死去很久了。'自从惠施先生死去之后,我没有施技之人了!我没有可以与之谈话的人了!"

[原文] 管仲有病,桓公问之,曰:"仲父之病病矣,可不讳云至于大病,则寡人恶乎属国而可①?"管仲曰:"公谁欲与?"公曰:"鲍叔牙。"曰:"不可。其为人絜廉善士也,其于不己若者不比之,又一闻人之过,终身不忘,使之治国,上且鉤乎君,下且逆乎民②。其得罪于君也,将弗久矣!"

公曰:"然则孰可?"对曰:"勿已,则隰朋可。其为人也,上忘而下畔,愧不若黄帝而哀不己若者③。以德分人谓之圣④,以财分人谓之贤。以贤临人,未有得人者也;以贤下人,未有不得人者也。其于国有不闻也,其于家有不见也⑤。勿已,则隰朋可。"

[注释] ① 管仲:春秋时代著名的政治家。桓公:齐桓公小白,春秋时五霸之一。《列子·力命篇》也有同样记载,可以参照。仲父(fǔ 俯):管仲助桓公建立霸业,桓公因此尊称管仲为仲父。病病:病重。讳:原本作谓,

江南古藏本及李氏本均作讳。又王先谦说:“《力命篇》作可不讳云,言不可复讳而不言也,谓字误。”据改。恶(wū 乌):何;怎么。属(zhǔ 主):托付。属国,指托付国政。 ② 鲍叔牙:齐国大夫,是管仲的至交。絜(jié 杰)廉:清白廉洁。比:亲比。鉤:逆,反。 ③ 隰(xí 席)朋:姓隰名朋。春秋时代齐国著名政治家。上忘:宣颖说:“不自矜其能,故在己上者,与之相忘。”下畔:《列子·力命篇》作“下不叛”。当脱一不字。畔,界限。不畔,指不区分界限,意谓对下面的老百姓不分界限,即不分贵贱一律对待。一说畔当从《列子》作叛,意谓能泛爱众,所以在自己下面的人,不忍叛离。亦通。 ④ 以德分人:《列子·力命篇》张湛注:“化之使合道而不宰割也。” ⑤ 这两句含意精警,清人陈寿昌解释其意是:“不事察察。”并评论说:“会得此旨,粗之可以辅世,精之即所以修身。”(见《南华真经正义》)可供参考。

[译文] 管仲有病的时候,桓公问他说:“仲父,您的病已经很重了,如果不避讳的话,可以说是大病了,那么,我要把国家政务交给谁才可以呢?”管仲说:“您打算交给谁?”桓公说:“鲍叔牙。”管仲说:“不可以。鲍叔牙是一位洁身自好,十分清廉的好人,他对于赶不上他的人,不去亲近他,再者他一听到别人的过错,就一辈子忘不了。让他来治理国家,对上他将要和国君作对,对下他将要和人民作对。他一定会得罪国君,将来不会长久的。”桓公说:“那么,谁可以?”管仲说:“实在不得已的话,隰朋可以。隰朋的为人,对上不显示自己的能耐,对下不去区别贵贱,而一视同仁。他以赶不上黄帝而感到惭愧,同时又怜悯那些赶不上自己的人。能够以德去感化人,使人人的行为符合于道,这就是圣人;能够把财物分给别人的人,这就是贤人。以贤人自居站在人们的面前,就不会得到人们的拥护,以贤者的身分而谦恭地待人,没有不得到人们的拥护的。他对于国家有故意不闻不问的地方,他对于家庭也有故意不

闻不问的地方。如果实在不得已的话，隰朋可以。”

［原文］

吴王浮于江，登乎狙之山。众狙见之，恂然弃而走，逃于深蓁[①]。有一狙焉，委蛇攫搔，见巧乎王。王射之，敏给搏捷矢。王命相者趋射之，狙执死[②]。

王顾谓其友颜不疑曰："之狙也，伐其巧恃其便以敖予，以至此殛也！戒之哉！嗟乎，无以汝色骄人哉!"颜不疑归而师董梧以助其色，去乐辞显，三年而国人称之[③]。

南伯子綦隐几而坐，仰天而嘘[④]。颜成子入见曰："夫子，物之尤也。形固可使若槁骸，心固可使若死灰乎?"

曰："吾尝居山穴之中矣。当是时也，田禾一睹我，而齐国之众三贺之。我必先之，彼故知之；我必卖之，彼故鬻之[⑤]。若我而不有之，彼恶得而知之？若我而不卖之，彼恶得而鬻之？嗟乎！我悲人之自丧者，吾又悲夫悲人者，吾又悲夫悲人之悲者，其后而日远矣。"

［注释］

① 狙(jū 居)；猕猴。狙之山，猴子聚居之山。恂(xún 旬)：恐惧。蓁(zhēn 真)：通"榛"，荆棘。　② 委蛇(yí 宜)：从容。攫(jué 绝)搔(sāo 搔)：腾掷。相者：王之左右随从打猎的人。执：抱持。成玄英疏："狙抱树而死。"　③ 便：便捷。敖：通"傲"。殛(jí 极)：诛死。董梧：成玄英疏："吴之贤人。"助：赵谏议本作锄，除去。　④ 南伯子綦：人名。《齐物论》作南郭子綦。伯、郭古音相近。隐：凭依。几：几案。　⑤ 田禾：即齐太公和。睹(dǔ 堵)；看。鬻(yù 玉)：卖。

［译文］

吴王渡过长江，登上猴子聚居的山峰。一群猴子看见吴王来了，便惊惧地跑掉了，逃到荆棘的深处。其中有一只猴子毫不畏惧，从容地跳上跳下，在吴王面前表现出它的灵巧来。吴王用箭射它，它竟然敏捷地把射来的箭抓住。于是吴王命令左右随从一起用箭射，结果这只猴子被射得抱树而死。

吴王回过头来对他的朋友颜不疑说："这只猴子，夸耀它的灵巧，仗恃它的敏捷，用骄傲的态度来对待我，因而被射死，要引以为戒呵！唉，不要用您的骄傲的态度来待人。"颜不疑回来后，拜董梧为师，除去他那种骄傲的态度，抛弃声乐和荣耀显赫的地位，过了三年便得到国人的称赞。

南伯子綦依靠几案坐着，仰首向天，吐着气，颜成子进来看到这种情形说："先生，您是出类拔萃的人物，人的形体可以使之像枯槁的树木，心难道可以使它像死灰吗？"

南伯子綦回答说："我曾经住在山穴里面，在这个时候，齐国的国君太公和刚一拜见我，而齐国的人民就再三祝贺他。这一定是因为我有了声名在前，所以，他知道我；一定是因为我卖掉了我的名声，所以，他才把我的声名贩买了去。假如我根本没有声名，他怎么会知道我？假如我不卖掉我的声名，他怎么能得到我的声名并买到它？唉！我哀怜那些丧失大道的人，我又哀怜那些哀怜别人失去大道的人，我又哀怜那些哀怜别人失去大道的人的哀怜者，从这以后，我就越走越远了。"

［原文］

仲尼之楚，楚王觞之，孙叔敖执爵而立①，市南宜僚受酒而祭曰："古之人乎！于此言已②。"

曰："丘也闻不言之言矣，未之尝言，于此乎言之。市南宜僚弄丸而两家之难解，孙叔敖甘寝秉羽而郢人投兵，丘愿有喙三尺③。"

彼之谓不道之道，此之谓不言之辩，故德总乎道之所一④。而言休乎知之所不知，至矣。道之所一者，德不能同也；知之所不能知者，辩不能举也，名若儒墨而凶矣⑤。故海不辞东流，大之至也；圣人并包天地，泽及天下，而不知其谁氏。是故生无爵，死无谥，实不聚，名不立，此之谓大人。狗不以善吠为良，人不以善言为贤，而况为大乎！夫为大不足以为大，而况为德乎！夫大备矣，莫若天地；然奚求焉，而大备矣。知大备者，无求，无失，无弃，不以物易己也。反己而不穷，循古而不摩，大人之诚⑥。

［注释］

① 觞(shāng 商)：敬酒。孙叔敖：楚庄王的相，其时孔子未生。 ② 市南宜僚：人名，春秋时期，楚国的贤者及勇士，姓熊字宜僚，家住在市南，因称市南宜僚。楚白公胜欲作乱，将杀令尹子西，白公胜的同党石乞说："市南有熊宜僚者，若得之，可以当五百人。"当白公胜派人联络市南宜僚时，宜僚拒不与事，胁之以剑，宜僚弄丸如故，不惧亦不从，说："吾亦不泄子。"白公胜说："不为利谄，不为威惕，不泄人言以求媚者，去之。"(见《左传·哀公十六年》及《太平御览》二百七十九引)据左传记载，白公胜之乱发生在哀公十六年七月，孔子死在同年四月，这就是说白公胜之乱发生在孔子死后。又，市南宜僚未曾仕楚。可见庄子所述并非史实，只是借以寄意而已。 ③ 弄丸：又称"跳丸"。古代的民间技艺，双手掷接多枚弹丸，弹丸不致落地。王先谦说："言难解，非也，或记载有异。"甘寝：安寝。秉：执。羽：雩舞所执。喙(huì 会)：鸟兽的嘴，也借指人的嘴。鸟喙长即不能鸣，喙长三尺比喻不能说话。 ④ 彼：指孙叔敖和市南宜僚二人。上文所说的"难解"、"投兵"不烦论说，即是所谓不道之道。此：指孔子。总：归根之意。一：在道衍生之前的浑朴状态。 ⑤ 举：列举。 ⑥ 摩：摩拭，引申谓修饰做作。

［译文］

孔子到楚国去，楚王请他喝酒，孙叔敖拿着酒器在一旁站立，市南宜僚洒下一点酒作祭祀，说："古代的人啊！在这里说说罢。"

孔子说："我听过不能用言语表述的话了，未曾说过，在这里说说它。市南宜僚弄丸如故，解开了两家的纷争，孙叔敖高枕而卧，楚国人不再用兵。我希望我有三尺长的嘴。"

他们所说的不用言语述说的道，以及这里所说的不用语言的辩论，归根到底是要返回到道的原始状态——一。言语停留在了解自己一无所知的地方，这就是最高的境界了。道回复到原始状态——一，表现出德的人，就不能和它相同了。知道自己不能囊括一切知识，善于辩论的人也不能辩论了。名声像儒家和墨家那样显赫，就要招来灾祸了。所以，大海不拒绝向东流来的水，才能极为博大。圣人虽然能包举天地，恩泽遍及天下，却没有人知道他的姓氏。所以，他活着的时候没有爵位，死的时候没有谥号，不聚集实利，不建立声誉，这就叫做大人。善于叫唤的不一定是好狗，善于说话的不一定是贤人，何况是争取大的名声呢？那大的名声，争取是不足以得到的，何况是对德的争取呢？大而且完备，莫过天地，然而天地何曾争取过这种大而且完备呢？可是这种大和完备却自然而然地产生了。从这里可以了解大而且完备的东西，无所求，无所失，无所弃，不因外物而改变自己，回到自己的天然的本性就不会穷尽，遵循古道行事而不修饰，这就是大人的实德。

［原文］

子綦有八子，陈诸前，召九方歅曰："为我相吾子，孰为祥？"九方歅曰："梱也为祥①。"子綦瞿然喜曰："奚若？"曰："梱也将与国君同食以终其身。"子綦索然出涕曰②："吾子何为以至于是极也！"

九方歅曰："夫与国君同食，泽及三族，而况父母乎！今夫子闻之而泣，是御福也[3]。子则祥矣，父则不祥。"

子綦曰："歅，汝何足以识之，而梱祥邪？尽于酒肉，入于鼻口矣，而何足以知其所自来？吾未尝为牧而牂生于奥，未尝好田而鹑生于宎[4]，若勿怪，何邪？吾所与吾子游者，游于天地。吾与之邀乐于天，吾与之邀食于地；吾不与之为事，不与之为谋，不与之为怪，吾与之乘天地之诚而不以物与之相撄，吾与之一委蛇而不与之为事所宜[5]。今也然有世俗之偿焉[6]！凡有怪征者，必有怪行，殆乎，非我与吾子之罪，几天与之也！吾是以泣也。"

无几何而使梱之于燕，盗得之于道，全而鬻之则难，不若刖之则易，于是乎刖而鬻之于齐，适当渠公之街，然身食肉而终[7]。

[注释] ① 子綦：成玄英以为是楚国的司马子綦。九方歅（yin 因，又读 yān 烟）：人名，姓九方，名歅。《淮南子》作九方皋。传说中古代善于相马的人。 ② 索然：流泪的样子。 ③ 御：拒绝。 ④ 牂（zāng 脏）：母羊。奥：室内西南角。田：指田猎。宎（yāo 腰，又读 yào 要）：房屋的东南角。 ⑤ 撄：扰乱。委蛇（yí 宜）：纵任。 ⑥ 指上文所说母羊与鹑鹑的出现。 ⑦ 鬻（yù 玉）：卖。刖（yuè 月）：断足。渠公：齐国的富人，为街正。渠公买梱后，使之代任街正，故终身食肉。一说，渠公是屠夫，梱被卖在屠夫之家，和主人一起共操宰杀家畜之业，故终身食肉。

[译文] 子綦有八个儿子，排队站在子綦的身前，把九方歅请来说："请你为我的这些儿子相面，看看谁的命运最好？"九方歅

回答说："梱的命运最好。"子綦高兴地说道："像什么那样好？"九方歅回答说："梱将要和国君一起吃饭，而活到老。"子綦难过地流着眼泪说："我的儿子为什么到这步田地！"

九方歅说："和国君在一起吃饭，恩泽及于三族，何况是父母呢？现在，先生听到这件事就哭泣，这是拒绝降临的福分，儿子吉祥，父亲就不吉祥了。"

子綦说："歅啊，你的识见不足以认识这一点，梱，真的是吉祥吗？把酒肉全部拿来，送到肚子里去，你哪里知道这些是什么地方来的？我从来不曾放牧，然而羊却在房屋的西南角出现；我从来不曾打猎，然而鹁鹑却在房屋的东南角出现。假如对这种现象不感到奇怪，那是什么原故呢？我和您交游的地方是在天地之间，我和您一起顺应天的运行以为乐，我和您一起在地上，到哪里，就在哪里吃饭，我不和别人在一起做什么事，不和别人在一起谋划，不和别人在一起做怪异的事情，我和你顺应天地的实际，而不和外物相违逆，我一旦听任外物的支配，也就不必选择什么事情与自己合适再去做。现在，我没有想到我会得到世俗的报偿。凡是有奇怪的征兆的，一定会有奇怪的行为，危险呵！这不是我和您的罪过，这几乎是自然给予的，我因为这一点才哭泣的。"

过了不多久，派遣梱到燕国去，在道路上被盗贼捉去。强盗觉得，手足俱全而卖掉很困难，不如砍掉脚再卖比较容易。于是便把梱的脚砍掉而把他卖给齐国。恰好被渠公买去代他担任看门的，仍然吃肉一直到老死。

[原文]

啮缺遇许由，曰："子将奚之？"曰："将逃尧。"曰："奚谓邪？"曰："夫尧，畜畜然仁①，吾恐其为天下笑。后世其人与人相食与！夫民，不难聚也；爱之则亲，利之则至，誉之则劝，致其所恶则散②。爱利出乎仁义，捐仁义者寡③，利仁义者众。夫仁义之行，唯且无诚，且假乎禽贪者器④。是以一人之断制利天下，譬之犹一覕也⑤。夫尧知贤人之利天下也，而不知其贼天下也，夫唯外乎贤者知之矣。"

[注释] ① 畜畜（xù 序）然：关心爱护，勤劳的样子。 ② 恶（wù 勿）：厌恶。 ③ 捐：舍弃，这里指捐生，意谓为仁义而舍弃生命。 ④ 乎：《世德堂》本作夫。乎、夫可通用。禽贪；指贪婪如禽兽的人。器：工具。 ⑤ 覕（piě 撇）：割。一说暂见貌，宣颖说："一人之断制，所见有限，犹目之一瞥，岂能尽万物之情乎？"

[译文] 啮缺遇上许由，说："你将要到哪里去？"许由回答说："我将要逃避尧。"啮缺说："为什么这样讲呢？"许由说："尧爱护怜悯人民，勤勤恳恳地推行仁义。我恐怕这样做，将要为天下人所讥笑。后代人将要人和人相食了。老百姓是不难团结的，爱护他们，他们就亲近你，对他们有好处，他们就到你这里来，奖励他们，他们就会更加勤勉，假如把他们所不喜欢的东西强加在他们身上，他们就会离开你。爱和利是从仁义中产生出来的，为仁义而献身的人是少数，想从仁义中得到好处的是多数。可见推行仁义，假如没有诚心的话，那么仁义就会成为贪婪的人所借用的工具。因此，假如靠一个人的决定造福于天下，打个比方说就好像一刀切下来，对于天下的损伤就多了。尧只知道贤人可以造福于天下，而不知道贤人可以祸害天下呵！只有站在贤者之外的人，才可以了解这一点。"

[原文] 有暖姝者，有濡需者，有卷娄者①。

所谓暖姝者，学一先生之言，则暖暖姝姝而私自说也[2]，自以为足矣，而未知未始有物也，是以谓暖姝者也。

濡需者，豕虱是也，择疏鬣自以为广宫大囿，奎蹄曲隈[3]，乳间股脚，自以为安室利处，不知屠者之一旦鼓臂布草操烟火，而己与豕俱焦也。此以域进，此以域退，此其所谓濡需者也[4]。

卷娄者，舜也。羊肉不慕蚁，蚁慕羊肉，羊肉膻也。舜有膻行，百姓悦之，故三徙成都，至邓之虚而十有万家。尧闻舜之贤，举之童土之地，曰冀得其来之泽[5]。舜举乎童土之地，年齿长矣，聪明衰矣，而不得休归，所谓卷娄者也。

是以神人恶众至，众至则不比，不比则不利也。故无所甚亲，无所甚疏，抱德炀和以顺天下，此谓真人[6]。于蚁弃知，于鱼得计，于羊弃意。

［注释］

① 暖姝(shū 书)：自满的样子。濡(rú 如)需：偷懒，苟且偷安。卷娄：《经典释文》："犹拘挛也。"即弯腰曲背的样子。 ② 暖暖姝姝：自满自足的样子。说：通"悦"，高兴。 ③ 豕：猪。虱(shī 尸)：指猪身上的虱子。奎：两髀之间。曲隈：曲折隐蔽之处。 ④ 域：指所处的环境。域进，是说虱子因附着于猪身而得安乐。域退，指虱子因附着于猪身而招致灭亡。这两句比喻人随着自己境遇的变迁而有得失。意在指出不知变通而苟安于一时之利的人和猪身上的虱子是一样的。 ⑤ 成都：指建成的都邑。三徙成都，表示舜为摆脱群众的追随而迁徙三次。至邓：古都邑名。童土：地无草木曰童。 ⑥ 神人：指舜。比：亲近。炀和：温和。

［译文］

有骄傲自满的，有苟且偷安的，有弯腰曲背的。

所谓骄傲自满的人，是说学了一位先生的言论就高傲自大而私下高兴起来，自以为满足了，却不知他所学的东西中，没有一件可以称道。因此，把他叫做骄傲的人。

所谓苟且偷安的人，就像猪身上的虱子一样，选择稀疏修长的鬣毛附近住下来，自己以为住在广大的宫殿和园囿之中，或者住在两股之间的弯曲之处，以及股脚和乳房的旁边，就自以为是最安全和有利的处所，不知道屠夫一旦摇动膀臂，摆开柴草用火一烧，自己和猪便一起烧焦。这就是说无论进或退，都为所处环境所局限。这就是苟且偷安的人。

所谓弯腰屈背的人，指的就是舜啊。羊肉并不喜欢蚂蚁，而蚂蚁却喜欢羊肉。因为羊肉是腥膻的。舜就有这种腥膻的行为，所以老百姓都很喜欢他。他三次离开所建的城邑，到了至邓的废墟，老百姓跟随他到这里的有十万家。尧听说舜是一位贤能的人，把他放在不毛之地。这里的人民说，希望他来到这里，把恩泽施给我们。于是舜来到了这片不毛之地，年龄增长了，听觉和视力衰退了，还是得不到回来休息，这就是所谓弯腰屈背的人。

因此，神人讨厌众人跟随他，众人跟随着他，他不表示亲近，不表示亲近，就会不利于他。所以，不去特别亲近，也不去特别疏远，保持着德性，对所有的人都一视同仁，以顺应天下的人，这就是所谓真人。使蚂蚁抛弃羡慕羊肉的智慧，像鱼那样相忘于江湖之中，使羊去掉自己的腥膻。

［原文］

以目视目，以耳听耳，以心复心。若然者，其平也绳，其变也循。古之真人，以天待人，不以人入天[①]。古之真人！

得之也生，失之也死；得之也死，失之也生[②]。

药也，其实堇也，桔梗也，鸡廱也，豕零也，是时为帝者也，何可胜言。[③]

勾践也以甲楯三千栖于会稽。唯种也能知亡之所以存,唯种也不知其身之所以愁。故曰鸱目有所适,鹤胫有所节,解之也悲④。

故曰风之过河也有损焉,日之过河也有损焉。请只风与日相与守河,而河以为未始其撄也,恃源而往者也。故水之守土也审⑤,影之守人也审,物之守物也审。

故目之于明也殆,耳之于聪也殆,心之于殉也殆。凡能其于府也殆,殆之成也不给改。祸之长也兹萃,其反也缘功,其果也待久⑥。而人以为己宝,不亦悲乎?故有亡国戮民无已,不知问是也。

故足之于地也践,虽践,恃其所不蹍而后善博也;人之于知也少,虽少,恃其所不知而后知天之所谓也。知大一,知大阴,知大目,知大均,知大方,知大信,知大定,至矣⑦。大一通之,大阴解之,大目视之,大均缘之,大方体之,大信稽之,大定持之。

尽有天,循有照,冥有枢,始有彼⑧。则其解之也似不解之者,其知之也似不知之也,不知而后知之。其问之也,不可以有崖,而不可以无崖⑨。颉滑有实,古今不代,而不可以亏,则可不谓有大扬搉乎⑩!阖不亦问是已,奚惑然为!以不惑解惑,复于不惑,是尚大不惑。

[注释] ① 以目视目三句,意思是一样的。眼睛只用于看眼睛,是说除了眼睛之外,什么也不去看。耳朵只用于听耳朵,意思是说除了耳朵之外什么也不去听。把心收回到心中来,意思是说无所用心。三句的意思是无为。其平也绳二句,紧承上文而来,意思是说上面所说的无为,还不是绝对的。天:指自然。 ② 四句中的之字均指药物。前两句中“之”字

指对症药物,后两句中“之”指不对症药物。这一段与下一段在内容上紧相关连。 ③ 堇(jǐn 紧):药名,即乌头,治风冷痹。桔梗:药名,治心腹血瘀瘕痹。鸡廱(yōng 雍):鸡头。又名芡(qiàn 欠)。与藕子合为散,服用可以延年。豕零:一名豨苓,草名,即猪苓,可以治渴。时:通“莳”,更替。 ④ 勾践:越国的国王,在吴越之战中为吴王所败,被困于会稽。楯:通“盾”,即藤牌,古代的兵器。干盾,指士兵,中心词省略。会稽:山名。在今浙江省绍兴县东南十二里。种:人名。即文种,勾践的主要谋臣。勾践依靠文种的谋划而得以复国。唯种也两句是说文种的才智能够帮助勾践从失败中取得胜利,却看不到贪恋禄位自己将要被诛的祸患。鸱目、鹤胫,承上作喻,比喻文种长于存国而短于谋身。 ⑤ 审:安定。下两句中审字则用其引申义。 ⑥ 府:指心胸。兹:同“滋”,多。萃:聚。反:相反。缘:由。缘功:谓由于功成不退。 ⑦ 蹍:和踏义同,指践踏。大一:成玄英疏:“天也。”大阴:指地。大目:不假外力使万物自见,故称大目,亦即听任自然之意。大均:均,平,万物各按其本性保持均衡。大方:方,方术。万物各有方术,各按其方术行事。大信:信,实。大定:定:安定。万物各不相扰故称大定。 ⑧ 尽有天:主语省略,主语当指万物。天:天然。循:顺。照:明照。成玄英疏:“但顺其天然,智自明照。”冥:暗。此处用以形容道的玄妙。枢:枢要。王先谦说:“窈冥不言中,自枢机。”始:指原始阶段。彼:概指你我,亦即矛盾着的双方。 ⑨ 崖:方。“不可以有崖”,王先谦说:“问道无方。”“而不可以无崖”,王先谦说:“为道固有方。”⑩ 颉(xié 协,又读 jiē 皆)滑 (gǔ 古):错乱,混淆。扬搉(què 确):约略;大凡。

[译文] 眼睛用来看眼睛,耳朵用来听耳朵,把心收回到心中来。像这样,他的平也还是由于绳墨,他的变化,也还要因顺万物。古时候的真人,用自然之道来待人,不以人事来变动自然的智慧。这就是古时的真人!

得到它就生,失掉它就死;得到它就死,失掉它就生。

药物,其实不过就是乌头、桔梗、鸡头草、猪苓根等等罢了，这些药物，轮流更换着做主药怎么可以说尽呢？

勾践率领三千士兵被围困在会稽，只有文种能够了解在即将灭亡的处境中求取生存的方法，也只有文种不了解他的生命将要被杀的愁苦。所以说，猫头鹰的眼睛，只能在晚上看到东西，白天就看不到；鹤的脖子能长而不能短，如果断去一截，它就要感到悲哀。

所以说，风吹过河，能够使河水有所耗损，太阳晒着河，也可以使河水有所耗损。假如使风和太阳一起守着河，而河并不觉得搅扰而有所损失，这是因为河水仗恃着源远流长的缘故。所以，水流在土地之上才安定，影子因为人才能被显现，物因为有物才能产生出来。

所以，眼睛一味求其明，就危险了；耳朵一味求其聪，就危险了；心力老是消耗在追求知识上，就危险了。凡是从胸中表现出智能的，一定很危险。危险已经形成，再加以改变就来不及了。灾祸在增长聚集，自夸其能而招来祸败的，是因为功成不退，他那种期待成功的心情，持续得很久，并且对这些极为重视，这不是很悲哀的吗！因此，国家遭到灭亡而人民遭到祸害的，始终没有停止，这都是由于不了解灾祸产生的根源啊。

所以，脚要踏在地上，虽然土地任凭践踏，但也正是依靠着有践踏不到之处，然后才能使人步行到很远的地方。人的知识很少，虽然很少，正是依靠着还有许许多多不了解的知识，才使人了解天道的自然。知道天，知道地，知道使万物各视其所见，知道使万物各任其本性，知道使万物各得其分，知道万物各守其分，知道万物不受外来的干扰而自定，这就是知识的最高境界了。天能够统生万物，地能够排解万物的纷扰，万物各视其所见，万物各顺其本性，万物各得其分，万物各有其界限，万物都不受外来的干扰。

万物都有其天然的一面,顺着这天然的一面,就可以看得很清楚。道理虽然是奥妙的,但在这奥妙之中却有其关键,而且在原始的阶段就已经存在着彼我的对应。这些东西,你理解了,又好像不曾理解,你知道它,又好像是不知道,只有你了解你不知道,那才是真正的知道。你要追问它,它是没有端绪的,然而又不可以没有端绪。万物虽然看起来是错乱的,然而都确有各自的实理,古代和今天是不能互相代替的,然而双方都不能缺少,至理是奥妙的,可以不说是只能够陈述它的大概吗？为何不去考问这个问题,为什么迷惑到这步田地呢？以不迷惑去解释迷惑,就要回到不迷惑,这还大致可以说是不迷惑。

则阳第二十五

［原文］

则阳游于楚，夷节言之于王，王未之见，夷节归[①]。彭阳见王果曰："夫子何不谭我于王？"王果曰："我不若公阅休[②]。"

彭阳曰："公阅休奚为者邪？"曰："冬则擉鳖于江，夏则休乎山樊[③]。有过而问者，曰：'此予宅也。'夫夷节已不能，而况我乎！吾又不若夷节。夫夷节之为人也，无德而有知，不自许，以之神其交固，颠冥乎富贵之地，非相助以德，相助消也。夫冻者假衣于春，暍者反冬乎冷风[④]。夫楚王之为人也，形尊而严；其于罪也，无赦如虎；非夫佞人正德，其孰能桡焉[⑤]！

"故圣人，其穷也使家人忘其贫，其达也使王公忘爵禄而化卑。其于物也，与之为娱矣；其于人也，乐物之通而保己焉；故或不言而饮人以和：与人并立而使人化。父子之宜，彼其乎归居，而一闲其所施[⑥]。其于人心者若是其远也。故曰待公阅休。"

圣人达绸缪，周尽一体矣，而不知其然，性也。复命摇作而以天为师，人则从而命之也。忧乎知而所行恒无几时，其有止也若之何[⑦]！

生而美者，人与之鉴，不告则不知其美于人也。若知之，若不知之，若闻之，若不闻之，其可喜也终无已；人之好之亦无已，性也。圣人之爱人也，人与之名，不告则不知其爱人也。若知之，若不知之，若闻之，若不闻之，其爱人也终无已，人之安之亦无已，性也。

旧国旧都，望之畅然；虽使丘陵草木之缗，入之者十九，犹之畅然。况见见闻闻者也，以十仞之台悬众间者也⑧！

［注释］

① 则阳：人名。姓彭，名则阳。马叙伦以为只篇首作则阳，其下皆作彭阳，因而疑则为彭之讹。可备一说。夷节：人名。楚臣，姓夷名节。王：楚王，成玄英以为是楚文王。 ② 王果：人名。楚国的贤大夫。谭：通“谈”，称说，称道。若：如。公阅休：楚国的隐士。 ③ 擉(chuō 戳)：通“戳”，刺。擉鳖，刺而捉之。樊：边。 ④ 许：称许。自许：自负，自信。神：神奇莫测，异乎寻常。颠冥：颠，颠倒；冥，暗。颠冥，形容神情颠倒如醉如痴的表情。假：借助。春：形容温暖。暍(yē 椰)：中毒。 ⑤ 佞：才，有才能，这里指辩才。桡(náo 挠)：屈，屈服。 ⑥ 饮人以和：饮，喝，引申谓满足。和，中和之道。 ⑦ 绸缪：紧密缠缚。摇作：指有作为。命：命名。忧：姚鼐以为忧，通优，优越，言其人恃其知之优越。较旧说为允，可从。 ⑧ 缗(mín 民)：茂盛。入之者十九：入，指遮蔽部分。见见闻闻：意指真性或大道。

［译文］

则阳游历到楚国，夷节把这件事情告诉给楚王，楚王没有接见则阳，夷节只好罢朝回家。则阳拜见王果时，说：“先生为什么不在楚王面前称道我呢？”王果说：“我不如公阅休。”

彭阳又问道：“公阅休是干什么的？”王果回答说：“这个人冬天在江中捉鳖，夏天就在山傍丛林中休息，有人经过这里向他询问，就回答说：‘这是我的住宅。’这一点夷节是做不到的，何况是我呢？我赶不上夷节。夷节的为人，没有德行而有知识，不以道要求自己，在交际方面神乎其技而使交结坚固，如醉如痴地在富贵场中追逐，这不是以德互相帮助，而是互相损害啊。遭到寒冷威胁的人,借助于衣服而得到温暖;伤暑的人反而需要冷风。楚王的为人,外表显得尊贵而严厉,他对于罪人不加宽恕像老虎那样凶猛;如果不是善于辞令的人来端正他的德行,谁能够使他屈服呢?

"因此,圣人在穷困潦倒的时候,能够使家人忘记贫困;在飞黄腾达的时候,能够使王公大人忘掉自己地位的高贵而做一些卑贱的事情。他和外界接触的时候,无往而不快乐,他和人接触的时候,能够快乐地相处而保存自己的天真。所以,即使有的时候不说话,也能够使人的内心充满中和之道,和人站在一起而能够使人和自己同化。像父亲和儿子分别处在他们应当处的位置上一样,使他们各自回到自己的归宿,而他自己却一味闲暇无所施予。他和一般人的心理状态,距离就是这样远啊! 所以说,要等待公阅休。"

圣人了解宇宙是一个紧密缠缚的整体,而不知道它为什么会这样。因而能够恢复自然的本性而听从命运的安排,有所动作都能够师法自然。人们便根据他的这种表现称他为圣人。仗恃着自己的智慧的人,他的行动常常是维持不了多少时间,假如能够和圣人一样停止在他所不了解的地方,还会像这样吗?

长得很美的人,别人便是他的镜子,别人不告诉,他就不会知道自己比别人长得美。好像是知道,又好像是不知道;好像听说过,又好像不曾听说过。这样,他的喜悦之情便不会有终止的时候;人们对于他的喜爱也不会有终止的时候,这就是人们的自然的本性。圣人对于别人是仁爱的,因而人们给他起了一个名字叫做圣人,假如别人不告诉他,那么他也不了解他是爱人的人。好像是知道,又好像是不知道,好像听说过,又好像不曾听说过,这样,他对于人的仁爱也就没有停止的时候,人们跟他和睦相处也没有停止的时候,这也是出于人们的自然本性。

对于祖国和故乡，一看到它就感到高兴，虽然山冈丘陵上的茂盛的草木，把祖国和故乡的面貌掩盖了十分之九，能够看到的只有十分之一，也还是非常高兴，何况是看见向慕已久的真性，听到那向慕已久的大道呢？这真性和大道就好像数十丈的高台耸立在大庭广众之中一样令人倾慕不已！

［原文］

冉相氏得其环中以随成，与物无终无始，无几无时。日与物化者，一不化者也，阖尝舍之①！夫师天而不得师天，与物皆殉②，其以为事也若之何？夫圣人未始有天，未始有人，未始有始，未始有物，与世偕行而不替，所行之备而不洫③，其合之也若之何？汤得其司御门尹登恒为之傅之，从师而不囿；得其随成，为之司其名；之名嬴法，得其两见④。仲尼之尽虑，为之傅之。容成氏曰："除日无岁，无内无外⑤。"

［注释］

① 冉相氏：传说中三皇以前的古代帝王。环中：指大道的中间环节。阖：通"何"。 ② 范耕研疑"师天而不得师天"句末"师天"为衍文。可备一说。殉：有所求而不惜其身。 ③ 偕行而不替：替，废。备而不洫：洫，败坏。 ④ 囿：局限。嬴（yíng 迎）：无心的样子。 ⑤ 尽虑：抛弃思虑。尽，绝，弃绝。傅：帮助，辅助。容成氏：古代圣王。一说老子之师。内：指自己。外：指外物。

［译文］

冉相氏掌握了中空之道，听任外物自由自在的成长，所以能够和万物无始无终、无时无刻地相处，虽然天天和万物一起变化，但是他那寂然不动的精神却是不变化的，他什么时候离弃过外物呢？假如有心效法自然，那就不能效法自然了，那就是和外物一样因存心追逐而成为牺牲品，这样一来还怎么能够做到以顺应外物为事呢？圣人不知道有天，不知道有人，不知道有开始，不知道有外物，和社会一起前进而不停止，这样的运行便不会遭到破坏，他和自然的契合达到如此程度，怎么样呢？商汤得到担任过司御门尹官职的登恒做他的师傅，虽然从师受教，却不为他的老师所囿限，得到了中和之道而听任外物自由自在地生长，他把生长的功劳推给万物，对于这种名和法他从来不放在心上，从而使君臣各得其所。孔子完全抛弃了思虑，所以才能够辅助自然。容成氏说："除掉日子便不会有年岁，忘掉了我，也就忘掉了外物。"

［原文］

魏莹与田侯牟约，田侯牟背之①。魏莹怒，将使人刺之。

犀首闻而耻之，曰："君为万乘之君也，而以匹夫从仇，衍请受甲二十万，为君攻之，虏其人民，系其牛马，使其君内热发于背，然后拔其国。忌也出走，然后抶其背，折其脊②。"

季子闻而耻之曰："筑十仞之城，城者既十仞矣，则又坏之，此胥靡之所苦也③。今兵不起七年矣，此王之基也。衍乱人，不可听也。"

华子闻而丑之曰："善言伐齐者，乱人也；善言勿伐者，亦乱人也；谓伐之与不伐乱人也者，又乱人也④。"

君曰："然则若何？"曰："君求其道而已矣！"

惠子闻之而见戴晋人，戴晋人曰："有所谓蜗者，君知之乎？"曰："然。""有国于蜗之左角者，曰触氏，有国于蜗之右角者，曰蛮氏。时相与争地而战，伏尸数万，逐北旬有五日而后反⑤。”

君曰：“噫！其虚言与？”曰：“臣请为君实之。君以意在四方上下有穷乎？”君曰：“无穷。”曰：“知游心于无穷，而反在通达之国，若存若亡乎？”君曰：“然。”曰：“通达之中有魏，于魏中有梁，于梁中有王。王与蛮氏，有辩乎？”君曰：“无辩。”客出，而君惝然若有亡也⑥。

客出，惠子见。君曰：“客，大人也，圣人不足以当之。”惠子曰：“夫吹管也，犹有嗃也；吹剑首者，吷而已矣⑦。尧舜，人之所誉也；道尧舜于戴晋人之前，譬犹一吷也。”

孔子之楚，舍于蚁丘之浆。其邻有夫妻臣妾登极者，子路曰：“是稯稯何为者耶？”仲尼曰：“是圣人仆也。是自埋于民，自藏于畔。其声销，其志无穷，其口虽言，其心未尝言，方且与世违而心不屑与之俱。是陆沈者也，是其市南宜僚邪⑧？”

子路请往召之。孔子曰：“已矣！彼知丘之著于己也，知丘之适楚也，以丘为必使楚王之召己也，彼且以丘为佞人也。夫若然者，其于佞人也羞闻其言，而况亲见其身乎！而何以为存⑨？”子路往视之，其室虚矣。

［注释］

① 魏莹：魏惠王的名字。田侯牟：田侯，即齐威王。因其为田成子的后代，故称田侯。牟，据《经典释文》引司马注，为威王的名字。俞樾说：“《史记》威王名因齐。田齐诸君无名牟者，惟桓公名午，与牟字相似。牟或午之讹。然齐桓公午与梁惠王又不相值也。”舜按：齐桓公午于公元前 374 年至公元前 357 年在位，魏惠王公元前 369 年至公元前 319 年在位。俞说二人不相值，实误。 ② 犀首：官名，属武官。赵

谏议本，犀首下有公孙衍三字。《经典释文》引司马注："若今虎牙将军，公孙衍为此官。"下文"衍请受甲二十万"可证。万乘：指大国。万乘，一万辆战车。战国时代拥万乘的国家，可称为大国。匹夫：平民百姓。甲：指甲卒，即战士。系：拴缚。内热：指因发怒而引起的热气。发于背，指毒疮发于背，古人认为胸中积有热气，便引发毒疮，使之发于背。拔：攻克。忌：田忌，当时齐国大将。抶（chì 斥）：鞭打。 ③ 季子：人名。魏之贤臣。胥靡：徒役，从事劳作的奴隶。 ④ 华子：人名，魏贤臣。引号内为华子自道之辞。 ⑤ 戴晋人：魏国的贤者。见：引见。句中指将戴晋人引见于魏王。蜗（wō 窝）：蜗牛，生有两角，体外有硬壳，软体动物。此处以蜗牛设喻，极精警。伏尸：横尸在地。逐北：北，打败仗。有：通"又"。 ⑥ 君以意：意，猜想。有辩乎：辩，通"辨"，区别。下文"无辩"的辩同此。 ⑦ 管：用竹管做的乐器。发声洪亮。嗃（xiāo 哮）：吹竹管声。剑首：剑环，剑鼻，即剑柄上端与剑身连接处的两旁突出部分。其间有小孔，吹之能发出微小的声音。吷（xuè 血）：小声。 ⑧ 蚁丘：丘名。浆：指卖浆水的店铺。登极：此语颇费解，旧注均不通。马叙伦以为极当借为"穊"，《说文》："禾举出苗也。"这里所说的登穊，犹《月令》所说的登麦，下文皆言农事可证。宜僚羞见仲尼，故亟于登穊而去。其说于义为长，可从。稯稯（zǒng 总）：聚集的样子。马叙伦说，一本作稷。稷，通"畟"，急速。译文取马叙伦说。销：通"消"。陆沈：倒装，沈于陆。比喻隐遁。市南宜僚：楚国的隐者。 ⑨ 彼知丘之著于己也：著，显明，这里指表彰。何以为存：存，问，慰问。

［译文］

魏惠王莹和齐侯牟订立了互不侵犯的条约，齐侯牟背叛了条约，魏惠王莹非常愤怒，将要派人刺杀齐侯牟。

公孙衍听到后把这件事情当成耻辱，说："您是大国的国君，却用老百姓所使用的方式去报仇！请您允许我率领二十万大军，为您攻打齐国，俘虏齐国的人民，捉住齐国的牛马，使齐国的国君内心焦躁而引起脊背生疮，然后消灭齐国迫使齐国的大将田忌逃走，再用鞭子打他的背，打折他的腰脊。"

季子听到后，又把公孙衍的话当作耻辱，说："建筑七丈高的城墙，筑城的人已经把城墙筑到七丈了，接着又把它拆毁，这是筑城人的灾难。现在，没有战争的岁月已经有七年了，这使您的事业奠定了基础，公孙衍实在是祸国殃民的人，他的计谋是不可听从的。"

华子听到后，又把季子的话当作丑恶的言论，说："把讨伐齐国的道理说得头头是道的人，是祸国殃民的人；把不应当讨伐齐国的道理说得头头是道的人，也是祸国殃民的人；说无论主张讨伐还是主张不讨伐的人是祸国殃民之人，他本人同样也是祸国殃民的人。"

魏王说："既然如此，那么怎样做才是正确的呢？"回答说："您追求大道就可以了。"

惠子听到后，把戴晋人领来拜见魏惠王。戴晋人说："有一种叫做蜗牛的昆虫，您知道吗？"魏王回答说："知道。"戴晋人说："有一个国家建立在蜗牛的左角上面，叫做触氏，另有一个国家建立在蜗牛右角上面，叫做蛮氏，这两个国家常常因为争夺土地而作战，每次战争都要留下数万具尸体，打败的一方逃跑后，要花费十五天的时间，才能再回到国内。"

魏惠王说："哟！您说的这些话都是虚构的吧？"戴晋人说："我请您允许我为您证实这番话，您考虑考虑，四方和上下有个止境吗？"魏惠王回答说："没有止境。"戴晋人说："人的思想能够遨游在无穷的天地之中，然而自身却在熙来攘往的人间，而这熙来攘往的人间，在无穷的宇宙之中十分渺小，简直说不上它是存在呢？还是不存在呢？"魏惠王说："是这样。"戴晋人说："这熙来攘往的人间之中有魏国，在魏国之中，有首都大梁，在大梁之中又有国王您，请问王和蛮氏有区别吗？"魏惠王回答说："没有区别。"戴晋人离开之后，魏惠王心情很不舒畅，若有所失。

戴晋人走了之后，惠子拜见魏惠王。魏惠王说："戴晋人真是一位伟大的人啊！圣人也赶不上他。"惠子说："吹起竹管，声音就洪亮，吹起剑环，声音就微弱了。尧和舜是世俗之人所称赞的，在戴晋人面前称赞尧舜，这声音就好像吹剑环那样微弱。"

孔子到楚国去，住在蚁丘山下一户卖浆人家。这一家的邻人有丈夫、妻子、奴隶担着稻束从孔丘面前匆匆走过。子路问道："这些急急忙忙从这里走过的人是干什么的？"孔子回答说："这是圣人的追随者。他把自己埋藏在人民中间，隐身于田亩之中，他的声名虽然消失了，然而他的志向却大得无穷。他的嘴虽然在说话，但他的心却不曾在说话。他的行为和世俗相同，这是隐沉于陆地上的人，大约是市南宜僚罢！"

子路请求孔子答应去请市南宜僚。孔子说："算了吧！他大约知道我会表彰他，知道我到楚国，必定使楚王前来召见他，他正在把我孔丘当成邪佞之人。唉！如果是这样，他对邪佞的人是连话也不愿听的，何况是亲自见到本人呢！你以什么认为他还留在那里呢？"子路还是到市南宜僚家里去看了看，结果市南宜僚全家都已走掉，只留下一座空房子。

[原文]

长梧封人问子牢曰："君为政焉勿卤莽，治民焉勿灭裂[①]。昔予为禾，耕而卤莽之，则其实亦卤莽而报予；芸而灭裂之，其实亦灭裂而报予。予来年变齐，深其耕而熟耰之，其禾蘩以滋，予终年厌飧[②]。"

庄子闻之曰："今人之治其形，理其心，多有似封人之所谓，遁其天，离其性，灭其情，亡其神，以众为[③]。故卤莽其性者，欲恶之孽，为性萑苇蒹葭，始萌以扶吾形，寻擢吾性；并溃漏发，不择所出，漂疽疥痈，内热溲膏是也[4]。”

柏矩学于老聃[5]，曰：“请之天下游。”老聃曰：“已矣！天下犹是也。”又请之，老聃曰：“汝将何始？”曰：“始于齐。”

至齐，见辜人焉，推而强之，解朝服而幕之，号天而哭之曰：“子乎子乎！天下有大菑，子独先离之，曰莫为盗！莫为杀人！荣辱立，然后睹所病；货财聚，然后睹所争[6]。今立人之所病，聚人之所争，穷困人之身使无休时，欲无至此，得乎！

“古之君人者，以得为在民，以失为在己；以正为在民，以枉为在己；故一形有失其形者，退而自责。今则不然。匿为物而愚不识，大为难而罪不敢，重为任而罚不胜，远其途而诛不至[7]。民知力竭，则以伪继之，日出多伪，士民安取不伪！夫力不足则伪，知不足则欺，财不足则盗。盗窃之行，于谁责而可乎？”

蘧伯玉行年六十而六十化，未尝不始于是之而卒诎之以非也[8]，未知今之所谓是之非五十九非也。万物有乎生而莫见其根，有乎出而莫见其门。人皆尊其知之所知而莫知恃其知之所不知而后知，可不谓大疑乎！已乎已乎！且无所逃。此所谓然与然乎？

仲尼问于大史大弢、伯常骞、狶韦曰：“夫卫灵公饮酒湛乐，不听国家之政，田猎毕弋，不应诸侯之际；其所以为灵公者何邪[9]？”大弢曰：“是因是也。”伯常骞曰：“夫灵公有妻三人，同滥而浴，史鳝奉御而进所，搏币而扶翼⑩。其慢若彼之甚也，见贤人若此其肃也，是其所以为灵公也。”狶韦曰：“夫灵公也死，卜葬于故墓不吉，卜葬于沙丘而吉。掘之数仞，得石椁焉，洗而视之，有铭焉，曰：‘不冯其子，灵公夺而里之⑪。’夫灵公之为灵也久矣，之二人何足以识之！”

［注释］ ① 长梧：地名。封人：守封疆的人。子牢：人名。事迹不详。《经典释文》引司马云：“即琴牢，孔子弟子。”此说恐不确。卤莽：犹粗疏，指浅耕稀种。灭裂：草率。 ② 报予：报复我。报，报复。予，我。指收获时果实甚少是对我在耕种时鲁莽灭裂的报复。变齐：变更。耰（yōu优）：古代农具，即锄。这里用作动词，指锄草。蘩（fán 繁）：茂盛。滋：繁殖。厌：满足。飧（sūn 孙）：熟食。 ③ 治其形：形，形体。心：精神。遁：逃避，背离。众为，指上文鲁莽灭裂之事。 ④ 孽：祸殃。萑（huán 环）：芦类植物。蒹（jiān 兼）葭（jiā 家）：初生的芦苇。萑苇蒹葭，指杂草。比喻危害自然本性之物。始萌：始萌后有省略，译文补出。寻：引。擢：拔，拔除。并：齐。溃漏：疮毒。漂疽（jū 居）：疮的脓液流出。疥痈：脓疮。溲膏：即溺精。膏，喻指精液。 ⑤ 柏矩：人名。老子的学生。 ⑥ 辜：辜磔，弃市，古代的一种死刑。行刑后，将尸体暴露于街头。推而强之：指将尸体四肢摆正。幕：覆盖。号天而哭：向天大哭。菑：古同“灾”。离：遭。 ⑦ 君人：统治人。君，君临，统治。得：成功。枉：屈：缺点，错误。愚：一本作遇。俞樾以为遇当是过之讹（按过，繁体作過，与遇形近易讹）。过，责备。《吕览·适威》：“烦为教而过不识。”可资佐证。俞说甚通达，可从。 ⑧ 诎：通“黜”。贬斥。
⑨ 大史：古时史官名。大弢（táo 滔）、伯常骞、狶（xī 希）韦，均为史官。湛（dān 眈）：过度逸乐。听：处理，判断。毕：大网。弋（yì 亦）：用绳系箭而射。灵公：古时谥号，是国王死后，由大臣根据生前表现议定。灵：在谥法中有好的含义也有不好的含义。在这里孔子以灵为美谥，故有是问。按谥法：“德之精明曰灵。”此为美谥。 ⑩ 大弢曰是因是也：大

弢以灵为恶谥，所以如此回答。按谥法："乱而不损曰灵。"此为恶谥。滥：《庄子阙误》引张君房本作槛，浴器。史鳝：即史鱼，卫国的贤臣。奉：通"捧"。御：国王所用之物。搏：拾取。此处宾语省略，顺上下文意当指衣物。币：通"蔽"。遮掩。扶翼：扶助。 ⑪ 冯(píng 平)：凭依。里：居。狶韦的回答近乎迷信，与庄子说不合，对此段文字似应取存疑态度。

[译文] 长梧封人对子牢说："你处理政务不要卤莽，治理人民不要轻率。过去，我种庄稼，耕地的时候，卤莽从事，收获果实的时候，便遭到报复；拔草的时候，马马虎虎，收获果实的时候，也遭到报复。第二年，我改变了这种卤莽从事马马虎虎的态度，土地耕得深深的，除草的工作也做得十分细致，因而庄稼长得十分茂盛，果实累累，这一年我过着丰衣足食的日子。"

庄子听到后，说："现在，人们对待自己的身体和精神，很多就像封人所说的那样，和自然的规律背道而驰，偏离了自然的本性，灭掉了他真实的性情，丧失了他养神的方法，做一些不应该做的事情，所以，用鲁莽的态度对待自然的本性的，喜好和厌恶的祸根便产生了，这种喜好和厌恶的祸根便成为危害本性的东西，好像危害庄稼生长的芦草一样，对于这种祸根，如果像芦草开始萌生的时候就加以铲除，还可以扶助形体使之健康生长，否则，这种祸根，就会引诱人们使之失去自然的本性，以致发展到像脓疮的溃烂，脓液不择处所到处流动，像体内发烧，像溺精，就是如此。"

柏矩跟随老聃学习，说："请您允许我要游历天下。"老聃说："算了吧！天下就像这里一样啊。"柏矩再一次提出请求，老聃说："你将要从哪里开始？"柏矩回答说："从齐国开始。"

到了齐国,看一个被杀死的罪犯,便用手移正罪犯的尸体,然后解下礼服,覆盖在尸体上面,向着天空号哭着说:“你呀!你呀!天下有了大的灾难,唯独让你碰上了!人们天天在说,不要做盗贼,不要杀人!有了荣辱得失,弊端就产生了,财产集中起来,争夺财产的现象也就显而易见了。现在所建立的就是人们所厌恶的弊端,所聚集的正是人们所要争夺的财产,在人们穷困而无休止的时候,想着不出现你的这种遭遇,能够做到吗?

“古时候治理国家的人,把成绩归结在人民身上,把不足归结在自己身上;把正确的方面算在人民的身上,把错误的方面算在自己身上;所以,只要有一个人做得不对,就退下来做自我检讨。现在就不是这样,把法令隐藏起来而责备人们不了解法令,增加事情的困难程度,而加罪于那些不敢从事这种困难事情的人,把任务加重,而惩罚那些完不成任务的人,把要去的路程规定得很远,而杀掉那些达不到目的地的人。这样一来,老百姓在用完自己的智能和力量之后,接着就要弄虚作假了!天天出现许多弄虚作假的事情,百姓之中还有谁能够不弄虚作假呢!力气不足就要作伪,智慧不足就要欺骗,财产不足就要盗窃。那么这种盗窃的行为要去责备谁才是呢?”

蘧伯玉活了六十岁就有六十次变化,常常在一岁开始的时候以为是对的,而到一岁结束时便认为是错的了,不知道六十岁时所认为是对的,是不是前五十九次所认为是错的。万物都是产生出来的,然而却看不到产生万物的根本,万物在产生的时候,一定有一个过程,然而却看不到它的门径。人们都尊重那依靠智能而获得的知识,而不知道依靠智能了解到事物无法认识,才是真正的知识,这种情形难道不可以称作是大的疑惑吗?算了吧!算了吧!如果不知道休止,那就将无法逃避祸患。这里所认为是对的,难道真是对的吗?

仲尼问太史大弢、伯常骞、狶韦说:“卫灵公沉湎在饮酒声色之中,不办理国家政务,经常用网和箭去打猎,不参加诸侯间的会盟交际,他却得到灵公的谥号,这是为什么呢?”大弢回答说:“就是因为他无道,所以才得到这样的谥号。”伯常骞说:“灵公有三个妻子,他和三个妻子一起在一个浴池里洗澡,史鱼捧着进献的礼品到灵公那里,灵公和三个妻子连忙拿起衣裳遮蔽身体,他轻狂的时候是那样随便,然而他在见到贤人时却又那样肃敬,这就是为什么把他的谥号定为灵公的道理。”狶韦说:“灵公死的时候,要葬在原先确定的墓地,占卜不吉;葬在沙丘,占卜是吉利的。于是挖掘墓穴,在几丈深的地方挖得石头砌成的棺椁,将棺椁洗净,看到上面有铭文,说:子孙不得有所凭恃,灵公将要夺去这块墓地而葬在这里。可见灵公被谥为‘灵’已经很久了,大弢和伯常骞二人怎么能够了解这一点呢?”

[原文]

少知问于大公调曰:“何谓丘里之言①?”

大公调曰:“丘里者,合十姓百名而以为风俗也,合异以为同,散同以为异。今指马之百体而不得马,而马系于前者,立其百体而谓之马也。是故丘山积卑而为高,江河合水而为大,大人合并而为公。是以自外入者,有主而不执;由中出者,有正而不距②。四时殊气,天不赐,故岁成;五官殊职,君不私,故国治;文武大人不赐,故德备;万物殊理,道不私,故无名。无名故无为,无为而无不为,时有终始,世有变化。祸福淳淳,至有所拂者而有所宜;自殉殊面,有所正者有所差。比于大泽,百材皆度;观于大山，木石同坛[③]。此之谓丘里之言。”

少知曰：“然则谓之道，足乎？”

大公调曰：“不然。今计物之数，不止于万，而期曰万物者[④]，以数之多者号而读之也。是故天地者，形之大者也；阴阳者，气之大者也；道者为之公。因其大以号而读之则可也，已有之矣，乃将得比哉！则若以斯辩，譬犹狗马，其不及远矣。”

少知曰：“四方之内，六合之里，万物之所生恶起？”

大公调曰：“阴阳相照相盖相治，四时相代相生相杀，欲恶去就于是桥起，雌雄片合于是庸有[⑤]。安危相易，祸福相生，缓急相摩，聚散以成。此名实之可纪，精微之可志也[⑥]。随序之相理，桥运之相使，穷则反，终则始。此物之所有，言之所尽，知之所至，极物而已。睹道之人，不随其所废，不原其所起，此议之所止[⑦]。”

少知曰：“季真之莫为，接子之或使[⑧]，二家之议，孰正于其情，孰偏于其理？”

大公调曰：“鸡鸣狗吠，是人之所知；虽有大知，不能以言读其所自化，又不能以意其所将为。斯而析之，精至于无伦，大至于不可围，或之使，莫之为，未免于物而终以为过。或使则实，莫为则虚。有名有实，是物之居；无名无实，在物之虚。可言可意，言而愈疏。未生不可忌，已死不可徂[⑨]。死生非远也，理不可睹。或之使，莫之为，疑之所假。吾观之本，其往无穷；吾求之末，其来无止[⑩]。无穷无止，言之无也，与物同理；或使莫为，言之本也，与物终始。道不可有，有不可无。道之为名，所假而行。或使莫为，在物一曲，夫胡为于大方⑪？言而足，则终日言而尽道；言而不足，则终日言而尽物。道物之极，言默不足以载；非言非默，议有所极。”

［注释］

① 少知、大（tài 太）公调：庄子虚拟的人物。丘里：乡里。丘，众人聚居之处。里，邻里。 ② 而马系于前者：系，拘缚。自外入者：指道理。按庄子的理解，道理是由外灌输给人的，因称自外入者。主：指主见，即原有的定见。执：偏执。由中出者：也指道理而言。这是从传授者的角度来讲的。有正而不距：正，应作匹。《天运》：“中无主而不止，外无正而不行。”句中正，及此句中正，俞樾均以为乃匹之误。距：通“拒”。 ③ 淳淳：流行的样子。拂：违反，违背。殉：逐。面：向。百材皆度（zhái 宅）：度，居。 ④ 期：限。 ⑤ 相盖相治：盖，一本作害。盖、害古字通。桥起：桥，通“乔”，高，形容显著的样子。庸有：常有。 ⑥ 纪：理出头绪。志：记载。 ⑦ 桥适：马叙伦以为桥即桔槔。不随其所废：随，逐。不原其所起：原，推求，察究。 ⑧ 季真之莫为：季真，战国时稷下学者。莫为即无为，季真认为万物都出于自然，在万物之上没有什么造物主将万物产生出来，庄子把季真的主张归结为“莫为”。接子之或使：接子，也是战国时代的稷下学者。他的主张和季真相反，认为万物是由万物之上的神秘力量产生出来的。庄子把接子的主张归结为“或使”。 ⑨ 精至于无伦：伦，伦绪。未生不可忌：忌，禁。已死不可徂：徂一本作阻。 ⑩ 吾观之本：本，指过去。吾求之末：末，指未来。 ⑪ 在物一曲：曲，局部。大方：大道。

［译文］

少知向大公调请教说：“什么叫做丘里之言？”

大公调说：“所谓丘里，是指聚合许多不同姓名的人而成为一个有着共同风俗习惯的团体，聚集许多不同的东西而成一个实体，一个实体分解了，又可以变成许多不同的东西。现在，如果目光仅仅集中在马体上的个别部分，那就看不到马了。把马牵到面前,人们所看到的是许多个别部分组成完整的马体才把它叫做马的。所以,丘陵大山积累了许多矮的东西才能变得高大,长江黄河汇合了许多支流才能成为大河,大人物兼容并包才能成为最大的公。因此,道理是通过视和听的途径从外面被人们接收到脑海中来的,虽然脑海中原来已有定见,却并不固执;而道理则是由人表达出来的,接受的人心里恰好存在着与这些道理对应的东西,因而不会拒不接受。四季的气候不同,大自然并不把这些当作恩赐,所以形成年岁。各种官职所担负的职务不同,国君并不偏私,所以国家才能得到治理,文治和武功,不是出于大人的赐予,因而才得以齐备。万物各有自己的规律,大自然无所偏袒,所以无法分别立以名称,不去分别立以名称,就无所作为,无所作为也就无所不为。时间有开始也有终结,社会也在不断的变化。人世间的祸福是变动不居的。有了不顺利的一面也就有了顺利的一面,人们在有所追求的时候,总是在向着自己的反面转化,在有所纠正的同时,也就有了差误。好比大泽,各种各样的树木都生长在那里。再看一看大山,树木和石头都在同一个所在。这就是所谓丘里之言。”

少知说:“既然如此,那么把这种言论称为道,可以吗?”

大公调说:“不可以。现在计算一下物的数量,超过了一万,而一定说是万物,这是用多的数目来称呼它的。因此,天和地是形体当中比较大的,阴和阳是气体当中比较大的。而道则为他们所共有,因为它大,这样来称呼它是可以的,已经有了称呼了,怎么可以再去加以比拟呢?如果拿这些进行辩论,这就好像拿狗去比喻马一样,其间的距离就太远了。”

少知说:“天地之间,宇宙之内,万物是怎样产生出来的?”

大公调说:“阴和阳互相照耀,互相侵害,互相统治,四时互相代替,互相产生,互相消灭。欲望、厌恶、离弃,接近也就因此而明显地产生了,雌的和雄的相互结合便形成了常有。平安和危险互相代替,灾祸和幸福互相产生,缓慢和急迫互相摩擦,结合和分散形成了生死。这些东西的名称和实际都是可以找出头绪的,它的精微奥妙也都是可以记载的。四时循环,相互治理,吊杆前后两端的运动互相影响,物极则反,到了终结,开始也就产生了,这是万物所共有的规律。言论的尽头,智慧的顶点,只表现在那可以看到的事物之中罢了。看到大道的人,不去追究那行将消失的东西,也不去考查那正在产生的东西,而把议论停留在这里。”

少知说:“季真主张莫为,接子主张或使,这两家议论,那一家符合于事物的实际,那一家偏离了真理?”

大公调说:“鸡鸣狗叫,是人们所看到的,了解的。即使智慧很高的人也无法对这自然而然的现象说出个所以然来,也无法了解它将要怎么做。按照这个道理加以分析,精微到理不出头绪,粗大到无法围量,它们的运动没有不出之于自然的。主张或使,主张莫为,均不免于为物所蒙蔽而成为祸患。主张或使就过于质实了,主张莫为,就过于虚无了。有名称有实体,而物便是这种名称和实体的所在;没有名称,没有实体,这种虚无才是物之所在。可以用言语来表达,可以用理智去推测,然而越是用言语来表达,离道也就越远。将要产生的无法禁止,已经死亡的无法挽回。死和生的距离不是很远的,事物的道理,是无法看到的。或使的主张,莫为的主张,都是有了疑问的人借用来表达其偏激的议论的。我观察事物的过去,它的过程是没有穷尽的,我观察事物的未来,它的过程也是没有穷尽的。既然没有穷尽,不用言语来表达就和事物之理融合为一了。或使的主张和莫为的主张,其立论的依据,始终没有脱离具体物象的囿蔽。道不可以用‘有’来形容,有不可以用‘无’来形容,道这个名称不过是借来用一用罢了。或使的主张,莫为的主张,其错误在于拘泥于物而偏执一词,怎么能够称之为大道呢?言谈如果能够圆满周遍,那么,终日言谈也能够完全符合于道;然而,实际上言谈是不能够圆满周遍的,因为人们所碰到的都是一些障碍物。道是物的最高境界,言谈和沉默都无法形容道,既不用言谈,也不用沉默,才可以得到道,因为议论总有极致,然而道却是没有极致的。”

外物第二十六

[原文]

外物不可必，故龙逢诛，比干戮，箕子狂，恶来死，桀纣亡①。人主莫不欲其臣之忠，而忠未必信，故伍员流于江，苌弘死于蜀，藏其血三年而化为碧②。人亲莫不欲其子之孝，而孝未必爱，故孝己忧而曾参悲。木与木相摩则然，金与火相守则流③。阴阳错行，则天地大絯，于是乎有雷有霆，水中有火，乃焚大槐④。有甚忧两陷而无所逃，螴蜳不得成，心若悬于天地之间，慰暋沈屯，利害相摩，生火甚多，众人焚和，月固不胜火，于是乎有僓然而道尽⑤。

[注释]

① 外物：指身外之事物。必：肯定；确定。龙逢、比干见《人间世》、《胠箧》篇；箕子，见《大宗师》篇。恶来：蜚廉之子，父子俱为纣王佞臣。

② 伍员：见《胠箧》及《至乐》两篇注。苌弘：见《胠箧》篇注。

③ 孝己：殷高宗的儿子，遭后母折磨，忧苦而死。曾参至孝，但为父母所憎，常常遭到打骂，几临死地，因而悲泣。摩：接触。然：通“燃”。燃烧。金：金属。与火相守：指冶炼。流：流动，形容金属融化状态。

④ 错：交错，错乱。絯（hài 骇，又读 gāi 该）：通“骇”。惊，惊动。水中有火：《经典释文》，引司马云：“水中有火谓电也。”联系上下文实指雷雨时的雷击现象。

⑤ 两陷：指陷于上文所言人道之患或阴阳之患。螴（chén 陈）蜳（dūn 惇）：恐惧而心神不安的样子。慰暋（mín 民）：郁闷。沈（chén 臣）屯（zhūn 谆）：沉重而艰难。屯，艰难。生火甚多：形容内心焦躁不安。众人：指世俗之人。和：指中和之气。月：比喻人的清明心境。火：比喻利害冲突所造成的危害。僓（tuí 颓）：通“隤”。崩坏。道尽：指生机毁灭。道，指生机。

[译文]

身外的事情是无法确定的，所以，龙逢被诛，比干被杀，箕子装疯，恶来身死，桀纣灭亡。君主没有不希望他的臣僚效忠于他的，然而效忠的臣子未必能取信于君主，因此，伍员被杀后，尸体在江中漂流，苌弘自杀于蜀，蜀人将他的血收藏起来，三年后化为碧玉。父母没有不希望儿子孝顺的，然而孝顺的儿子未必能得到父母的喜爱。所以，孝己遭后母折磨，忧苦而死；曾参至孝，但为父母所憎，而悲泣不已。木与木相摩而燃烧，金属放在火中就会融化成铁水而流动。阴阳运行错乱，天地就会产生大的惊动，于是就出现电闪雷鸣，雷电生出火来，就会焚烧大槐树。人们便产生极大的忧虑，陷在人道之患和阴阳之患当中，无法逃避。恐惧和不安使人一事无成，心就像悬在天地之间，郁闷而又焦躁，利害的念头相互冲突，在胸中燃烧着很多的心火，众人因此而将胸中中和之气烧掉了，人们像月亮那样的清明心境是经不起这种心火的燃烧的，于是，人们的精神崩溃了，生机熄灭了。

[原文]

庄周家贫，故往贷粟于监河侯[①]。监河侯曰：“诺。我将得邑金，将贷子三百金，可乎？”庄周忿然作色曰：“周昨来，有中道而呼者。周顾视车辙中，有鲋鱼焉[②]。周问之曰：‘鲋鱼来！子何为者邪？’对曰：‘我，东海之波臣也。君岂有斗升之水而活我哉[③]？’周曰，‘诺。我且南游吴越之王，激西江之水而迎子，可乎？’鲋鱼忿然作色曰：‘吾失我常与，我无所处。吾得斗升之水然活耳，君乃言此，曾不如早索我于枯鱼之肆[④]！’”

任公子为大钩巨缁，五十犗以为饵，蹲乎会稽，投竿东海，旦旦而钓，期年不得鱼[5]。已而大鱼食之，牵巨钩铭，没而下骛，扬而奋鬐；白波若山，海水震荡，声侔鬼神，惮赫千里[6]。任公子得若鱼，离而腊之，自制河以东，苍梧已北，莫不厌若鱼者[7]。已而后世辁才讽说之徒，皆惊而相告也。夫揭竿累，趣灌渎，守鲵鲋，其于得大鱼难矣，饰小说以干县令，其于大达亦远矣，是以未尝闻任氏之风俗，其不可与经于世亦远矣[8]。

儒以诗礼发冢。大儒胪传曰："东方作矣，事之何若[9]？"小儒曰："未解裙襦，口中有珠。""《诗》固有之曰：'青青之麦，生于陵陂。生不布施，死何含珠为[10]！'接其鬓，压其颊，儒以金椎控其颐，徐别其颊[11]，无伤口中珠！"

老莱子之弟子出薪，遇仲尼，反以告[12]，曰："有人于彼，修上而趋下，末偻而后耳，视若营四海，不知其谁氏之子[13]。"老莱子曰："是丘也。召而来。"仲尼至。曰："丘！去汝躬矜与汝容知，斯为君子矣。"仲尼揖而退，蹙然改容而问曰："业可得进乎[14]？"老莱子曰："夫不忍一世之伤而骜万世之患，抑固窭邪，亡其略弗及邪[15]？惠以欢为骜，终身之丑，中民之行进焉耳，相引以名，相结以隐[16]。与其誉尧而非桀，不如两忘而闭其所誉。反无非伤也，动无非邪也[17]。圣人踌躇以兴事，以每成功。奈何哉其载焉终矜尔[18]！"

[注释]

① 贷：借。粟：谷子。监河侯：监理河道之官。《说苑》作魏文侯，成玄英疏从之。庄子魏惠王时人，魏惠王乃魏文侯之孙。魏文侯于公元前445年至公元前396年在位。庄子约生于公元前370年，魏文侯死时而

庄子犹未生，故二人不相值，《说苑》及成疏均误。 ② 邑金：指封邑的租赋。三百金：金，先秦以一镒为一金，货币单位，非指黄金。顾视：转过头来向后看。鲋（fú 付）鱼：鲫鱼。 ③ 波臣：成玄英疏："波浪小臣"，水族中的小官。斗升：一本作"升斗"，误。斗升，极言其少。 ④ 南游吴越之王：《庄子阙误》引张君房本，游下有说字。西江：钟泰说："江曰'西江'者，对东海言，江在西也。成疏云：'西江，蜀江也。'失之矣。"（《庄子发微》上海古籍版631页）可备一说。常与：指水，鱼常与水相处，因称常与。乃：竟。曾：竟，乃。肆：市集贸易的处所。 ⑤ 任：国名。任公子，任国公子。缁（zī 咨）：《经典释文》引司马云："大黑纶也。"即粗长的黑色的绳索。犗（jiè 介）：犍牛，即阉割了的牛。此处泛指牛。会稽：山名，在今浙江省东部。旦旦：天天。期（jī 基）年：一周年。

⑥ 已而：不久。錎（xiàn 陷）：《经典释文》引《字林》："犹陷字也。"即"陷"，陷没。骛（wù 务）：乱驰。下骛，在水下乱跑。扬：昂头。而：高亨先生说："鱼颊毛也。"鬐（qí 其）：指鱼脊。侔（móu 谋）：似；相等。惮（dàn 旦）赫：形容声势之大，令人恐怖。 ⑦ 离：分离。腊（xī 昔）：晾干，制成干鱼。制河：即浙江。制，同"淛"，古浙字。苍梧：山名，在今广东、广西两省交界处。厌：即餍，饱食。 ⑧ 辁（quán 全）才：小才；才识浅薄。讽说：犹道听途说。揭：举。累：小绳，细绳。趣：通"趋"。奔走。灌渎：灌溉用的小沟渠。鲵鲋：小鱼。小说：犹"小言"。浅陋的言论。干：求。县（xuán 悬）令：高名令闻。县，同"悬"。大达：明通大道。风俗：此指关于任公子的传闻。经世：经营处理天下事务。 ⑨ 以：用。发冢（zhǒng）：盗墓。冢，墓。胪（lú 卢）传：从上面传语告诉下面。东方：指太阳。作：起。何若：如何，怎么样。 ⑩ 裙：下裳。青青四句：这四句诗不见于今本《诗经》，当是逸诗。陂（bēi 卑）：山坡。 ⑪ 接：持；握。压：《经典释文》："本亦作擪。"按。颒（huì 会）：颔下须。儒：当作"而"。汝，你。控：打。颐：下巴。颊：面的两旁，此处当指牙床。 ⑫ 老莱子：人名。春秋末年楚国隐士。反：同"返"。 ⑬ 修上：上身长。修，长。趋（cù 促）下：下身短。趋，同"促"，短。末偻（lóu 楼，又读 lü 旅）：背微曲的样子。偻，曲背。后耳：耳贴于脑后，恭谨的样子。营：营谋。四海：指天下。 ⑭ 蹙（cù 促）然：犹蹴然，不安

的样子。业:道业。《经典释文》:“问可行仁义于世乎?” ⑮ 骜(ào 傲):奔驰。一说,《经典释文》:“骜,一本作敖。”敖、傲义通,谓傲然轻于贻祸,亦通。抑:或。固:本来。窭(ju 据):贫乏。亡(wú 无):通“无”。亡其:犹言“还是”。与上文“抑”,相对为文。略:方略;谋略。 ⑯ 惠以欢为骜:倒装句,言以欢为惠。欢,取悦,指取悦于世。谓将取悦于世当作恩惠。骜:通“傲”。中民:善于治理百姓的人。《徐无鬼》:“中民之士荣官。”两篇所说的“中民”,意思相同。隐:私,指私恩。 ⑰ 誉:赞扬,表示肯定。非:责难,表示否定。闭:结束;停止。动:指积极用世。动无非邪,言积极用世,没有不流于邪道的。 ⑱ 踌躇:从容,悠闲自得的样子。以:因。每:每每。载:从事。矜(jīn 今):自以为贤能。

[译文] 庄周家境贫困,因而到监河侯那里借粮食吃。监河侯说:“好吧。我将要获得封邑内的租赋,然后,借给你三百金,可以吗?”庄周生气地面带怒色说:“我昨天来的时候,道路中听到呼叫的声音。我回过头来,看到车辙中有一条鲫鱼在那里。我问它说:‘鲫鱼呀!你为什么呆在这里?’回答说:‘我是东海水臣中的小官。您难道不能取来升斗之水而使我活着吗?’我说:‘好吧。我将要向南方去游说吴国和越国的国王,把西江的水引来迎接你,可以吗?’鲫鱼生气地面带怒色说:‘我失去我经常居住的水域,我没有生活的处所。我只要得到斗升之水就可以活着了,而您却这样说,还不如早早地到市集中买干鱼的店铺中找我呢!’”

任国公子做了一条很大的鱼钩和一根很长的黑色大绳索,用五十头犍牛做钩饵,蹲在会稽山上,把钩竿投向东海,天天在那里钓鱼,整整一年也没有钩到鱼。后来,一条大鱼吃了钓钩上的鱼饵,牵着巨大钓钩陷没在水中,在水下乱游,然后昂起头,奋起脊背,掀起的浪头像山那样高,海水震荡,发出鬼神般的声音,千里之内,人们感到惊恐。任国公子捉到这条鱼,将它分割开来,制成鱼干,从浙河以东,至苍梧山以北,都吃这条鱼,没有不吃得饱饱的。后代那些才智浅陋又好发议论的人,都惊奇地相互传说。拿着短竿细绳,走在小河小沟之间,守候着小鱼,这样,要想捉到大鱼就困难了,修饰着浅陋的言词,妄想猎取很大的名声,这样的人距离通达大道也就太远了。因此,那些不曾了解任国公子风度的人,离开善于管理世间大事也就太远了。

儒生拿着《诗》、《书》盗墓。大儒生向墓下传话说:“太阳快要出来,事情办得怎么样了?”小儒生回答说:“下裳和短袄还没有解开,口中含有珠子。”“《诗》中本来就有这么几句诗:‘青青的麦苗,生长在山坡。活着不施舍周济别人,死后嘴里还含着珠子干什么!’握着死尸的嘴巴,按着嘴巴下面的胡须,你用铁锤敲击它的下巴,慢慢地分开两颊,不要碰伤口中的珠子!”

老莱子的弟子出去打柴,遇见孔子,回来后把这件事情告诉给老莱子,说:“有一个人在那里,上身长而下身短,脊背微曲,耳贴脑后,从目光上看,好像是在考虑如何营救四海之人,不知这位先生的姓氏。”老莱子说:“是孔丘,把他召唤到这里来。”仲尼应召来到面前。老莱子说:“孔丘!去掉你身上那矜持的态度和智者的容貌,这样,你就可以成为君子了。”仲尼作揖而后退下,恭谨地改变了面容,而后问道:“可以在社会上推行仁义吗?”老莱子说:“不忍心看到当今社会受到伤害而设法加以拯救,使后世仿效你在仁义的道路上奔驰,是因为你本来就道德贫乏,还是因谋略赶不上呢?把取悦于世人,当作施惠于人,并以此自傲,以致造成终身的污点,这是那些善于治理百姓的人的做法而已,这些人以名声相招引,以私恩相交结。与其赞扬尧舜而否定夏桀,不如将两者都忘掉而停止对尧舜的赞誉。违反事理没有不造成伤害的,积极用世没有不流于邪道的。圣人从从容容，悠闲自得，而使事业兴盛，而每每得以成功，为什么还要那样积极从事而自以为贤能呢？"

［原文］

宋元君夜半而梦人被发窥阿门①，曰："予自宰路之渊，予为清江使河伯之所，渔者余且得予。"元君觉，使人占之，曰："此神龟也②。"君曰："渔者有余且乎？"左右曰："有。"君曰："令余且会朝。"明日，余且朝。君曰："渔何得？"对曰："且之网得白龟焉，其圆五尺③。"君曰："献若之龟。"龟至，君再欲杀之，再欲活之，心疑，卜之，曰："杀龟以卜吉。"乃刳龟，七十二钻而无遗筴④。仲尼曰："神龟能见梦于元君，而不能避余且之网；知能七十二钻而无遗筴，不能避刳肠之患。如是，则知有所困，神有所不及也⑤。虽有至知，万人谋之。鱼不畏网而畏鹈鹕。去小知而大知明，去善而自善矣。婴儿生无石师而能言，与能言者处也⑥。"

惠子谓庄子曰："子言无用。"庄子曰："知无用而始可与言用矣。夫地非不广且大也，人之所用容足耳⑦。然则厕足而垫之，致黄泉，人尚有用乎⑧？"惠子曰："无用。"庄子曰："然则无用之为用也亦明矣。"

［注释］

① 宋元君：即宋元公，名佐，平公之子。公元前531年至公元前517年在位。被（pī 披）：通"披"，散。阿门：偏门。 ② 宰路：渊名。龟所居之地。予：我。龟自指。清江：江名。河伯：黄河的河神名。详见《秋水》篇。余且（jū 居）：渔夫。《史记·龟策传》作"豫且"。占：指占梦。 ③ 其圆五尺：圆，指圆径。其：阮毓崧说："或作箕圆五尺。"五尺：言其广大。 ④ 刳（kū 枯）：剖开。 ⑤ 见（xiàn 宪）：通"现"，

显现。遗策：失策；失计。知（zhì 智）：通“智”。困：穷尽。⑥ 谋：图谋，计算。鹈（tí 啼）鹕（hú 胡）：水鸟名。栖于水边，捕食鱼类。去：排除。石师：当作硕师。硕师，大师。⑦ 始：方才；然后。天地非不广大也：世德堂本王先谦《庄子集解》本“天”作“夫”，《昭明文选·秋兴赋》注引亦为“夫”。当从。郭庆藩《庄子集释》本作“天”，不从。
⑧ 厕（cè 侧）：置；放。垫：《经典释文》：“丁念反，司马、崔云：下也。本又作堑，七念反，掘也。”致：至。

［译文］

宋元君半夜梦见一个人披头散发在偏门旁边偷看，说：“我是从名叫宰路的深渊中来，我是作为清江的使者到河伯这里来的，打鱼人余且捉到了我。”元君醒来以后，使人占梦，占梦人说：“这是一只神龟。”元君说：“打鱼人中有一个叫做余且的吗？”左右侍臣们回答说：“有这个人。”元君说：“命令余且前来朝见。”第二天，余且来朝。元君说：“你捕到什么？”余且说：“我的渔网捕得一只白龟。这只白龟圆径有五尺。”元君说：“把你这只龟献上来。”龟被送到元君这里，元君一再想杀掉它，又一再想养活它，心中迟疑不决，就令人占卜，卜辞说：“把龟杀掉用以占卜是吉利的。”于是将龟剖开取其甲用来占卜，占卜七十二次，没有一次不灵验的。仲尼说：“神龟能托梦给宋元君，却不能躲避余且的渔网，它的智慧能达到占卜七十二次而无不灵验，却不能躲避挖空肠子的祸患。由此看来，智者的智慧也有穷尽的时候，神灵也有预料不到的地方。智慧即使达到顶点，也敌不过万人的谋算。鱼儿不害怕网，而害怕吃鱼的水鸟。因此，排除小聪明，才能获得大智慧。排除向善之心，合乎自然的善心才能显现出来。婴儿生下之后不需要大师的教导便自然而然地学会说话，这是因为他和会说话的人相处在一起的原故啊。”

惠子对庄子说：“您的言论没有什么用处。”庄子说：

"能够了解什么是无用,而后才可以和他讨论什么叫做有用了。大地不能不说既广且大了,人们所使用的不过是容纳脚那样一小块罢了。如果从他立足之处掘下去,一直掘到黄泉,那么,脚下的那一小块还有用吗?"惠子说:"没有什么用处。"庄子说:"既然如此,那么无用的用处也就很明白了。"

[原文]

庄子曰:"人有能游,且得不游乎?人而不能游,且得游乎?夫流遁之志,决绝之行,噫,其非至知厚德之任与①!覆坠而不反,火驰而不顾,虽相与为君臣,时也,易世而无以相贱。故曰至人不留行焉②。夫尊古而卑今,学者之流也。且以狶韦氏之流观今之世,夫孰能不波?唯至人乃能游于世而不僻,顺人而不失己。彼教不学,承意不彼③。

"目彻为明,耳彻为聪,鼻彻为颤,口彻为甘,心彻为知,知彻为德④。凡道不欲壅,壅则哽,哽而不止则跈,跈则众害生。物之有知者恃息,其不殷,非天之罪⑤。天之穿之,日夜无降,人则顾塞其窦。胞有重阆,心有天游⑥。室无空虚,则妇姑勃谿;心无天游,则六凿相攘。大林丘山之善于人也,亦神者不胜⑦。"

[注释]

① 游:逍遥;优游。自乐之意。流遁,流,到处漂流,居无定所。遁,指隐遁。决绝:弃绝尘世。至知:最高的智慧。知,同"智"。厚德:淳厚的德性。任:趋;就。　② 反:指反悔。火驰:火速;急速。至人:修养最高的人。留行:停止;止步。　③ 狶韦氏:传说中的古代帝王。波:波动。不僻:不逃避。僻,同避。承意不彼:王先谦说:"彼尊古卑今之

教我固不必学之,亦承其意而不必与彼分别也。” ④ 彻:贯通;深透。下同。颤(shān 山):通“膻”,臭味。知(zhì 智):通:“智”。德:通“得”。自得。 ⑤ 壅:封闭;堵塞。哽(gěng 梗):塞。跈(jiàn 见):践踏。息:气息。其不殷:其,表假设。不殷,不盛,一说不正,亦通。 ⑥ 穿:通过,天之穿之,谓自然使气息在体内通过。降:停止。顾:却;反而。窦:孔穴。胞:指腹内。重(chóng 虫):多。阆(làng 浪):空旷的余地。天游:犹天放。谓一任自然。 ⑦ 妇姑:婆媳。妇,媳。姑,婆。勃豀(xī 惜):争吵。六凿:喜、怒、哀、乐、爱、恶六种感情。庄子认为这六种感情对人均有危害,因称六凿。神者不胜:宣颖说:“夫心有天游,则方寸之内逍遥无际,何假消旷之处而后适哉?今人见大林丘山之旷而喜以为善者,亦由于日胸次逼狭,神明不胜故也。”

[译文]

庄子说:“人如果能够优游自乐,处在什么地方不优游自乐呢?人如果不能优游自乐,那么处在什么地方能够优游自乐呢?那种飘泊隐遁的想法,弃绝尘世的行为,唉!这哪里是具有最高智慧,德性淳厚之人所应当趋从的呢?有的人倾覆了颠坠了,还不知道反悔,急急忙忙地向前奔走而不回头,虽然现在相互分别为君臣,这是一时的现象,时代改变了,地位也跟着改变,因而不要互相轻贱。所以说,至人随着自然的流动而流动从不停步。尊崇古代而鄙视当今,这是学者们的思想。况且,拿豨韦氏时代的标准来观察当今的社会,谁的心中不产生波动?只有至人能够做到游处于社会之中而不逃避,顺应众人而不丧失自己的本性,不去学习他们所教的东西,顺承众人的心意而不分彼此。

“眼睛通彻了叫做明,耳朵通彻了叫做聪,鼻子通彻了嗅觉才能灵敏,口中味觉通彻了叫做甘,心灵通彻了叫做智,智慧通彻了叫做德,大凡道是不想被堵塞的,堵塞便不通畅了,堵塞不止就会互相践踏,互相践踏众多灾害就会发生。

万物中有知觉的依靠气息而生存，如果气息不盛，那不是自然的罪过。自然使气息在体内通过，日夜不停，人们却堵塞了气息流通的孔穴。腹内有很多空旷的余地，心灵才能一任自然。房屋中没有空虚的地方，婆媳就会争吵；腹中没有余地使心灵一任自然，那么喜、怒、哀、乐、爱、恶这六种感情相互扰乱，就会对人产生危害。人们认为那森林和山丘的空旷是最好的地方，就是因为心神不能克服体内气息堵塞的缘故。”

［原文］

“德溢乎名，名溢乎暴，谋稽乎諴，知出乎争，柴生乎守，官事果乎众宜①。春雨日时，草木怒生，铫鎒于是乎始修，草木之到植者过半，而不知其然②。

“静然可以补病，眦㧑可以休老，宁可以止遽③。虽然，若是，劳者之务也，非佚者之所未尝过而问焉④。圣人之所以駴天下，神人未尝过而问焉；贤人所以駴世，圣人未尝过而问焉；君子所以駴国，贤人未尝过而问焉；小人所以合时，君子未尝过而问焉⑤。

“演门有亲死者，以善毁爵为官师，其党人毁而死者半⑥。尧与许由天下，许由逃之；汤与务光；务光怒之，纪他闻之，帅弟子而踆于窾水，诸侯吊之，三年，申徒狄因以踣河⑦。荃者所以在鱼，得鱼而忘荃；蹄者所以在兔，得兔而忘蹄；言者所以在意，得意而忘言。吾安得夫忘言之人而与之言哉⑧！”

［注释］

① 溢：过度。暴：损害。稽：及；至。諴（xián 贤）：急。柴：通“寨”。

即柴栅，防守用的栅栏、篱障。果：成功。众宜：众人感到适宜。 ② 日：王先谦说："日疑曰之误。"铫（yáo 姚）：大锄。鎒（nòu）：同"耨"，除草农具。铫鎒，泛指农具。到植：更生。到，倒；植，生。 ③ 眦（zì 自）搣（miè 灭）：闭目按摩养神。眥，目眶，此指目。搣，按摩。遽：仓促。 ④ 佚（yì 义）：通"逸"。王先谦说："非字当衍。"马叙伦说："案郭注曰：'若是，犹有劳，故佚者超然不顾。'是郭本当无非字。" ⑤ 駴（xiè 谢）：通"骇"，惊骇。 ⑥ 演门：《经典释文》："宋城门名。"成玄英疏："演门，东门也。"亲：父母。善：指出自内心的孝心。毁：指形体消瘦。爵：爵位。官师：官名。党人：指乡党、乡里。 ⑦ 许由：见《逍遥游》第二段注①。务光：见《大宗师》第一段注⑫。纪他：见《大宗师》第一段注⑫。踆（cūn 村，又读 cún 存）：通"蹲"，聚集。窾（kuǎn 款）水：水名。申徒狄：见《大宗师》第一段注⑫。踣（bó 博）河：谓投河自尽。踣，扑倒。 ⑧ 荃（quán 全）：通"筌"。捕鱼工具。在：善于；擅于。蹄：捕兔的工具，兔网。

［译文］

"德性过于外露，是为了求名，求名过于心切，就会引起伤害，计谋的产生是因为遇到急难，智谋产生于争斗，设立栅栏篱障是为了防守。官事的成功是因为众人感到适宜。春雨按照时节降了下来，草木就会茂盛地生长。农具根据需要开始修理，半数的杂草锄掉了又生长起来，人们不知道为什么会这样。

"宁静可以补救生病的身体，闭目按摩养神可以防止衰老，心神安定可以从容不迫。虽然如此，是为延年益寿而操劳的人所做的事情，闲逸的人是不会过问这些事情的。圣人以自己的方式惊动天下，神人是不会过问的；贤人以自己的方式惊动社会，圣人是不会过问的；君子以自己的方式惊动全国，贤人是不会过问的；小人以自己的方式迎合时尚，君子是不会过问的。

"宋国国都东门有一个死掉父母的人，由于过分哀伤而形体消瘦,国君表彰他的孝行,赐予官爵封为官师。他的乡邻们都仿效他,在守丧期间毁伤自己的形体,因此而死掉的人有一半。尧要把天下让给许由,许由逃走了;商汤要把天下让给务光,务光对此感到愤怒,纪他听说这件事,率领弟子聚集在窾水之滨,诸侯都来慰问他们,三年之后,申徒狄因为羡慕务光和纪他,便投河自尽了。竹笼是用作捕鱼的工具,捕到鱼便忘记了捕鱼的工具;蹄是捕兔的工具,捕到兔子便忘记了捕兔的工具;言语是表达思想的工具,掌握了思想,便忘记了言语,我到哪里才能找到一位忘掉言语的人而和他谈论呢?”

寓言第二十七

［原文］

寓言十九，重言十七，卮言日出，和以天倪①。寓言十九，藉外论之。亲父不为其子媒。亲父誉之，不若非其父者也；非吾罪也，人之罪也②。与己同则应，不与己同则反；同于己为是之，异于己为非之。重言十七，所以已言也，是为耆艾③。年先矣，而无经纬本末以期年耆者，是非先也。人而无以先人，无人道也；人而无人道，是之谓陈人。卮言日出，和以天倪，因以曼衍，所以穷年④。

不言则齐，齐与言不齐，言与齐不齐也，故曰无言。言无言，终身言，未尝不言；终身不言，未尝不言⑤。有自也而可，有自也而不可；有自也而然，有自也而不然。恶乎然？然于然。恶乎不然？不然于不然。恶乎可？可于可。恶乎不可？不可于不可。物固有所然，物固有所可，无物不然，无物不可⑥。非卮言日出，和以天倪，孰得其久！万物皆种也，以不同形相禅，始卒若环，莫得其伦⑦，是谓天均。天均者天倪也。

庄子谓惠子曰："孔子行年六十而六十化，始时所是，卒而非之，未知今之所谓是之非五十九非也。"惠子曰："孔子勤志服知也⑧。"庄子曰："孔子谢之矣，而其未之尝言。孔子云：'夫受才乎大本，复灵以生⑨。'鸣而当律，言而当法。利义陈乎前，而好恶是非直服人之口而已矣⑩。使人乃以心服，而不敢蘁立，定天下之定。已乎已乎！吾且不得及彼乎⑪！”

［注释］

① 寓言：寄托寓意之言。重（chóng 虫）言：重述长者的言论。卮（zhī 支）言：俯仰随人的无心之言。寓言、重言、卮言是庄子表达思想的三种方式，三者之间是交互错综的，寓言中有重言，重言中有寓言。这三种表达方式与庄子思想体系密切相关，应当紧密联系庄子的哲学思想才能准确理解这三种表达方式。天倪：自然的分际；自然的差别。 ② 藉：借。郭象注：“言出于己，俗多不受，故借外耳。肩吾、连叔之类，皆所借者也。”媒：介绍婚姻。成玄英疏：“父谈其子，人多不信，别人誉之，信者多矣。”非吾罪也：成玄英疏：“吾，父也。非父谈子不实，而听者妄起嫌疑，致不信之过也。” ③ 所以已言也：已，古纪字，《广雅·释诂》：“纪，识也。”纪、记通用。已言即记言。（采高亨先生说）耆（qí 其）艾：泛指老年人。古时称六十岁为耆，五十岁为艾。 ④ 年先：年老，年老居先。经纬本末：指治理国家的本领。本，古指农事。末，古指商业。期：合。年耆：年老。是非先也：先，与上文年先义同。陈人：老朽。郭象注：陈久之人。曼衍：发展变化。穷：尽。 ⑤ 这一段话所发挥的是《齐物论》的意旨，可参照《齐物论》关于“言”的论析去理解。⑥“恶乎然”以下转引自《齐物论》第三段，可参照，不重注。 ⑦ 种：物种。以不同形相禅：庄子认为万物皆产生于气，气聚则生，气散则死。万物的形体虽不同，而其根源则一，万物的生灭只是以不同的形状相互代替，所以说以不同形相禅。禅，替代。伦：道理；端绪。 ⑧ 行年六十而六十化：化，变化。是：肯定。非，否定。勤志：按照心意奋勉行事。服知：用心学道。服，用。知，指道。 ⑨ 大本：指自然。复灵以生：恢复其灵性而生存。 ⑩ 当（dàng 荡）律：符合韵律。陈：陈列。直：只。 ⑪ 蘁（wù 误）：违逆。

［译文］

寄托寓意的言论占十分之九，重述长者的言论占十分之七，无心的言论天天层出不穷，并且和自然的分际相吻合。占十分之九的寄托寓意的言论是借重外人所作的议论。父亲不为儿子做媒,因为父亲对儿子的称赞,赶不上不是做父亲的人的称赞,这不是做父亲的过错,而是别人的过错。和自己相同的人就顺应,和自己不同的人就反对;和自己相同的就肯定他,和自己不同的就否定他。重述长者的言论占十分之七,这是经过记载的言论,是年长之人所发表的言论。年纪高迈了,然而治理国家的本领却不能跟高迈的年辈相符合,就不能算是长辈之人。年长之人没有什么超出别人的地方,就失去了为人之道,这样的人既然失去了为人之道,只能把他称作老朽。无心之言天天层出不穷,跟自然的分际相吻合,和发展变化相顺应,以此享尽天年。

不发表议论就能保持齐一,齐一和议论是不能保持一致的,既然议论和齐一不能保持一致,所以说不要发表议论。言论不能完全表达事物的整体,不如不发表议论。一辈子发表议论,其实和不曾发表议论没有什么分别;一辈子不发表议论,未尝不是发表言论。由于有了自己,也就有了可以肯定的东西,由于有了自己,也就有了可以否定的东西;由于有了自己因而才成为这样,由于有了自己因而才成为不是这样。怎样才算是对的呢?对的就是对的。怎样才算是不对的呢?不对的就是不对的。怎样去肯定?对可以肯定的东西就肯定。怎样去否定?对于应该否定的就否定。万物本来就有可以肯定的地方,万物本来就有对的地方,没有什么东西是不对的,没有什么东西是不可以肯定的。如果不是无心之言天天层出不穷,和自然的分际相吻合,怎么能够使它长久流传!万物都是物种,以不同的形体互相代替,开始和结束好像圆环一样,人们找不出其间的道理或端绪,这就叫做自然均平,自然均平就是自然的分际或自然的差别。

庄子对惠子说:“孔子经历了六十年,就有了六十次变化,开始时所肯定的，结束时就否定它，不知道今天所肯定的是不是五十九年所否定的。”惠子说：“孔子按照自己的心意奋勉行事，用心学道。”庄子说：“孔子已经改变态度了，然而他本人却不曾说过。孔子说：‘才智是从自然那里接受来的，应当恢复自然的性灵以度过一生。’因而，他发出声音符合韵律，说出话来符合准则。如果把利害的义理摆在人们面前，便生出了好恶是非，这样，只能服人之口而已。如果使人心服，而不敢违背，这样才足以立定使天下人遵从的定则。罢了罢了，我是赶不上孔子了！”

［原文］

曾子再仕而心再化，曰：“吾及亲仕，三釜而心乐；后仕，三千钟而不洎，吾心悲①。”弟子问于仲尼曰：“若参者，可谓无所县其罪乎？”曰：“既已县矣。夫无所县者，可以有哀乎②？彼视三釜三千钟，如观雀蚊虻相过乎前也。”

颜成子游谓东郭子綦曰：“自吾闻子之言，一年而野，二年而从，三年而通，四年而物，五年而来，六年而鬼入，七年而天成，八年而不知死，不知生，九年而大妙③。

生有为，死也。劝公，以其死也，有自也；而生阳也，无自也④。而果然乎？恶乎其所适？恶乎其所不适？天有历数，地有人据，吾恶乎求之？莫知其所终，若之何其无命也？莫知其所始，若之何其有命也？有以相应也⑤，若之何其无鬼邪？无以相应也，若之何其有鬼邪？”

［注释］

① 曾子：曾参，孔子弟子，以至孝著称。仕：做官。化：变化。亲仕：指父母在时出仕。釜（fǔ 甫）：古制以六斗四升为一釜。后仕：指父母死

后而仕。钟：古制以六斛(hú 胡，十斗)四斗为一钟。洎(jì 季)：及。不洎，不及养亲。 ② 县(xuán 玄)：同“悬”。系属；联结。 ③ 野：质朴。从：顺随，指顺随世俗。通：通达。物：郭象注：“与物同也。”来：成玄英疏：“为众归也。”指众人前来归依。鬼入：郭象注：“外形骸也。”成玄英疏：“神会理物。”按：庄子并无鬼神观念，郭注成疏虽有区别，大体上是按庄子学说来注解的。今人钟泰说：“‘鬼入，鬼之为言归也。’(《尔雅·释训》文)《易·系辞传》所谓‘退藏于密’，老子所谓‘归根复命’，本书《缮性篇》所谓‘反一无迹，深根宁极’也。”(《庄子发微》上海古籍版659页)其说亦可取。这段话说的是修养的过程以及过程中各个阶段所达到的境界。天成：谓与自然相吻合。大妙：成玄英疏：“妙，精微也。……理穷众妙，知照弘博，故称大也。”这是庄子所说的修养过程中的最高境界。 ④ 劝公：劝人大公无私。有自、无自之自，均指自己而言，庄子认为从始初角度来讲，并不存在“自己”，庄子认为，“自己”都是气的寓形，因而庄子主张“无己”，这里所表达的正是这一思想，这一思想在《知北游》中表达得最充分，可以参照。 ⑤ 应：感应；感召。

[译文]

曾子第二次做官时，思想上又发生了一次变化，说：“我在父母活着的时候做官，虽然俸禄只有三釜米，心中却很快乐；后来父母死了再次做官，俸禄多达三千钟然而却赶不上奉养父母，心里感到悲伤。”弟子请教仲尼说：“像曾参这样，可以说是不曾有把心系在俸禄上的过错了吧？”仲尼回答说：“曾参已经把心系在俸禄上面了。假如没有把心系在俸禄上面，会有悲哀吗？那些心无所系的人，把三釜或三千钟俸禄，看作如同鸟雀蚊虻从眼前飞过一样。”

颜成子游对东郭子綦说：“自从我听了先生的教导，一年就变得质朴，两年就变得随和，三年就变得通达，四年就变得跟外物混同，五年众人都前来归附，六年就归根复命，七年便和自然相吻合，八年就不知道什么叫做生什么叫做死，九年就达到了精微而博大的最高境界。

活着有所作为，就会因此而死去，应当劝导人大公无私，他的死是因为心中有个自己；然而人是从阳气中产生出来的根本就没有自己。你果真能认识这个道理吗？什么地方对你适宜？什么地方对你不适宜？天有自然的变化，地是人们据有的住所，我还要去追求什么呢？不知道什么地方是终结，怎么能够说没有命运呢？不知道什么地方是开始，怎么能够说有命运呢？存在着感应现象，怎么能够说没有鬼呢？并不存在感应现象，怎么能够说是有鬼呢？”

［原文］

众罔两问于景曰：“若向也俯而今也仰，向也括而今也被发，向也坐而今也起，向也行而今也止，何也[①]？”景曰：“搜搜也，奚稍问也？予有而不知其所以。予，蜩甲也，蛇蜕也，似之而非也[②]。火与日，吾屯也；阴与夜，吾代也。彼吾所以有待邪？而况乎以有待者乎！彼来则我与之来，彼往则我与之往，彼强阳则我与之强阳。强阳者又何以有问乎[③]！”

阳子居南之沛，老聃西游于秦，邀于郊，至于梁，而遇老子[④]。老子中道仰天而叹曰：“始以汝为可教，今不可也。”阳子居不答。至舍，进盥漱巾栉，脱屦户外，膝行而前曰：“向者弟子欲请夫子，夫子行不闲，是以不敢。今闲矣，请问其过。”老子曰：“而睢睢盱盱，而谁与居？大白若辱，盛德若不足[⑤]。”阳子居蹴然变容曰：“敬闻命矣！”其往也，舍者迎将其家，公执席，妻执巾栉，舍者避席，炀者避灶。其反也，舍者与之争席矣[⑥]。

［注释］　① 罔两：影子的影子。景（yǐng 影）：同“影”。影子。若：你。向：刚才。括：束札。被（pī 披）发：头发散开。被，通“披”。　② 搜搜：成玄英疏：“无心运动之貌也。”搜，赵谏议本作叟。奚：何。稍：率尔；贸然。所以：为什么。蜩甲：即蝉蜕。蜩，蝉。蛇蜕：蛇皮。　③ 屯（tún 豚）：屯聚。代：更替。有待：有所凭借。强阳：即相羊。犹徘徊。④ 阳子居：人名。即阳朱，字子居。先秦时代的哲学家。早于庄子。之：往。沛：彭城，在今徐州市。邀：约。梁：汴州，今开封市。　⑤ 盥（guàn 贯）：洗手器。巾栉（zhì 治）：泛指梳洗用品。屦（jù 具）：麻、葛等制成的单底鞋。睢睢（suí 虽）盱盱（xū 虚）：跋扈的样子；傲视的样子。大白若辱，盛德若不足：引自《老子·四十一章》。辱，宋范应元本作“黣”，黑。一说黣有污垢意。盛，《老子》原本作“广”。　⑥ 蹴（cù 蹙）然：惭愧的样子。舍：旅馆。公：旅馆男主人。舍者：旅馆客人。炀（yàng 样）者：取暖的人。

［译文］　众多影子的影子问影子说：“你刚才低着头，而现在却仰起头，刚才你束札着头发，现在却散披着头发，刚才你坐着，现在却站起来，刚才你在行走，而现在却停下来，这是什么原故呢？”影子回答说：“我这是无心的行动，你为什么这样贸然地提问呢？我虽然有这些行动却不了解为什么会产生这些行动。我是蝉蜕，是蛇皮，似乎是这些东西，而其实又不是这些东西。火光和太阳，使我聚集成形而显现出来，阴暗和夜晚，我变更为无形无影而隐匿。那些有形之物是我得以显现的凭借吗？何况有形之物不也是有所凭借的吗？他们出现了我就随着他们的出现而出现。他们消失了我就随着他们的消失而消失，他们在徘徊不定，我就随着他们的徘徊不定而徘徊不定。那些徘徊不定的东西，是自然使他们这样的，又有什么原因可问呢？”

阳子居向南到沛地去，老聃西行到秦国去，两人相约在郊野会见,到了梁地,阳子居遇见了老子。老子在道中仰首向天叹息着说:“开始我以为你还可以教育,现在看来你无法教育。”阳子居没有回答。到了旅馆,阳子居捧着梳洗用的东西,把鞋子脱在门外,跪在地上膝行到老子面前,说:“刚才弟子想着请教先生,先生正在行走没有闲空,因此不敢请教。现在有了空闲,请问我的过错在什么地方?”老子说:“你那种跋扈的傲视一切的态度,谁还敢跟你在一起居住?非常廉洁的人,总感觉身上好像还有污点,德行非常高尚的人,常常感到身上好像还有不足之处。”阳子居惭愧地改变面容说:“恭敬地听取教诲了!”阳子居开始来到旅馆的时候,旅馆的客人迎接他来到旅馆,旅馆的男主人为他安排席位,妻子亲自送来梳洗用具,旅馆的客人都向他让坐,取暖的人主动离开炉火让出位子。在接受老子的教诲回来的时候,旅馆的客人们便和他争席而坐不分彼此了。

让王第二十八

［原文］

尧以天下让许由，许由不受。又让于子州支父，子州支父曰："以我为天子，犹之可也。虽然，我适有幽忧之病，方且治之，未暇治天下也①。"夫天下至重也，而不以害其生，又况他物乎！唯无以天下为者，可以托天下也。

舜让天下于子州支伯。子州支伯曰："予适有幽忧之病，方且治之，未暇治天下也。"故天下大器也，而不以易生，此有道者之所以异乎俗者也②。

舜以天下让善卷，善卷曰："余立于宇宙之中，冬日衣皮毛，夏日衣葛絺；春耕种，形足以劳动；秋收敛，身足以休食；日出而作，日入而息，逍遥于天地之间而心意自得③。吾何以天下为哉！悲夫，子之不知余也！"遂不受。于是去而入深山，莫知其处。

舜以天下让其友石户之农，石户之农曰："捲捲乎后之为人，葆力之士也！"以舜之德为未至也，于是夫负妻戴，携子以入于海，终身不反也④。

［注释］

① 子州支父：人名。姓子名州字支父。传说为古代怀道之人。与下文子州支伯可能同属一人。犹之可也：犹之，仍然。适：恰，正。幽忧：形容其病深固。方且：将要。　② 大器：重要而可贵之事，指帝位。　③ 善卷：人名。古时隐者。《吕览·下贤篇》作卷绻。葛絺（chī 痴）：细葛布。　④ 石户：地名。捲捲（quán 权）：用力的样子。后之为人：后，自指。葆（bǎo 保）：通"宝"，珍贵，此处指珍视。夫负妻戴：戴，用头顶着。古人荷物，多用头顶，现在朝鲜族仍有此遗俗。终身不

反：反，通“返”。

［译文］

尧把天下让给许由，许由不接受。又让给子州支父，子州支父说：“让我做天子，虽然是可以的，但我恰好患有重病，正要治疗，没有工夫来治理天下。”统治天下，这种地位是最高的，而不以获得这种地位来伤害自己的生命，何况是其他的事情呢！只有不把统治天下当作一回事的人，才可以委托他来治理天下。

舜把天下让给子州支伯，子州支伯说：“我恰好患有重病，正要治疗，没有工夫来治理天下。”所以统治天下的权力虽然最大，然而却不以生命作代价去换取这种权力，这是得道的人和世俗不同之处。

舜把天下让给善卷，善卷说：“我站在宇宙之中，冬天穿着皮制的衣服，夏天穿着细葛布制的衣服。春天耕田播种，身体还能够负担起这样的劳动；秋天收获来的粮食，还足以养活我的身体。太阳出来了，我开始劳作；太阳落山了，我得以休息，自由自在地生活在天地之间，心情悠然自得，我何必去治理天下呢？可悲啊，先生您是不了解我的！”便没有接受舜所让的天下，于是离开舜进入深山之中，谁也不知道他的住处。

舜把天下让给石户的农民，石户的农民说：“我是辛勤劳苦的人，珍重自己力气的人。”以为舜的德行还没有达到最高的境界，于是丈夫背着东西，妻子用头顶着东西，携带着子女逃入大海之中，一辈子不再回来。

［原文］

大王亶父居邠，狄人攻之①；事之以皮帛而不受，事之以犬马而不受，事之以珠玉而不受，狄人之所求者土地也。大王亶父曰：“与人之兄居而杀其弟，与人之父居而杀其子，吾不忍也。子皆勉居矣！为吾臣与为狄人臣奚以异！且吾闻之，不以所用养害所养。”因杖筴而去之。民相连而从之，遂成国于岐山之下，夫大王亶父，可谓能尊生矣。能尊生者，虽富贵不以养伤身，虽贫贱不以利累形。今世之人居高官尊爵者，皆重失之，见利轻亡其身，岂不惑哉②！

越人三世弑其君，王子搜患之，逃乎丹穴③。而越国无君，求王子搜不得，从之丹穴。王子搜不肯出，越人薰之以艾。乘以王舆。王子搜援绥登车④，仰天而呼曰：“君乎君乎！独不可以舍我乎！”王子搜非恶为君也，恶为君之患也。若王子搜者，可谓不以国伤生矣，此固越人之所欲得为君也。

［注释］

①亶父：王季的父亲，周文王的祖父，为周王朝的奠基人之一。邠(bīn 宾)：地名。在今陕西省彬县和旬邑县境内。狄人：当时西方少数民族，古时又称猃狁。　②杖筴：倒装，犹策杖、拄杖。岐山：今陕西省岐山县境内，周王朝的发祥地。惑：迷惑糊涂。　③王子搜：搜，《淮南子》作翳。据《史记索隐》以搜为翳之子无颛。据《竹书纪年》记载，翳被他的儿子杀死，越人又杀掉他的儿子，立无余，后无余又被杀。据此，王子搜，可能是无颛的异名。丹穴：南山洞。　④王舆：赵谏议本王作玉。玉舆，也称玉辂，国王所乘之车。援：引。绥：车上绳索。

［译文］

太王亶父原来居住在邠地，狄人前来侵犯，把贵重的皮料和丝织品拿来献给狄人，狄人不接受。把狗和马拿来献给狄人，狄人不接受。把贵重的珠玉拿来献给狄人，狄人仍然不接受。狄人所要求的是占有亶父的领土。太王亶父说：“和人家的兄长住在一起而杀掉他的弟弟，和人家的父亲住在一起而杀掉他的儿子，我不忍心这样做，你们住在这里努力从事生产罢！做我的臣民和做狄人的臣民没有什么区别，况且，我听说过，不应该因为养生的东西危害所要养的生命。”因而拄着杖离开邠地。人民接连不断地跟着他，于是便在岐山之下建立了新的国家。像太王亶父可以说是看重生命的人了。能看重生命的人，虽然处在富贵之中也不会用养生的东西来伤害身体；虽然处在贫贱之中也不因为争利而来伤害身体。现在，那些做大官地位高的人都做不到这一点，看到了一点利益，便轻易地为这点利益去牺牲自己的生命，这不是很糊涂的吗？

越人三代杀掉了自己的君主，国王的儿子搜，对此非常忧虑，逃到南山洞中。越国没有国君，寻找国王的儿子搜没有找到，一直找到南山洞中。搜不肯出来，越人用艾草薰山洞。搜出洞后，越人用国王坐的车子让搜乘坐，搜握住车上的绳子登上了车，仰首向天呼号说：“国君国君，难道不可以丢掉我不让我当国君吗！”国王的儿子搜，并不是讨厌当国王，而是讨厌做国王招来的祸患。像搜可以说是不因为争当国王而丧失自己的性命了，而这正是越人想要得到的国王！

［原文］

韩魏相与争侵地。子华子见昭僖侯，昭僖侯有忧色。子华子曰：“今使天下书铭于君之前，书之言曰：‘左手攫之则右手废，右手攫之则左手废，然而攫之者必有天下。’君能攫之乎[①]？”昭僖侯曰：“寡人不攫也。”子华子曰：“甚善！自是观之，两臂重于天下也，身亦重于两臂。韩之轻于天下亦远矣，今之所争者，其轻于韩又远。君固愁身伤生以忧戚不得也！”

僖侯曰：“善哉！教寡人者众矣，未尝得闻此言也。”子华子可谓知轻重矣。

鲁君闻颜阖得道之人也，使人以币先焉。颜阖守陋闾，苴布之衣而自饭牛[②]。鲁君之使者至，颜阖自对之。使者曰：“此颜阖之家与？”颜阖对曰：“此阖之家也。”使者致币，颜阖对曰：“恐听者谬而遗使者罪，不若审之。”使者还，反审之，复来求之，则不得已[③]。故若颜阖者，真恶富贵也。

故曰：道之真以治身，其绪余以为国家，其土苴以治天下[④]。由此观之，帝王之功，圣人之余事也，非所以完身养生也。今世俗之君子，多危身弃生以殉物，岂不悲哉！凡圣人之动作也，必察其所以之与其所以为。今且有人于此，以随侯之珠弹千仞之雀，世必笑之，是何也[⑤]？则其所用者重而所要者轻也。夫生者，岂特随侯之重哉！

［注释］

① 子华子：华子，道家学派的学者，《吕氏春秋》的《贵生篇》、《诬徒篇》都曾称引过华子的言论。华子之上冠以子，表示尊敬。昭僖侯，韩国国君。俞樾说，韩有昭侯，有僖王，无昭僖侯。称谓可能有误。铭于君之前：铭，书记。攫（jué 决）：取。废：指斩去。　② 鲁君：鲁哀公，一说定公。颜阖：鲁国的隐者。币：帛，礼物。苴（jū 居）布：粗麻布。苴，结子的麻。　③ 遗（wèi 喂）使者罪：遗，给予。不若审之：审，详查，细究。不得已：已，同“矣”。　④ 绪余：剩余。土苴（zhǎ 眨）：喻指糟粕。土，粪土；苴，草。　⑤ 弃生以殉物：殉，逐。随侯之珠：古代传说中的明珠。《淮南子·览冥训》高诱注：“随侯，汉东之国，姬姓诸侯也。随侯见大蛇伤断，以药傅之。后蛇于江中衔大珠以报之，因曰随侯之珠，盖明月珠也。”

［译文］

韩国和魏国互相侵夺土地。子华子拜见昭僖侯，昭僖侯面部表现出忧愁的样子。子华子说：“现在，假使天下是块铭牌，摆在你的面前，铭牌上写着：‘用左手来取这块铭牌的，就把他的右手砍掉，用右手来取这块铭牌的，就把他的左手砍掉，但是，只要砍掉了膀臂，就一定让他来统治天下。’你能够拿这块铭牌吗？”昭僖侯回答说：“我不去拿它。”子华子说：“很好！从这一点看来，人的两臂比天下还重要，而整个身体又比两臂重要。韩国的重要性比天下轻多了，现在所要争夺的东西比起整个韩国来又轻得多，你何必用愁苦来伤害自己的身体，而忧虑得不到那侵夺的土地呢？”

僖侯说：“好啊！开导我的人很多了，但是，我从来不曾听到过这样的言论。”子华子可以说是了解轻重的人了。

鲁国国君听说颜阖是得道的人，派人拿着礼物送给他。颜阖住在简陋的住所，穿着粗布衣服亲自在喂牛。鲁国国君的使者到了那里，颜阖来接待他。使者问道；“这是颜阖的家吗？”颜阖回答说：“这是颜阖的家。”使者把带来的礼物交给他，颜阖说：“恐怕您听错了，给您造成过错，不如回去问清楚再说。”使者拿着礼物回去，打听清楚，再回来找颜阖时，便找不到了。所以说像颜阖这样的人，才真是讨厌富贵的人。

因此说，道的精华部分可以用来修身，其余部分可以用来治理国家，糟粕部分可以用来治理天下。从这里来看，帝王的功业，在圣人看来则是多余的事情，不能用来颐养身体及生命。现在，世俗的君子多是危害身体、抛弃生命而追逐外物，这不是很令人悲哀的吗！凡是圣人的作为，一定要察看它是不是合乎道理，以及他为什么要这样做。现在，有这样一个人，用随侯之珠作弹丸去打那飞得很高的鸟雀，社会上的人一定要笑话他，这是什么原故呢？这是因为他所使用的是非常贵重的东西，而所要获得的却是非常轻贱的东西。像生命的重要，随侯之珠怎么能够赶得上呢！

［原文］

子列子穷，容貌有饥色。客有言之于郑子阳者曰："列御寇，盖有道之士也，居君之国而穷，君无乃为不好士乎？"郑子阳即令官遗之粟。子列子见使者，再拜而辞①。

使者去，子列子入，其妻望之而拊心曰②："妾闻为有道者之妻子，皆得佚乐，今有饥色。君过而遗先生食，先生不受，岂不命邪！"

子列子笑谓之曰："君非自知我也。以人之言而遗我粟，至其罪我也又且以人之言，此吾所以不受也。"其卒，民果作难而杀子阳③。

楚昭王失国，屠羊说走而从于昭王④。昭王反国，将赏从者，及屠羊说。屠羊说曰："大王失国，说失屠羊；大王反国，说亦反屠羊。臣之爵禄已复矣，又何赏之有！"

王曰："强之！"屠羊说曰："大王失国，非臣之罪，故不敢伏其诛；大王反国，非臣之功，故不敢当其赏。"王曰："见之！"屠羊说曰："楚国之法，必有重赏大功而后得见，今臣之知不足以存国而勇不足以死寇。吴军入郢，说畏难而避寇，非故随大王也。今大王欲废法毁约而见说，此非臣之所以闻于天下也。"

王谓司马子綦说："屠羊说居处卑贱而陈义甚高，子綦为我延之以三旌之位⑤。"

屠羊说曰："夫三旌之位，吾知其贵于屠羊之肆也；万钟之禄，吾知其富于屠羊之利也；然岂可以贪爵禄而使吾君有妄施之名乎！说不敢当，愿复反吾屠羊之肆⑥。”遂不受也。

[注释] ① 子列子：即列御寇。子阳：人名。官居郑国之相。遗（wèi 位）之粟：遗，赠与。辞：推辞不接受。 ② 拊（fǔ 府）：拍。 ③ 民果作难而杀子阳：据《吕氏春秋·适威篇》及《淮南子·氾论训》记载，子阳执法严酷，结怨甚多，其左右有人误折子阳之弓，恐得罪，借国人追逐疯狗的机会杀掉了子阳。《史记·郑世家》记载，繻公二十五年，郑君杀其相子阳。与《吕览》、《淮南》记载不同。 ④ 楚昭王失国：昭王名轸，楚平王之子。平王时，伍奢谏正平王，平王怒杀奢及其长子尚，次子员（伍子胥）逃奔吴国，至吴王阖闾时，请兵伐楚，遂破楚入郢而雪父兄之仇。昭王逃奔随，后又逃奔郑。失国事即指此。屠羊说（yuè 悦）：人名。以屠羊为业。 ⑤ 司马子綦：人名，官居司马，故名司马子綦。子綦为我：俞樾以为当称子，不当称子綦，綦字是衍文。三旌（jīng 京）：司马本作“三珪”，言诸侯三卿皆执珪。 ⑥ 万钟之禄：钟，古代量器名，六斛四斗为一钟，万钟指优厚的俸禄。屠羊之肆：肆，集市。

[译文] 列子生活贫困，面部带有饥饿的颜色。一位客人对郑国的相子阳说：“列御寇是一位有道之人，住在你的国家里过着贫困的生活，难道说你不喜好贤士吗？”子阳便派遣官吏赠送粮食给列子，列子见到使者后，一再表示感谢但拒绝接受赠送的粮食。

使者走了，列子走进家内，妻子望着他拍着胸口说：“我听说做有道人的妻子，都可以得到安逸和快乐，现在，却面带饥色，郑国的相派人来送给先生食物，先生却不接受，这不是命吗？”

列子笑着对妻子说：“你对我并不了解！因为听信别人的话而送给我粮食，以后也会因为听信别人的话而加罪于我的，这就是我不接受的理由。”后来，人民果然发难而杀掉了子阳。

楚昭王丧失了王位，屠羊说跟着昭王奔走四方。后来昭王回国又夺得了王位，将要赏赐随从逃亡的人，轮到了屠羊说。屠羊说说：“大王丧失了国王的地位，我失去了屠羊的职业；现在，大王返国恢复了王位，我也返国恢复了屠羊的职业。我的职业和俸禄已经恢复了，又何必再行赏赐！”

王说：“那么，就接见他罢。”屠羊说说：“根据楚国的制度，一定是给建立大功的人以重大赏赐然后才能得到接见。现在，我的智慧不足以保卫国家而我的勇力又不足以杀死敌寇。当吴国的军队进入郢都，我畏惧艰难而躲避敌寇，不是我一定要跟随大王。现在大王想要废除过去的制度而接见我，普天之下，我没有听说过这样的做法。”

楚昭王对大司马子綦说：“屠羊说居于低位而陈述的道理却那样高，你替我把他请来，让他担任三公的职位。”

屠羊说说：“这三公的地位，我知道它比在集市中宰羊人的地位高贵得多了；这万钟的俸禄比宰羊所得的利息厚得多了；然而，我怎么能够贪图高官厚禄，而让我们的国王蒙受妄施的恶名呢！我实在不敢当，希望让我回到集市之中恢复我宰羊的职位！”终于没有接受。

［原文］

原宪居鲁，环堵之室，茨以生草；蓬户不完，桑以为枢①；而瓮牖二室，褐以为塞；上漏下湿，匡坐而弦②。

子贡乘大马，中绀而表素，轩车不容巷，往见原宪③。原宪华冠縰履，杖藜而应门。子贡曰：“嘻！先生何病？”原宪应之曰：“宪闻之，无财谓之贫，学而不能行谓之病。今宪贫也，非病也。”子贡逡巡而有愧色④。

原宪笑曰：“夫希世而行，比周而友，学以为人，教以为己，仁义之慝，舆马之饰，宪不忍为也[⑤]。”

曾子居卫，缊袍无表，颜色肿哙，手足胼胝[⑥]。三日不举火，十年不制衣，正冠而缨绝，捉衿而肘见，纳屦而踵决。曳縰而歌《商颂》，声满天地，若出金石[⑦]。天子不得臣，诸侯不得友。故养志者忘形，养形者忘利，致道者忘心矣。

孔子谓颜回曰：“回，来！家贫居卑，胡不仕乎？”颜回对曰：“不愿仕。回有郭外之田五十亩，足以给饩粥[⑧]；郭内之田十亩，足以为丝麻，鼓琴足以自娱，所学夫子之道者足以自乐也。回不愿仕。”

孔子愀然变容曰：“善哉回之意！丘闻之，‘知足者不以利自累也，审自得者失之而不惧，行修于内者无位而不怍[⑨]。’丘诵之久矣，今于回而后见之，是丘之得也。”

［注释］

① 原宪：孔子弟子，姓原，名思，字宪。环堵：周围环着四堵墙，形容住室狭窄而简陋。茨：用芦苇茅草盖的屋顶。生草：尚未晒干的草。蓬户：用蓬草茎编成的门。完：完整。桑：指桑条。枢：门户的转轴。② 瓮牖：用破瓮做窗户，形容窗户简陋。褐（hè 贺）：以粗毛布或粗麻布制成的短衣。匡坐：端正地坐着。弦（xián 贤）：谓弹奏乐器。奚侗据《太平御览》卷四八五引文及《庄子阙误》引张君房本“弦”下有“歌”字，各本均脱此“歌”字。按《韩诗外传》及《新序》均载有这段故事，二书均有“歌”字。　③ 子贡：孔子弟子，名赐。善于辞令，喜好荣华。大马：中心词省略，指大马所拉的车子。绀（gān 干）：深青带红的颜色。表：外表。素：白色。形容车盖的装饰，一说形容衣着。轩车：古代大夫以上的贵族所乘坐的车辆。车箱的前顶较高，用漆着花纹或加皮饰的席子作障蔽。不容巷：指轩车的体积甚大，巷道窄小，车子驶不进巷道。　④ 华冠：用桦树皮做的帽子。縰（xǐ 徙）履：露着脚跟的鞋子。这一句极写原宪衣着的简陋。应门：照管门户，指有人叩门，出来迎接。原宪贫无仆

役,故自出应门。嘻:表示惊叹的语气词。逡(qūn 群阴平)巡:退却的样子。 ⑤ 希世:趋时,追逐时尚,犹今语赶时髦。比周:形容交游广泛。周,当作"州",古"周"、"州"通用。《广雅》:"州,国也。"仁义之慝(tè 忒):慝,恶。指假借仁义做坏事。 ⑥ 缊(yùn 运)袍:以乱麻为絮的袍子。无表:形容袍子破烂,分不清表里。肿哙:病容。肿,浮肿。哙:通"殨(kuì 溃)"。《说文》:"殨,烂也。从歺,贵声。"胼胝:趼子。 ⑦ 正冠而缨绝:绝,断。纳屦(jù 句)而踵决:屦,鞋子。踵:脚后跟。曳縰(xǐ 徙):縰,通"缅",束发用的帛。商颂:即《诗经》中的《商颂》。 ⑧ 胡不仕乎:仕,做官。郭:外城。饘(gān 干,一说读 zhān 毡),厚粥。一说干饼。 ⑨ 愀(qiǎo 巧):因有所感动而面部表情改变。审自得者:审,确实,果真。怍(zuò 做):惭愧。

[译文]

原宪居住在鲁国,房内空无一物。房顶覆盖着尚未晒干的茅草,用蓬草茎做的门,破破烂烂。用桑条作门枢,用破瓮作两间房子的窗户,用粗布短衣堵塞着窗口,房顶漏雨,地下潮湿。而原宪却严肃庄重地坐在那里,弹奏着乐器唱着歌。

子贡乘坐在用高头大马拉着的车子上,车盖的外表是白色的,车盖的里面则是深青带红的颜色。车子很大,驶不进小巷。子贡前去拜见原宪。原宪戴着用桦树皮做的帽子,穿着露出脚跟的鞋子,拄着藜茎做的拐杖,在门前迎接应酬。子贡说:"哎呀!先生得了什么病?"原宪回答说:"我听说,没有财产叫做贫,对学习的道理不身体力行叫做病,现在,我原宪是贫穷而不是什么病。"子贡听了原宪的话,向后退了几步,脸上带着羞愧的颜色。

原宪笑着说:"热衷于赶时髦,到处交朋友,学习本来是为了培养自己的品行,现在却用来要求别人,教育本来是为了别人,现在却用来营谋一己之利,假借仁义去做坏事,装饰车马来炫耀自己,我原宪不忍心做这样的事情。"

曾子居住在卫国，穿着用乱麻絮成的袍子，分不清表里，破破烂烂，手和脚起着茧子，三天做不上一顿饭，十年做不了一件衣服。正一正帽子，帽带子却给弄断了；拉一拉衣襟，胳膊肘露出来了；缝好鞋子的前面，脚后跟露出来了。拖着束发的带子歌唱《商颂》，洪亮的声音充满天地，好像从金石制作的乐器中发出的声音一样。天子不能拿他作臣子，诸侯得不到和他交朋友。所以，注重培养自己品德的人便忘掉了形体；注重颐养身体的人便忘掉了利害，致力于大道的人便忘掉了智慧。

孔子对颜回说："颜回，到前面来！你的家境贫苦，地位低下，为什么不出来做官呢?"颜回回答说："我不愿意出来做官，在城郭外面我有五十亩地，可以吃上干饼，喝上稀饭；在城郭之内，我有十亩地，可以使我穿上丝制或麻制的衣服，弹着琴足以使我高兴，学习先生所传授的道理，足以使我感到快乐。我不愿意出来做官。"

孔子感动得改变了面容，说："颜回的意见好啊！我听说，'知足的人，不因为得利而使自己受累；虽然确知丧失了已经得到的利益，但是却不畏惧；具备很高思想品德做了许多好事，虽然没有地位而不感到惭愧。'这些话很久以前我就读过了，现在从颜回身上我才真正看到它，这是我的心得啊！"

［原文］

中山公子牟谓瞻子曰："身在江海之上，心居乎魏阙之下，奈何[1]?"瞻子曰："重生，重生则利轻。"

中山公子牟曰："虽知之，未能自胜也。"瞻子曰："不能自胜则从，神无恶乎？不能自胜而强不从者，此之谓重伤[2]。重伤之人，无寿类矣。"

魏牟，万乘之公子也，其隐岩穴也，难为于布衣之士;虽未至乎道,可谓有其意矣[3]。

[注释]　① 中山公子牟:即魏牟。魏国的诸公子,因其封于中山,故称中山公子牟。瞻子:人名。魏国人。江海之上:犹江湖之上,指隐士的居处。魏阙:高大的宫阙。象征朝廷。　② 自胜:自我克制。重(chóng 虫)伤:双重的伤害。重,又。一说此处读 zhòng,误。　③ 万乘:战国时代对大国的称呼。岩穴:犹江湖。指隐士的居处。布衣:平民。有其意:指有清高之志。

[译文]　魏牟对瞻子说:"虽然在江湖之上隐居,心里却时常想念着魏国的朝廷,怎么办呢?"瞻子回答说:"重视生命,能够重视生命,就能够看轻名利了。"

魏牟说:"虽然知道这一点,但是自己却不能克制住自己的感情。"瞻子说:"既然不能克制住自己的感情,那就按照自己的感情行事,这样,精神还能再产生嫌恶吗?不能克制自己的感情而又勉强不顺从自己的感情,这就叫做双重伤害,遭受双重伤害的人,就不会成为寿命长的一类人了。"

魏牟是万乘大国的公子,当他在隐居于山林之中的时候,还是难以做到跟老百姓一样,虽然还没有到达道的境界,但可以说是有了这样的心意了。

[原文]　孔子穷于陈蔡之间,七日不火食,藜羹不糁,颜色甚惫,而弦歌于室[1]。颜回择菜[2],子路、子贡相与言曰:"夫子再逐于鲁,削迹于卫,伐树于宋,穷于商周,围于陈蔡,杀夫子者无罪,藉夫子者无禁[3]。弦歌鼓琴,未尝绝音,君子之无耻也若此乎?"

颜回无以应,入告孔子。孔子推琴喟然而叹曰:"由与赐,细人也。召而来,吾语之[4]。"

子路、子贡入。子路曰："如此者可谓穷矣！"孔子曰："是何言也！君子通于道之谓通，穷于道之谓穷。今丘抱仁义之道以遭乱世之患，其何穷之为！故内省而不穷于道，临难而不失其德，天寒既至，霜雪既降，吾是以知松柏之茂也。陈蔡之隘，于丘其幸乎⑤！"

孔子削然反琴而弦歌，子路扢然执干而舞。子贡曰："吾不知天之高也，地之下也⑥。"

古之得道者，穷亦乐，通亦乐。所乐非穷通也。道德于此，则穷通为寒暑风雨之序矣。故许由娱于颍阳而共伯得乎共首⑦。

［注释］ ① 孔子穷于陈蔡之间：见《山木》第四段注①。七日不火食：《经典释文》："元嘉本无火字。"藜（lí 离）羹不糁（sàn 散）：藜，俗称灰菜，嫩叶可食。糁，以米和羹。惫（bèi 备）：疲乏。 ② 颜回择菜：择，赵谏议本作释。择菜，陆宗达先生以为当作释菜，为古代尊师之礼。尊师之意在诚，不必厚礼，故敬师之礼，释菜而已。（说详《文史知识》1986年第七期）可备一说。 ③"再逐于鲁"五句所记事迹见《山木》第四段注⑦。藉夫子者无禁：藉（jí 集），践踏，欺凌。 ④ 细人：见识浅陋的人。召而来，而，通"尔"。吾语（yù 玉）之：语，告诉。 ⑤ 内省（xǐng 醒）：犹言反省。省，内省，自我检查。松柏之茂：以松柏经霜雪而茂比喻坚强不屈的情操。 ⑥ 削然：象声词，形容重新弹琴时的声音。扢（xì 系）然：喜悦的样子。一说威武的样子。 ⑦ 颍阳：许由的隐居之地。共伯：当即共伯和，西周末叶人，据《路史·发挥二》注引司马说，共伯和修行而好贤，厉王被放逐后，国无天子，诸侯知共伯贤，立为天子。共伯虽不听而不能免，遂即王位。一十四年，天下大旱，卜兆说厉王为祟，乃立宣王。遂逍遥得意于共丘山之首。

［译文］ 孔子在陈国和蔡国之间遭到了困窘，七天没有吃到粮食，

喝的是藜菜汤,汤内一粒粮食也没有。脸上呈现出疲乏的颜色,然而却在室中一面弹琴一面唱歌。颜回在一旁择菜。子路和子贡在一起议论说:"先生一再遭到鲁国的驱逐,在卫国,走后,卫人将先生所踏的脚印铲去,在宋国一棵大树下讲学,宋人将这棵大树砍去,在商、周境内遭到困窘,现在又被围困在陈国和蔡国之间。企图杀害先生的人没有罪过,凌辱先生的人也无人禁止。可先生还一面唱歌一面弹琴,乐声未曾断绝,难道君子没有耻辱之感竟然像这一样吗?"

颜回没有答话,进到室内把子路和子贡的议论告诉孔子。孔子推开琴,感慨地长叹一声说:"由和赐都是见识短浅的人,把他们召来,我要告诉他们一番道理。"

子路、子贡走进室内,子路说:"像我们这样的处境可以说是穷了。"孔子说:"这是什么话!君子能够通达道理可以叫做通,不通达道理才可以叫做穷。现在,我孔丘掌握着有关仁义的大道而遭逢紊乱的社会所造成的祸患,为什么要把这种处境叫做穷!所以,经过自我反省不是不通于道,而是在灾难面前不丢掉自己的德行。严寒的天气到来了,霜和雪降临了,这时,我才知道松树和柏树的茂盛。在陈国和蔡国之间所遭受的困厄,对于我孔丘,不正是一件幸事吗?

孔子取过琴来继续弹琴唱歌,子路兴高采烈地舞起了盾牌。子贡说:"我不知道天的高远和地的低下啊!"

古时得道的人,处于困难的境地是快乐的,处于顺利的境地也是快乐的。他的快乐不在于困难和顺利,假如在你的身上有了道德,那么,困难和顺利不过像冬天和夏天的交替以及风雨的降临罢了。所以,许由快乐地生活在颍水之阳,而共伯则悠然自得地生活在共首山上。

［原文］

舜以天下让其友北人无择，北人无择曰："异哉后之为人也，居于畎亩之中而游尧之门[①]！不若是而已，又欲以其辱行漫我。吾羞见之。"因自投清泠之渊[②]。

汤将伐桀，因卞随而谋，卞随曰："非吾事也。"汤曰："孰可？"曰："吾不知也。"汤又因瞀光而谋[③]，瞀光曰："非吾事也。"汤曰："孰可？"曰："吾不知也。"汤曰："伊尹何如？"曰："强力忍垢，吾不知其他也[④]。"

汤遂与伊尹谋伐桀，克之，以让卞随。卞随辞曰："后之伐桀也谋乎我，必以我为贼也；胜桀而让我，必以我为贪也。吾生乎乱世，而无道之人再来漫我以其辱行，吾不忍数闻也。"乃自投椆水而死[⑤]。

汤又让瞀光曰："知者谋之，武者遂之，仁者居之，古之道也。吾子胡不立乎？"瞀光辞曰："废上，非义也；杀民，非仁也；人犯其难，我享其利，非廉也。吾闻之曰，非其义者，不受其禄，无道之世，不践其土。况尊我乎！吾不忍久见也。"乃负石而自沉于庐水[⑥]。

昔周之兴，有士二人处于孤竹，曰伯夷、叔齐。二人相谓曰："吾闻西方有人，似有道者，试往观焉。"至于岐阳，武王闻之，使叔旦往见之，与盟曰："加富二等，就官一列[⑦]。"血牲而埋之。

二人相视而笑曰："嘻，异哉！此非吾所谓道也。昔者神农之有天下也，时祀尽敬而不祈喜；其于人也，忠信尽治而无求焉。乐与政为政，乐与治为治[8]，不以人之坏自成也，不以人之卑自高也，不以遭时自利也。今周见殷之乱而遽为政，上谋而下行货，阻兵而保威，割牲而盟以为信。扬行以说众，杀伐以要利，是推乱以易暴也[9]。吾闻古之士，遭治世不避其任，遇乱世不为苟存。今天下暗，周德衰，其并乎周以涂吾身也，不如避之以洁吾行。”二子北至于首阳之山，遂饿而死焉。若伯夷、叔齐者，其于富贵也，苟可得已，则必不赖。高节戾行，独乐其志，不事于世，此二士之节也[10]。

[注释] ① 北人无择：人名。姓北人，名无择。《汉书·古今人表》作北人亡择。后之为人也：后，君，指舜。居于畎亩之中：相传舜在接受禅位之前，曾在历山从事耕种。游于尧之门，指接受禅让为帝。全句大意是说舜本来是平民不应接受禅让，既然接受禅让是耻辱之事，所以下文接着说：“不若是而已，又欲以其辱行漫我。” ② 漫：污。清泠之渊：古代渊名，在河南南召县南。 ③ 卞随：人名。姓卞，名随，夏、商之间的隐士。瞀(mào 冒)光：赵谏议本“瞀”作“务”。当作务光。人名，姓务，名光，和卞随同是当时隐士。 ④ 伊尹：人名。商代著名政治家，姓伊，名尹，字贽。辅佐汤建立商朝。强力忍垢：主语省略，主语是伊尹。
⑤ 克之：克，战胜。椆(zhóu 轴)水：古代河水名，约在河南省许昌地区境内。 ⑥ 武者遂之：遂，成功，指完成。庐水：《经典释文》以为在辽东西界，一说在北平郡界。 ⑦ 孤竹：国名，在辽西。岐阳：岐山之阳。叔旦：即周公，周公是武王之弟，名旦，故称叔旦。 ⑧ 不祈喜：喜，作禧，福。乐与政为政，乐与治为治：俞樾以为这两句误倒，《吕氏春秋·诚廉篇》作：“乐正与为正，乐治与为治。”说甚允，当从。 ⑨ 遽为政：遽，急，速。下行货：高山寺本无下字，当是衍文。扬行以说(yuè 越)众：说，通“悦”。说众，取悦于众，犹言哗众取宠。要(yāo 腰)利：要，求取。 ⑩ 以涂吾身：涂，污。首阳：山名，在今山西省永济县南，

又称雷首山。则必不赖：赖，恃。戾：违背。戾行，指与世俗相违背的行为。

［译文］

舜把天下让给他的朋友北人无择，北人无择说："奇怪啊，国王的为人！本来是居住在田野的平民，却游处于帝尧的朝廷之门！到了这种程度还不罢休，又想以他的丑行来影响我，见到他我感到羞耻。"因而投入清泠之渊自杀了。

商汤将要讨伐夏桀，拿这件事跟卞随商量，卞随说："这不是我的事情。"商汤说："跟谁商量可以？"回答说："我不知道。"商汤又拿这件事跟务光商量，务光说："这不是我的事情。"商汤说："跟谁商量可以？"回答说："我不知道。"商汤说："跟伊尹商量怎么样呢？"回答说："伊尹既有坚强的毅力又能够忍受耻辱，我不知道他还有另外的长处。"

于是商汤便和伊尹商量讨伐夏桀的事情，结果战胜夏桀，要把天下让给卞随，卞随说："汤在伐桀的时候跟我商量过，一定是把我看成贼寇了；现在，战胜了夏桀，又要把天下让给我，一定又把我看成是贪婪的人了。我生活在乱世之中，而没有掌握大道的人一再拿他的丑行来影响我，我不忍心多次听到这些事情。"于是，投入椆水自杀了。

商汤又要把天下让给务光，说："有智慧的人谋划着取天下，勇武的人完成取天下的任务，有道德的人则居于治理天下的位置，先生您为什么不居于治理天下的位置之上呢？"务光推辞说："废除自己的国王，是不合乎义的；在战争中杀害了人民，是不合乎仁的；别人在战场上拼死战斗，而我却坐享其成，是不合乎廉的。我听说，凡是不合乎义的，就不应该享受它的俸禄，不合乎道的社会，就不应该踏在它的土地上。何况是把我放在崇高的位置上呢？我不忍心长久地看到这种情况。"于是，自己背着石头投入庐水沉没而死。

过去，周朝兴起的时候，有两个读书人住在孤竹国，叫做伯夷和叔齐。二人互相商量说："我听说西方有一个人，好像是得道的人，我们是不是前往看一看呢？"到了岐阳，武王听说二人前来，便派周公前去接见他们，并和他们立下盟约，说："给予二级俸禄，授予一等官位。"然后用牲血涂在盟书上并把盟书埋在坛下。

两个人相视而笑，说道："咦！奇怪啊！这不是我们所说的道。过去，神农氏治理天下的时候，一年四季老百姓都按时十分恭敬地进行祭祀，而不祈求得到什么幸福；那时，人们之间完全按照忠、信的原则行事，国家治理得很好而无所祈求。乐意纠正缺点就帮助他纠正缺点，乐于服从治理，就加以治理，不借着别人的失败来求得成功；不以别人地位的卑下来显示自己的高贵。不因为碰到与己有利的时机而营谋私利。现在，周国看到殷商政局混乱而尽快地夺取政权，在上的图谋以财物来收买人心，以武力来保持威势，以杀牲为盟来取信于人，以张扬自己的美行来哗众取宠，以战争和杀人来追求私利，这是用乱政来代替暴政啊！我听说古时的读书人，遭逢大治之世而不逃避肩负的责任，碰到乱世也不做苟且偷生的事情。现在，天下黑暗，殷商的政德衰微，周的做法不正是用殷周的污行来玷辱我吗！不如逃避它而保持自身的高洁。"二人向北走到首阳山，便饿死在那里。像伯夷和叔齐这样的人，即使能够得到富贵，也一定不会有所仗恃。高尚的气节，与世俗相违背的行为，以坚守自己的志向为乐，不追逐尘世的私利，这就是伯夷和叔齐的情操。

盗跖第二十九

[原文]

孔子与柳下季为友，柳下季之弟，名曰盗跖。盗跖从卒九千人，横行天下，侵暴诸侯，穴室枢户[①]，驱人牛马，取人妇女，贪得忘亲，不顾父母兄弟，不祭先祖。所过之邑，大国守城，小国入保，万民苦之[②]。

孔子谓柳下季曰："夫为人父者，必能诏其子[③]；为人兄者，必能教其弟。若父不能诏其子，兄不能教其弟，则无贵父子兄弟之亲矣。今先生，世之才士也，弟为盗跖，为天下害，而弗能教也，丘窃为先生羞之。丘请为先生往说之。"

柳下季曰："先生言为人父者必能诏其子，为人兄者必能教其弟，若子不听父之诏，弟不受兄之教，虽今先生之辩，将奈之何哉！且跖之为人也，心如涌泉，意如飘风，强足以距敌[④]，辩足以饰非，顺其心则喜，逆其心则怒，易辱人以言。先生必无往。"

孔子不听，颜回为驭，子贡为右，往见盗跖。盗跖乃方休卒徒太山之阳，脍人肝而餔之[⑤]。孔子下车而前，见谒者曰[⑥]："鲁人孔丘，闻将军高义，敬再拜谒者。"

[注释]

① 柳下季：人名，姓展，名禽，字季。封地在柳下，因称柳下季。穴室枢户：枢，《庄子阙误》引刘得一本作抠，抠（kōu 叩阴平），挖。此句，《经典释文》引司马云："破人户枢而取物也。" ② 小国入保：保，通"堡"，小城。 ③ 诏其子：诏，教令。 ④ 虽今先生之辩：虽，即

使。飘风：暴起之风。距敌：一本作拒，距、拒，古时通用，抗拒。　⑤颜回为驭：驭，驾驭。子贡为右：右，指骖右。古时乘车，尊者居左，驾车人居中，又一人居车右，称骖右，以防备车子的倾斜并作侍从。太山：一本作大山，应作太山，即泰山。方休卒徒太山之阳：一本卒徒下有"于"字。脍人肝而餔之：脍，细切。餔（bǔ 补，旧读 bū 逋），食。　⑥谒者：古时传达人员。

［译文］

孔子和柳下季结为朋友，柳下季的弟弟名字叫做盗跖。盗跖率领的部队有九千人，肆无忌惮地活动在四海之内，凶暴地侵略诸侯，凿穿住室，破坏户枢，赶走人家的牛马，掳取人家的妇女，贪婪地求得财物而忘记亲友，不关心父母兄弟，也不祭祀祖先。凡是盗跖所经过的地方，大国的人民在严守城防，小国的人民也都进驻城内，所有的人都感到痛苦。

孔子对柳下季说："做父亲的，一定要命令他的儿子不做坏事，做兄长的，一定要教育他的弟弟不做坏事。假如做父亲的，不能命令他的儿子不做坏事，做兄长的，不能教育他的弟弟不做坏事，那么，像父子兄弟这样的亲属关系也就没有什么可贵的了。现在，先生您是当代的才智之士，而弟弟却是盗跖，是天下的祸害，而您却不能对他进行教育，我孔丘私下为您感到羞愧！我请您允许我替您前去说服他。"

柳下季说："先生，您说做父亲的一定能命令他的儿子不做坏事，做兄长的一定能够教育他的弟弟不做坏事；假如儿子不听从父亲的命令，弟弟不听从兄长的教诲，即使像您这样能言善辩又有什么办法呢！况且，跖的为人，思想充实活跃好像不断涌出的泉水，感情变化剧烈像突然刮起的暴风。他的强悍足以抵御敌人，他的辩才足以掩饰过错，顺从他的心意就高兴，不顺从他的心意就发怒，非常轻易地用言语来污辱别人。先生，您一定不要去。"

孔子不听从柳下季的劝告,让颜回驾着车子,让子贡在右边做侍从,前去会见盗跖。这时,盗跖正在太山的南面,休整士兵,将人肝切碎吃掉。孔子下车走向前来,见到盗跖的传达官,说:“鲁国人孔丘,听说将军有崇高的正义感,恭敬地拜请传达官转达谒见的请求。”

[原文]

谒者入通,盗跖闻之大怒,目如明星,发上指冠,曰:“此夫鲁国之巧伪人孔丘非邪?为我告之:‘尔作言造语,妄称文武,冠枝木之冠,带死牛之胁,多辞缪说,不耕而食,不织而衣,摇唇鼓舌,擅生是非,以迷天下之主,使天下学士不反其本,妄作孝弟而侥幸于封侯富贵者也。子之罪大极重,疾走归!不然,我将以子肝益昼铺之膳①!’”

孔子复通曰:“丘得幸于季,愿望履幕下。”谒者复通,盗跖曰:“使来前!”孔子趋而进,避席反走,再拜盗跖。盗跖大怒,两展其足,案剑瞋目,声如乳虎②,曰:“丘来前!若所言,顺吾意则生,逆吾心则死。”

孔子曰:“丘闻之,凡天下有三德:生而长大,美好无双,少长贵贱见而皆说之,此上德也;知维天地,能辩诸物,此中德也③;勇悍果敢,聚众率兵,此下德也。凡人有此一德者,足以南面称孤矣。今将军兼此三者,身长八尺二寸,面目有光,唇如激丹,齿如齐贝,音中黄钟④,而名曰盗跖,丘窃为将军耻不取焉。将军有意听臣,臣请南使吴越,北使齐鲁,东使宋卫,西使晋楚,使为将军造大城数百里,立数十万户之邑，尊将军为诸侯，与天下更始，罢兵休卒，收养昆弟，共祭先祖⑤。此圣人才士之行，而天下之愿也。”

［注释］

① 枝木之冠：形容孔子所戴的帽子，雕饰繁富，状如树枝。带死牛之肋：带，指束带。意言将牛皮制成的带子，既宽大又坚固，犹如牛肋。缪说：缪（miù 谬）：错误。一说繁。不反其本：反，通“返”。本，指自然的本性。益昼餔之膳：益，增加。餔：食。膳：饭食。 ② 望履幕下：履，犹言足下。趋而进：趋，急走。避席：古人席地而坐。避席，指离开席位站起来，表示敬意。反走：退。瞋（chēn 琛）目：瞪出或睁大眼睛，表示愤怒。乳虎：指哺养幼虎的母虎，因其产乳，故名。母虎护养幼虎，搏噬时凶猛倍于平常。 ③ 皆说（yuè 月）之：说，通“悦”，高兴，喜欢。能辩诸物：辩，通“辨”。 ④ 激丹：激，明亮。齐贝：齐，一本作含。音中（zhòng 众）黄钟：中，符合。黄钟：六律之一。 ⑤ 更始：除旧布新。昆弟：兄弟。

［译文］

传达官进来通报，盗跖听到孔子要来见他，勃然大怒，眼睛瞪得像星星那样明亮，怒发冲冠，说：“这个人是不是鲁国的巧伪人孔丘？替我告诉他：‘你制造舆论，毫无根据地称道文王和武王，你头上戴着像树枝一样的帽子，腰中束着像死牛肋一样的皮带。大放厥词，胡说八道，不耕种土地却吃得很好，不织造衣服却穿得很好。大发议论，制造是非，以迷惑天下的诸侯国君，使天下的学士回不到正道上来。虚伪地表现出孝敬父母、友爱地对待兄弟的样子，希望以此求得封侯的赏赐而博取富贵。你简直是罪大恶极，赶快滚回去！不然，我就要把你的肝挖出来增加我吃饭时的菜肴！”

孔子又一次通过传达官请求接见，说：“我荣幸地和柳下季做朋友，我希望能够在帐前看到足下。”盗跖说：“叫他到这里来！”孔子一路小跑，走了进来，恭敬地离开席位不敢就座，并从席位一边退了下来，一再向盗跖施礼。盗跖异常愤怒，展开他的两只脚，手按宝剑，眼珠几乎瞪了出来，声音犹如猛虎，说："孔丘，到前面来！你所说的话，顺从我的心意就叫你活着，违反我的心意就把你杀死。"

孔丘说："我听说，凡是天下的人有三种美德：生就的身躯魁梧，容貌美好无双，年青的，年长的，地位高的，地位低的，见到他都感到高兴，这是第一种美德；智慧能够经纬天地，才识足以辨别各种事物，这是第二种美德；勇敢、强悍、果断，能聚集并率领许多士兵，这是第三种美德。人凡是具备其中一种美德的，就足以南面称王了。现在，将军兼有这三种德行，身高八尺二寸，面部神采奕奕，嘴唇犹如鲜明的丹砂，牙齿犹如嘴里含着贝壳，声音的洪亮犹如黄钟，而名字却叫做盗跖，我孔丘私下为将军羞耻，以为不该得到这样的名声。如果将军能够听从我的意见，我将为将军向南出使到吴国和越国，向北出使到齐国和鲁国，向东出使到宋国和卫国，向西出使到晋国和楚国。为将军建造数百里的大城，经营数十万户的采邑，尊奉将军为诸侯国君，与天下的诸侯一起除旧布新。把武器放下使士卒休息，收养兄弟，共同祭祀先祖。这才是圣人才智之士所应该做的，也是天下人的希望。"

［原文］

盗跖大怒曰："丘来前！夫可规以利而可谏以言者，皆愚陋恒民之谓耳①。今长大美好，人见而悦之者，此吾父母之遗德也。丘虽不吾誉，吾独不自知邪？

"且吾闻之，好面誉人者，亦好背而毁之。今丘告我以大城众民，是欲规我以利而恒民畜我也②，安可久长也！城之大者，莫大乎天下矣。尧舜有天下，子孙无置锥之地；汤武立为天子，而后世绝灭，非以其利大故邪？

“且吾闻之，古者禽兽多而人少，于是民皆巢居以避之，昼拾橡栗，暮栖木上，故命之曰有巢氏之民。古者民不知衣服，夏多积薪，冬则炀之，故命之曰知生之民③。神农之世，卧则居居，起则于于④，民知其母，不知其父，与麋鹿共处，耕而食，织而衣，无有相害之心，此至德之隆也。然而黄帝不能致德，与蚩尤战于涿鹿之野，流血百里。尧舜作，立群臣，汤放其主，武王杀纣⑤。自是之后，以强陵弱，以众暴寡。汤武以来，皆乱人之徒也。

“今子修文武之道，掌天下之辩，以教后世，缝衣浅带⑥，矫言伪行，以迷惑天下之主，而欲求富贵焉，盗莫大于子。天下何故不谓子为盗丘，而乃谓我为盗跖？

“子以甘辞说子路而使从之，使子路去其危冠，解其长剑，而受教于子，天下皆曰孔丘能止暴禁非。其卒之也，子路欲杀卫君而事不成，身菹于卫东门之上，是子教之不至也⑦。

“子自谓才士圣人邪？则再逐于鲁，削迹于卫，穷于齐，围于陈蔡，不容身于天下。子教子路菹此患，上无以为身，下无以为人，子之道岂足贵邪？

“世之所高，莫若黄帝，黄帝尚不能全德，而战涿鹿之野，流血百里。尧不慈，舜不孝，禹偏枯，汤放其主，武王伐纣，文王拘羑里。此六子者，世之所高也，孰论之，皆以利惑其真而强反其情性，其行乃甚可羞也[8]。

“世之所谓贤士，伯夷、叔齐。伯夷、叔齐辞孤竹之君而饿死于首阳之山，骨肉不葬。鲍焦饰行非世，抱木而死。申徒狄谏而不听，负石自投于河，为鱼鳖所食[9]。介子推至忠也，自割其股以食文公，文公后背之，子推怒而去，抱木而燔死。尾生与女子期于梁下，女子不来，水至不去，抱梁柱而死。此六子者，无异于磔犬流豕操瓢而乞者，皆离名轻死，不念本养寿命者也[10]。

“世之所谓忠臣者，莫若王子比干、伍子胥。子胥沉江，比干剖心，此二子者，世谓忠臣也，然卒为天下笑。自上观之，至于子胥、比干，皆不足贵也。

“丘之所以说我者，若告我以鬼事，则我不能知也；若告我以人事者，不过此矣，皆吾所闻知也。

“今吾告子以人之情，目欲视色，耳欲听声，口欲察味，志气欲盈。人上寿百岁，中寿八十，下寿六十，除病瘦死丧忧患，其中开口而笑者，一月之中不过四五日而已矣。天与地无穷，人死者有时，操有时之具而托于无穷之间，忽然无异骐骥之驰过隙也。不能说其志意，养其寿命者，皆非通道者也。

“丘之所言，皆吾之所弃也，亟去走归，无复言之！子之道，狂狂汲汲[11]，诈巧虚伪事也，非可以全真也，奚足论哉！”

［注释］ ① 恒民：一本作顺民。 ② 畜（xù 序）：畜养；容留。 ③ 橡栗：橡树的果实，可食。冬则炀（yàng 样）：炀，原意为烘干，可引申为烤火。 ④ 居居：安静的样子。于于：行动舒缓自得的样子。 ⑤ 蚩尤：人名。原始社会的部落首领。涿鹿：地名。在今河北省境内。尧

舜作：作，兴起。立群臣：即设置百官。立，设置。 ⑥ 掌天下之辩：辩，犹舆论，指辩说仁义。缝衣：大衣。“缝”或作“逢”。逢，大。浅带：博带，即宽大的腰带。 ⑦ 甘辞：美好的言辞，含贬义，犹花言巧语。子路欲杀卫君：卫君，指卫庄公蒯聩。据《左传·哀公十五年》及《史记·仲尼弟子列传》记载，卫太子蒯聩作乱，子路欲杀蒯聩不成，遂被杀害。菹（zū 租）：剁成肉酱。 ⑧ 尧不慈：指尧没有把帝位传给其子丹朱。舜不孝：指舜为父所疾恶。禹偏枯：偏枯，半身不遂，禹治水勤劳而致此疾。文王拘羑（yǒu 有）里：羑里，亦作“牖里”。羑，通“牖”。古地名，在今河南汤阴县北。殷纣王曾囚禁文王于此。孰论之：仔细讨论这件事。孰，通“熟”，谓详细审察。 ⑨ 鲍焦：人名。春秋末年隐士，据《韩诗外传》第二十七章记载，鲍焦愤世嫉俗以清廉自居。子贡对他说：“吾闻之，非其世者，不生其利。污其君者，不履其土。今吾子污其君而履其土，非其世而捋其蔬，其可乎?”鲍焦回答说：“吾闻廉士重进而轻退，贤人易愧而轻死。”于是抱木立枯而死。申徒狄：据《韩诗外传》第二十六章记载，申徒狄因不满当时社会，自投河而死。 ⑩ 介子推至忠也：介子推，即介之推，晋文公臣，文公遭骊姬之难，流亡他国，困乏时，子推割股肉与食。文公返国执政，论功封从者，忘子推，子推作“龙蛇之歌”而去。文公闻之而惭，追寻子推于介山，子推不出。文公用计烧介山，促其出。火至，子推抱树自焚而死。（见成玄英疏）《左传》及《国语·晋语》作介之推，而无割股及燔死之事的记载。尾生：一本作微生，《战国策》作尾生高。磔（zhé 哲）犬：肢解的狗。磔，肢解尸体。 ⑪ 亟（jí 集）去走归：亟，急。狂狂：癫狂失去自然本性。汲汲：一本作伋伋，形容虚伪。一说急切的样子。

［译文］ 盗跖非常愤怒，说：“孔丘到前面来！凡是可以用利来规劝，可以用言语来谏正的，都可以把他们叫做愚笨而浅陋的顺民。现在，身体魁梧，面目美好，人人见到都高兴，这是我的父母遗留给我的。孔丘，即使你不夸奖我，难道我自己不知道吗？

“况且，我听说，好当面夸奖人的，也好背后毁谤人家。现在，孔丘你应许我大城和众民，这是想用利来引诱我，从而使我永远做一个顺民，这怎么能够长久呢？要说城市大，没有比天下再大的了。尧和舜生前统治天下，死后他们的子孙却没有立锥之地，商汤和周武王被立为天子，而他们的后代却被灭绝！不就是因为他们贪求大利的缘故吗？

“况且，我还听说，远古的时候，禽兽多而人民少，于是人民都住在巢中以躲避禽兽，白天拾取橡栗作食物，晚上便住宿在树上，所以给他们起了个名字叫做有巢氏之民。古时候人民不知道穿衣服，夏天积蓄柴草，冬天就用来烤火，所以给他们起了个名字叫做知生之民。神农的时候，躺下就安安静静，起来就悠然自得，人们只知道有母亲，不知道有父亲，和野兽生活在一起，自己耕种土地收获食物，自己织布制作衣服，人们之间没有相互损害之心，这是最理想的社会了。然而黄帝却不能达到这种理想，在涿鹿的原野和蚩尤作战，血水流了百余里。尧和舜兴起之后，设置百官，商汤流放了他的国君，武王杀死了殷纣。从此以后，强大的欺侮弱小的，人数多的欺侮人数少的，商汤和武王之后，都属于乱人一类。

“现在，你提倡文王和武王的治国之道，掌握着天下的舆论，用来教育后代。穿着宽大的衣服，说话和行动矫揉造作，而迷惑天下的诸侯国君，以求取富贵。盗贼之中没有比你再大的了，为什么天下的人不把你叫做盗丘，而把我叫做盗跖？

“你用甜言蜜语说服子路，使他跟随着你，子路舍弃了他那高高的帽子，解脱了他那长剑，在你那里接受教育。天下的人都说你孔丘能够制止那强暴的不法的行为。最后，子路想要杀掉卫君而事情没有成功，在卫国的东门之上身躯被剁成肉酱，这是你教育不到的地方。

“你自以为是有才智的圣明的人吗？然而你一再从鲁国

被赶出来，在卫国，人们铲去了你的足迹，在齐国遭到困窘，在陈国和蔡国之间遭到围困，在天下没有容身之处。你所教育的子路身体被剁为肉酱，这样的祸害，对上无法保护自己的身体，对下无法做人，你所宣扬的道哪里值得尊崇呢？

“社会上所尊崇的，没有超过黄帝的了，黄帝尚且不能保全德行而战斗在涿鹿的原野，以致血流百里。尧不能爱护他的儿子，舜不能孝敬他的父母，禹患了半身不遂的疾病，商汤赶走他的君主，武王讨伐殷纣，文王被囚禁在羑里。这六个人，都是社会上所推崇的，仔细地讨论这件事，都是用利来迷惑人的本真而强迫他们违反自然的性情，这种做法实在太令人感到羞耻了。

“世上所说的贤人——伯夷和叔齐。伯夷和叔齐辞去了孤竹国的君位，而饿死在首阳山下，尸骨得不到埋葬。鲍焦行为矫饰，否定当时的社会，抱在树木上死了。申徒狄谏正国君，国君不听从，便背着石头自投于河而死，尸体被鱼鳖吃掉了。介子推是最忠诚的，他曾自己割掉大腿上的肉给文公吃，后来文公赏赐有功之臣时，忘掉了他，子推愤怒地离开文公，抱在树木上被烧死。尾生和女子相约在桥下相会，女子没有来，河水流来，尾生抱在桥柱上被淹死。这六个人，和被杀的狗、到处乱跑的猪以及拿着瓢到处讨饭的乞儿实在没有什么不同，都是看重名节而轻视死生，不考虑顾念根本颐养寿命的人啊。

“世上所说的忠臣，没有超过王子比干和伍子胥的了。然而伍子胥却被杀而沉尸江中，比干却被挖心而死。这两个人都是所谓忠臣，然而最终却不免遭到得道人的讥笑。由以上来看，像子胥、比干，都是不足推崇的。

“孔丘，你用来说服我的，如果告诉我以鬼神之事，那是我所不能了解的；如果告诉我以社会上的事，不过这些罢了，而这些我都是听说过的。

"现在,我告诉你人的性情,眼睛想要看到颜色,耳朵想要听到声音,嘴里想要品尝滋味,志气想要充沛。人,最高的寿数是一百岁,中等的寿数是八十岁,下等的寿数是六十岁,人的一生中,除掉疾病消瘦死亡忧患,心情愉快开口而笑的时间,一个月当中,不过四五天罢了。天和地是无穷无尽的,人从生到死,却是有一定时限的,将有限的生命寄托在无穷无尽的天地之间,迅速得和骏马奔过缝隙一样,不能使自己的心情愉快,不能颐养自己的寿命,都不是通晓大道的人。

"孔丘,你所说的都是我要抛弃的,赶快离开这里,滚回去,不要再说什么了!你所宣传的道理都是颠倒失真、虚伪巧诈的东西,不能够保全人的自然本性,哪里值得一谈呢!"

[原文]

孔子再拜趋走,出门上车,执辔三失,目芒然无见[①],色若死灰,据轼低头,不能出气。归到鲁东门外,适遇柳下季。柳下季曰:"今者阙然数日不见,车马有行色,得微往见跖邪[②]?"孔子仰天而叹曰:"然。"柳下季曰:"跖得无逆汝意若前乎?"孔子曰:"然。丘所谓无病而自灸也,疾走料虎头[③],编虎须,几不免虎口哉!"

[注释]

① 辔:缰绳。芒然:糊涂不清的样子。 ② 得微:得无。微,无。得无,犹言莫不是,表反诘。 ③ 料:借作"捋"。

[译文]

孔子一再拜谢盗跖快步而行,走出门来,急忙上车,缰绳三次从手里掉下来,眼睛茫茫然什么也看不见,面部表情犹如死灰,按住车前的横木,低下头来,不能出气。回到鲁国的东门之外,恰好碰见了柳下季。柳下季说:"现在好多天没有见到你,车马有出发的样子,是不是到跖那里去了?”孔子仰天而叹,说:“是的。”柳下季说:“跖是不是像我从前所说的那样违背你的意愿了?”孔子说:“是的,这是我虽然没有病却自找麻烦地给自己针灸,快走跑到虎的跟前捋着老虎的头,编着老虎的胡须,几乎被老虎吃掉啊!”

[原文]

子张问于满苟得曰:“盍不为行①?无行则不信,不信则不任,不任则不利。故观之名,计之利,而义真是也。若弃名利,反之于心,则夫士之为行,不可一日不为乎!”

满苟得曰:“无耻者富,多信者显。夫名利之大者,几在无耻而信。故观之名,计之利,而信真是也。若弃名利,反之于心,则夫士之为行,抱其天乎②!”

子张曰:“昔者桀纣贵为天子,富有天下,今谓臧聚曰,汝行如桀纣,则有怍色③,有不服之心者,小人所贱也。仲尼、墨翟穷为匹夫,今谓宰相曰,子行如仲尼、墨翟,则变容易色称不足者,士诚贵也。故势为天子,未必贵也;穷为匹夫,未必贱也;贵贱之分,在行之美恶。”

满苟得曰:“小盗者拘,大盗者为诸侯,诸侯之门,义士存焉。昔者桓公小白杀兄入嫂而管仲为臣,田成子常杀君窃国而孔子受币。论则贱之,行则下之,则是言行之情悖战于胸中也,不亦拂乎④!故《书》曰:‘孰恶孰美?成者为首,不成者为尾。’”

子张曰:“子不为行,即将疏戚无伦,贵贱无义,长幼无序；五纪六位[5]，将何以为别乎？”

满苟得曰：“尧杀长子，舜流母弟，疏戚有伦乎？汤放桀，武王杀纣，贵贱有义乎？王季为适[6]，周公杀兄，长幼有序乎？儒者伪辞，墨者兼爱，五纪六位将有别乎？

“且子正为名，我正为利。名利之实，不顺于理，不监于道。吾日与子讼于无约曰[7]：‘小人殉财，君子殉名。其所以变其情，易其性，则异矣；乃至于弃其所为而殉其所不为，则一也。’故曰，无为小人，反殉而天；无为君子，从天之理。若枉若直，相而天极；面观四方，与时消息。若是若非，执而圆机；独成而意，与道徘徊。无转而行，无成而义，将失而所为[8]。无赴而富，无殉而成，将弃而天。

“比干剖心，子胥抉眼，忠之祸也；直躬证父[9]，尾生溺死，信之患也；鲍子立乾，申子不自理，廉之害也；孔子不见母，匡子不见父[10]，义之失也。此上世之所传，下世之所语，以为士者正其言，必其行，故服其殃，离其患也[11]。”

[注释] ① 子张：孔子弟子。姓颛孙，名师，字子张。满苟得：假托虚拟的人物，名字含有苟且贪得以满足其私欲之意，言其为追求私利的人。盍（hé 合）不：何不。行，指行仁义，宾语省略。 ② 多信：指多言，犹言哗众取宠。抱其天乎：抱，守。天，自然。犹言天真。 ③ 臧：奴仆。聚：通“驺”，养马人。（采孙诒让说）怍（zuò 作）：惭愧。 ④ 桓公：齐桓公，春秋时五霸之一，名小白。杀其兄子纠争得国君。纳嫂事不详。管仲：春秋时著名政治家，辅佐桓公成就霸业。田成子常：即田常，杀齐简公夺得齐国政权。孔子受币事不详。悖（bèi 背）战：悖，违背，违反。拂：违反。 ⑤ 五纪：岁、日、月、星辰、历数。六位：君、臣、父、子、夫、

妇。 ⑥ 王季：周太王的小儿子，亦即文王之父。太伯、仲雍让位不立，因而以王季为适。适，通“嫡”，长子的简称，古代世袭制，王位传给长子。 ⑦ 讼于无约：讼，争论是非。约，期。言争论不休没有尽头（采范耕研说）。 ⑧ 相而天极：相，视。与时消息：时，指四时。消息：消长。执而圆机：圆机，犹《齐物论》所说的环中。无转而行：转，通“专”。 ⑨ 比干剖心：比干，纣的臣子，谏于纣。纣说，闻圣人之心有九窍，遂剖其心而视之。子胥抉眼：子胥因谏正夫差，遭到杀害。临死时，子胥说：“吾死后，抉眼悬于吴门东以观越之灭吴也。”直躬：人名。楚国叶县人。《论语·子路》及《韩非子·五蠹篇》、《吕氏春秋·当务篇》均有记载。 ⑩ 申子：指申生，晋献公太子，遭骊姬的谗言被害而不自申辩。孔子不见母：不详。成玄英以为孔子周游列国，其母临终，不及见，可供参考。匡子：齐国人，谏其父，为父所逐，终身不见父。 ⑪ 服、离：遭逢之意。

［译文］

子张问满苟得说：“为什么不实行仁义培养品行？没有品行就不会取信于人，不能取信于人就得不到信任，得不到信任就不会得到俸禄。所以，经过观察和考虑，有了名就有了利，可见仁义真是好事啊！假如抛弃名利，那就是违背了心愿，所以士大夫立身行事，不可以一天不实行仁义！”

满苟得说：“无耻的人富有，哗众取宠的人显贵。那些取得大名大利的人，差不多都是一些既无耻而又哗众取宠的人。所以经过观察和考虑，那哗众取宠真是名利的根本。如果抛弃名利，违背世俗的心愿，那么士大夫的行为不应该保持他的天真吗？”

子张说：“过去桀和纣尊贵到做了天子，富足到据有天下，现在对奴仆和养马的人说，你的行为像夏桀和殷纣那样，他们就会有惭愧的颜色，就会产生不服的心理，这是因为桀纣的行为连小人也是瞧不起的。仲尼和墨翟，穷困到成为普通的老百姓，现在，如果对宰相一类的大官说，你的行为好像仲尼和墨翟，他就会改变面容，谦逊地说赶不上，可见士是最高贵的。所以，居于天子的地位，不一定就尊贵；穷困到成为老百姓，不一定就低贱；尊贵和低贱决定于行为的美好和丑恶。”

满苟得说：“小的盗贼被逮起来了，大的盗贼却成为诸侯，只要是在诸侯那里，就有了仁义。过去，齐桓公小白杀掉他的哥哥娶了他的嫂子，而管仲却做他的辅臣。田成子常杀掉了君主窃取了国家政权而孔子却接受他的赏赐。言谈之间以为是丑恶的，而在行动时，却去做这种丑恶的事情。这样一来言论和行动便在胸中发生了矛盾，不也是错误的吗？所以《书》上说：‘什么是恶？什么是美？成功的便成为头，不成功的便做了尾。’”

子张说：“你假如不实行仁义，那么远的和近的就将失去伦理，贵贱之间就失去了行动的准则，长幼之间就将失去伦次，这样一来，年、月、日、星辰、历数、君、臣、父、子、夫、妇将如何区别呢？”

满苟得说：“尧杀掉了长子，舜流放了弟弟，亲疏之间还有伦理吗？商汤放逐了夏桀，周武王杀死了殷纣，贵贱之间还存在行为的准则吗？王季本来是小儿子却继承了王位，周公杀掉了他的哥哥，长幼之间还有伦常次序吗？儒家所说的都是一些虚伪的话，墨家提倡的兼爱，那么年、月、日、星辰、历数、君、臣、父、子、夫、妇还有办法区别吗？

“况且，你去争名，我去争利，其实名和利，既不顺于理，也不能阐明道，我天天跟你无尽无休地讨论说：‘小人追求财物，君子追求名誉。这财和名的实际，以及君子和小人的性情是不同的，但是在抛弃他所应该做的，追求他们所不应该做的，这一点上则是相同的。’所以说，不要做小人，要返回自然；不要做君子，要顺从自然的规律。弯的也好，直的也好，只看它是否符合自然,并以此为准则,面对着四方,顺随着四时的消长而消长。是也好,非也好,都不必去管它,掌握那圆周的中间环节,唯独按照自然的感情和自然之道交往。不执著于一处而随时运行,不要去成就你的义理,否则将会去掉你的天性。

“比干被挖去心脏,子胥被挖掉眼睛,这就是尽忠所带来的祸害;直躬出证他的父亲偷了人家的羊,尾生被淹死,这是守信带来的祸患;鲍子站在那里死去,申生不去辩白自己的冤屈,这是清廉带来的祸害;孔子没有见到母亲,匡子没有见到父亲,这都是沉溺于推行仁义而造成的过失。这些事情从上代流传下来,后代还要流传下去,希望以此端正人们的言论并要人们一定这样去做,人们会因此而遭到祸患。”

[原文]

无足问于知和曰:“人卒未有不兴名就利者。彼富则人归之,归则下之,下则贵之[1]。夫见下贵者,所以长生安体乐意之道也。今子独无意焉,知不足邪,意知而力不能行邪,故推正不忘邪?”

知和曰:“今夫此人以为与己同时而生,同乡而处者,以为夫绝俗过世之士焉[2];是专无主正,所以览古今之时,是非之分也,与俗化世。去至重,弃至尊,以为其所为也;此其所以论长生安体乐意之道,不亦远乎! 惨怛之疾,恬愉之安,不监于体[3],怵惕之恐,欣欢之喜,不监于心;知为为而不知所以为,是以贵为天子,富有天下,而不免于患也。”

无足曰:“夫富之于人,无所不利,穷美究埶,至人之所不得逮,贤人之所不能及,侠人之勇力而以为威强,秉人之知谋以为明察,因人之德以为贤良,非享国而严若君父。且夫声色滋味权势之于人,心不待学而乐之，体不待象而安之④。夫欲恶避就，固不待师，此人之性也。天下虽非我，孰能辞之！”

知和曰：“知者之为，故动以百姓，不违其度，是以足而不争，无以为故不求。不足故求之，争四处而不自以为贪；有余故辞之，弃天下而不自以为廉。廉贪之实，非以迫外也，反监之度⑤。势为天子而不以贵骄人，富有天下而不以财戏人。计其患，虑其反，以为害于性，故辞而不受也，非以要名誉也。尧舜为帝而雍⑥，非仁天下也，不以美害生也；善卷许由得帝而不受，非虚辞让也，不以事害己。此皆就其利，辞其害，而天下称贤焉，则可以有之，彼非以兴名誉也。”

无足曰：“必持其名，苦体绝甘，约养以持生，则亦久病长厄而不死者也⑦。”

知和曰：“平为福，有余为害者，物莫不然，而财其甚者也。今富人，耳营钟鼓管籥之声，口嗛于刍豢醪醴之味，以感其意，遗忘其业，可谓乱矣；侅溺于冯气⑧，若负重行而上也，可谓苦矣；贪财而取慰，贪权而取竭，静居则溺，体泽则冯⑨，可谓疾矣；为欲富就利，故满若堵耳而不知避，且冯而不舍，可谓辱矣；财积而无用，服膺而不舍，满心戚醮⑩，求益而不止，可谓忧矣；内则疑劫请之贼，外则畏寇盗之害，内周楼疏⑪，外不敢独行，可谓畏矣。此六者，天下之至害也，皆遗忘而不知察，及其患至，求尽性竭财，单以反一日之无故而不可得也⑫。故观之名则不见，求之利则不得，缭意体而争此，不亦惑乎！”

[注释] ① 无足、知和:虚拟的人物。无足,指贪婪之人;知和,指体知中和之道、谨守清廉的人。卒:终。归则下之:下,退让,指屈己尊人。 ② 此人:指世俗贪鄙之人。绝俗过世:绝,超越。 ③ 惨怛(dá 达):怛,痛苦,悲伤。恬(tián 填)愉:快乐。不监于体:监,视。 ④ 穷美究埶:埶,《经典释文》:"音势,本亦作势。"不得逮:逮,及。体不待象:象,法式。 ⑤ 反监之度:度,指襟怀,气度。 ⑥ 非以要(yāo 夭)名誉也:要,通"徼",求取。尧舜为帝而雍:雍,和,指百姓和睦团结。⑦ 约养以持生:约,简约。久病长厄(è 愕):苦难,困穷。 ⑧ 耳营:营,惑乱。管籥:箫笛一类管乐器。嗛(xián 衔):衔在口内。刍豢:家畜。醪(láo 劳)醴(lǐ 礼):酒。侅(gāi 该):饮食至喉间噎住。冯气:愤懑之气。 ⑨ 体泽则冯:泽,污垢。屈原《离骚》:"芳与泽其杂糅兮。"郭沫若先生解释说:"泽字旧未得其解。今案《毛诗·秦风》:'子曰无衣,与子同泽。'郑注:'泽,亵衣也,近污垢。'即此泽字之义。"此句中泽字,旧时亦未得其解,不从。冯:犹上文"冯气"。 ⑩ 且冯而不舍:冯,欺凌。服膺:郭庆藩以为服膺即冯,即上文冯而不舍之意。戚醮:犹烦恼。 ⑪ 楼疏:防盗设施。楼,户牖之间的射孔,据《释名》为防盗之用。疏,章太炎说:"疏正作𤕟,《说文》:'门户疏窗也。'所以交疏者,本由防盗。" ⑫ 单:只。

[译文] 无足向知和问道:"人没有不希望树立名望和取得利禄的。他富了别人就归顺他,归顺他就一定会对他表示谦恭,对他表示谦恭,他也就自然而然的尊贵了。能够看到别人对他表示谦恭而显得尊贵的,心里一定会感到快乐,身体一定会感到安适,这才是长生之道啊。现在,难道你没有这种心愿吗?是能力达不到呢?还是能力虽能达到而不愿实行呢?还是没有忘记正理因而排遣这种思想不愿实行呢?"

知和说:"现在有这种人,和富贵之人生于同时,处于同乡,就以为是和世俗不同并且是超过了世俗的人。这种人是内心无主,不行正道,不能察看古今的区别以及是非的区别而和世俗的末流同化。丢掉那最贵重的东西——生命；抛弃那最令人尊崇的东西——大道，而做他自己想做的事情。这种做法和那种使心志愉悦，身体安适的长生之道的距离，不是太远了吗？悲哀的痛苦，欢愉的安乐，都不能使人看到存在于体内的自然的本性；战战兢兢的恐惧，欢快的喜悦，都不能使人看到存在于心灵之中的自然本性；只知道按照自己的想法去做，而不知道为什么这样做，因此，虽然贵为天子，富足到据有天下，而仍然不能免除祸患。”

无足说：“富有对于人，没有不利的，考查那最美的和最有威势的，不正是富贵的人吗？至人达不到这步田地，贤人也达不到这步田地。富贵之人，借别人的勇敢和武力来增强威势，拿别人的智谋来增强他观察问题的能力，有德者前来帮助他成为贤良的人，虽然不掌握国家的权柄而威严却像君主和父亲。况且音乐、美色、滋味、权利、地位，对于人，虽然不去学习而心里却乐意得到这些，虽然身体还没有享有它，心里就安于得到它了。希望、厌恶、躲避、接近，本来就不需要得到老师的教授，这就是人的自然本性。即使天下的人都来非难我，但是谁又能使我去掉这些呢？”

知和说：“有智慧的人的做法，他行动的时候，以百姓的愿望为愿望，不违背他们自然形成的法度。因此，老百姓都十分富足而不互相争夺，无所作为因而也就没有什么希求。不富足便有所寻求，四处争夺而自己却不以为是贪婪；有所剩余，因而也就拒不接受，虽然抛弃了天下，而自己也不认为是清廉。清廉和贪婪，实质上不是受外物的影响，反过来考查一下内心，则是由于襟怀和气度的不同。地位高到做了天子，也不拿这种高贵的地位骄傲地对待别人；富足到据有天下，也不拿财物来戏弄别人。计算一下患害，考虑一下反面，认为这样做对于自然本性是有害的，所以拒绝而不接受，并不是以这种行为来钓名沽誉。尧和舜做天子的时候，天下臣民都能够和睦团结，并不是在天下推行什么仁政，而是不因为追求美好而损害那自然的本性；善卷、许由可以得到帝位却拒不接受，并不是虚伪地辞让，而是不以操劳政务损害自己。这些都是接近利、拒绝害的做法，因而天下的人都称赞他为贤人，就是说他们虽然有就利避害的思想，实际上并没有钓名沽誉的心意。”

无足说：“一定要博取名望，而使身体忍受各种痛苦，拒绝甘美的饭食，过着简朴的生活，保持着生命，不也就像长期生病，长久处在艰难困苦的境地而没有死掉的人吗？”

知和说：“平均就是幸福，有了剩余就会产生祸害，事物没有不是这样的，而财产尤其如此。现在，富人耳朵里充满了钟鼓箫笛一类乐器的声音；嘴里面含着肉食和美酒，从而感发其心意，忘掉了他应当从事的事业，可以说是昏乱的行为了。沉溺在卑俗的贪欲之中，好像背着重载走上坡路一样，可以说是很痛苦的了。贪婪地攫取财富以求快慰，贪婪地谋取权位而用尽心计，平居无事就沉溺在安乐之中，处于卑污的处境便充满愤怒，可以说是得了疾病的人。假如为了希图富贵而贪求利益，这种感情像面对一堵墙而不知道躲避，遭到凌辱也不舍弃，可以说是耻辱了；财物积聚着而不使用，遭到了凌辱而不知舍弃，心胸充满烦恼，追求富贵而不知道停止，可以说是忧愁了。在家中，就忧虑盗贼前来劫取财物，在外面，就害怕那寇盗的残害，因而在家内便在院落之中建筑一些守卫的设施；在外面，不敢单独行动，可以说是畏惧了。这六个方面，都是天下最大的祸害。都忘掉了而看不到，等到祸害来到了，所有财产化为乌有，想过一天平安的日子也过不到了。所以，你想看看那名誉却看不到，要求得到利益却得不到，使心志和身体受了许多苦楚来争夺这些东西，不是糊涂吗？”

说剑第三十

[原文]

昔赵文王喜剑[①],剑士夹门而客三千余人,日夜相击于前,死伤者岁百余人,好之不厌[②]。如是三年,国衰,诸侯谋之。

太子悝患之[③],募左右曰:“孰能说王之意止剑士者,赐之千金。”左右曰:“庄子当能。”

[注释]

① 赵文王:即赵惠文王,名何,赵武灵王的儿子。 ② 厌:满足。 ③ 悝(kuī 亏):太子名,俞樾说:“惠文王之后为孝成王丹,则此太子盖不立。”

[译文]

过去,赵文王喜欢剑术,争着依附于门下的剑士有三千余人,这些剑士,白天黑夜在赵文王面前击剑,死伤的,一年之内就有一百多人,而赵文王仍然喜欢剑术而不满足。像这样过了三年,国势衰落了,诸侯打算侵犯赵国。

太子悝对这件事情感到忧虑,招募左右的人说:“谁能够说服国王停止剑士的击剑活动,便赏赐他千金。”左右的人说:“庄子能够做到。”

[原文]

太子乃使人以千金奉庄子[①]。庄子弗受,与使者俱,往见太子曰:“太子何以教周,赐周千金?”太子曰:“闻夫子明圣,谨奉千金以币从者[②]。夫子弗受,悝尚何敢言!”

庄子曰:“闻太子所欲用周者,欲绝王之喜好也。使臣上说大王而逆王意,下不当太子,则身刑而死，周尚安所事金乎？使臣上说大王，下当太子，赵国何求而不得也！”

太子曰：“然。吾王所见，唯剑士也。”庄子曰：“诺。周善为剑。”太子曰：“然吾王所见剑士，皆蓬头突鬓垂冠，曼胡之缨，短后之衣，瞋目而语难，王乃说之③。今夫子必儒服而见王，事必大逆。”

庄子曰：“请治剑服。”治剑服三日，乃见太子。

［注释］ ① 奉：给予。 ② 币：礼物，此处用作动词。 ③ 蓬头：头发蓬乱。一说指头盔，头盔有毛，状如蓬。曼胡：坚固。（采吴汝纶说）短后之衣：即短衣，着短衣便于用武。瞋（chēn 琛）目：瞪大眼睛。

［译文］ 太子便派使者将千金的重礼恭敬地送给庄子。庄子不接受，和使者一起前来拜见太子说：“太子送给我千金重礼，叫我做什么？”太子说：“听说先生是一位明达圣哲之人，所以恭敬地将千金送给你以作随从的费用。既然先生不接受，我还敢说什么呢？”

庄子说：“听说太子想要用我，为的是断绝大王对剑术的喜好。假如我对上谏正大王，不合乎大王的心意，对下没有完成太子交给的任务，那么，我一定会遭到刑罚而死去。这样，我还怎么能够去使用千金呢？假如我对上能说服大王，对下能够完成太子交给的任务，那么，在赵国，还有什么要求不能得到呢？”

太子说：“是这样。我们大王接见的，只是剑士。”庄子说：“好吧。我善于用剑。”太子说：“我们大王所接见的剑士，都是头发散乱，鬓毛突出，帽子下垂，帽缨坚固，身着短衣，瞪着眼睛，说话困难，见到这样的人大王才高兴。现在，先生如果要穿着儒服拜见大王，这样做一定非常违背大王的心意。”

庄子说："请给我制一套剑服。"三天后剑服制成了，便去拜见太子。

［原文］

太子乃与见王，王脱白刃待之。庄子入殿门不趋，见王不拜①。王曰："子欲何以教寡人，使太子先？"曰："臣闻大王喜剑，故以剑见王。"王曰："子之剑何能禁制？"曰："臣之剑，十步一人，千里不留行。"王大悦之，曰："天下无敌矣！"

庄子曰："夫为剑者，示之以虚，开之以利，后之以发，先之以至。愿得试之。"王曰："夫子休就舍，待命令设戏请夫子。"

王乃校剑士七日，死伤者六十余人，得五六人，使奉剑于殿下，乃召庄子。王曰："今日试使士敦剑。"庄子曰："望之久矣。"王曰："夫子所御杖，长短何如②？"曰："臣之所奉皆可。然臣有三剑，唯王所用，请先言而后试。"

王曰："愿闻三剑。"曰："有天子剑，有诸侯剑，有庶人剑。"

王曰："天子之剑何如？"曰："天子之剑，以燕谿石城为锋，齐岱为锷，晋魏为脊，周宋为镡，韩魏为夹；包以四夷，裹以四时，绕以渤海，带以常山③；制以五行，论以刑德；开以阴阳，持以春夏，行以秋冬。此剑，直之无前，举之无上，案之无下，运之无旁，上决浮云，下绝地纪。此剑一用，匡诸侯，天下服矣。此天子之剑也。"

文王芒然自失④，曰："诸侯之剑何如？"曰："诸侯之剑，以知勇士为锋，以清廉士为锷，以贤良士为脊，以忠圣士为鐔，以豪杰士为夹。此剑，直之亦无前，举之亦无上，案之亦无下，运之亦无旁；上法圆天以顺三光⑤，下法方地以顺四时，中和民意以安四乡。此剑一用，如雷霆之震也，四封之内，无不宾服而听从君命者矣。此诸侯之剑也。”

王曰：“庶人之剑何如？”曰：“庶人之剑，蓬头突鬓垂冠，曼胡之缨，短后之衣，瞋目而语难。相击于前，上斩颈领，下决肝肺，此庶人之剑，无异于斗鸡，一旦命已绝矣，无所用于国事。今大王有天子之位而好庶人之剑，臣窃为大王薄之。”

王乃牵而上殿⑥。宰人上食，王三环之。庄子曰：“大王安坐定气，剑事已毕奏矣。”于是文王不出宫三月，剑士皆服毙其处也。

[注释] ① 白刃：利刃。趋：小步行走，表示恭敬。 ② 使奉剑于殿下：奉：捧。敦剑：治剑。敦，治。御杖：犹言使用。御，用；杖，持。 ③ 燕谿（xī 惜）：地名。在燕国境内。石城：山名，塞外之山。齐岱：齐，齐国。岱，泰山。锷：剑刃。鐔（xín 心阳平，又读 tán 谭）：剑环，称剑鼻。常山：北恒山。 ④ 芒然：通茫然。 ⑤ 三光：指日、月、星。⑥ 牵而上殿：庄子的言论使赵文王觉悟到自己的错误，故牵着庄子使上殿以表达惭愧之情。

[译文] 太子便和庄子一起拜见赵文王，赵文王解下利刃等待庄子。庄子进入殿门之内，不小步走道，见到赵文王也不跪拜。赵文王说：“先生想用什么来开导我，使太子事先跟我联系？”庄子说：“我听说大王喜欢剑术，所以我以剑术拜见大王。”王说：“先生的剑能有多大威力？”庄子回答说：“我的剑，每十步

便可杀死一人，一千里内无人能够阻挡。”赵文王非常高兴，说：“天下没有人是你的对手了。”

庄子说：“运用剑术的方法，内心要空虚，运用开来利于万物，受到外物的感应才有所发动，没有行动之前，意念先行产生。希望试一试。”王说：“先生先到旅馆内休息，等待我的命令，做好比赛的准备请先生比试。”

于是赵文王让剑士比赛了七天，死伤的有六十多人，选出五、六人，让他们捧着剑在殿下等候，然后召来庄子。王说：“今天可以让剑士跟你比试剑术了。”庄子说：“我期待着比试已经很久了。”王说：“先生所使用的剑长短怎样？”庄子说：“我所使用的剑，长的短的都可以。然而我有三种剑，听凭大王选用，请允许我先谈谈这三种剑，然后再进行比试。”

王说：“希望听一听三剑。”庄子说：“有天子剑，有诸侯剑，有庶人剑。”

王说：“天子之剑怎样？”庄子说：“天子之剑，把燕谿和石城当作剑锋，把齐国和泰山当作剑刃，把晋国和魏国当作剑脊，把周国和宋国当作剑环，把韩国和魏国当作剑把，四方边远地区的民族也都畏服而被包括在内，顺应四时的推移而化生万物。远处可以控制到渤海，近处则掌握着北岳，根据五行来统治天下，根据刑德赏罚来驾驭百姓。行动以阴阳作根据，春夏之际万物生长则不动，秋冬之际万物凋零，才可以使用。这种剑使用起来一往无前不可阻挡，举起来，不知道有多高，按下去，不知道有多深，运动起来，旁若无物，向上可以决断浮云，向下可以断绝地纪。这种剑一旦运用起来，就可以匡正诸侯使天下臣服，这就是天子之剑。”

文王惘然自失，说：“诸侯之剑怎样？”庄子说：“诸侯之剑以智慧勇敢的人作为剑锋，以清白廉洁的人作剑刃，以贤良的人为剑脊，以忠诚圣明的人作剑环，以英雄豪杰为剑把。这种剑使用起来也是一往无前不可阻挡，举起来也是不知道有多高，按下去也是不知道有多深，运动起来也是旁若无物，向上取法圆形的天空以顺应三光，向下取法方形的大地以顺应四时，当中顺乎民意而安定四乡。这种剑一旦运用起来，就好像雷霆的震动，四方边界之内没有不宾服而听从国君命令的人了。这就是诸侯之剑。”

王说：“庶人之剑怎样？”庄子说：“庶人的剑则是头发散乱，鬓毛突出，帽子下垂，帽缨坚固，身着短衣，瞪着眼睛，说话困难，在人们面前互相砍杀，上可以斩断人头，下可以挖出肝肺。这种庶人之剑跟斗鸡没有什么不同，一旦性命死去了，对于国事什么作用也没有。现在，大王坐在天子的位置上却喜好庶人之剑，我私下为大王鄙薄这种做法。”

赵文王把庄子请上殿来，厨夫送上饭菜，王绕着饭菜走了三周。庄子说：“大王安坐下来平定心气，关于剑术的事我已经讲完了。”

于是文王三个月没有走出宫门，剑士都在自己的住处自杀了。

渔父第三十一

[原文]

孔子游乎缁帷之林，休坐乎杏坛之上①。弟子读书，孔子弦歌鼓琴。奏曲未半，有渔父者，下船而来，须眉交白，被发揄袂，行原以上，距陆而止，左手据膝，右手持颐以听②。曲终而招子贡、子路，二人俱对。

客指孔子曰："彼何为者也？"子路对曰："鲁之君子也。"客问其族。子路对曰："族孔氏。"客曰："孔氏者何治也？"子路未应，子贡对曰："孔氏者，性服忠信，身行仁义，饰礼乐③，选人伦，上以忠于世主，下以化于齐民，将以利天下。此孔氏之所治也。"又问曰："有土之君与？"子贡曰："非也。""侯王之佐与？"子贡曰："非也。"

客乃笑而还，行言曰："仁则仁矣，恐不免其身；苦心劳形以危其真。呜呼，远哉其分于道也！"

[注释]

① 缁帷之林：林名。缁，黑。帷，一本作惟。杏坛：水泽中的高地称坛。以其地多杏树故名杏坛。　② 须眉交白：交，俱，皆。被：通"披"。揄（yú 于）：挥。袂（meì 妹）：衣袖。距陆而上：距，至。据膝：据，抱持。颐：腮。　③ 饰：治。一本作饬。

[译文]

孔子在缁帷林中游玩，在杏坛上坐着休息。弟子们在读书，孔子一面弹琴，一面唱歌。曲子还没有奏到一半，有一位渔父走下船来，头发和眉毛全都白了，披着头发挥着袖管，走上岸来，到一块又高又平的陆地上停下脚步，左手抱住膝盖，右手支撑着下巴在谛听。曲子终了的时候招来子贡和子路，二人一起走到渔父的跟前。

渔父指着孔子说："他是干什么的？"子路回答说："鲁国的君子。"渔父询问他的家族。子路回答说："他的家族是孔氏。"渔父说："孔氏用什么方法来培养自己的品德？"子路没有答应，子贡回答说："孔子做人，品性忠诚信实，亲身实行仁义，制礼作乐，鉴别选拔人才，对上忠心耿耿地为当世君主服务，对下通过教化来统一人民的思想，将要为天下人谋求福利，这就是孔氏的方法。"又问道："他是拥有土地的国君吗？"子贡说："不是的。""他是诸侯国君的辅佐吗？"子贡说："不是的。"

渔父便笑着回去了，一面走一面说："孔氏的仁可以算是仁了，恐怕他自身难以免除危难，使精神和肉体受到劳苦的折磨而危害那天真的本性。唉！和自然之道距离太远了！"

［原文］

子贡还，报孔子。孔子推琴而起曰："其圣人与！"乃下求之，至于泽畔，方将杖拏而引其船，顾见孔子，还乡而立。孔子反走，再拜而进①。

客曰："子将何求？"孔子曰："曩者先生有绪言而去，丘不肖，未知所谓，窃待于下风，幸闻咳唾之音以卒相丘也②！"

客曰："嘻！甚矣子之好学也！"孔子再拜而起曰："丘少而修学，以至于今，六十九岁矣，无所得闻至教，敢不虚心！"

客曰："同类相从，同声相应，固天之理也。吾请释吾之所有而经子之所以③。子之所以者，人事也。天子诸侯大夫庶人，此四者自正，治之美也，四者离位而乱莫大焉。官治其职，人忧其事，乃无所陵[④]。故田荒室露，衣食不足，征赋不属，妻妾不和，长少无序，庶人之忧也；能不胜任，官事不治，行不清白，群下荒怠，功美不有，爵禄不持，大夫之忧也；廷无忠臣，国家昏乱，工技不巧，贡职不美，春秋后伦[⑤]，不顺天子，诸侯之忧也；阴阳不和，寒暑不时，以伤庶物，诸侯暴乱，擅相攘伐，以残民人，礼乐不节，财用穷匮，人伦不饬，百姓淫乱，天子有司之忧也。今子既上无君侯有司之势而下无大臣职事之官，而擅饰礼乐，选人伦，以化齐民，不泰多事乎[⑥]！

"且人有八疵，事有四患，不可不察也。非其事而事之，谓之摠；莫之顾而进之，谓之佞；希意道言，谓之谄；不择是非而言，谓之谀；好言人之恶，谓之谗；析交离亲，谓之贼；称誉诈伪以败恶人，谓之慝[⑦]；不择善否，两容颊适，偷拔其所欲，谓之险。此八疵者，外以乱人，内以伤身，君子不友，明君不臣。所谓四患者：好经大事，变更易常，以挂功名，谓之叨；专知擅事，侵人自用，谓之贪；见过不更，闻谏愈甚，谓之很；人同于己则可，不同于己，虽善不善，谓之矜[⑧]。此四患也。能去八疵，无行四患，而始可教已。"

［注释］ ① 其圣人与：其，表拟议，犹"殆"，大概，恐怕。方将杖拏（ná 拿）：拏，指"桡"，桨。反走：反走前进，表示恭敬。 ② 曩（nǎng 囊上声）：以往；以前。绪言：余言，指没有说完的话。绪：余。不肖：不贤，指不聪明，自谦之词。下风：比喻低下的地位，用作谦词。咳唾：比喻谈吐，议论。相：助。 ③ 经子之所以：经，治。所以，所主张的。 ④ 人忧其事：忧，高山寺本作"处"。乃无所陵：陵，乱。 ⑤ 春秋后伦：

春秋，指春秋时代的盟会。伦，朋伦，指其他诸侯。 ⑥ 人伦不饬：饬，整顿。擅饰礼乐：饰，整顿。不泰多事乎：高山寺本不下有“亦”字，作“不亦泰多事乎”。泰，一本作“大”。 ⑦ 八疵：疵，毛病，缺点。摠（zǒng 总）：同“总”，一概，皆，指管得宽。希意道（dǎo 倒）言：希，迎合。道言，谄媚之言。谄，巴结奉承。谀：成玄英疏：“苟且顺物，不简是非，谓之谀也。”谗：说别人坏话。贼：毁坏。以败恶人：恶，《阙误》引张君房本作“德”。慝（tè 忒）：邪恶；恶念。 ⑧ 两容颊适：两，承上文，指善、否两边。容，容纳。偷拔：潜引人心中的欲念。大事：重大的事情，指发动政变，夺取权位。以挂功名：挂，钩取。叨（tāo 滔）：贪。谓之很：很，不听从劝告改正错误。《说文》：“很，不听从也。”矜：自以为贤能。

［译文］

子贡回来将渔父的话告诉孔子。孔子推开琴站起来说道：“这位渔父可能是圣人！”于是走下来寻找渔父。到了泽边，渔父正拿起桨将船引入水中，回过头来看见孔子，又转过脸站在那里，孔子恭敬地走向前来，一再行礼，然后走近渔父。

渔父说：“先生有什么要求？”孔子说：“刚才，先生的宏论刚刚开了个头，没有说完便离开了。我很不聪明，不了解你的意思，我私自呆在下风，希望能够听到您的议论，以便对我有所助益。”

渔父说：“哎呀！先生真是一位特别好学的人啊！”孔子一再行礼，然后站起来说：“我从年轻时就喜好学习，以至到了今天，已经六十九岁了，还没听到真理，怎敢不虚心呢！”

渔父说：“类别相同，相互随从，声音相同，相互呼应，这本来是自然的规律。我请求放弃我的主张，来经营你所提出的主张，你的主张属于人事。天子、诸侯、大夫、庶人，这四种人都端正了，这是最美好的政治，这四种人离开本分，祸乱没有比这再大的了。官员们各守自己的本分，人们都认真地对待自己分内的事，就不会紊乱了。因此田地荒芜，房屋破漏，衣食不足，赋税征集不上来，妻妾不能和睦相处，长幼之间没有次序，这些则是老百姓的忧虑。能力太小不能胜任，官员办不好职分以内的事务，行为不清不白，许多下级官吏荒嬉怠惰，没有功劳，没有美好的名声，爵位和俸禄不能保持。这些则是大夫的忧虑。朝廷上没有忠臣，国家昏乱，工艺技术不高超，贡物不美好，春秋盟会的时候落在其他诸侯后面，不顺从天子。这些则是诸侯的忧虑。阴阳不调和，寒天和暑天不能按时令到来，因而万物受到损害；诸侯发动暴乱，悍然相互侵伐，以残害人民；礼乐不合乎规定，财政困难，人们的伦常关系得不到整顿，百姓淫乱，这些则是天子和大臣的忧虑。现在你上无国王及大臣的地位，下无大臣及负责具体事务的官吏来整顿礼乐和选拔人才以教化来整顿人民，不是太多事了吗？

“况且人有八种毛病，事情有四种祸患，这些不可不看到。不是他职分以内的事情他也去做，叫做滥；人家不理睬还要勉强劝谏，叫做佞；看着别人的脸色说话，叫做谄；不分是非，一味歌功颂德，叫做谀；喜欢说别人的坏话叫做谗；离间人家亲朋好友，叫做贼；与自己关系好的虽是坏人也加以颂扬，与自己关系坏的虽是好人也加以中伤，这叫做邪恶；无论对好人还是坏人都和颜悦色同样接纳，却暗中勾引诱发他的私欲，这叫做阴险。有了这八种毛病的人，对外要伤害别人，对内要伤害自身，君子不会跟他交朋友，明君不会用他作臣子。所谓四种祸患：喜好通过重大事变来变更常规，以谋取功名，这叫做叨。自作聪明，权事独揽，为一己之私利而侵凌别人，这叫做贪。有了过错不知改正，听了别人的谏正，不但不改反而变本加厉，这叫做很。人家附和你，你就肯定他；人家不附和你，虽是好人你也要否定他，这就叫做矜。这是四种祸患。能够去掉八种毛病，不去做那四种坏事，而后才可以教育他。”

［原文］ 孔子愀然而叹[1]，再拜而起曰："丘再逐于鲁，削迹于卫，伐树于宋，围于陈蔡。丘不知所失，而离此四谤者何也[2]？"

客凄然变容曰："甚矣子之难悟也！人有畏影恶迹而去之走者，举足愈数而迹愈多，走愈疾而影不离身，自以为尚迟，疾走不休，绝力而死。不知处阴以休影，处静以息迹，愚亦甚矣！子审仁义之间，察同异之际，观动静之变，适受与之度，理好恶之情，和喜怒之节，而几于不免矣。谨修而身[3]，慎守其真，还以物与人，则无所累矣。今不修之身而求之人，不亦外乎！"

孔子愀然曰："请问何谓真？"

客曰："真者，精诚之至也。不精不诚，不能动人。故强哭者虽悲不哀，强怒者虽严不威，强亲者虽笑不和。真悲无声而哀，真怒未发而威，真亲未笑而和。真在内者，神动于外，是所以贵真也。其用于人理也，事亲则慈孝，事君则忠贞，饮酒则欢乐，处丧则悲哀。忠贞以功为主，饮酒以乐为主，处丧以哀为主，事亲以适为主[4]，功成之美，无一其迹矣。事亲以适，不论所以矣；饮酒以乐，不选其具矣；处丧以哀，无问其礼矣。礼者，世俗之所为也；真者，所以受于天也，自然不可易也。故圣人法天贵真，不拘于俗。愚者反此。不能法天而恤于人，不知贵真，禄禄而受变于俗，故不足。惜哉，子之蚤湛于人伪而晚闻大道也[5]！"

孔子又再拜而起曰："今者丘得遇也，若天幸然。先生不羞而比之服役⑥，而身教之。敢问舍所在，请因受业而卒学大道。”

客曰：“吾闻之，可与往者与之，至于妙道；不可与往者，不知其道，慎勿与之，身乃无咎。子勉之！吾去子矣，吾去子矣！”乃刺船而去，延缘苇间⑦。

［注释］ ① 愀（qiǎo 巧）然：凄凉悲伤的样子。 ② 丘再逐于鲁：自此以下所写四件事均见《天运》篇第四段注④。离此四谤：离，遭受。谤，指责。四谤指上文四件事。 ③ 处静以息迹：息，通“熄”，灭。谨修而身：而，通“尔”，你。 ④ 事亲以适为主：适，舒适，畅快。 ⑤ 禄禄而受变于俗：禄禄，同“碌碌”，平庸的意思。蚤湛（dān 耽）于人伪：蚤，早的异体字。湛，喜乐。人，世德堂本无此字。伪，指世俗礼乐。 ⑥ 比之服役：比，并列，使动用法，可理解为安置。 ⑦ 可与往者与之：往，成玄英疏：“从迷适悟为往。”可供参考。刺船：撑船。延，伸展。缘，沿，绕。

［译文］ 孔子凄凉而悲哀地叹了一口气，又一次行礼，然后站起来说：“我一再从鲁国被赶出来，在卫国被人铲去行路的足迹，在宋国我讲学于荫下的大树被砍伐，在陈国和蔡国之间，我遭到围困，我不知道我有什么过错，然而我却遭到了这四次打击，为什么呢？”

渔父悲哀地动容说：“严重啊！你怎么这样难于省悟呢！有这样一个人，他害怕自己的影子，讨厌自己的足迹，一心要离开自己的影子和足迹跑掉。结果，抬起脚的次数越多，留下的足迹越多。跑得虽快，影子却离不开自身，自己还认为跑得太慢。于是快跑而不停止，以致用尽气力而死。不知道处在树荫之下就不会有影子，停在那里一动不动便不会有足迹，不也是太愚蠢了吗！先生对于仁义细加考究，观察同异的分别，动静的变化，确定施予和接受的分寸，整治好恶的感情，调和喜怒的节奏，简直到了无法自拔的程度。恭敬地培养自身,谨慎地保持住自己的天真,把身外之物还给别人,就没有累赘了。现在,不去培养自身而求之他人,不是舍本逐末吗!”

孔子凄凉而悲哀地说:“请问什么叫做真?”渔父说:“真,是精诚的最高境界。不精不诚,就不能够感动人。所以,勉强哭泣的人虽然表面上悲痛,其实并不哀伤。勉强愤怒的人,虽然表面严厉,其实并不威武,勉强亲热的人,虽然外表笑容满面,其实心里并不和睦。真实的悲伤虽然没有声音然而十分哀痛,真实的愤怒虽然没有表现出来却十分威武,真实的亲热,虽然并不笑容满面却十分和蔼。真实自然的感情在内心,神情会自然而然地流露在外面,因此,人们珍视真实自然。把这种道理应用在人与人之间的关系上,对待父母就自然会孝顺,对待君主就自然会忠贞。饮酒的时候就欢乐,碰到丧事就悲哀。忠贞以功绩为主,饮酒以欢乐为主,碰到丧事以悲哀为主,侍奉父母,以使父母畅快为主。事功的美好,它的表现不是一样的。侍奉父母,既然以使父母畅快为主,就不必考虑方法;饮酒既然以快乐为主,就不必选择酒具。对待丧事既然以悲为主,就不必再讲究礼节。礼,是世俗之人所做的事情;真,出自于天然,自然而然形成的不可改变。所以,圣人效法自然珍视天真,不局限于世俗的做法。愚蠢的人与此相反,不能够效法自然而关心人,不知道珍重天真,平平庸庸地变化在世俗之中,所以常常不知满足。可惜啊!先生过早地沉湎在世俗之中而听到大道的时候太晚了!”

孔子又一次行礼,然后起来说:“今天我能够遇到先生,真是天大的幸事,先生如果不把对我进行教诲当作耻辱,那就请您把我安置在供您役使的门人之中,亲自对我进行教育。请问先生住在哪里,请允许我从您那里接受学业,并最后学得大道。”

渔父说："我听说，可以把他从迷惑中拯救出来并使之省悟的人，便可以和他交往，并使之达于至道；如果不能够把他从迷惑中拯救出来并使之省悟的人，不会了解大道，那就要慎重而不要和他交往。自身也就不会碰到什么灾祸了。努力吧！先生。我要离开你了，我要离开你了！"于是撑着船离去，顺着芦苇中间的水道走了。

［原文］

颜渊还车，子路授绥，孔子不顾，待水波定，不闻拏音而后敢乘①。

子路旁车而问曰："由得为役久矣，未尝见夫子遇人如此其威也。万乘之主，千乘之君，见夫子未尝不分庭伉礼，夫子犹有倨敖之容。今渔父杖拏逆立，而夫子曲要磬折，言拜而应，得无太甚乎②？门人皆怪夫子矣，渔人何以得此乎？"

孔子伏轼而叹曰："甚矣由之难化也！湛于礼义有间矣，而朴鄙之心至今未去。进，吾语汝！夫遇长不敬，失礼也；见贤不尊，不仁也。彼非至人③，不能下人，下人不精，不得其真，故长伤身。惜哉！不仁之于人也，祸莫大焉，而由独擅之。且道者，万物之所由也，庶物失之者死，得之者生，为事逆之则败，顺之则成。故道之所在，圣人尊之。今渔父之于道，可谓有矣，吾敢不敬乎！"

［注释］

① 子路授绥：绥，古时车上的绳索，用作登车时的拉手。拏音：桨声。　② 子路旁（bàng 谤）车：旁，通"傍"，依傍。万乘之主：古时指天子。千乘之君：指诸侯。分庭伉礼：伉，亦作抗，对等，相当。宾、主分别站在庭中两边，相对行礼，以平等地位对待。倨敖：一作倨傲，傲慢的意思。杖拏：见本篇第二段注①。曲要磬折：形容腰弯得像磬那样，表示

恭敬的姿态。要,通“腰”。　③ 彼非至人:彼,指渔父。

［译文］

颜渊把车子调转过来,子路拿起攀登车子的绳索交给孔子,孔子不顾,等到水波平静,听不到桨声,然后才登上车子。

子路靠着车子向孔子问道:“我侍奉先生很久了,从未见过先生在和人相遇时,如此恭敬,好像渔父无比威严。天子也好,诸侯也好,见到先生未尝不以同等的礼节对待,而先生还有傲视的表情。现在,渔父拿着桨背着您站在那里,而先生却像磬那样弯着腰,渔父说话之后,您总是先行礼而后答应,这样做不是太过分了吗? 学生们很不满意先生的做法,渔父怎么可以得到这样的礼遇呢?”

孔子伏在车前的横木上叹息着说:“严重啊! 由,你实在难于教化! 你沉湎在礼义之中有一段时间了,然而你愚鲁低下的情操至今未能抛弃。到前面来,我告诉你! 遇见长者而不恭敬,这就叫做失礼;看到贤能的人不尊重,这就叫做不仁。他如果不是至人,就不能够使人谦恭;对于至人做不到精诚,就不能达到最高境界,因而长期伤害自身,可惜啊! 不仁对于人,没有比这祸害更大的了,而由却偏偏有这种缺点。况且,道是万物产生的根源,无论什么,失去它就要死掉,得到它才能够生存,处理事情,违背道就要失败,符合道就能成功。所以,谁掌握了道,圣人就尊敬他。现在,渔父对于道,可以说是掌握了,我怎敢不尊敬呢!”

列御寇第三十二

［原文］

列御寇之齐，中道而反，遇伯昏瞀人。伯昏瞀人曰："奚方而反？"曰："吾惊焉。"曰："恶乎惊？"曰："吾尝食于十浆，而五浆先馈。"伯昏瞀人曰："若是，则汝何为惊已①？"

曰："夫内诚不解，形谍成光，以外镇人心，使人轻乎贵老，而整其所患②。夫浆人特为食羹之货，多余之赢，其为利也薄，其为权也轻，而犹若是，而况于万乘之主乎！身劳于国而知尽于事，彼将任我以事而效我以功，吾是以惊。"伯昏瞀人曰："善哉观乎！女处已，人将保女矣③！"

无几何而往，则户外之屦满矣。伯昏瞀人北面而立，敦杖蹙之乎颐，立有间，不言而出④。

宾者以告列子，列子提屦，跣而走，暨乎门，曰："先生既来，曾不发药乎⑤？"曰："已矣，吾固告汝曰人将保汝，果保汝矣。非汝能使人保汝，而汝不能使人无保汝也，而焉用之感豫出异也！必且有感，摇而本才，又无谓也。与汝游者又莫汝告也，彼所小言，尽人毒也⑥。莫觉莫悟，何相孰也！巧者劳而知者忧，无能者无所求，饱食而敖游，汎若不系之舟，虚而敖游者也⑦。"

［注释］

① 中道而反：反，通"返"。伯昏瞀（mào 茂）人：楚国的贤者、隐者。奚方而反：奚，何，什么。方，道理。一说方借为妨。浆：泛指饮料。下文"夫浆人特食羹之货"，则此处浆当指菜汤之类。十浆，指十户卖浆之

家,中心词省略。下文"五浆"同此。何为惊已:已,通"矣",语助词。

② 内诚不解:内,指内心。解,解脱。形谍成光:谍,孙诒让以为谍借为渫,谓形宣渫于外。说甚允,可从。旧注解作便辟,扞格难通。鳌(jī几):卢文弨说:"旧作鳌,讹。今改正。"马叙伦以为鳌借作"齎",《说文》:"齎,持遗也。" ③ 人将保女矣:保,聚守,依附。女:通"汝",你。 ④ 屦(jù据):用麻葛制成的单底鞋。敦杖:敦,《经典释文》引司马注:"竖也。"按"敦"当借为"拄",指支撑(采范耕研说)。 ⑤ 宾者:古时传达人员。跣(xiǎn显)而走:跣,赤脚。来不及穿鞋,形容列子行动急迫。发药:比喻提出批评意见。 ⑥ 而焉用之感豫出异也:而:通"尔",你。豫:通"豫",预先。摇而本才:才,据《经典释文》,一本作"性"。小言:指甜言蜜语。 ⑦ 汎若不系之舟:汎,漂流在水上,此处含有漫无目的之意。不系之舟,没有拴住的船,比喻自由自在而无所牵挂。虚:指内心之言,谓无目的。

[译文]

列御寇上齐国去,半道就回来了,恰巧碰到伯昏瞀人,伯昏瞀人说:"你掌握什么道术,为什么中途回来了?"回答说:"我碰到令人惊异的事情。"伯昏瞀人说:"什么事情使你感到惊异?"回答说:"我曾在十家茶馆饮浆就有五家争先把浆水送来。"伯昏瞀人说:"像这种事,你为什么惊异?"

列御寇说:"思想上还没解脱世俗观念而达到忘我的境界,这种思想又通过行动与表情表现出来,形成动人的神采,从而镇服外人之心,使人轻视老人,以致对我的看重超过了老人,这样,便会招致祸患。那浆水不过是羹汤一类的东西罢了,并没有多少盈余,利润是很轻的,权利是很小的,还这样争着向我奉献,何况是一国的君主呢!亲身操劳国事,把所有的心思都花费在国事上。他们将任命我担任一定的职务,并且要用功效来要求我,因此,我感到惊异。"伯昏瞀人说:"你真是善于观察问题啊!你能够这样处置自己,人家就会拥护你了!”

过了没有几天,伯昏瞀人又去一次,门户外面鞋子就已经摆满了。伯昏瞀人面向北站在那里,竖起手杖,将面颊贴在手杖上,站了一会儿,一句话不说便走出来了。

传达人员将这件事告诉给列子,列子提着鞋子,光着脚跑出来,到了门外,说:“先生既然已经来了,为什么不提些批评意见呢?”伯昏瞀人回答说:“算了吧,我本来就曾告诉过你,人们将要拥护你,现在人们果然拥护你了。并不是你能够使人拥护你,而是你不能使人不拥护你啊。你何必使人感动到出乎寻常呢!一定要使人感动到出乎寻常,那就会动摇你的本性,不也是毫无意义吗!和你交往的人又不能将这样的至理名言告诉你,他们所说的甜言蜜语,都是毒害人的。而你却毫不觉悟,为什么不仔细审察呢?有能力的人一定会劳苦,有智慧的人一定会忧虑,没有能力的人也就没有什么希求,吃饱了饭自由自在地遨游,好像水中没有拴住的船一样,这是心中不存任何目的而自由自在地遨游的人啊!”

[原文]

郑人缓也呻吟裘氏之地。祇三年而缓为儒,河润九里,泽及三族,使其弟墨。儒墨相与辩,其父助翟[①]。十年而缓自杀。其父梦之曰:“使而子为墨者予也。阖胡尝视其良,既为秋柏之实矣[②]?”

夫造物者之报人也,不报其人而报其人之天。彼故使彼。夫人以己为有以异于人以贱其亲,齐人之井饮者相捽也[③]。故曰今之世皆缓也。自是,有德者以不知也,而况有道者乎!古者谓之遁天之刑。

圣人安其所安,不安其所不安;众人安其所不安，不安其所安。

庄子曰："知道易，勿言难。知而不言，所以之天也；知而言之，所以之人也；古之人，天而不人。"

朱泙漫学屠龙于支离益，单千金之家，三年技成而无所用其巧④。

圣人以必不必，故无兵；众人以不必必之，故多兵；顺于兵，故行有求⑤。兵，恃之则亡。

小夫之知，不离苞苴竿牍，敝精神乎蹇浅，而欲兼济道物，太一形虚⑥。若是者，迷惑于宇宙，形累不知太初⑦。彼至人者，归精神乎无始，而甘冥乎无何有之乡。水流乎无形，发泄乎太清。悲哉乎！汝为知在毫毛，而不知大宁！

［注释］ ① 缓：人名。呻吟：读书的声音。裘氏：地名。祗（zhī 只）：只。河润九里，泽及三族：这两句是说郑人缓学成后又泽及他人。三族，父族、母族、妻族。泛指亲朋。翟：人名，郭象以为是缓的弟弟。 ② 使而子：而，通"尔"，你。予：我，缓自指。阖胡：何不。良（làng 浪）：一作埌，坟墓。秋柏之实：坟上的楸树与柏树结出种子。秋，同"楸"。 ③ 造物者：指自然，不是指人格神。报人：报，报答。意指对待，给予。人，指世俗的感情。天：指自然的本性。捽（zuó 昨）：冲突。 ④ 朱泙（pēng 烹）漫：人名，姓朱泙，名漫。支离益：人名，姓支离，名益。单千金：单，通"殚"，尽。 ⑤ 必不必：必，必然，指不可移易之理。不必：犹言不固执。顺于兵：顺，宣颖解作徇，指曲从。 ⑥ 小夫：指世俗之人。苞苴：苞，通包，苴指草垫。苞苴指馈赠的礼品。古人赠人以鱼肉之类东西时，常用香蒲等包裹扎束。竿牍：简牍。指以书牍相互问候。庄子认为这都是世俗之人所关心的琐事。敝：败，坏，指耗费。蹇浅：指浅薄之事。兼济道物：道，通"导"。导物，指疏导群生，使之通达。物，指世俗中一般人。太一，指元气。 ⑦ 太初：元气萌动之前为"太初"，实即所谓道的本体。

［译文］

郑国有一个名字叫做缓的人，在裘氏这个地方学习，只用了三年时间，便成为儒者，像河水灌溉无数田地一样，泽及乡里和三族，并且教育他的弟弟，使他的弟弟成为墨家学派的学者。儒家和墨家相互辩论，他的父亲偏袒墨家。十年之后，缓愤而自杀。缓的父亲梦见缓对他说："使你的儿子成为墨家学派学者的是我，你何不看一看我的坟墓，我已经变成秋柏并且已经结出果实了。"

那造物者所给予人的，不给予人的智能而给予人的自然本性。那个缓的弟弟，他的本性使他成为墨者。然而，缓却常常自以为与众不同，连他的亲人都加以轻视。齐人凿了一眼井，就自以为有造泉之功而对汲水的人暴力相加。所以说，现在世上的人都是像缓一样的人啊！自以为是有德的人，是不会了解这个道理的，何况是自以为有道的人呢？古时把那些自以为有道的人称作是不能逃避自然惩罚的人。

圣人安于他应当安于的境地，而不安于他所不应当安于的境地，一般人却安于他所不应当安于的境地，不安于他所应当安于的境地。

庄子说："了解道是容易的，了解道而不把它说出来是困难的。了解道而不把它说出来，才是真正了解道的人；了解道而把它说出来，那他不过是世俗之人罢了。古代的人却能够保持那自然本性，而不事人为。"

朱泙漫跟随支离益学习屠龙的技术，花光了千金的家产，三年之后，技术学成了，却无处使用这种巧妙的技术。

圣人对于不可移易的道理尚不固执，所以不起争端，因而没有兵祸的产生；众人对于可以变通的道理尚且那样固执，所以争端纷起，因而产生了许多兵祸。屈从于战争，就是希望通过战争来满足自己的欲望。对于军队,仗恃它就会灭亡。

世俗之人的智慧,离不开以香草和竹简互相送礼问候,把精神耗费在浅薄细小的事情上面,却想着疏导群生,成就兼济天下的大功。其实,创造天地万物的元气,它的形状是虚无的。像这样的世俗之人,为宇宙万物所迷惑,为万物的外在形状所囿蔽,而不了解道的本体。那种至人,把精神归属于没有开始的地方而心甘情愿地生活在什么都没有的所在,就好像水的流行一样不固守其形迹,一切都从那自然而然的天道中流泄出来。可悲啊!你的智慧像毫毛那样小,而无法了解那种无为的极为宁静的境界。

[原文]

宋人有曹商者,为宋王使秦。其往也,得车数乘;王说之,益车百乘①。反于宋,见庄子曰:"夫处穷闾阨巷,困窘织屦,槁项黄馘者②,商之所短也;一悟万乘之主而从车百乘者,商之所长也。"

庄子曰:"秦王有病召医,破痈溃痤者得车一乘,舐痔者得车五乘③,所治愈下,得车愈多。子岂治其痔邪,何得车之多也?子行矣!"

鲁哀公问乎颜阖曰:"吾以仲尼为贞干,国其有瘳乎④?"

曰:"殆哉圾乎,仲尼!方且饰羽而画,从事华辞,以支为旨,忍性以视民而不知不信,受乎心,宰乎神,夫何足以上民!彼宜女与?予颐与⑤?误而可矣。今使民离实学伪,非所以视民也,为后世虑,不若休之,难治也。"

施于人而不忘,非天布也。商贾不齿⑥,虽以事齿之,神者弗齿。

为外刑者，金与木也；为内刑者，动与过也。宵人之离外刑者，金木讯之；离内刑者，阴阳食之⑦。夫免乎外内之刑者，唯真人能之。

［注释］ ① 曹商：人名，姓曹名商。宋王：宋偃王。王说（yuè 月）之：王指秦王。说，通“悦”，高兴。言曹商因善于辞令而博得秦王的欢心。益：增加。 ② 反于宋：反，通“返”。穷闾：犹穷里，贫穷偏僻的里巷。阨：穷困。织屦（jù 惧）：屦，麻、葛制成的单底鞋。黄馘（xù 旭）：馘，脸。黄馘，菜色，饥民的面色。 ③ 痈、痤（cuó 错阳平）：脓疮。痔（zhì 治）：痔疮。舐痔，犹今语舐腚。形容巴结人到了极其卑下龌龊的程度。④ 鲁哀公：春秋末年鲁国国君，和孔子同时。颜阖：人名，姓颜名阖。贞干：即桢干，古代筑墙时，两端竖起的木柱称“桢”，竖在两旁的称“干”，引申为支柱、骨干。瘳（chōu 抽）：病愈。此处意谓得救。 ⑤ 殆哉：殆，危险。圾：通“岌”，危险。饰羽：修饰羽毛。饰羽而画，比喻弄虚作假。以支为旨：支，支词，喻指荒谬的言论。旨，正旨，喻指真理。忍性：压抑天性。视，通“示”。示民，意谓以表现出来的言论行动，作为民的表率。予颐与：颐，养。 ⑥ 商贾（gǔ 古）：商人。不齿：不与同列，表示极端鄙视。 ⑦ 宵人：小人。金木讯之：金木，指刑具。讯，审讯，刑讯。阴阳食之：食，通“蚀”。

［译文］ 宋国有一个名字叫做曹商的人，为宋国国君所派遣出使到秦国。他去的时候，只有几辆车子；由于得到秦王的欢心，便赠给他一百辆车子。回到宋国，见到庄子，说：“处在偏僻贫穷的村落，靠编织鞋子来糊口，过着穷困的生活而面黄肌瘦，我缺乏这种本领；一旦使大国的国君省悟，而使随从的车子增加到一百辆，却是我的长处。”

庄子说：“秦王有病，召集医生为他治病，凡是能够刺破脓疮的，可以得到一辆车子的奖赏，凡是能够用舌头舔一舔痔疮的，可以得到五辆车子的奖赏，治疗的地方越是低下，得到的车辆也就越多,你难道为秦王治疗痔疮了吗?不然为什么会得到这么多的车辆呢?你走开吧!”

鲁哀公问颜阖说:“我如果把仲尼当作栋梁来使用,国家可以得救吗?”

颜阖回答说:“危险啊!仲尼危险了!后代的从政者将要像修饰羽毛一样失去了本真,人们都夸夸其谈,把荒谬当作真理,隐忍着失去本性并以此作示范影响人民,因而使人不明智不守信用。这种意识被接受在心里,主宰着思想,怎么有资格在上面领导人民呢!那些百姓和你不是各有所宜各有所养吗?应当把你的意见看成是错误的。现在,使人民抛弃天真而学习虚伪,不可以把这些显示出来,并以此作为表率,为后代考虑,不如算了吧!社会是难以治理的啊。”

把恩泽施给别人而不忘记,这和大自然对于人类的施予是不同的。商人是人们所看不起的,虽然有时因为某些事务不得不把他当同类的人打交道,但思想上对他仍然是看不起的。

用外物来惩罚人的是刀锯斧钺以及棍棒桎梏之类,用精神来惩罚人的是行动所引起的过失。小人遭到外物的惩罚的,便用刀锯斧钺和棍棒桎梏来加以刑讯,用精神来惩罚人的是受到凝结于内心的阴阳之气的戕害。能够免除外物的惩罚以及精神的惩罚的,只有真人才能做到。

[原文]

孔子曰:“凡人心险于山川,难于知天;天犹有春秋冬夏旦暮之期,人者厚貌深情。故有貌愿而益,有长若不肖,有顺懁而达,有坚而缦,有缓而釬①。故其就义若渴者,其去义若热。故君子远使之而观其忠,近使之而观其敬,烦使之而观其能,卒然问焉而观其知，急与之期而观其信，委之以财而观其仁，告之以危而观其节，醉之以酒而观其侧，杂之以处而观其色。九征至，不肖人得矣[②]。”

正考父一命而伛，再命而偻，三命而俯，循墙而走，孰敢不轨[③]！如而夫者，一命而吕钜，再命而于车上儛，三命而名诸父，孰协唐许[④]！

贼莫大乎德有心，而心有睫，及其有睫也而内视，内视而败矣[⑤]。凶德有五，中德为首。何谓中德？中德也者，有以自好也而吡其所不为者也[⑥]。

穷有八极，达有三必，形有六府。美髯长大壮丽勇敢，八者俱过人也，因以是穷。缘循，偃佒，困畏不若人，三者俱通达。智慧外通[⑦]，勇动多怨，仁义多责，六者所以相刑也。达生之情者傀，达于知者肖，达大命者随，达小命者遭[⑧]。

人有见宋王者，锡车十乘，以其十乘骄稚庄子[⑨]。

庄子曰：“河上有家贫恃纬萧而食者，其子没于渊，得千金之珠。其父谓其子曰：‘取石来锻之[⑩]！夫千金之珠，必在九重之渊而骊龙颔下，子能得珠者，必遭其睡也。使骊龙而寤，子尚奚微之有哉！’今宋国之深，非直九重之渊也；宋王之猛，非直骊龙也；子能得车者，必遭其睡也。使宋王而寤，子为齑粉夫[⑪]！”

或聘于庄子。庄子应其使曰：“子见夫牺牛乎？衣以文绣，食以刍叔，及其牵而入于大庙，虽欲为孤犊，其可得乎[⑫]！”

庄子将死，弟子欲厚葬之。庄子曰："吾以天地为棺椁，以日月为连璧，星辰为珠玑，万物为赍送[13]。吾葬具岂不备邪？何以加此！"

弟子曰："吾恐乌鸢之食夫子也[14]。"庄子曰："在上为乌鸢食，在下为蝼蚁食，夺彼与此，何其偏也！"

以不平平，其平也不平；以不徵徵，其徵也不徵[15]。明者唯为之使，神者徵之。夫明之不胜神也久矣，而愚者恃其所见入于人，其功外也，不亦悲乎[16]！

[注释] ① 难于知天：天，指自然及自然界的变化规律。厚貌深情：谓人的相貌可以表现极其复杂的心理活动。厚，形容相貌表现心理活动的深度。貌愿而益：愿，谨慎老实。益：通"溢"，骄溢。不肖：不似。顺懁（xuān 喧）而达：顺，《庄子阙误》引江南古藏本作慎。懁，性急。达，通达，指通达事理，宾语省略。有坚而缦：缦，通"慢"，涣散，软弱。有缓而钎（hàn 汗）：通"悍"，悍急。 ② 卒然：突然。卒，通"猝"。观其侧：侧，不正。句中指失去礼仪。不肖人：坏人。 ③ 正考父：孔子的远祖，曾做过宋国的大夫。命：任命。一命，指任命为士。伛（yǔ 雨）：曲背，恭谨貌。再命，指任为大夫。偻（lóu 楼，又读 lǚ 旅）：曲背，恭谨貌。三命：指任命为卿。俯：俯下身子。循墙：顺着墙根，均形容恭谨。以上三句是说地位越高，态度越恭谨。不轨：不合乎法则的事。句中有省略，省略部分译文已补出。 ④ 而夫：指一般人。吕钜：自高自大的样子。车上儛：儛，同"舞"，指跳舞。名诸父：名，用作动词，指直呼其名。诸父，长辈人。名诸父，对长辈人直呼其名，形容态度极其傲慢。协：同。唐：唐尧。许：许由。 ⑤ 贼：概指坏人坏事。心有睫：睫，眼睫毛，它遮蔽着眼睛。心有睫，是说心眼不明，有所蔽。内视：意谓只凭主观愿望办事，不用眼睛看看客观事实。 ⑥ 凶德有五：五指心、耳、眼、舌、鼻五种器官，在庄子看来这五种器官是人招祸的根由。中德：指心，心在人

体中部，故称中德。古人认为思维活动在心中进行，庄子认为人的思维活动是最大的祸害，所以说中德为首。吡（bǐ 比）：斥责。 ⑦ 缘循：沿着，顺着。指顺从自然而不自立。偃佒（yǎng 养）：即“偃仰”。谓俯仰随人。智慧外通：指把智慧用于追逐外物上。 ⑧ 六者所以相刑也：据《庄子阙误》校引刘得一本补此七字。达生之情者傀（guī 龟）：傀，伟大。《说文》：“傀，伟也。”肖：小（据《方言》、《广韵》）。与傀相对为文，指渺小。随：与上文“缘循”意思相同，指顺随自然。遭：遭遇，指安于遭遇。 ⑨ 锡车十乘：锡，赐。稚：骄，骄稚，同义词叠用。 ⑩ 纬萧：纬，用作动词，指编织。萧，蒿。纬萧，用蒿草编织成箔帘。没于渊：没，潜水。锻：锤击。 ⑪ 九重：形容极深。骊龙：黑龙。颔：下巴。齑（jī 击）：切成细末的咸菜，引申为细碎。齑粉同齑粉，比喻粉身碎骨。 ⑫ 刍叔：饲料。孤犊：受宠爱的牛犊。《后汉书·仇览传》注引谢承《后汉书》：“谚曰：‘孤犊触乳，骄子骂母。’” ⑬ 连璧：并列在一起的两块美玉。赍（jī 击）送：赍，以物送人。 ⑭ 乌：乌鸦。鸢：老鹰。 ⑮ 不平：指偏见。平：平治。不徵：指不能顺应自然之物。徵，应，顺应。 ⑯ 明者：自以为聪明的人。神者：当与《逍遥游》“神人无功”的“神人”意思相同。入于人：指溺于人事。

［译文］

孔子说：“人心地的险恶超过了山川，了解人难于了解自然，自然界还有春秋冬夏早晚这种时间上的区别，人的相貌是复杂的，感情是深沉的。所以，有的人外貌恭谨而内心非常骄傲；有的人貌似宽厚的长者而实际却不是这样；有的人性情既柔顺又急躁而内心却通达事理；有的人外表好像坚强而思想却涣散懒惰；有的人外表舒缓迟钝内心却强悍急躁。所以，有的人追求仁义仿佛如饥似渴，然而逃避起来却像热天逃避热火一样。因此，君子对人往往把他放在远处使用，以观察他是否忠诚；或者把他放在近处使用，以观察他是否恭敬；或者给他以繁杂的事务，以观察他的能力；或者突然向他提出问题，以观察他的智慧；或者交给他一个紧迫任务并限期完成，以观察他是否守信；或者委托他管理财物，以观察他是否贪婪；或者告诉他处境危险，以观察他的节操；或者使他喝醉酒，以观察他是否会失去礼仪；或者使之男女杂居，以观察他的表情是否端正。用这九件事情加以检验，那些坏人便可以查得了。

正考父在任命为士的时候，恭敬地弯着腰，在任命为大夫的时候，恭敬地低下头，在任命为卿的时候，靠着墙脚走路。像正考父这样的人，谁能够用不合道理的事情侮辱他呢？假如是一般的俗人，在任命为士的时候，便自高自大，在任命为大夫的时候，便高兴地在车上跳舞，在任命为卿的时候，就高傲地对长辈直呼其名。这种人，怎么能够使他成为像唐尧和许由那样的人呢！

最坏的人莫过于有心为德，而把眼睛长在心上。等到他把眼睛长在心上，那他就会只凭主观愿望办事而不用眼睛看一看事实；只凭主观愿望办事而不用眼睛看一看事实，事情一定会失败。祸乱来自五个方面，首要的是中德。中德是什么？就是只按照自己的心意行事，凡是不合心意的便非议责难而不去实行它。

困穷是由八个方面造成的，顺利则有三个方面的必然因素，就好像人的体内存在着六脏一样。美丽的面容，漂亮的胡须，高高的身材，魁梧的体形，健壮的体魄，标致的外表，勇猛、果敢，这八个方面都超出一般人，便因此而产生穷困。循顺着自然，一俯一仰都随从着别人，畏怯懦弱感到一切都不如人，这三者齐备了，就可以通达。智慧表现在外面，勇于行动就会招致许多怨恨，推行仁义就会招致许多责难。这互相依存的六个方面是为害的渊薮。通达人生实理的人是伟大的，通达智慧的人是渺小的；通达大命的人顺随着自然，通达小命的人安于自己的遭遇。

有一个为宋王所接见的人，宋王送给他十辆车子，这个人便拿着这十辆车子骄傲地在庄子面前夸耀。

庄子说:“河上有一个家境贫困依靠编织蒿箔糊口的人,他的儿子潜水于深渊,得到价值千金的珍珠。他对他的儿子说:‘拿块石头砸烂这颗珍珠。价值千金的珍珠,一定在深渊之中黑龙的下巴下面,你能够得到这颗珍珠,一定是在黑龙睡觉的时候。假如黑龙醒了,你还能得到什么呢!’现在,像宋国这样的险境,不只像深渊那样危险;宋王的凶猛,不只像黑龙那样凶猛;你能够得到十辆车子,那一定是在宋王头脑不清醒的时候。假如宋王头脑清醒过来,你一定会粉身碎骨的!”

有一个人要聘请庄子,庄子对他的使者说:“你见到过用作祭祀的牛吗?用织着花纹的丝绣做它的衣服,用草和大豆来喂养它,等到把这头牛牵到大庙杀掉做祭祀,虽然这头牛还想活着,哪里还可以得到呢?”

庄子将死的时候,弟子们打算为他实行厚葬。庄子说:“我把天和地当作棺椁,把太阳和月亮当作连璧,把星星当作珍珠,把万物当作陪葬,我的葬礼所用的东西,还有什么不齐备呢?为什么还要增加这些东西!”

弟子们说:“我们恐怕乌鸦和老鹰吃掉先生的遗体啊。”庄子说:“遗体放在地上被乌鸦和老鹰吃掉,埋在地下就会被蝼蚁吃掉,从乌鸦和老鹰的嘴里夺过来送给蝼蚁,你们为什么这样偏心呢?”

以偏见来平治天下,看起来好像平治了,其实并不曾平治;以不能顺应的东西来顺应天下万物,看起来好像是顺应了,其实并不曾顺应。自以为聪明的人,只能为外界事物所驱使,像神人那样无心,就自然可以顺应外物了。自以为聪明的人不如神人,已经很久了。然而那些愚蠢的人却仗着自己的偏见,沉溺于人事,妄图把功劳建筑在不可干预的外物上,不也是很可悲的吗?

天下第三十三

［原文］

天下之治方术者多矣，皆以其有为不可加矣[①]。古之所谓道术者，果恶乎在？曰："无乎不在。"曰："神何由降？明何由出[②]？""圣有所生，王有所成，皆原于一[③]。"

不离于宗，谓之天人。不离于精，谓之神人。不离于真，谓之至人[④]。以天为宗，以德为本，以道为门，兆于变化，谓之圣人。以仁为恩，以义为理，以礼为行，以乐为和，薰然慈仁，谓之君子[⑤]。以法为分，以名为表，以参为验，以稽为决，其数一二三四是也，百官以此相齿，以事为常，以衣食为主，蕃息畜藏，老弱孤寡为意，皆有以养，民之理也[⑥]。

古之人其备乎！配神明，醇天地，育万物，和天下，泽及百姓；明于本数，系于末度，六通四辟，小大精粗，其运无乎不在[⑦]。

其明而在数度者，旧法世传之史尚多有之。其在于《诗》《书》《礼》《乐》者，邹鲁之士搢绅先生多能明之[⑧]。《诗》以道志，《书》以道事，《礼》以道行，《乐》以道和，《易》以道阴阳，《春秋》以道名分。其数散于天下而设于中国者，百家之学时或称而道之。

天下大乱，贤圣不明，道德不一，天下多得一察焉以自好[⑨]。譬如耳目鼻口，皆有所明，不能相通。

犹百家众技也,皆有所长,时有所用。虽然,不该不遍,一曲之士也[10]。判天地之美,析万物之理,察古人之全。寡能备于天地之美,称神明之容[11]。是故内圣外王之道,闇而不明,郁而不发,天下之人各为其所欲焉以自为方[12]。悲夫,百家往而不反,必不合矣!后世之学者,不幸不见天地之纯,古人之大体,道术将为天下裂。

[注释] ① 方术:犹学术。有为:指有所建树。 ② 道术:指研究宇宙人生真谛的学术、学问。神:神圣。明:指明王。上文说道无处不在,既然如此,那么与众不同的神圣和明王又是怎样产生的呢?这两句所提出的就是这个问题。 ③ 这三句是回答。一,指道。 ④ 不离于宗:宗,指道的根本。《老子》四章:"道,渊兮似万物之宗。"不离于精:精,指道的精要。不离于真:真,指道的真谛。 ⑤ 兆于变化:兆,征兆。这里用作动词,指预知。以义为理:理,治理。以礼为行:谓用礼来约束人们的行动。行,行动。以乐为和:意谓用音乐来陶冶人们的性情。乐,音乐。和,调和。薰然:温和的样子。 ⑥ 以法为分:分,名分。以名为表:表,标记。以参为验:参,综合比较观察。以稽为决:稽,考查了解。其数一二三四是也:这一句颇费解,解说纷纭。从上文看,当指法、名、参、稽而言,这些均属政务。政务头绪纷杂,事务繁多,然撮其要不过四种,所以说:"其数一二三四是也。"相齿:齿,排列。以事为常:事,职业。常,恒常。蕃息:繁殖,生育。畜藏:储藏。 ⑦ 醇天地:醇,通"准"。以天地为准则。本数:大经大法,犹言根本制度。系于末度:系,依附。系于,指系于"本数"。末度,指细枝末节,具体措施。六通四辟:犹言四面八方,指政务包括的方面极多。六、四,用以表示多数。其运:指道的运行。 ⑧ 邹鲁之士搢绅先生:均指儒家学者,亦即上文所说的君子。搢绅,儒者所穿的服装。 ⑨ 郭象将"天下多得一"断为一句,王念孙以为这样断句便文不成义。主张将"天下多得一察焉以自好"作一句读。一察,指察其一端而不知全体,其说甚允,可从。 ⑩ 不该不遍:该,通"赅",兼备,完具。遍:周遍。一曲:一隅。喻指一偏之见。

⑪ 判:分。析:分裂。称神明之容:称,配。 ⑫ 内圣:指将道藏于内心。外王:指道显于外,用道治理天下。闇,通“暗”。郁而不发:郁,闭结,犹掩蔽。发:与郁相对为文,指阐明。以自为方:方,道。

[译文]

天下研究学术、追求真理的人很多,都把自己的建树看做顶峰,认为它已经完美得无以复加了。那么古来所说的真理究竟在什么地方呢? 回答说:“无处不在。”再问:“神圣在哪里降临? 明王从哪里产生?”可以这样回答:“神圣有神圣降临的原因,明王有明王成就的道理,而其根源只有一个,那就是道。”

没离开道的根本的人,可以叫他做天人。没离开道的精粹的人,可以叫他做神人。没离开道的真谛的人,可以叫他做至人。把自然当作主宰,把德当作根本,把道当作门户,能预知各种变化的,可以叫他做圣人。用仁来爱人,用义来治政,用礼来约束行为,用乐来陶冶性情,状貌温和而慈祥的,可以叫他做君子。按照法规来划定名位,用名称作为标记,用观察比较分析综合来作验证,根据考察的结果作出决断。纷繁的政务撮要而言,不过是一法、二名、三参、四稽罢了。百官依照这些来安排等次顺序。把各种职业固定下来,把安排人们的衣食当作主要的事务,重视养育、生息、蓄积、储藏,把老弱孤寡放在心上,使他们都能得以存活,这是治理百姓的道理。

古代的圣人品德真是太完备了! 他们可以跟神明比美,他们把天地当作准则,使天下得到和平与安宁,恩泽施及百姓,不仅通晓大经大法,而且也了解大经大法所包含的细枝末节。无论政务有多少头绪,小的也罢,大的也罢,精的也罢,粗的也罢,道的运行无处不在。

那些明确地表现在社会上的礼法制度和各种措施,记录在旧时的法典上而世代相传,史官那里还保存着很多。那些保存在《诗》、《书》、《礼》、《乐》中的制度,邹国和鲁国的一些儒家学者,许多人能够阐明它。《诗》是用来表达情愫的,《书》是用来讲述政事的,《礼》是用来规定行为准则的,《乐》是用来说明如何陶冶人们性情的,《易》是用来推演阴阳奥妙的,《春秋》是用来讲述名分的。这些制度散布在天下,并在国内实行,各家的学者常常在赞扬它,讲述它。

天下大乱,贤人和圣人的作用不能发挥,道德不能统一,天下的学者多数是只能看到问题的一个方面,看不到全体而自以为是,打个比方说,好像耳朵、眼睛、鼻子、嘴巴,都有各自的用处而不能相通。也就像各家的学说,各种技艺,都有各自的长处,在适当时期表现出各自的用途一样。虽然如此,但各家都不能包容全体,只不过是一些偏执一见的人罢了,他们割裂了天地的整体之美,把万物的道理搞得支离破碎。看一看那古代的全德之人,还很少能够与天地的整体之美和神明的表现相称。因此,内圣外王的道理,被掩蔽起来而得不到阐明,被堵塞起来而得不到发挥。天下的人各自按照自己的想法行事,并把自己的想法当作道。可悲啊!各家都在迷途上前进而不能返回正道,不能够合于大道是必然的了!后代学者的可悲之处就在于不能看到天地的纯真以及古人的全貌,道术就这样被弄得支离破碎了。

[原文]

不侈于后世,不靡于万物,不晖于数度,以绳墨自矫而备世之急,古之道术有在于是者,墨翟、禽滑厘闻其风而说之①。为之大过,已之大循②。作为《非乐》,命之曰《节用》;生不歌,死无服。墨子泛爱兼利而非斗,其道不怒;又好学而博,不异,不与先王同，毁古之礼乐[3]。

黄帝有《咸池》，尧有《大章》，舜有《大韶》，禹有《大夏》，汤有《大濩》，文王有《辟雍》之乐，武王、周公作《武》。古之丧礼，贵贱有仪[4]，上下有等，天子棺椁七重，诸侯五重，大夫三重，士再重。今墨子独生不歌，死不服，桐棺三寸而无椁，以为法式。以此教人，恐不爱人；以此自行，固不爱己。未败墨子道，虽然，歌而非歌，哭而非哭，乐而非乐，是果类乎？其生也勤，其死也薄，其道大觳[5]；使人忧，使人悲，其行难为也，恐其不可以为圣人之道，反天下之心，天下不堪。墨子虽独能任，奈天下何！离于天下，其去王也远矣。

墨子称道曰："昔禹之湮洪水，决江河而通四夷九州也，名山三百，支川三千，小者无数。禹亲自操橐耜而九杂天下之川，腓无胈，胫无毛，沐甚雨，栉疾风，置万国[6]。禹大圣也而形劳天下也如此。"使后世之墨者，多以裘褐为衣，以跂蹻为服[7]，日夜不休，以自苦为极，曰："不能如此，非禹之道也，不足谓墨。"

相里勤之弟子五侯之徒，南方之墨者苦获、已齿、邓陵子之属，俱诵《墨经》，而倍谲不同[8]，相谓别墨；以坚白同异之辩相訾，以觭偶不仵之辞相应；以巨子为圣人，皆愿为之尸，冀得为其后世，至今不决[9]。

墨翟、禽滑厘之意则是，其行则非也。将使后世之墨者，必自苦以腓无胈、胫无毛相进而已矣。

乱之上也，治之下也。虽然，墨子真天下之好也，将求之不得也⑩，虽枯槁不舍也。才士也夫！

[注释] ① 侈：奢侈。靡：浪费。晖：明。数度：等级制度。墨子不主张等级差别在物质享受方面过于悬殊。绳墨：比喻法规。矫：厉。自矫，严格要求自己。墨翟：战国初年鲁国人，墨家学派的创始者。禽滑厘：墨子的弟子。风：马叙伦以为当作凡，犹大凡，即大要，概略。说：通"悦"，喜欢，悦服。 ② 已：止。循：顺。大循，大顺；大顺，梁启超以为即太甚。这两句话是对墨家学说所下的评语。墨子主张兼爱，兼爱就要抹煞等级差别，又主张自苦救世，主张非乐节葬。作者认为墨子对所要提倡的东西（如兼爱及自苦救世等）提倡得太过分，因而批评说："为之大过。"对所要制止的东西（如节葬非乐等）又制止得太过分，因而批评说："已之大循。" ③ 生不歌：生，指活着。泛爱：即兼爱。非斗：即非攻，反对战争。不异：指兼爱。因为兼爱，亲疏之间便没有等差，所以说不异。 ④ 由《咸池》至《武》所列举的都是古乐名。贵贱有仪：仪，法度，准则。 ⑤ 未败墨子之道：败，摧残，引申为抨击。其道大觳（què 确）：觳，通"确"，俭薄。 ⑥ 湮洪水：湮，高亨先生以为当读作抑。抑，治。《史记·河渠书》："禹抑洪水。"《索隐》："《汉书·沟洫志》作堙。"是其证。名山：俞樾说："名山当作名川，字之误也。"说可从。橐（tuó 驼）：盛土之器。耜（sì 四）：掘土工具如锹。九杂：九，本亦作鸠。鸠，聚集。杂，章炳麟以为借作集。鸠集犹聚汇。腓（féi 肥）：胫肉，即小腿肚子。胈（bá 拔）：白肉。胫：人的小腿。栉（zhì 质）：梳头发。置：安置。 ⑦ 裘褐：粗衣。跂：通"屐"，木制的鞋子。蹻：草编的鞋子。 ⑧ 相里勤：墨家后学，姓相里，名勤。下述五侯、苦获、已齿、邓陵子，均墨家后学。《墨经》：墨家学派的经典。即现存《墨子》中的《墨经》部分。倍谲（jué 决）：相反、矛盾。倍，通"背"。 ⑨ 坚白：见《齐物论》第三段注㉒。訾（zǐ 紫）：非议，指责。觭（jī 基）：通"奇"，单数。偶：双数。仵：抵触、对立。觭偶不仵，形容把没有共同之处的论点加以调和。巨子：先秦墨家学派形成类似宗教的团体，其首领称为巨子。尸：主。冀：希望。决：绝。不决，犹不绝。 ⑩ 天下之好：倒装句，意思是好天下，即热爱天下。此句译文为意译。将求之不得也：求，当是救的省文（采马叙

伦说)。

[译文] 要求后世不要奢侈,不要浪费物产,不要使物质享受因等级的不同而产生的差别过于明显。用严格的规章要求自己,要为社会准备不时之需。古代的道术有属于这一方面的,墨翟、禽滑厘听到了它的概要而对它心悦诚服。应做的事情做得太过分了,应当节制禁止的事情又节制禁止得太过分了。作《非乐》,讲说《节用》,活着的时候不唱歌奏乐,死的时候不穿丧服。墨子主张爱护所有的人,使所有的人都同样得到利益,反对战争,他的主张是不采用暴力。又喜好学习,学问渊博,亲疏之间没有等差,不求和先王相同,主张毁弃古代的礼乐。

古代的音乐,在黄帝时有《咸池》,在尧时有《大章》,在舜时有《大韶》,在禹时有《大夏》,在汤时有《大濩》,在文王时有《辟雍》乐章,武王和周公制作了《武》乐。古代的丧礼,贵和贱有不同的礼仪,上和下有不同的等级。天子的棺椁是七层,诸侯五层,大夫三层,士两层。现在,唯独墨子主张活着不唱歌奏乐,死了不穿丧服,用桐木做的棺材只有三寸厚而且没有椁,把这些作为人们应当遵守的法规。用这些主张教育人们,恐怕不是爱护别人;将这些主张身体力行,当然也不是爱护自己。这些评论并不是要抨击墨子的主张。人的感情有时要用歌唱来表达,你反对歌唱;有时要用哭泣来表达,你反对哭泣;有时要用音乐来表达,你反对音乐,这样做合乎人的感情吗?活着的时候是那样勤劳,死的时候丧礼又那样俭薄,这种主张太刻薄了;使人忧愁,使人悲哀,这种主张太难以实行了。恐怕这些主张不是圣人之道。和天下人的思想感情相对照,天下人是不会忍受的。虽然墨子能够实行,然而他拿天下人又能够怎样呢?背离了天下人的思想感情,这样的主张,离开王道真是太远了。

墨子赞扬说:“过去禹在治理洪水的时候决开长江、黄河,使四方边远之地和九州都沟通了,著名的大河有三百,支流有三千,小河沟不计其数。禹亲自拿着土筐和锄头汇集疏通了天下的河流;累得他腿上没有肉,小腿上没有毛,沐浴在暴雨之中,狂风梳理着他的头发,终于安定了万国。禹真是大圣人啊,他的身体为天下劳苦到这般地步。”他要求后代的墨者用粗布做衣服,穿着木制或草编的鞋子,白天夜晚劳作不休,把吃苦耐劳当作最高的准则。他说:“不能这样做,就不符合禹的主张,就不能把他称作墨者。”相里勤的弟子,五侯的门徒,南方的墨者如苦获、已齿、邓陵子一般人,都诵读墨经,然而却相互矛盾各不相同,相互指责对方为“别墨”。以坚白同异之类的辩论相互诋毁,将那些毫无共同之点的言论,加以调和使之相应,把巨子当作圣人,都心甘情愿地尊奉巨子为首领,希望后世能够代代相传,因而至今墨家的传统没有断绝。墨翟、禽滑厘的心意是好的,但他们的作为却是错误的,他使后代的墨者一定要刻苦自励,搞得腿上没有肉,小腿上没有毛,不过是互相竞争罢了,乱天下之罪多,治天下之功少。虽然如此,墨子却是真心实意地要把天下治理好的,他要拯救天下却不得实现,即使累得憔悴不堪也不舍弃他的主张,真是一位有才能的人啊!

[原文] 不累于俗,不饰于物,不苟于人,不忮于众[①]。愿天下之安宁以活民命,人我之养毕足而止。以此白心,古之道术有在于是者,宋钘、尹文闻其风而悦之[②]。作为华山之冠以自表,接万物以别宥为始;语心之容,命之曰心之行[③]。以聏合驩,以调海内

请欲④,置之以为主。见侮不辱,救民之斗。禁攻寝兵,救世之战。以此周行天下,上说下教,虽天下不取,强聒而不舍者也⑤。故曰上下见厌而强见也。

虽然,其为人太多,其自为太少,曰:“请欲固置五升之饭足矣⑥。”先生恐不得饱,弟子虽饥,不忘天下。日夜不休,曰:“我必得活哉!”图傲乎救世之士哉!曰:“君子不为苛察,不以身假物。”以为无益于天下者,明之不如已也⑦,以禁攻寝兵为外,以情欲寡浅为内,其小大精粗,其行适至是而止。

[注释] ① 累:牵累。饰:矫饰,掩饰。苟:章炳麟、刘师培皆谓苟当作苛。可从。忮(zhì 至):违逆。 ② 白心:白,剖白。宋钘:即《逍遥游》中所说的宋荣子。详见该篇第一段注㉙。 ③ 华山之冠:郭象注:“华山上下均平。”成玄英疏:“华山,其形如削,上下均平,而宋、尹立志清高,故为冠以表德之异。”意谓用这种帽子来表白自己心地均平。别宥:犹言解蔽、破除成见。心之容:指心理现象。 ④ 聏(ér 而):柔,和。驩(huān 欢):通“欢”,欢乐。请欲:梁启超以为当作“情欲”。说可从。 ⑤ 强聒:人家不愿听的话,仍喧谈不休。 ⑥ 固置五升之饭:固,借为姑,姑且。 ⑦ 图傲:高大貌。明之不如已也:已,止。

[译文] 不受世俗牵累,不借外物矫饰,不苛求别人,不违逆众意,只希望天下太平让老百姓活下去,使别人和自己都具备养生的条件,便知足而止。以此剖白心迹,说明别无奢求。古代的道术有属于这方面的,宋钘、尹文闻知了它的要旨而对它心悦诚服。他们制作了上下均平的华山之冠来表明这种意愿和志向。他们提倡在接触和认识事物时,首先要破除成见,用语言来描述心理现象,称之为思想活动。他们提倡用温柔忍让达

到人们之间的友爱团结，用此种方法调和天下人的要求和愿望，以此作为自己学说的指导思想。主张受到欺侮时不以为辱，以消除人们之间的摩擦争斗；禁绝互相攻伐、停止暴力行动，以平息社会的战乱。他们持着这种信念周游天下，对上游说诸侯，对下教育百姓，虽然天下人不赞同、不采纳，他们也还是要一个劲地聒噪而不肯舍弃。所以说，这是一种令上上下下都厌烦却偏要执拗地劝勉人家接受的学说。

虽然如此，宋钘、尹文却是为别人想得太多，为自己打算得太少。他们说："只希望为我准备五升饭就足够了。"怕的是老百姓吃不饱，我即使饿着肚子，也不忘天下啊。他们白天黑夜地勤苦，不肯休息，说："我一定得活下去啊！"多么高傲的热心救世的人啊！他们还说："君子不以苛刻烦琐为明察，不使自身受外物的役使。"认为对天下没好处的事，与其用力阐明它，还不如不做的好。他们把禁止攻伐平息战祸看作是主要的社会活动，把尽量减少情欲作为对自己思想修养的要求。这种学说的内容以及这些人的实践，正好达到这种程度罢了。

［原文］

公而不当，易而无私，决然无主，趣物而不两，不顾于虑，不谋于知，于物无择，与之俱往①。古之道术有在于是者，彭蒙、田骈、慎到闻其风而悦之，齐万物以为首，曰："天能覆之而不能载之，地能载之而不能覆之，大道能包之而不能辩之，知万物皆有所可，有所不可，故曰选则不遍，教则不至，道则无遗者矣②。"

是故慎到弃知去己而缘不得已，泠汰于物以为道理，曰知不知，将薄知而后邻伤之者也③。謑髁无任而笑天下之尚贤也，纵脱无行而非天下之大圣，椎拍輐断，与物宛转，舍是与非，苟可以免，不师知虑，不知前后，魏然而已矣④。推而后行，曳而后往，若飘风之还，若羽之旋，若磨石之隧，全而无非，动静无过，未尝有罪⑤。是何故？夫无知之物，无建己之患，无用知之累，动静不离于理，是以终身无誉。故曰至于若无知之物而已，无用贤圣，夫块不失道。豪杰相与笑之曰："慎到之道，非生人之行，而至死人之理，适得怪焉⑥。"

田骈亦然，学于彭蒙，得不教焉。彭蒙之师曰："古之道人，至于莫之是莫之非而已矣。其风窢然，恶可而言？"常反人，不见观，而不免于魭断。其所谓道非道，而所言之韪不免于非⑦。彭蒙、田骈、慎到不知道。虽然，概乎皆尝有闻者也。

［注释］ ① 公而不当：当，赵谏议本作"党"，据《经典释文》崔本亦作"党"。当从。易而无私：易，平。《周易·系辞下》："易者使倾。"陆注："易，平也。"这里指公平适当。决然无主：决，决断。指一切决之于法。主：主见。指个人的偏见。无主，言不存个人的偏见。趣物不两：趣，通"趋"，趋向。物，指人。不两，不二，意谓不违背。不顾于虑：此句倒装，犹"于虑不顾"。不顾，犹言不用。不谋于知：亦倒装句。犹"于知不谋"。知，通"智"。于物无择：物，指人。择，选择。与之俱往：高亨先生解释说："人出于有功之途，则我以赏往，人出于有罪之途，则我以罪往。"此解甚得其旨，从之。 ② 彭蒙：田骈的老师。田骈：据《史记·孟子荀卿列传》记载为齐人。慎到：赵人。彭蒙、田骈、慎到俱为先秦法家早期代表人物。齐万物以为首：这里所说的齐物与《齐物论》所阐发的齐物，意思截然不同，这里是用法来齐同万物。《慎子》佚文（《守山阁丛书》所收）说："法者所以齐天下之动，至公大定之制也。"不能辩之：辩，治。道则无遗者矣：道，指法。 ③ 泠（líng 零）汰：任其自然。"以为道理"，高

亨先生说："似当作以道为理。"说甚允，可从。道，指法。邻伤：毁伤。孙诒让说："邻当读为磷，磷伤犹言毁伤也。" ④ 謑（xī 奚）髁（kē 棵，又读 kuà 跨）：不正的样子。椎拍：犹椎朴，形容愚朴。輐（wàn 万）断：没有棱角的样子。宛转：婉曲随顺。不师知虑：师，用。魏然：即巍然、岿然。不动的样子。 ⑤ 飘风：旋风。若磨石之隧：隧，旋转。 ⑥ 夫块不失道：块，土块。喻无知之物。道，指法。适得怪焉：适，正。怪，责，犹批评指责。 ⑦ 得不教焉：不教，不言之教，指心传，不教而喻。窢（xū 虚）然：迅速的样子。鲩（wǎn 晚）断：犹上文"輐断"。而所言之韪（wěi 委）：韪，是。

［译文］

公正而不结党，平允而无偏私，断然依法行事好像自己毫无主见，要求人民遵守法规而不违背，不用思考，抛弃智慧，对人无所选择，完全按其功过来行赏罚。古代的道术有属于这一派的，彭蒙、田骈、慎到知道了它的概要便对它心悦诚服。首先，认为万物之间没有差别，他们说："天能覆盖万物而不能负载万物，地能负载万物而不能覆盖万物，大道能包举万物而不能治理万物。"他们认识到万物都有可以肯定的方面，也都有可以否定的方面，所以说："对人有所选择，就不能做到周全，对人进行教育，就会有教育不到的地方，而完全按照法办事，就不会有什么遗漏了。"

所以慎到主张抛弃知识和主观成见，一切做法都像出于不得已，放手让人们做事，而用法来加以治理。他们说："用知识去武装没有知识的人，将会因为使他们接近知识而又伤害了他们。"他们自己不正而又无能，却讥笑天下的高贤；放纵而不行仁义，却讥笑天下的大圣人。主张使人愚朴而无主见，一切顺从法规。假如有些是非是可以免究的，那么就会舍弃这些是非。既不用智慧和思虑，也不知什么是主次前后，只是岿然木然，没有一点主动性地处在世上，推他一推，然后才向前走，拽一拽，然后才向后转，像旋风那样打着回旋，像羽毛那样被旋风吹着飞旋，像磨石那样一圈圈转动。全面而无偏颇，无论有没有行动都没过错，因而也不曾产生什么罪责。这是什么原因呢？那没有知识的人，就不会觉得自己的存在会产生祸患，同时也没有使用知识的牵累，不管行动不行动都不偏离于法规，因此，一辈子也没有荣誉。所以说：只要达到像无知无识的人那样就行了，用不着贤人和圣人。像土块般无知无识之物当然不会失去法规。英雄豪杰在一起讥笑他们说："慎到宣扬的道理，不是活人能做到的，而是死人的道理。理当受到人们的批评和责怪。"

田骈也是这样，他向彭蒙学习，得到了他的不言之教。彭蒙的老师说："古代得道的人只是做到了既不肯定什么，也不否定什么罢了。好像风迅速刮了过去，不留一点痕迹，哪里用得着说什么呢！"经常违背人们的心愿，就得不到人们的爱戴和拥护，仍然不免于要求人们愚朴而无主见，一切顺从于法规。他们所宣扬的道，其实并不合于道，而他们所肯定的东西，也不免有错误。彭蒙、田骈、慎到虽然并不了解道，但是他们的学说大概也不是毫无所闻的吧。

［原文］

以本为精，以物为粗，以有积为不足，澹然独与神明居，古之道术有在于是者，关尹、老聃闻其风而悦之[①]。建之以常无有，主之以太一，以濡弱谦下为表，以空虚不毁万物为实[②]。

关尹曰："在己无居，形物自著。其动若水，其静若镜，其应若响。芴乎若亡[③]，寂乎若清。同焉者和，得焉者失。未尝先人而常随人。"

老聃曰："知其雄，守其雌，为天下谿；知其白，守其辱，为天下谷④。”人皆取先，己独取后，曰受天下之垢，人皆取实，己独取虚，无藏也故有余，岿然而有余。其行身也，徐而不费⑤，无为也而笑巧；人皆求福，己独曲全，曰苟免于咎。以深为根，以约为纪，曰坚则毁矣，锐则挫矣。常宽容于物，不削于人，可谓至极。

关尹、老聃乎！古之博大真人哉！

[注释] ① 以本为精：本，指道。澹（dàn 淡）：静。关尹：见《达生》第二段注①。老聃：《庄子》的《养生主》、《德充符》、《天地》、《天道》、《天运》、《田子方》、《知北游》、《庚桑楚》、《寓言》等篇中均有记载。关尹和老聃都是道家学派的早期代表人物。 ② 常无有：指常无和常有。无和有是老子所提出的重要的哲学概念。常，固然，本来，诚然。在老子看来有和无都出之于自然，所以称“有”为常有，称“无”为常无。濡弱：濡，通“嬬”。《说文》：“嬬，弱也。” ③ 芴乎若亡：芴、亡，马叙伦说：“芴，借为忽。亡为忘省。”芴乎若亡，犹忽乎若忘。此句译文取意译。 ④ 知其雄：雄，喻指刚强。守其雌：雌，喻指柔弱。谿：沟溪，意指像沟溪那样容纳一切。白：喻指显露。 ⑤ 徐而不费：徐，马叙伦说：“徐与费对言，徐借为赊。《说文》：‘赊，贳买也。’赊为暂贷之意。赊而不费者，譬诸财用，暂贷于人，终无消散也。”

[译文] 把道当做精微部分，把物当做粗疏部分，把有所积蓄当做不足。宁静地只和神明住在一起，古代的道术属于这一方面的，关尹、老聃听到了它的概要，而对它心悦诚服。把学说的基点建立在“常无”和“常有”之上，以太一元气为主宰，把柔弱谦下作为外表，把空虚以及不毁弃外物作为内在的实质。

关尹说：“在主观方面不存在任何成见，那么，外物的形体就自然显露。行动的时候，像水顺乎自然在流动一样；静止的时候,像镜子一样。有所反应,像自然界的音声相和——应声而作,随声而灭。对于外物任其飘然自逝,从不放在心上。内心清静无欲,和万物混同,顺应万物。得到的东西,也一定会丧失。从来不在别人的前面,而经常跟随在别人的后面。”

老聃说:“虽然知道存在着那刚强的一面,却守着那柔弱的一面,甘愿做天下的沟溪而容纳一切;虽然知道存在着荣华外露的一面,却守着那卑辱的一面,甘愿做天下的山谷来容纳一切。”人们都争着走向前面,而自己却唯独留在后面,并说要承担天下的屈辱。人们都去争取那实在的东西,而自己却唯独守着那空虚。没有积蓄,便常常有余,仿佛积累了像高山一样多的东西,而感到有余。他立身行事,主张把财物散给所有的人,认为这样做财物便永无消散之时。主张无为而讥笑那卖弄机巧的有为,人们都去追求福利而自己却委曲求全,并说只求苟活而免于祸咎。把精深的道当作根本,把简要当作纲纪,说:坚硬就会碰坏,锐利就会受到挫折。对外物常常是宽容的,而不损害别人,可以说是达到最高的境界了。

关尹和老聃真是古往今来的博大真人啊!

[原文]

芴漠无形,变化无常,死与生与,天地并与,神明往与!芒乎何之,忽乎何适,万物毕罗,莫足以归,古之道术有在于是者①。庄周闻其风而悦之,以谬悠之说,荒唐之言,无端崖之辞,时恣纵而不傥,不以觭见之也②。以天下为沈浊,不可与庄语,以卮言为曼衍,以重言为真,以寓言为广。独与天地精神往来而不敖倪于万物,不谴是非,以与世俗处。其书虽瑰玮而连犿无伤也③。其辞虽参差而諔诡可观。彼其充实不可以已,上与造物者游,而下与外死生、无终始者为友④。其于本也,弘大而辟,深闳而肆,其于宗也,可谓稠适而上遂矣⑤。虽然,其应于化而解于物也,其理不竭,其来不蜕⑥,芒乎昧乎,未之尽者。

[注释] ① 芴漠:空虚寂静。死与生与天地并与:并,同,齐。何适:适,往。罗:包罗。 ② 谬悠:虚远,不可思议。荒唐:广大。端:头绪。崖:边际。恣纵:恣意发挥,不受任何束缚。傥:通“党”,指偏面。觭(jī 基):借作奇。不以觭见,谓不有意立奇。 ③ 庄语:庄,正。庄语,端庄正大的语言。卮言、重言、寓言:见《寓言》第一段注①。敖倪:犹骄傲。瑰(guī 规)玮(wěi 伟):奇伟,卓异。连犿(fān 番):随和的样子。 ④ 参(cēn 岑阴平)差(cī 刺):长短、高低不齐,形容错落变化。諔(chù 触)诡(guǐ 鬼):奇异。造物者:指道。外死生:外,指超脱。 ⑤ 其于本也:本,指道。辟:透辟。深闳(hóng 宏):犹言深刻。肆:显露。稠适:稠,一本作调。调适,吻合。遂:达。上遂,谓上达于真理。 ⑥ 其来不蜕(tuì 退,旧又读 shuì 税):蝉、蛇之类脱下的皮。不蜕,谓找不出蜕变的形迹。

[译文] 虚静空虚没有形状,千变万化没有定规,死啊!生啊!和天地相同啊!和神明交往啊!茫茫地要到什么地方去?忽忽地要往什么地方走?万物都呈现在眼前,不知道哪里是归宿。古代的道术有属于这一方面的,庄周听到了它的概要而对它心悦诚服。把那些在世俗之人看来是虚妄荒谬的论述,以及夸大的言词,时时用来淋漓尽致地表达自己的认识和感情,而且表达得十分全面,并不以为这种做法是标新立异。庄周认为天下是黑暗的,污浊的,不能用堂堂正正的言词来说话。因而便使用那些不拘一格无头无尾的语言把道理说得变化无穷。借重古人的言论来取信于人,使人信以为真。用假托人物的言论来广泛地阐述道理。唯独和天地精

神来往而不骄傲地对待别人，不去责问谁是谁非，和世俗之人混处在一起。他的书虽然写得奇特壮观，然而道理却讲得委婉随顺，对世俗的社会毫无损害。书中的言词变化错落奇趣横生，可以使人观赏，书的内容充实，似乎作者在行文时不能自已。对上可以和天地交往；对下则和超脱死生而把自然界看成是无始无终之人做朋友。对于道的阐述，可以说是既全面而又透辟，既深刻而又清楚明白了；对于道的认识，可以说是完全符合实际而达到真理的高度了。虽然如此，他在顺应变化和解释事物的时候，道理是讲不完的，虽然渊源有自，但是却像蝉蜕那样找不到它的来龙去脉，恍恍惚惚，渺渺冥冥没有尽头。

［原文］

惠施多方，其书五车，其道舛驳，其言也不中①。历物之意②，曰：“至大无外，谓之大一；至小无内，谓之小一。无厚，不可积也，其大千里。天与地卑，山与泽平。日方中方睨③，物方生方死。大同而与小同异，此之谓小同异；万物毕同毕异，此之谓大同异。南方无穷而有穷，今日适越而昔来④。连环可解也⑤。我知天下之中央，燕之北越之南是也⑥。泛爱万物，天地一体也。”

惠施以此为大，观于天下而晓辩者，天下之辩者相与乐之。卵有毛⑦，鸡三足⑧，郢有天下⑨，犬可以为羊⑩，马有卵⑪，丁子有尾⑫，火不热⑬，山出口⑭，轮不蹍地⑮，目不见⑯，指不至，至不绝⑰，龟长于蛇⑱，矩不方，规不可以为圆⑲，凿不围枘⑳，飞鸟之景未尝动也㉑，镞矢之疾而有不行不止之时㉒，狗非犬㉓，黄马骊牛三㉔，白狗黑㉕，孤驹未尝有母㉖，一尺之捶，日取其半，万世不竭[27]。辩者以此与惠施相应，终身无穷。

桓团、公孙龙辩者之徒[28]，饰人之心，易人之意，能胜人之口，不能服人之心，辩者之囿也。惠施日以其知与人之辩，特与天下之辩者为怪，此其柢也[29]。

然惠施之口谈，自以为最贤，曰天地其壮乎！施存雄而无术。南方有倚人焉曰黄缭[30]，问天地所以不坠不陷，风雨雷霆之故。惠施不辞而应，不虑而对，遍为万物说，说而不休，多而无已，犹以为寡，益之以怪[31]。以反人为实而欲以胜人为名，是以与众不适也。弱于德，强于物，其涂隩矣[32]。由天地之道观惠施之能，其犹一蚊一虻之劳者也。其于物也何庸！夫充一尚可曰愈，贵道几矣！惠施不能以此自宁，散于万物而不厌，卒以善辩为名。惜乎！惠施之才，骀荡而不得[33]，逐万物而不反，是穷响以声，形与影竞走也，悲夫！

[注释]　① 惠施多方：方，方术。舛（chuǎn 喘）驳：舛，差错；驳，驳杂。其言也不中（zhòng 众）：中，符合。指符合于道，中心词省略。　② 历物：观察万物。历，阅历。马国翰以为历物是《惠子》篇名，可备一说。③ 睨（nì 腻）：偏斜。　④ 这里的今日和昔日，实际上指的同一天。今日，是指出发时说的，而到达越的时候，则出发时之“今日”，便成为昔日了。这是名家学派用来辩论的论题。　⑤ 连环：古时连环，多由玉雕琢而成，本不可解。环当中的空虚部分不是环，好像房屋之中空虚部分不是房屋，器皿当中的空虚部分并非器皿一样。既然环当中的空虚部分不是环，而环又必须从环的空虚处相扣才能形成连环。那么，按照环的空虚部分不是环的前提，可以推论出，这一环之中并没有那一环，而那

一个环中也并没有这个环。由此又可推论,既然环之体内无环,那么环与环便可以分离了,既然可以分离,所以说可解。这当然也是一种诡辩。

⑥ 据此有人以为惠子已认识到大地是球形。此说可备参考。

⑦ 卵孵化而为鸟,卵和鸟实际上是一种东西的两种不同形状。以此为前提,便可以认为既然鸟有毛,那么卵也就有毛了。 ⑧《公孙龙子·通变论》:"谓鸡足一,数足二,二而一,故三。" ⑨ 郢是天下的一部分,既然是天下的一部分,便可以说郢有天下。 ⑩ 如果把名称和实体分开来看,那么,犬羊之名,并不是犬羊之实。所以,既可以把羊叫做犬,也可以把犬叫做羊。故说犬可以为羊。 ⑪ 意思是说胎生者并非无卵,只是形体微小寄于母体之中,与卵生者名异实同,所以说马有卵。 ⑫ 丁子:楚人称蛤蟆为丁子,蛤蟆由蝌蚪变来,而蝌蚪有尾,因称丁子有尾。 ⑬ 热是火的表现和产物,并非火的本身,所以说火不热。 ⑭ 空谷可以传声,而声从口出,所以说山出口。 ⑮ 轮所蹍之地,只是地的一小部分,而地的一小部分并不是地,所以说轮不蹍地。 ⑯ 眼睛必须借着亮光才可以见物,既须假借,便可以说眼睛对于物未尝有见。一说眼睛所看到的皆属幻相,看不到物之真,故云"目不见"。 ⑰ 指:指物的共相而言。不至:是说感觉不到。至不绝,《列子·仲尼篇》引公孙龙子的话说:"有指不至,有物不尽。"冯友兰据此认为"至不绝"当作"物不绝"。可从。共相虽然感觉不到(指不至),而为共相所概括的实物,在时空中却连续不绝,所以说"物不绝"。

⑱ 单就龟蛇本身来讲,无所谓长短,大蛇长于小龟,但大龟也长于小蛇,所以说龟长于蛇。 ⑲ 矩虽然可以用来画方,但矩本身却不是方的。所以说矩不方;圆规虽然可以用来画圆,但圆规本身却不是圆的,所以说规不可以为圆。一说,方指方的共相;圆指圆的共相。矩所为之方是某一个别之方,而不是方的共相,圆规所为之圆是某一个别之圆,而不是圆的共相。所以说矩不方,规不可以为圆。 ⑳ 凿:榫眼。因其凿空,所以叫凿,倘不空便不叫凿。枘(ruì 锐):榫头,插入卯眼的木栓。卯眼和榫头本不在一处,如果把榫头插入卯眼,那么卯眼的空虚便因被塞满而消失,这样,卯眼便不存在了。这时,围在榫头周围的则是卯眼边之木而非卯眼,所以说凿不围枘。 ㉑ 景:影子。飞鸟的影子,因为光不

至才能存在，光至则影子就不能存在。可见，影子随着飞鸟而产生存与亡的变动，而不是影在动，所以说飞鸟之影未尝动。 ㉒ 镞矢：箭头。疾：飞速。形容箭头运行的状态。因此，“疾”随着箭头的运行而产生，也随着箭头运行的停止而消失。从箭头开始飞行到停止是箭头运行的全过程。在运行的全过程中箭头未尝停止，所以说“不止”，如果把运行的全过程当成一个整体，那么从整体来看，全过程的本身没有动，因而说“不行”。 ㉓ 狗：小狗。犬：大狗。小狗不是犬，因此说狗非犬。

㉔ 黄马骊牛是一个合并起来的名实，称之为一，黄马是一个独立的名实，称之为一，骊牛也是一个独立的名实，也可称之为一，三者相加，便叫做黄马骊牛三。 ㉕ 狗的毛色是白的，因称白狗，但狗的眼珠却是黑的，既然眼珠是黑的，所以也可以把白狗称作黑狗。 ㉖ 驹：马驹，驹母未死时，只能叫做驹，驹母死后，才可以称孤驹。既然孤驹因母死而得名，所以说孤驹未尝有母。 ㉗ 捶（chuí 垂）：鞭子。 ㉘ 桓团、公孙龙：均先秦名家学派人物。桓团，《列子·仲尼篇》作韩檀。 ㉙ 饰人之心：饰，掩饰，此处指蒙蔽。易人之意：易，改变。辩者之囿也：囿，局限。此其柢也：柢，通“抵”，大抵，大概。 ㉚ 天地其壮乎：壮，伟大。倚人；奇人。倚，通“奇”。黄缭：据《战国策》记载为楚人，曾与惠施相互辩论。 ㉛ 不辞而应：不辞，不辞让，形容不谦虚。益之以怪：益，增加。 ㉜ 与众不适：适，合。其涂隩矣：涂，道路。隩（yù 遇，又读 ào 奥），水涯深曲处，比喻狭隘。 ㉝ 其于物也何庸：庸，用。夫充一尚可曰愈：一，指道。骀（dài 代）荡：放荡，无节制。

［译文］

惠施掌握了许多方术，他的图书多至五大车，他所讲的道是驳杂不纯的，他所讲的话并不合乎大道。他观察万物，然后说：“最大的无所不包，没有外部，可以把它称作大一；最小的什么也包容不了，没有内部，可以把它称作小一。没有厚度，便不能够积累，然而它的大却可以扩展到千里。从‘大一’来看，天和地是一样低，山和水泽是一样平。太阳刚刚正中，便马上偏西了，万物刚刚出生，接着就走向死亡了。‘大同’和

‘小同’存在着差异，这叫做‘小同异’；万物完全相同，又完全不同，这叫做‘大同异’。南方是没有尽头的，又可以说是有尽头的。今天动身到越国去，昨天便已经到达了。连环是可以解开的。我知道天下的中心，在燕国的北面和越国的南面。普遍地爱着万物，天地之间是一个整体。”

惠施把这些当作伟大的真理，并把这些话拿来讲给天下人听，天下的辩者都乐于和他讨论如下问题：卵中有毛。鸡是三只脚。楚国的首都郢可以包容天下。狗可以是羊。马是有卵的。蛤蟆是有尾巴的。火是不热的。山是有嘴巴的。车轮是不辗地面的。眼睛是看不见东西的。物的共相是感觉不到的，物的个体却是绵延不绝的。乌龟比蛇长。曲尺不能画方，圆规不能画圆。凿出的孔是不能围住木枘的。飞鸟的影子不曾动过。箭头飞速地运行着，有不前进也不停止的时候。狗不是犬。一匹黄马和一头骊牛是三件东西。白狗是黑的。孤驹不曾有母亲。一尺长的鞭子，每天截取一半，一万年也截取不完。辩者们拿这些问题跟惠施辩论，一辈子没完没了。

桓团、公孙龙都是辩者一类人，他们用这些辩论来蒙蔽人们的思想，来改变人们的意见，能够从口头上驳倒别人，而不能使人心悦诚服，这是辩者的局限。惠施天天用他的知识和人们辩论，特地和天下的辩者一起提出一些怪论，上述这些是他们辩论的概要。

惠施的这些辩论，自以为是最高明的了，他说：“天地能够比我更伟大吗？”惠施虽然雄辩，但却并不了解道术。南方有一位奇特的人，名字叫做黄缭，他问天为什么不坠，地为什么不陷，以及风雨雷霆变化的原因。惠施不说句谦虚的话，也不加考虑便要回答，普遍地以万物为例加以解说，说个没完没了，说的话虽然多到止不住，还以为说得太少，又增加了一些奇奇怪怪的说法。把违反人情的东西，当作实实在在的东西，一定要战胜别人而取得名声，因而和世俗众人的意见不相吻合。削弱德行而追逐外物，他的道路便狭隘了。如果用天地间的大道来观察惠施的作为，他不过像一只蚊子，一只牛虻那样操劳罢了，对于外物又有什么用处呢？假如能够用道来充实自己就可以称为贤人了。能够尊重道就差不多接近道了。惠施不能够宁静地守住道，把心思和才力分散在追逐外物上面而不厌烦，最终只是以善于辩论而博得名声。可惜啊！惠施虽然毫无节制地发挥他的才能，却不能得道，追逐万物而不知回头，这像是用声音来追回响，影子与形体竞走一样毫无意义。可悲啊！

图书在版编目（CIP）数据

庄子注译/王世舜注译. —济南：齐鲁书社，2009.4(2015.9 重印)
(齐鲁文化经典文库)
ISBN 978-7-5333-2167-3

Ⅰ.庄…　Ⅱ.王…　Ⅲ.①道家②庄子—注释③庄子—译文　Ⅳ.B223.5

中国版本图书馆 CIP 数据核字(2009)第016984号

齐鲁文化经典文库
庄子注译
王世舜 注译

主管单位	山东出版传媒股份有限公司
出版发行	齊魯書社
社　　址	济南市英雄山路189号
邮　　编	250002
网　　址	www.qlss.com.cn
电子邮箱	qilupress@126.com
印　　刷	山东临沂新华印刷物流集团有限责任公司
开　　本	720mm×1020mm　1/16
印　　张	32
插　　页	3
字　　数	445千
版　　次	2009年4月第1版
印　　次	2015年9月第2次印刷
标准书号	ISBN 978—7—5333—2167—3
定　　价	**66.00元**